РУССКО-КОРЕЙСКИЙ КОРЕЙСКО-РУССКИЙ
СЛОВАРЬ

러시아어-한국어
한국어-러시아어
입문소사전

전혜진 저

외국어도서전문
1945
문예림

РУССКО-КОРЕЙСКИЙ
СЛОВАРЬ

러시아어-한국어
입문소사전

전혜진 저

외국어도서전문
1945
문예림

머리말

러시아어를 할 줄 안다는 것은 러시아어로 듣고 쓰고 읽고 말할 줄 아는 것을 의미합니다. 이러한 러시아어 소통능력을 향상하기 위해서는 어휘실력이 밑바탕이 되어야 합니다. 언어학자 데이비드 윌킨스(David Wilkins)는 "문법 없이는 의미 전달이 힘들고, 어휘 없이는 아무 것도 전달할 수 없다"라고 주장하며 어휘 학습의 중요성을 강조하였습니다.

모든 외국어 학습은 단어에서 시작됩니다. 하나의 단어에서 외국어 학습의 길이 열립니다. 외국어 초급 학습자에게 단어는 집을 짓기 위해 벽돌 한 장 한 장을 쌓아 올리는 것과 같습니다. 특히 러시아어 초급 학습자에게 러시아어 단어는 의미 파악하기 어렵고, 암기하기 어렵고, 사용하기 어려운 넘지 못할 산처럼 보입니다. 러시아어 단어와 관련된 이러한 학습의 문제점을 해결하기 위해 러시아어 학습 초보자의 입장을 고려하여 「보초자를 위한 러시아어-한국어 단어장」을 엮었습니다.

「러시아어-한국어 단어장」은 학습자가 원하는 단어를 즉석에서 찾아 볼 수 있도록 러시아어 알파벳순으로 구성하였습니다. 러시아어의 자유로운 의사소통을 위하여 주로 일상생활에서 사용되는 빈도수 높은 어휘와 표현을 담고 있습니다. 또한 초급 러시아어 단계에서 반드시 알아 두어야 할 필수문장, 러시아어 기본 회화 패턴도 소개하고 있습니다. 그와 함께 「러시아어-한국어 단어장」은 단순히 단어를 나열한 것이 아니라, 단어를 결합하는 능력, 단어를 능동적으로 사용하는 능력을 배양하는 것에 초점을 맞추었습니다.

「초보자를 위한 러시아어-한국어 단어장」이 러시아어 단어 학습의 어려움을 해소하고, 단순히 러시아어 단어만 암기하는 것이 아니라, 러시아어로 듣고 쓰고 읽고 말하는 의사소통 능력 배양을 위한 토대가 되길 바랍니다.

2012년 5월
전혜진

목차

А	10
Б	18
В	32
Г	52
Д	61
Е	75
Ж	77
З	81
И	93
К	101
Л	119
М	125
Н	137
О	155

П	173
Р	212
С	227
Т	260
У	271
Ф	283
Х	287
Ц	291
Ч	293
Ш	298
Щ	302
Э	303
Ю	307
Я	308

А

а
[아]
- 접 ①(대립)…이지만, …하지만 ②(연결)…고, 그런데 ③그래서

абрикóс
[아브리꼬스]
- 살구, 살구나무

абсолю́тный
[압살류뜨느이]
[압살류뜨느이 슬루흐]
- 형 절대적인, 완전한
  ~ый слух 절대음감

абстра́ктный
[아브스트락뜨느이]
- 형 추상적인

ава́рия
[아바리야]
- 여 사고, 파손, 고장

авиакомпа́ния
[아비아깜빠니야]
- 여 항공회사

авиапо́чта
[아비아뽀치따]
- 여 항공우편

авиа́ция
[아비아찌야]
- 여 항공

Австра́лия
[압스뜨랄리야]
[압스뜨랄리예쯔]
[압스뜨랄리이까]
- 여 호주
- 남 австралйец
- 여 ~лийка 호주사람

авто́бус
[아프또부스]
- 남 버스

автоматиза́ция
[아프또마찌자찌야]
- 여 자동화

автомоби́ль
[아프따마빌]
- 남 자동차, 차

а́втор
[아프따르]
- 남 저자, 필자, 작성자

авторите́т
[아프따리쨋]
[뽈자밧쨔 아프따리쩨떰;
아프따리]
[쨋브 피지께]

남 ①위신, 권위 ②전문가, 권위자
по́льзоваться ~ом 권위가 있다;
~ в фи́зике 물리학의 대가

а́вторский
[아프따르스끼이]
[아프따르스까에 쁘라바]

형 저자의, 필자의
~ое пра́во 저작권

автостоя́нка
[아프따스따얀까]

남 주차장

автостра́да
[아프따스뜨라다]

여 고속도로

а́вгуст
[아브구스트]

남 8월
형 а́вгустовский

аге́нтство
[아겐스트바]

중 대리점, 지점, 취급점

агра́рный
[아그라르느이]

형 농업의, 농민의, 농지의
~ый вопро́с 농업문제
~ая рефо́рма 토지개혁
~ая страна́ 농업국가

агре́ссия
[아그레씨야]

여 침략, 침범

адапта́ция
[아답따찌야]

여 적응, 순응

адвока́т
[아드보까트]

남 변호사, 변호인

администра́тор
[아드미니스트라떠르]

남 관리자

администра́ция
[아드미니스트라찌야]

여 행정, 행정기관, 행정부, 관리기관

áдрес
[아드레스]

남 주소

адресáт
[아드레싸트]

남 수신인

áзбука
[아즈부까]

남 ①자모 ②부호 ③기초, 초보

Азербайджáн
[아지르바이쫜]
[азербайджáнец]
[아지르바이쫜네쯔]
[아지르바이쫜까]

남 아제르바이잔
남 азербайджáнец
여 ~ка 아제르바이잔 사람

Áзия
[아지야]
[азиáтский]
[아지앗스키]

여 아시아
형 азиáтский

акадéмия
[아까데미야]

여 ①아카데미
②대학, 전문학교, 연구소

акт
[악트]

남 ①행위,동작 ②법규,규정
③조서,문서 ④(연극의) 막

актёр
[악쬬르]

남 배우

актúвный
[악찌브느이]

형 ①능동적인, 적극적인
②활발한, 진취적인

акционéрный
[악찌아녜르느이]
[악찌아녜르너에 옵쉐스트브]

형 주권의, 주식의
~ое обшество 주식회사

актрúса
[악트리사]

여 여자배우

актуáльный
[악뚜알느이]

형 ①현실의, 실재의 ②절박한, 당면한

акушёр
[아꾸쇼르]

남 산부인과 의사, 산파

акце́нт
[악쩬트]

남 ①액센트, 억점
②(외국어로 마랄때의)말, 억양

а́кция
[악찌야]

여 주식

алкого́лик
[알까골릭]

남 알코올중독자

алкого́ль
[알까골릭]

남 알코올중독자

алкого́ль
[알까꼴]

남 알코올, 주정

аллерги́я
[알레르기야]

여 〈의학〉 알레르기

алло́!
[알로!]

여보세요(전화의)
=слушаю; слушайте

алфави́т
[알파빗]
[빠 알파비뚜]

남 알파벳, 자모
по ~ту 알파벳 순으로

альбо́м
[알봄]

남 앨범, 사진첩

алюми́ний
[알류미니이]

남 알루미늄

алья́нс
[알리얀스]

남 동맹, 연합

Аме́рика
[아메리까]
[아메리까네쯔]
[아메리깐까]

여 미국
남 америка́нец
여 ~ка 미국사람

анализи́ровать
[아날리지라바찌]

불완 완 분석하다, 해석하다, 분해하다

аналоги́чный
[아날라기치느이]
[아날라기치느이 슬루차이]

형 비슷한, 유사한, 같은
~ый слу́чай 유사한 경우

анана́с
[아나나스]

남 파인애플

а́нгел
[안겔]

남 천사

англи́йский
[안글리스끼이]
[안글리스까야 리쩨라뚜라]
[안글리스끼이 이직]

형 영국의, 영국사람의
~ая литерату́ра 영문학
~ий язы́к 영어

анегдо́т
[아네그돗]

남 일화, 우스운 이야기

анима́ция
[아니마찌야]

여 애니메이션

анке́та
[안케따]

여 조사, 조회, 앙케이트

Анта́рктика
[안따르끼까]

여 남극(지방)

антибио́тик
[안찌비오찍]

남 항생제

анти́чный
[안찌치느이]

형 고대의, 고대그리스・로마의

антоним
[안또님]

남 〈언어〉 반의어, 반대말
(сино́ним의 반대)

апельси́н
[아뻴씬]

남 오렌지, 귤

аплоди́ровать
[아쁠라지로바찌]
[아쁠라지로바찌 악쬬루]

불완 кому́-чему́ 박수를 보내다.
갈채하다.
~ актёру 배우에게 박수를 보내다.

аплодисме́нты
[아쁠로디스몐띄]
[부르느에 아쁠로디스몐띄]

복 박수, 갈채
бу́рные ~ 우뢰와 같은 박수

аппара́т
[아빠라뜨]
[쩰레폰느이 아빠라뜨]
[가수다르스트벤느이 아빠라뜨]

남 ①기구, ②기계 기관, 기구, ③시설
телефо́нный ~ 전화기
госуда́рственный ~ 국가기관

аппети́т
[아삐쩻]
[쁘리야뜨너버 아삐쩨따!]

남 식욕, 밥맛, 입맛
прия́тного ~a! 많이 드세요!
(식사 중 인사)

апре́ль
[아쁘렐]

남 4월

апте́ка
[압쩨까]

여 약국

апте́карь
[압쩨까리]

여 약사

арбу́з
[아르부스]

남 수박

аре́нда
[아롄다]

여 세, 임차

арендова́ть
[아롄다바찌]

불완 완 세내다, 임차하다

аре́ст
[아례스트]
[빠싸지찌 빠드 아례스트]

남 ①체포, 구금, 검거 ②〈법〉차압
посади́ть под ~ 체포(검거)하다

арестова́ть
[아례스따바찌]

완 체포하다, 검거하다.

а́рмия
[아르미야]

여 군대

аромáт
[아라마뜨]
[아라마찌체스끼이]
[아라마찌치느이]

남 향기
형 ~ический, ~ичный 향기로운

артéрия
[아르쩨리야]

여 ①〈의학〉동맥 ②주요교통로, 중요 간선

Áртика
[아르찌까]

여 북극(지방)

артист, ~ка
[아르찌스트, 아르찌스트까]

남여 배우

архитéктор
[아르히쩩떠르]

남 건축가

архитектýра
[아르히쩩뚜라]

여 건축술, 건축학, 건축양식

аспирáнт, ~ка
[아스삐란트, 아스삐란트까]

남여 대학원생, 연구생

аспирантýра
[아스삐란뚜라]

여 대학원, 연구원

аспирин
[아스삐린]

남 아스피린

ассамблéя
[아쌈블리야]
[게네랄나야 아쌈블리야]

여 총회, 대회
Генерáльная Ассамблéя ООН 유엔총회

ассоциáция
[아싸찌아찌야]

여 ①협회,연합,동맹 ②〈심리〉연상

астронóмия
[아스뜨라노미야]

여 천문학

атаковáть
[아따까바찌]

불완완 공격하다.

атмосфéра
[아뜨마스뻬라]

여 ①대기, 공기 ②대기권 ③〈물리〉기압 ④분위기,환경

атмосфе́рный
[아뜨마스페르느이]
[아뜨마스페르느에 다블례니에]
[아뜨마스페르느에 아싸드끼]
[아뜨마스페르느에 이블례니에]

형 대기의
~ое давле́ние (대)기압
~ые оса́дки 눈비,강우량
~ые явле́ние 기상

а́том
[아땀]

남 ①〈물리〉 원자 ②미분자, 미소량

а́томный
[아땀느이]
[아땀나야 엘롁뜨라스딴찌야]
[아땀나야 에네르기야]

형 원자의
~ая электроста́нция
원자력발전소
~ая эне́ргия 원자력

аудито́рия
[아우지또리야]

여 ①교실, 강의실 ②청중, 청강자

аукцио́н
[아욱찌온]
[쁘라다바찌 스 아욱찌오나]

남 경매
продава́ть с ~а 경매하다,
경매에 붙이다.

афи́ша
[아피샤]

여 ①광고, 포스터 ②연극 프로그램

А́фрика
[아프리까]
[아프리까네쯔]
[아프리깐까]

여 아프리카
남 африка́нец
여 ~ка 아프리카 사람

ах!
[아흐!]

감탄 아차! 아이고!

аэропо́рт
[아에라뽀르뜨]

남 공항

Б

бáбочка
[바바치까]
〔여〕 나비

бáбушка
[바부쉬까]
〔여〕 할머니

багáж
[바가쉬]
〔남〕 짐, 수하물

бадминтóн
[바드민똔]
〔남〕 배드민턴

бáза
[바자]
〔여〕 ①기초, 토대, 근거 ②기지, 근거지 ③창고

базáр
[바자르]
〔남〕 시장

бактéрия
[박떼리야]
〔여〕 세균, 박테리아

балáнс
[발란스]
〔남〕 균형

балéт
[발롓]
〔남〕 발레

бамбýк
[밤북]
〔남〕 대나무

банáн
[바난]
〔남〕 바나나

бандúт
[반치트]
〔남〕 강도, 악당

банк
[반크]
〔남〕 은행

ба́нка
[반까]
남 통, 단지

банкома́т
[반까마트]
남 현금자동지급기

банкро́тство
[반끄롭스뜨버]
중 파산, 파탄

ба́ня
[바냐]
여 목욕탕

бар
[바르]
남 바, 술집

бараба́н
[바라반]
[비찌 바라]
남 북, 드럼
бить в ~ 북을치다

бара́н
[바란]
남 수양, 양

бара́нина
[바라니나]
여 양고기

барье́р
[바리에르]
남 장벽, 장애물, 방해

баскетбо́л
[바스킷볼]
남 농구

бассе́йн
[바쎄인]
[바쎄인 들랴 쁠라바니야]
남 저수지
~ для пла́вания 수영장

батаре́я
[바따레야]
여 배터리, 건전지

бата́т
[바따트]
남 고구마

бато́н
[바똔]
남 빵(길쭉하고 흰빵)

ба́шня
[바쉬냐]

남 탑

бе́гать
[베가찌]

불완 달리다, 뛰다

бегу́н
[비군]

남 달리기선수

бе́дный
[베드느이]

형 가난한, 불쌍한, 빈약한

бедро́
[비드로]

중 넓적다리

бе́дствие
[벳스트비에]

중 재난, 재해, 불행

бежа́ть
[베좌찌]

불완 달리다, 뛰다

бе́женец
[베지니쯔]

남 피난민

без
[베스]

전 …없이
~ са́хара 무설탕

безбра́чие
[베즈브라치에]

중 독신

безвку́сный
[베즈프꾸스느이]

형 ①맛없는 ②취미없는, 멋없는

безвозме́здный
[베즈바즈메즈드느이]

형 무료의, 무상의
~ая по́мощь 무상원조

безгра́мотный
[베즈그라마트느이]

형 문맹의, 무식한, 교육을 받지못한, 지식이 없는

безграни́чный
[베즈그라니치느이]

형 ①무한한, 끝없는 ②극도의, 매우

беззако́ние
[베자꼰니에]

중 불법, 위법, 불법행위

безо́блачный
[베조블라치느이]
[베조블라치나야 빠고다]

형 구름이 없는, 맑게 개인, 밝은
~ая пого́да 맑게 개인 날씨

безопа́сность
[베자빠스너스찌]
[싸벳 베자빠스너스찌]

여 안전
Сове́т Безопа́сности ООН
유엔 안전보장이사회

безопа́сный
[베자빠스느이]

형 안전한, 위험하지 않은

безотве́тственность
[베자볫쓰뜨벤너스찌]

여 무책임

безоши́бочный
[베자쉬버치느이]

형 틀림없는, 잘못이 없는, 정확한

безрабо́тица
[베즈라보찌짜]

여 실업

безрабо́тный
[버즈라보뜨느이]

형 일자리없는, 실업을 당한
명남 실업자

безусло́вно
[베주슬로브너]

부 의심할 나위 없이, 물론, 무조건적으로

безъя́дерный
[베즈야제르느이]

형 비핵의

бейсбо́л
[베이스볼]

남 야구

беко́н
[베꼰]

남 베이컨

бело́к
[벨록]

남 ①단백질 ②(눈의)흰자위 ③계란의 흰자위
(желоток의 반대)

белокро́вие
[벨라끄로비에]

중 〈의학〉 백혈병

Белору́ссия
[벨라루씨야]
[벨라루스]
[벨라루스까]

여 벨라루시, 백러시아
남 белору́с
여 ~ка

бе́лый
[벨르이]

형 흰, 백색의

бельё
[벨리요]

중 속옷, 내의, 세탁물

бензи́н
[벤진]

남 휘발유

бе́рег
[베레크]

남 강변, 강가, 물가

берёза
[비료자]

남 자작나무

бере́менность
[베레멘너스쯔찌]

여 임신

бере́чь
[베레멘너스쯔찌]

불완 아껴쓰다, 소중히 다루다, 절약하다.

бесе́да
[베셰다]

여 담화, 회담, 면담

бесконе́чный
[베스까네치느이]

형 끝없는, 무한한, 무궁한, 끊임없는

беспла́тный
[베스쁠라뜨느이]

형 무료의, 무상의

беспоко́иство
[베스빠꼬이스츠버]

중 불안, 근심, 걱정

беспоко́ить
[베스빠꼬이찌]

불완 걱정시키다, 불안하게 하다, 괴롭히다.

беспоко́иться
[베스빠꼬잇쨔]
[네 베스빠꼬이쩨스, 빠좔루스따]

불완 걱정하다, 근심하다, 염려하다
не ~йтесь, пожалуйста
걱정하지마세요

бесполе́зный
[베스빨레즈느이]

형 쓸데없는, 쓸모없는, 무익한, 헛된

беспоря́док
[베스빠랴덕]

남 무질서, 혼란, 난잡

беспра́вие
[베스쁘라비에]

중 권리가 없는것, 무권리, 공권상실

беспреде́льный
[베스쁘레젤느이]

형 무한한, 한없는, 끝없는

беспреры́вно
[베스쁘레리브너]

부 끊임없이, 쉼없이, 부단히, 연속적으로

беспричи́нный
[베스쁘리친느이]

형 이유없는, 근거없는

бессо́ница
[베스쏘니짜]

여 불면증
старда́ть ~ей 불면증에 걸려 있다.

бесцве́тный
[베스쯔베뜨느이]

형 ①무색의 ②특색이 없는, 무미건조한

бесце́нный
[베스쩬느이]

형 매우 비싼, 귀중한, 고귀한

бето́н
[베똔]

남 콘크리트

бе́шенство
[베쉔스트버]

중 〈의학〉 광견병

библиоте́ка
[비블리아쩨까]

여 도서관

библиоте́карь
[비블리아쩨까리]

남 사서

би́блия
[비블리야]

여 성서

биле́т
[빌렛]
[스뚜젠체스끼이 빌렛]

남 표, 차표, 증서, 증명서
 студе́нческий ~ 학생증

билья́рд
[빌리야르드]

남 당구

бинт
[빈트]

남 붕대

биогра́фия
[비아그라피야]

여 전기, 경력

биоло́гия
[비알로기야]

여 생물학

биофи́зика
[비아피지까]

여 생물물리학

би́ржа
[비르좌]
[폰다바야 비르좌]

여 거래소
 фо́ндовая ~ 증권거래소

бискви́т
[비스크빗]

남 비스킷

бить
[비찌]

불완 치다, 때리다, 깨뜨리다

бла́го
[블라가]

중 복리, 행복, 이익, 복지

благодари́ть-поблагодари́ть
[블라가다리찌-빠블라가다리찌]

불완-완 кого за что 감사드리다.

благода́рность
[블라가다르너스찌]

여 감사, 사의

благодаря́
[블라가다랴]

전 …덕분에, …로 인하여, …때문에

благоприя́тный
[블라가쁘리야뜨느이]

형 유리한, 순조로운, 좋은, 적합한

блестя́щий
[블레스쨔쉬이]

형 빛나는, 반짝거리는, 화려한

близнецы́
[블리즈네□]

복 쌍둥이

близору́кость
[블리자루꺼스찌]

여 근시

бли́зкий
[블리스끼이]

형 ①가까운 ②친근한, 친밀한

блин
[블린]

남 블린, 팬케이크

блок
[블록]

남 블록, 제휴, 연합

блокно́т
[블라크놋]

남 수첩, 필기장

блу́за
[블루자]

여 블라우스

блю́до
[블류다]
[까레이스끼에 블류다]

중 ①접시 ②요리, 음식
коре́йские ~а 한국음식

бобы́
[바븨]

복 콩

бог
[보흐]

남 신, 하나님, 하느님

богáтство
[바갓뜨스뜨버]

중 ①재물, 부귀 ②풍부, 윤택
복 자원

богáтый
[바가뜨이]

형 부유한, 풍부한, 재산이 있는

бóжий
[보쥐이]

형 신의

бой
[보이]

남 전투, 싸움

бок
[보크]

남 옆구리, (사물의)측면, 옆

бокáл
[바깔]

남 (큰)술잔, 잔

бокс
[복스]

남 권투

боксёр
[박쇼르]

남 권투선수

бóлее
[볼레에]

부 더욱, 보다 더, 더 많이

болéзнь
[발레즌]

여 병, 질병, 질환

болéть
[발레찌]
[우 미냐 갈라바 발릿]

불완 ①чем 병을 앓다. ②아프다
у меня головá ~ и́т
나는 머리가 아프다.

болтли́вый
[발뜰리브이]

형 말이 많은, 수다스러운, 입이 가벼운

боль
[볼]
[갈라브나야 볼]
[주브나야 볼]

여 아픔, 고통
головнáя ~ 두통
зубнáя ~ 치통

больни́ца
[발니짜]
[레좌찌 브 발니쩨]
[브이찌 이즈 발니찌]

여 병원
лежа́ть в ~це 입원 중이다
вы́йти из ~цы 퇴원하다.

больно́й
[발노이]

형 아픈, 병든, 앓는
명 환자

бо́льше
[볼쉐]

(большо́й, мно́гo의 비교급) 더 많이, 더 많다, 더 크게, 더 크다.

бо́льший
[볼쉬이]

형 (большо́й의 비교급) 더 큰, 더 많은

большинство́
[발쉰스뜨버]

중 다수, 대다수, 대부분

большо́й
[발쇼이]

형 큰, 커다란, 대단한, 수 많은

бо́мба
[봄바]

여 폭탄

борода́
[바라다]

여 턱수염

боро́ться
[바롯쨔]

불완 싸우다, 투쟁하나.

борщ
[보르쉬]

남 고기국

борьба́
[바리바]

여 투쟁, 싸움

боя́ться-побоя́ться
[바얏쨔-빠바얏쨔]

불완-완 무서워하다, 두려워하다, 겁내다.

бра́во!
[브라보!]

감 좋다! 멋있다! 잘한다!

Брази́лия
[브라질리야]
[브라질리쓰]
[브라질리얀까]

여 브라질
남 брази́лец,
여 ~лья́нка 브라질사람

брак
[브락]
[프스뚜빠찌 브 브락]
[라스따르가찌 브락]

남 결혼
вступа́ть в ~ 결혼하다
расторга́ть ~ 이혼하다.

брат
[브랏]
[믈라드쉬이 브랏]
[스따르쉬이 브랏]

남 형제
мла́дший ~ 남동생;
ста́рший ~ 형

брать-взять
[브라찌-브쟈찌]

불완-완 쥐다, 잡다, 가지고 오다,
데리고 오다, 맡다

бред
[브레트]

남 잠꼬대, 헛소리

бре́мя
[브레먀]

중 부담, 짐

бри́тва
[브리뜨바]

남 면도기

бровь
[브로피]

여 눈썹

броже́ние
[브라줴니에]

중 발효

бро́нза
[브론자]

여 청동

бро́нхи
[브론히]

복 기관지

броса́ть
[브라싸찌]

불완 던지다, 내버리다, 그만두다,
중단하다

броса́ться [브라싸쨔]	불완 чем 던지다, 서로 던지다; на кого …에게 달려들다(덤벼들다)
бро́сить(ся) [브로씨찌(쨔)]	완 →броса́ть(ся)
брошю́ра [브라슈라]	여 팜플렛
брю́ки [브류끼]	복 바지
будди́зм [부디스끼이]	남 불교
будди́йский [부디스끼이] [부디스끼이 호람]	형 불교의 ~ храм 절
бу́дущее [부두쉐에]	중 미래, 장래
бу́дущий [부두쉬이]	형 미래의, 장래의, 다가올, 다음의
бу́ква [부크바]	여 글자, 문자
буква́льно [부크발너]	부 문자그대로, 말그대로
буке́т [부께트]	남 꽃다발
бу́лочная [불로츠나야]	여 빵집
бульва́р [불바르]	남 가로수길, 산책길
бульо́н [불리온]	남 국물

бума́га
[부마가]

여 종이; 문건, 문서

бума́жный
[부마쥐느이]

형 종이의, 종이로 만든

бумера́нг
[부메란]

남 부메랑

буржуа́
[부르주아]

남 불변 부르주아

бу́рный
[부르느이]

형 사나운, 격렬한

бу́рый
[부르이]

형 갈색의

бу́ря
[부랴]

형 폭풍, 폭풍우

бу́сы
[부싀]

복 목걸이, 유리구슬, 구슬알, 비즈

буты́лка
[부띨까]

여 병, 유리병

буфе́т
[부펫]

남 매점, (정거장 · 극장 등의) 식당, 작은 레스토랑

бы
[븨]
[온 븨 쁘리숄, 예슬리 븨 즈날]
[야 하쩰 븨 이보 비제찌]

조 가상적인 가능성 표시, 희망 · 권고 · 부탁을 나타냄
он ~ пришёл, е́сли ~ знал
만약 그가 알았다면 왔을것이다;
я хоте́л ~ его́ ви́деть
그를 만나고 싶은데"

быва́ть
[븨바찌]

불완 ①있다, 일어나다
②자주 · 때때로 생기다
③자주 · 때때로 방문하다.

бы́вший
[븨브쉬이]

형 예전의, 전의

бык
[븨크]

남 황소

бы́стрый
[븨스뜨로이]

형 빠른, 재빠른, 급속한, 신속한

быт
[븨트]

남 ①일상생활, 실생활 ②생활관습

быть
[븨찌]

불완 ①있다 ②이다, 되다
③체류하다, 존재하다

бюдже́т
[뷰쳇]

남 예산

бюро́
[뷰라]

중 불변 사무국, 국, 위원회

бюрократи́зм
[뷰라끄라찌즘]

남 관료주의

бюстга́льтер
[뷰스뜨갈쩨르]

남 브래지어

В

в(во)
[브(보)]

전 ①(장소) …에
②(행동, 동작하는 곳) …에서
③…안에서
④(방향 표시) …로, …에
⑤(시간 표시) …에, …내에

вагóн
[바곤]

남 차량, 차칸

вáжный
[바쥐느이]

형 중요한, 중대한

вáза
[바자]

여 꽃병

вáкуум
[바꾸움]

남 진공

валовóй
[발라보이]
[발라보이 다호트]
[발라보이 브누뜨렌니이 쁘라둑뜨]

형 총량의
~ дохóд 총수입;
~ внýтренний продýкт 국내총생산(GDP)"

валю́та
[발류따]
[발류뜨나야 꾸르스]

여 화폐, 통화
валю́тная курс

вáнная
[반나야]

여 욕실

варёный
[바룐느이]

형 삶은, 끓인
~ное яйцó 삶은 계란

варúть-сварúть
[바리찌-스바리찌]
[바리찌 리스]
[바리찌 먀사(꾸리쭈)]

불완-완 삶다, 끓이다, 찌다
~ рис 밥을 짓다;
~ мя
со(кýрицу) 고기(닭)를 삶다

ватт
[바뜨]

남 (전기) 와트

вверх
[베르흐]

부 위로

вводи́ть-ввести́
[바지찌-베스찌]

불완-완 끌어올리다, 데려오다, 실시하다

ввоз
[보스]

남 수입, 반입

вгля́дываться-вгляде́ться
[브글랴듸밧쨔-블글라젯쨔]

불완-완 들여다보다, 눈여겨보다, 유심히 바라보다

вдво́е
[브드보에]

부 2배

вдова́
[브다바]

여 과부

вдове́ц
[브다볘쯔]

남 홀아비

вдох
[브도흐]

남 들숨

вдруг
[브드루크]

부 갑자기, 뜻밖에, 별안간

вдыха́ть-вдохну́ть
[브듸하찌-브다흐누찌]

불완-완 숨을 들이쉬다

веде́ние
[베제니에]

중 운영, 진행

ве́домость
[베다마스찌]

여 통지서, 보고서, 계산서, 일람표

ве́домство
[베담스뜨버]

중 부서, 국, 관청

веду́щий [베두쉬이]	형 주도적인, 선두의, 주요한
ве́жливый [볘쥘리브이]	형 친절한, 예의바른
везде́ [볘즈졔]	부 가는 곳마다, 곳곳에
век [볙]	남 세기, 시대, 시기
вели́кий [벨리끼이]	형 위대한, (몹시) 큰
великоле́пный [벨리까롑쁘느이]	형 화려한, 호화로운, 뛰어난, 훌륭한
величина́ [벨리치나]	여 크기, 치수, 양
велосипе́д [벨라씨뼤트]	남 자전거
ве́на [볘나]	여 〈의학〉 정맥
вентиля́тор [볜찔랴떠르]	남 선풍기, 환풍기
ве́ра [볘라]	여 믿음, 신뢰, 신용, 신앙
верёвка [비료프까]	여 끈
ве́рить-пове́рить [볘리찌-빠볘리찌]	불완-완 믿다, 신임하다.
верну́ть [볘르누찌]	완 되돌려주다, 되찾다, 되돌리다, 회복하다

верну́ться
[베르눗쨔]
[베르눗쨔 다모이]

동 돌아가다, 되돌아가다
~ся домо́й 귀가하다

ве́рный
[베르느이]

형 옳은, 올바른, 정확한

вероя́тно
[베러야뜨너]

부 아마, 틀림없이

вертолёт
[베르딸룟]

남 헬리콥터

ве́рхний
[베르흐니이]

형 위의, 상부의, 높은 곳의

верши́на
[베르쉬나]
[베르쉬나 가릐]

여 꼭대기, 정점, 절정
~ горы́ 산정상

вес
[베스]
[베스 쩰라; 베싀]

남 무게, 중량
~тела 몸무게
~ы 체중계"

весёлый
[베숄르이]

형 즐거운, 유쾌한

весна́
[비스나]

여 봄

вести́
[베스찌]

불완 кого ①…를 데리고 가다,
데리고 오다, …를 이끌다
②…를 인도하다

весть
[베스찌]

여 소식, 통지

весь
[베시(프샤, 프쇼, 프세)]

대 (여 вся, 중 всё, 복 все)
전부, 모두

ветвь
[베뜨피]

여 나뭇가지

ве́тер
[베쩨르]

남 바람

ве́чер
[베체르]
[베체럼]

남 저녁, 야회, 저녁모임, 파티
ве́чером 저녁에

ве́чный
[베츠느이]

형 영원한, 영구한, 끊임없는

ве́шалка
[베샬까]

여 옷걸이

ве́шать-пове́сить
[베샤찌-빠베씨찌]

불완-완 걸다, 매달다

веща́ние
[베샤니에]

중 방송

вещество́
[베쉐스뜨보]

중 물질, 물체

вещь
[베쉬]

여 물건, 물품, 사물

взад
[브자트]

부 뒤로

взаи́мный
[브자임느이]

형 상호의, 상관의

взаимоотноше́ние
[브자이머아뜨나쉐니에]

중 상호관계, 상관관계

взаимопонима́ние
[브자이머빠니마니에]

중 상호이해

взгля́д
[브즈글랴트]

남 시선, 견해, 의견, 관점

взгля́дывать-взгляну́ть
[브즈글랴듸바찌-브즈글랴누찌]

완 на кого-что 쳐다보다, 바라보다, 보다

вздох
[브즈도흐]

남 숨, 한숨

вздыха́ть-вздохну́ть
[브즈듸하찌-브즈다흐누찌]

불완-완 한숨쉬다

взлёт
[브즐룟]

남 날아오르는것, 이륙, 상승

взро́слый
[브즈로슬르이]

형 어른의, 성인의
명 어른, 성인

взрыв
[브즈리프]

남 폭발, 폭음

взрыва́ть
[브즈리바찌]

불완 폭발시키다, 폭파하다

взя́тка
[브쟈뜨까]

여 뇌물

взять
[브쟈찌]

→ брать

вид
[비트]

남 ①외모, 모습, 모양 ②종류, 유형

ви́део
[비데오]

중 비디오

ви́деться
[비젯짜]

불완 (서로) 만나다

ви́деть-уви́деть
[비제찌-우비제찌]

불완-완 보다, 바라보다, 만나다

ви́дный
[비드느이]

형 보이는, 눈에 띄는, 현저한

ви́за
[비자]
[비자 나 븨에즈트]
[비자 나 브에즈트]

여 사증, 비자
~ на вы́езд 출국사증
~ на въезд 입국사증

визи́т
[비짓]
[비지뜨나야 까르떠치까]

남 방문
визи́тная ка́рточка 명함

ви́лка
[빌까]

여 포크

вина́
[비나]

여 죄, 잘못, 과실

вино́
[비노]

중 포도주, 와인

винова́тый
[비나바뜨이]

형 죄진, 잘못된, 책임있는
형 죄진, 잘못된, 책임있는

виногра́д
[비나그라트]

남 포도나무, 포도

винт
[빈뜨]

남 나사

ви́рус
[비루스]

남 〈의학〉 바이러스

вишнёвый
[비시뇨브이]

형 벗나무의

вклад
[프끌라트]

남 저금, 예금

включе́ние
[프끌류체니에]

중 포함, 기입, 삽입

вкус [프꾸스]	남 ①맛, 입맛 ②취미, 기호 ③멋
вкусный [프꾸스느이]	형 맛있는, 맛좋은
владелец [블라곌리쯔]	남 소유자, 주인
владеть [블라제찌]	불완 чем 소유하다, 가지고 있다, 지배하다, 통치하다
влажность [블라쥐너스찌]	여 습도
власть [블라스찌]	여 정권, 주권, 권력
влечь-повлечь [블레치-빠블레치]	불완-완 마음을 끌다, 마음이 쏠리다.
вливать-влить [블리바찌-블리찌]	불완-완 (액체를) 붓다
влюбляться- влюбиться [블류블럇쨔-블류빗쨔]	반하다, 사랑에 빠지다
вместе [브메스쩨]	부 같이, 함께
вместо [브메스떠]	전 대신에
вмешательство [브메샤쩰스뜨버]	중 간섭, 개입 вооружённое ~무력간섭
вначале [브나찰레]	부 처음에, 초기에는
вне [브네]	전 밖에(서), …외에

внедре́ние
[브네드레니에]

중 도입

внедря́ть-внедри́ть
[브네드랴찌-브네드리찌]

불완-완 도입하다, 받아드리다.

внеза́пный
[브네자쁘느이]

형 불의의, 뜻밖의, 돌발적인

вне́шний
[브네쉬니이]

형 외부의, 외국의, 대외의

вниз
[브니스]

부 아래로, 밑으로

внима́ние
[브니마니에]

중 주의, 주목

вновь
[브노피]

부 다시, 재차, 새로

вноси́ть-внести́
[브나씨찌-브네스찌]

불완-완 가지고 들어가다, 주다, 가져오다

внук
[브눅]

남 손자

вну́тренний
[브누뜨레니이]

형 안의, 내부의, 국내의

внутри́
[브누뜨리]

부 안에, 속에, 내부에

вну́чка
[브누치까]

여 손녀

вовлека́ть-вовле́чь
[바블레까찌-바블레치]

불완-완 кого́ во что 끌어드리다, 참가시키다, 끌어넣다

вóвремя
[보브레먀]

부 제때에, 제시간에, 때마침

водá
[바다]
[халóдная бада]
[가랴챠야 바다]
[끼삐춘나야 바다]

여 물
холóдная ~ 찬물
горя́чая ~ 뜨거운물;
кипячённая ~ 끓인물

водúтель
[바지쩰]
[바지쩰스끼에 쁘라바]

남 운전수, 운전사
водúтельские правá
운전면허증

вóдка
[보뜨카]

여 보드카

водопáд
[바다빠트]

남 폭포

водопровóд
[바다쁘라보트]

남 수도관

воéнно-воздýшный
[바엔너바즈두쉬니이]

형 공군의
~ые сúлы 공군

воéнно-морскóй
[바엔너마르스꼬이]
[바엔너마르스끼에 씰리]

형 해군의
~ые сúлы 해군

военнообя́занный
[바엔너아뱌잔느이]

남 병역 의무자, 예비군

военнослýжащий
[바엔너슬루좌쉬이]

남 군인

воéнный
[바엔느이]

형 군사의, 전쟁의, 군수의

воз
[보스]

남 짐수레

возвраща́ть-верну́ть
[바즈브라샤찌-베르누찌]

불완–완 반환하다, 돌려주다

возвраща́ться-верну́ться
[바즈브라샷짜-베르눗짜]

불완–완 돌아가다(오다), 되돌아가다(오다)

возде́йствие
[바즈제이스쯔비에]

중 영향, 작용

возде́йствовать
[바즈제이스쯔버바찌]

불완 완 на кого …에게 영향을 끼치다, 영향을 주다

воздержа́ние
[바즈제르좌니에]
[바즈제르좌니에 아뜨 꾸레니에]

중 절제, 억제
~ от куре́ние 금연

во́здух
[보즈두흐]

남 공기, 대기

возду́шный
[바즈두쉬느이]

형 공기의, 대기의

возмо́жность
[바즈모쉬느스찌]

여 가능성, 기회

возмуще́ние
[바즈무쉐니에]

중 분개, 격분

возника́ть-возни́кнуть
[바즈니까찌-바즈니크누찌]

불완–완 생기다, 발생하다, 일어나다

возникнове́ние
[바즈니끄너베니에]

중 발생, 출연, 발단

возобновле́ние
[바자브너블레니에]

중 재개, 갱신

возражéние
[바즈라줴니에]

중 반대, 반박

вóзраст
[보즈라스뜨]

남 나이, 연령

войнá
[바이나]
[베스찌 바이누]
[빠기브누찌 나 바이네]

여 전쟁
вести́ ~ý 전쟁을 하다
поги́бнуть на ~é 전사하다

войскá
[바이스까]

복 군대, 군부대

вокзáл
[바그잘]

남 역

вокрýг
[바끄루크]

부 주위에

волейбóл
[발레이볼]

남 배구

волк
[볼크]

남 늑대

волнá
[발나]

여 물결, 파도

**волновáться-
заволновáться**
[발나밧짜-자발나밧짜]

불완-완 흥분하다, 불안해 하다

волокнó
[발라끄노]
[씬쩨찌체스꺼에 발라끄노]

중 섬유
синтети́ческое ~ 합성섬유

вóлос
[볼러스]

남 머리카락, 털

волшéбный
[발쉐브느이]

형 마술의, 요술의, 매혹적인

во́ля
[볼랴]
- 여 의지, 의욕

вон
[본]
[빠슬 본!]
- 부 밖으로
  пошёл ~! 나가라! 없어져라!

во́на
[보나]
- 여 원 (한국 화폐 단위)

воображе́ние
[바아브라줴니에]
- 중 상상, 공상, 상상력

вообще́
[바압쉐]
- 부 대개, 대체로, 일반적으로

вооруже́ние
[바아루줴니에]
- 중 무장, 군비, 무기

вопро́с
[바쁘로스]
[바쁘러씨쩰느이 즈낙]
- 남 질문, 문제
  вопроси́тельный знак
  물음표(?)

вор
[보르]
- 남 도둑

воробе́й
[바라베이]
- 남 참새

воро́на
[바로나]
- 여 까마귀

воро́та
[바로따]
- 여 대문, 출입문

восемна́дцать
[버씸나드짜찌]
- 수 18

во́семь
[보씸]
- 수 8

во́семьдесят
[보씸지샷]
- 수 80

восемьсо́т
[바씸쏫]

수 800

восклица́тельный
[바스끌리짜쪨느이]

형 절규의, 감탄의
~ знак 느낌표(!)

воскресе́нье
[바스끄리쎼니에]

중 일요일

воспале́ние
[바스빨녜니에]

중 염증

воспита́ние
[바스삐따니에]

중 교육, 육성, 양육

воспита́тель
[바스삐따쪨]

남 양육자, 교사

воспи́тывать-воспита́ть
[바스삐띄바찌-바스삐따찌]

불완-완 기르다, 양육하다, 교육하다

воспреща́ть-воспрети́ть
[바스쁘라샤찌-바스쁘레찌찌]

불완-완 금지하다

восстановле́ние
[바스따나블레니에]
[바스따나블레니에 고러다]

중 복구, 부흥, 회복
~ го́рода 도시 복구

восто́к
[바스똑]
[블리쥐니이 바스똑]
[달니이 바스똑]

남 동, 동쪽, 동양
Бли́жний В~ 중동
Да́льний В~ 극동

восто́рг
[바스또르크]

남 환희, 황홀, 감탄

восто́чный
[바스또츠느이]

형 동의, 동쪽의

восхище́ние
[바스히쒜니에]

중 감탄, 황홀

восхо́д
[바스호트]
- 남 떠오르는 것
  ~ со́лнца 일출

вот
[봇]
- 초 ①여기에, 저기에 ②바로, 그, 저

вперёд
[프뻬료트]
- 부 앞으로

впечатле́ние
[프뻬차뜰레니에]
- 중 인상, 감동

впуска́ть-впусти́ть
[프뿌스까찌-프뿌스찌찌]
- 불완-완 입장시키다, 통과시키다, 들여보내다.

враг
[브라크]
- 남 원수, 적

врач
[브라치]
- 남 의사

враще́ние
[브라쉐니에]
[브라쉐니에 제믈리]
- 중 회전
  ~ Земли́ 자전

вре́дный
[브레드느이]
[브레드느이 들랴 즈다로비야]
- 형 해로운, 유해로운
  ~ый для здоро́вья
  건강에 해로운

вре́менный
[브레멘느이]
- 형 임시의, 일시적인

вре́мя
[브례먀]
- 중 시간

всегда́
[프씨그다]
- 부 언제나, 늘, 항상

всеми́рный
[프세미르느이]
- 형 전세계의, 세계적인

всесторо́нний
[프세스따론니이]
- 형 전면적인, 철저한

всё-таки [프쇼따끼]	부 접 그래도, 그럼에도 불구하고
вслед [프슬레트]	부 за кем-чем 곧이어, 뒤따라
вследствие [프슬레뜨스뜨비에]	전 …결과, …때문에, …로 인하여
вслух [프슬루흐]	부 들리도록, 소리내어 думать ~ 혼잣말을 하다
вслушиваться-вслушаться [프슬루쉬밧짜-프슬루샷짜]	불완-완 귀를 기울이다, 귀담아듣다
вспоминать-вспомнить [프스빠미나찌-프스뽐니찌]	불완-완 회상하다, 추억하다, 기억이 나다
вставать-встать [프스따바찌-프스따찌]	불완-완 일어서다, 일어나다
встреча [프스뜨레차]	여 만남, 조우, 면회, 회견
встречать-встретить [프스뜨레차찌-프스뜨레찌찌]	불완-완 만나다, 마주치다, 우연히 만나다
встречаться-встретиться [프스뜨레찻짜-프스뜨레찟짜]	불완-완 с кем-чем 서로 만나다, 마주치다
вступать-вступить [프스뚜빠찌-프스뚜삐찌]	불완-완 들어가다, 진입하다, 가입하다
вступление [프스뚜쁠레니에]	중 들어가는것, 가입, 서문
вторник [프또르닉]	남 화요일

второ́й
[프따로이]

수 둘째, 두번째, 제2의

вход
[프호트]

남 입장, 입구
пла́та за ~ 입장료

входи́ть-войти́
[프하지찌-바이찌]

불완–완 들어가다, 입장하다, 포함되다

вчера́
[프체라]

부 어제

въезжа́ть-въе́хать
[브예즈좌찌-브예하찌]

불완–완 ①(타고)들어가다, 들어오다
②거주하다, 이사하다.

вы
[븨(바스, 바스, 바미, 아 바스)]

인칭 (생 대 вас, 여 вас, 조 ва́ми, 전 о вас) 당신

выбира́ть-вы́брать
[븨비라찌-븨브라찌]

불완–완 ①고르다, 선택하다 ②선거하다

вы́бор
[븨버르]

남 선택, 선정
복 ~ы 선거"

вы́вод
[븨버트]

남 결론

выводи́ть-вы́вести
[븨바지찌-븨베스찌]

불완–완 이끌어내다, 끌어내다,
데리고 나오다, 해임하다

вы́воз
[븨버스]
[븨버즈 이 보스]

남 반출, 수출
~ и ввоз 수출과 수입

вы́года
[븨거다]

여 이득, 이익

выдава́ть-вы́дать
[븨다바찌-븨다찌]

불완–완 교부하다, 발행하다, 주다, 지불하다

**выдвигать-
выдвинуть**
[븨드비가찌-븨드비누찌]

불완-완 ①추진하다, 앞으로 나가게 하다
②제기하다, 제출하다
③추천하다

выделе́ние
[븨젤레니에]

중 ①분리, 선출, 선발
②분배, 할당

**выде́рживать-
вы́держать**
[븨제르쥐바찌-븨제르좌찌]

불완-완 견디다, 참다, 버티다

вы́зов
[븨저프]

남 ①호출, 소환 ②도전

вызыва́ть-вы́звать
[븨지바찌-븨즈바찌]

불완-완 ①불러내다, 호출하다
②호소하다
③일으키다, 야기시키다

**выи́грывать-
вы́играть**
[븨이그릐바찌-븨이그라찌]

불완-완 이기다, 승리하다

**вылета́ть-
вы́лететь**
[븨롈따찌-븨롈쩨찌]

불완-완 날아가다, 날아오르다, 이륙하다

**выле́чивать-
вы́лечить**
[븨롈치바찌-븨롈치찌]

불완-완 완치하다, 병을 고치다

**выле́чиваться-
вы́лечиться**
[븨롈치바찌-븨롈치찌]

불완-완 완치되다, 다 낫다, 완쾌하다

выноси́ть-вы́нести
[븨너씨찌-븨네스찌]

불완-완 ①가지고 나가다, 반출하다
②참아내다, 견디다

выпада́ть-вы́пасть
[븨빠다찌-븨빠스찌]

불완-완 떨어지다, 빠지다,
(비,눈이) 내리다, 오다

вы́плата
[븨쁠라따]

여 지불

выпла́чивать-вы́платить
[븨쁠라치바찌-븨쁠라찌찌]
[븨쁠라치바찌 덜기]

불완-완 다 지불하다, 다 갚다
~ долги́ 빚을 갚다

выполне́ние
[븨뻘네니에]

중 수행, 완수, 실행

выполня́ть-вы́полнить
[븨뻘냐찌-븨뻘니찌]

불완-완 수행하다, 완수하다, 해내다, 실시하다

вы́пуск
[븨뿌스크]

남 ①생산(량) ②졸업, 졸업식 ③발행, 발간

выпуска́ть-вы́пустить
[븨뿌스까찌-븨뿌스찌찌]

불완-완 ①내보내다, 놓아주다 ②생산하다
③졸업시키다 ④발행하다, 발간하다

выпускни́к, ~ца
[븨뿌스크니크, 븨뿌스크니짜]

남 여 졸업생

выраба́тывать-вы́работать
[븨라버띄바찌-븨라버따찌]

불완-완 생산하다, 만들어내다, 제작하다,
작성하다

вы́работка
[븨라보뜨까]

여 생산, 제작

выража́ть-вы́разить
[븨라좌찌-븨라지찌]

불완-완 표현하다, 나타내다

выраже́ние
[븨라줴니에]

중 표현

вырастáть-вы́расти
[브라스따찌-브라스찌]
불완-완 자라다, 성장하다, 커지다, 증대되다, 성인이 되다

выра́щивать-вы́растить
[브라쉬바찌-브라스찌찌]
불완-완 키우다, 기르다, 재배하다

вы́рубка
[브루쁘까]
여 벌채

вы́садка
[브사뜨까]
여 내리는 것, 상륙

выска́зывать-вы́сказать
[브스까즤바찌-브스까자찌]
불완-완 말하다, 발언하다, 진술하다

вы́слу́шивать-вы́слушать
[브슬루쉬바찌-브슬루샤찌]
불완-완 (끝까지) 듣다

высо́кий
[브소끼이]
[브소끼이 고스찌]
형 높은
~ий гость 귀빈

высокока́чественный
[브싸꺼까체스트벤느이]
형 품질이 좋은, 질 높은

высококвалифици́рованный
[브싸꺼끄발리피찌로반느이]
형 잘 숙련된, 자질이 높은

высота́
[브싸따]
여 높이, 고도

вы́ставка
[브스따프까]
여 전람회, 박람회

вы́стрел
[비스뜨롈]

남 사격, 발사

выступа́ть-вы́ступить
[비스뚜빠찌-비스뚜삐찌]

불완-완 나서다, 앞으로 나가다, 출발하다,
출연하다, 공연하다

выступле́ние
[비스뚜쁠레니에]

중 ①출발, 진출 ②토론, 발언, 연설

вы́сший
[비쉬이]

형 제일 높은, 최고의, 최상의

высыла́ть-вы́слать
[비실라찌-비슬라찌]
[비실라찌 빠쓸꾸]

불완-완 보내다, 발송하다, 파견하다
~ посы́лку 소포를 보내다

вы́ход
[비허트]

남 나가는 것, 나오는 것, 발행, 발간

выходи́ть-вы́йти
[비하지찌-비이찌]
[비이찌 자무쉬]

불완-완 나오다, 나가다, 떠나다
~ за́муж 결혼하다(여자)

выходно́й
[비하드노이]

형 외출의, 휴가의
남 휴일

вычита́ние
[비치따니에]

중 뺄셈

вы́шка
[비쉬까]

여 탑

Г

гада́ть-погада́ть
[가다찌-빠가다찌]
    불완-완 추측하다, 예측하다

газ
[가스]
[쁘리로드느이 가스]
    남 가스, 기체
    приро́дный ~ 천연가스

газе́та
[가제따]
    여 신문

газопрово́д
[가저쁘라보트]
    남 가스관, 가스수송관

галере́я
[갈리레야]
    여 복도, 화랑

га́лстук
[갈스뚝]
    남 넥타이

гара́ж
[가라쉬]
    남 차고, 자동차수리소

гара́нтия
[가란찌야]
    여 보증, 보장, 담보

гардеро́б
[가르제로프]
    남 옷장, 옷보관실

гармо́ния
[가르모니야]
    여 조화, 화음

гвоздь
[그뽀쉬]
    남 못

где
[그제]
    부 어디에, 어느곳에

гекта́р
[젝따르]
    남 헥타르

генера́л
[게네랄]

🟦남 장군

генера́льный
[게네랄느이]
[게네랄느이 쁘라꾸로르]
[게네랄느이 디렉떠르]

🟦형 일반적인, 총체적인
~ый прокуро́р 검찰총장
~ый дире́ктор 총장

геогра́фия
[게아그라피야]

🟦여 지리학, 지리

геоло́гия
[게알로기야]

🟦여 지질학

герб
[게르프]

🟦남 (국가 · 시 등의) 문장

Герма́ния
[게르마니야]
[게르마네쯔]
[게르만까]

🟦여 독일
🟦남 герма́нец
🟦여 ~нка

герои́ня
[게로이냐]

🟦여 여걸, 여자영웅, 여주인공

геро́й
[게로이]

🟦남 영웅

ги́бель
[기벨]

🟦여 멸망, 파멸, 죽음

ги́бкость
[깁꺼스찌]

🟦여 유연성, 탄력성

гига́нтский
[기간스끼이]

🟦형 거다한, 막대한, 비상한

гид
[기트]

🟦남 여행가이드

гидроэне́ргия
[기드러에네르기야]

🟦여 수력

гимна́зия [김나지야]	여 중학교
гимна́стика [김나스찌까]	여 체조
гитара́ [기따라]	여 기타(악기)
глава́ [글라바]	여 우두머리, 지도자
гла́вный [글라브느이]	형 주요한, 주되는, 주임의
глаго́л [글라골]	남 동사
гла́дкий [글라뜨끼이]	형 미끄러운, 평평한, 평탄한
глаз [글라스]	남 눈, 시력
гли́на [글리나]	여 점토
глубина́ [글루비나]	여 깊이, 심도
глубо́кий [글루보끼이]	형 깊은, 깊숙한
глу́пый [글루쁘이]	형 우둔한, 어리석은
глухо́й [글루호이]	형 귀먹은, 무관심한 남 귀머거리
гляде́ть-погляде́ть [글랴제찌-빠글랴제찌]	불완-완 в(на) кого́-что 보다 바라보다

гнездо́
[그네즈도]

중 새둥지

говори́ть-сказа́ть
[거버리찌-스까자찌]

불완–완 말하다, 이야기하다

говя́дина
[가뱌지나]

여 소고기

год
[고트]

남 해, 년, 년도

годово́й
["가다보이
가다보이 쁠란"]

형 1년의, 연1회의
~ план 연간계획

гол
[골]

남 골(스포츠)

голова́
[갈라바]

여 머리

го́лод
[골러트]

남 굶주림, 기근, 기아

го́лос
[골러스]

남 ①목소리, 소리 ②투표권

голосова́ние
[갈라싸바니에]

중 투표, 표결

голубо́й
[갈루보이]

형 푸른, 하늘색

Гонко́нг
[간꼰]

남 홍콩

гора́
[가라]

여 산

гора́здо
[가라즈더]

부 훨씬, 비할 바 없이

гóрдость [고르더스찌]	여 자랑, 긍지
гóрдый [고르드이]	형 자랑스러운, 긍지를 가지는, 자부심을 가지는
горéть-сгорéть [가례찌-스가례찌]	불완-완 타다, 불타다
горизóнт [가리존트]	남 지평선, 수평선
горúлла [거릴라]	여 고릴라
гóрло [고를러]	중 목, 목구멍
гормóн [가르몬]	남 호르몬
гóрод [고라트]	남 도시
гóрький [고리끼이]	형 ①쓴, 매운 ②슬픈
горя́чий [가랴치이]	형 뜨거운, 더운
госпитализáция [가스삐딸리자찌야]	여 입원
гóспиталь [고스삐딸]	남 병원
господá! [가스빠다!]	복 여러분!
господúн [가스빠진]	남 신사, …씨

госпожа́
[가스빠좌]

여 여사, …씨

гости́ная
[가스찐나야]

여 객실

гости́ница
[가스찌니짜]

여 호텔

гость
[고스찌]

남 손님

госуда́рственный
[가수다르스트벤느이]

형 국가의
~ая власть 정권
~ый банк 국립은행

госуда́рство
[가수다르스트바]

중 국가

**гото́вить-
приготовить**
[가또비찌-쁘리가또비찌]

불완-완 준비하다, 마련하다

гото́вый
[가또브이]

형 к чему́ 준비된

град
[그라트]

남 우박

гра́дус
[그라두스]

남 (온도의) 도, (알코올 음료의) 도수

гра́ждане!
[그라쥐다네]

복 여러분!

**граждани́н,
гражда́нка**
[그라쥐다닌]
[그라쥐단까]

남 여 국민, 시민

гражда́нский
[그라쥐단스끼이]

형 국민의, 시민의

гражда́нство
[그라쥐단스뜨버]
중 국적

грамм
[그람]
남 그램

грамма́тика
[그라마찌까]
여 문법

гра́мотный
[그라머뜨늬이]
형 읽고 쓸줄 아는, 학식있는, 유식한

грани́ца
[그라니짜]
[가수다르스뜨벤나야 그라니짜]
여 경계, 경계선
госуда́рственная ~ 국경

гра́фик
[그라픽]
남 도표, 표, 그래프

гриб
[그리프]
남 버섯

грипп
[그립]
남 유행성 감기

гроза́
[그라자]
여 소나기

гром
[그롬]
남 천둥

гро́мкий
[그롬끼이]
형 큰 소리의, 우렁찬

грудь
[그루찌]
여 가슴, 흉부

груз
[그루스]
남 짐, 화물

Грузи́я
[그루지야]
[그루진]
[그루진까]

- 여 그루지아
- 남 грузи́н
- 여 ~ka

грузово́й
[그루자보이]

- 형 화물의, 짐의

грунт
[그룬뜨]

- 남 땅, 토지

гру́ппа
[그룹빠]

- 여 그룹, 조

гру́стный
[그루스느이]

- 형 슬픈, 쓸쓸한

гру́ша
[그루샤]

- 여 배, 배나무

губа́
[구바]

- 여 입술

гуля́ть
[굴랴찌]

- 불완 산책하다, 거닐다

Д

гуманизм
[구마니즘]
남 인도주의

гусь
[구시]
남 거위

да
[다]
조 예, 그렇습니다
접 …와(과), 및

давать-дать
[다바찌-다찌]
불완-완 주다, 부여하다

давление
[다블레니에]
중 압력

давний
[다브니이]
형 오랜, 오래전의

даже
[다제]
조 …도, …까지

далее
[달레에]
부 그 다음에

далёкий
[달료끼이]
형 먼, 먼곳의

дальнейший
[달네이쉬이]
형 향후의, 이후의

дальность
[달너스찌]
[달너스찌]
여 거리, 원거리
~ полёта 비행거리

дама
[다마]
여 부인, 귀부인

дамба
[담바]
여 둑, 제방

да́нные
[단느에]

복 자료

дар
[다르]

남 선물, 기념품, 재능

дари́ть-подари́ть
[다리찌-빠다리찌]

불완-완 кому́ что (물건을) 주다, 기증하다, 선물하다

да́та
[다따]

여 날짜, 연월일

да́ча
[다자]

여 별장

два
[드바]

수 (여 две) 2

два́дцать
[드밧짜찌]

수 20

двена́дцать
[드베낫짜찌]

수 12

дверь
[드베리]

여 문

две́сти
[드베스찌]

수 200

дви́гатель
[드비가쩰]

남 원동기, 엔진

движе́ние
[드비줴니에]

중 움직임, 운동

двоето́чие
[드버에또치에]

중 콜론(:)

дво́йня
[드보이냐]

여 쌍둥이

дворе́ц
[드바레쯔]

남 궁, 궁전

деви́з
[제비스]

남 신조, 좌우명

де́вочка
[제버치까]

여 소녀

де́вушка
[제부쉬까]

여 아가씨, 처녀

девяно́сто
[제비노스따]

수 90

девятна́дцать
[제빗낫짜찌]

수 19

де́вять
[제빗찌]

수 9

девятьсо́т
[제빗쏫]

수 900

де́душка
[제두쉬까]

남 할아버지

дежу́рный
[제주르느이]

형 당번의, 당직의
남 ~ый
여 ~ая 당직자

де́йствие
[제이스뜨비에]

중 움직임, 행동, 동작, 작용

де́йствовать
[제이스뜨버바찌]

불완 행동하다, 활동하다, 움직이다

дека́брь
[제까브리]

남 12월

дека́н
[제깐]

남 학장

деклара́ция
[제클라라찌야]

여 선언, 선언문, 신고

декора́ция
[제까라찌야]

여 무대장치, 무대미술, 배경, 장식

де́лать-сде́лать
[젤라찌-즈젤라찌]

불완-완 하다, 일을하다, 만들다, 제조하다

делега́т
[젤레갓]

남 대표자

делега́ция
[젤레가찌야]

여 대표단

деле́ние
[젤레니에]

남 나누기, 분배

дели́ть-расдели́ть, подели́ть
[젤리찌-라스젤리찌]
[빠젤리찌]

불완-완 나누다, 분류하다, 구분하다

де́ло
[젤러]

중 일, 일손

демилитариза́ция
[데밀리따리자찌야]

여 비무장화

демокра́тия
[제마끄라찌야]

여 민주주의

де́мон
[제먼]

남 악마, 마귀

демонстра́ция
[제만스뜨라찌야]

여 설명, 전시, 대중적 행동, 데모, 시위

де́мпинг
[뎀삔그]

남 덤핑

день
[젠]
[젠 라스쮀니야]

남 낮
~ рожде́ния 생일

де́ньги
[젠기]

복 돈, 금전

депута́т
[제뿌땃]

남 의원

дере́вня
[제레브냐]

여 농촌, 마을, 시골

де́рево
[제레버]

중 나무

держа́ва
[제르좌바]

여 강국

держа́ть
[제르좌찌]

불완 쥐다, 붙잡다

десе́рт
[지쎼르트]

남 디저트

де́сять
[제시찌]

수 10

дета́ль
[지딸]

여 상세, 부품

детекти́в
[디쩩찌브]

남 탐정, 탐정소설

де́ти
[제찌]

복 아이들, 어린이들

де́тский
[젯스끼이]
[젯스까야 이그루쉬까]
[젯스끼이 싸트]

형 아동의, 어린이의
~ая игру́шка 장난감
~ий сад 유치원

де́тство [젯스뜨버]	중	유년시절, 어린시절
дефе́кт [지펙트]	남	결함, 결점
дефици́т [지피찟]	남	적자, 결손, 부족, 결핍
дешёвый [지쇼브이]	형	값이 싼
де́ятель [제야쩰]	남	활동가, 사업가
де́ятельность [제야쩰너스찌]	여	활동, 사업, 업무
джем [젬]	남	잼
джи́нсы [쥔스이]	복	청바지
диабе́т [지아벳]	남	당뇨
диа́гноз [지아그너스]	남	진단
диале́кт [지알렉트]	남	방안, 사투리
диало́г [지알로크]	남	대화, 문답
диа́метр [지아메뜨르]	남	직경, 지름
дива́н [지반]	남	소파

диéта
[지에따]
여 다이어트, 식이요법

дизáйн
[디자인]
남 디자인

дúкий
[지끼이]
형 야만적인, 미개한, 미생의

диктáнт
[직딴뜨]
남 받아쓰기

динамúческий
[지나미체스끼이]
형 역학적인, 동적인

динáстия
[지나스찌야]
여 왕조

диплóм
[지쁠롬]
남 졸업증

дипломатúческий
[지쁠러마찌체스끼이]
[지쁠러마찌체스끼에 앗뜨너쉐니야]
형 외교의, 외교적인
~ие отношéния 외교관계

дипломáтия
[지쁠러마찌야]
여 외교, 외교활동

дирéктор
[지렉떠르]
남 지도자, 관리자

диск
[디스크]
남 디스크(전산)

дискриминáция
[지스크리미나찌야]
여 차별
рáсовая ~ 인종차별

дискýссия
[지스꾸씨야]
여 논쟁, 토론

диспепсúя
[지스뻽시야]
여 소화불량

диссертация
[지쎄르따찌야]

여 학위논문

дистанция
[지스딴찌야]
[длинная 지스딴찌야]

여 거리, 간격
длинная ~ 장거리

длина
[들리나]
[이즈메랴찌 들리누]

여 길이
измерять ~у 길이를 재다

длительность
[들리쩰너스찌]

여 (시간의) 장기성, 지속

длительный
[들리쩰느이]
[들리쩰나야 까만지로프까]

형 오래끄는, 오래 계속되는
~ая командировка 장기출장

длить-продлить
[들리찌-쁘라들리찌]
[들리찌 젤러]

불완-완 지연시키다
~ дело 일을 지연시키다

для
[들랴]

전 кого-чего …를 위하여, …를 위한

дневник
[드네브닉]

남 일기, 일지
вести ~ 일기를 쓰다

днём
[드뇸]

부 낮에

дно
[드노]

중 (밑)바닥, 밑창

до
[도]
[다 마스크비]
[다 씨흐 뽀르]
[다 앗뜨에즈다]

전 кого-чего ①…까지 ②…전
до Москвы 모스크바까지
до сих пор 지금까지
до отъезда 떠나기전

добавля́ть-доба́вить
[다바블랴찌-다바비찌]

불완-완 추가하다, 더하다

до́брый
[도브르이]

형 착한, 선량한

добыва́ть-добы́ть
[다븨바찌-다븨찌]

불완-완 얻다, 구하다, 획득하다

добы́ча
[다븨차]

여 채굴, 채굴량

дове́рие
[다베리에]

중 믿음, 신임, 신뢰

доверя́ть-дове́рить
[다베랴찌-다베리찌]

불완-완 믿다, 신임하다, 신뢰하다, 위임하다, 맡기다

дово́льный
[다볼느이]

형 만족한, 흐뭇한, 충분한

доводи́ть-довести́
[다바지찌-다베스찌]
[다바지찌 다 베듸]

불완-완 куда …까지 데려다주다, (어떤상태에) 이르게 하다
~ до беды́ 불행하게 만들다

дога́дка
[다가뜨까]

여 추측, 짐작

догова́риваться-договори́ться
[다가바리밧짜-다가바릿짜]

불완-완 о чём 서로 약속하다, 협정하다

догово́р
[다가보르]

남 조약, 계약
заключа́ть ~ 조약(계약)을 체결하다

договорённость [다가바료르너스찌]	여 합의, 약속
дождь [도쉬]	남 비스킷
дока́зывать- доказа́ть [다까즤바찌-다까자찌]	불완-완 증명하다, 입증하다
докла́д [다끌라트]	남 보고, 보고서 де́лать ~ 보고하다
до́ктор [독떠르]	남 의사, 박사
докуме́нт [다꾸멘트]	남 문건, 문서, 서류
долг [돌크]	남 의무, 임무
до́лгий [돌기이]	형 오랜, 장기간의, 긴
до́лжность [돌쥐너스찌]	여 직무, 직책, 직위
до́лжный [돌쥐느이]	형 당연한, 당연히 해야할, 의무적인, 해야하는
до́ллар [돌라르]	남 달러
до́ля [돌랴]	여 몫, 부분, 배당
дом [돔]	남 집, 주택

дома́шний
[다마쉬니이]

형 가정의, 집안의, 집의
~ие живо́тные 가축

домохозя́йка
[다마하쟈이까]

여 주부

домрабо́тница
[담라보뜨니짜]

여 가사도우미

допи́сывать-дописа́ть
[다삐싀바찌-다삐싸찌]

불완-완 다쓰다, 덧쓰다

дополне́ние
[다빨녜니에]

중 추가, 부가, 첨가

дополни́тельный
[다빨니쩰느이]

형 추가적인, 보충의

допро́с
[다쁘로스]

남 심문, 취조

допуска́ть-допусти́ть
[다뿌스까지-다뿌스찌찌]

불완-완 до кого-чего;
к кому-чему (통행·입장·면회·접근따위를) 허가하다

доро́га
[다로가]

여 길, 도로

дорого́й
[다라고이]

형 비싼, 귀중한, 존귀한

доска́
[다스까]

여 널판지, 판

досмо́тр
[다스모뜨르]
[따모젠느이 다스모뜨르]

남 검사
тамо́женный ~ 세관검사

досро́чный
[다스로치느이]

형 기한전의

доста́вка
[다스따프까]

여 배달, 송달, 송부

доставля́ть-доста́вить
[다스따블랴찌-다스따비찌]

불완-완 실어오다, 제공하다, 가져다주다

достига́ть-дости́гнуть
[다스찌가찌-다스찌그누찌]

불완-완 이르다, 도달하다

достиже́ние
[다스찌줴니에]

중 달성, 성취, 도달

досто́инство
[다스또인스뜨버]

중 장점

досто́йный
[다스또인느이]

형 чего …할만 한, …할 자격이 있는

досту́пный
[다스뚭쁘느이]

형 통과할 수 있는, 접근할 수 있는

дохо́д
[다호트]

남 수입, 소득

доходи́ть-дойти́
[다하지찌-다이찌]

불완-완 …까지 걸어가다(오다), 이르다, 달하다

дочь
[도치]

여 딸

драгоце́нный
[드라가쩬느이]

형 귀중한, 고귀한

драко́н
[드라콘]

남 용

дра́ма
[드라마]

여 연극, 극작품

дре́вность
[드례브너스찌]

여 옛날, 고대

друг
[드루크]

남 벗, 친구

друго́й
[드루고이]

형 다른, 별개의

дру́жный
[드루쥐느이]

형 사이좋은, 친한, 화목한

дуб
[두쁘]

남 참나무

ду́ма
[두마]

여 생각, 사고
Госуда́рственная ~ 러시아 국회

ду́мать-поду́мать
[두마찌-빠두마찌]

불완-완 생각하다

ду́ра
[두라]

여 바보

дуть
[두찌]

불완 불다, 불어오다

дух
[두흐]

남 정신, 혼

духи́
[두히]

복 향수

духо́вный
[두호브느이]

형 정신적인, 정신의, 종교의

душ
[두쉬]

남 샤워

душа́
[두솨]

여 마음, 정신

душе́вный
[두쉐브느이]

형 정신의, 마음의

ду́шный
[두쉬느이]

형 무더운, 숨쉬기 답답한, 숨막히는

дым
[딈]

남 연기

ды́ня
[듸냐]

여 참외, 멜론

дыра́
[듸라]

여 구멍

дыха́ние
[듸하니에]

중 호흡, 숨, 숨쉬기

дыша́ть-дохну́ть
[듸샤찌-다흐누찌]

불완-완 숨쉬다, 호흡하다

дя́дя
[쟈쟈]

남 삼촌, 아저씨

E

Европа
[예브로빠]

여 유럽

**европе́ц,
европе́йка,
европе́йцы**
[예쁘러뻬찌]
[에브러뻬이까]
[에브러뻬이찌]

남 여 복 유럽사람

еда́
[이다]

여 식사, 음식

едини́ца
[이지니짜]

여 1, 단위

единогла́сие
[이지나글라씨에]

중 만장일치

еди́нственный
[이진스뜨벤느이]

형 단하나의, 유일한

еди́ный
[이지느이]

형 하나의, 단일의, 통일된

ежего́дный
[이쥐고드느이]
[이쥐고드너에 메러쁘리야찌에]

형 매년의
~ое мероприя́тие 연례행사

ежедне́вный
[이쥐드녜브느이]
[이쥐드녜브나야 가졔따]

형 매일의
~ая газе́та 일간신문

ежеме́сячный
[이쥐메샤치느이]
[이쥐메샤치느이 주르날]

형 매달의
~ый журна́л 월간잡지

еженеде́льный
[이쥐네젤느이]

형 매주의

éздить-éхать
[에즈지찌-예하찌]

불완-완 타고가다, 타고 다니다

ёлка
[욜까]

여 전나무, 크리스마스 트리

éсли
[예슬리]

접 만약, 만일, …경우에는

естéственный
[이스뼤스뜨벤느이]
[이스뼤스뜨벤느에 나우끼]

형 자연의, 천연의, 자연적인
~ые науки 자연과학

есть
[예스찌]

불완 ①먹다 ②→быть

ещё
[이쇼]
[이쇼 라스]
[다이쩨 이쇼]

부 더, 또, 다시
~ раз 다시한번
дáйте ~ 더 주세요

Ж

жа́ба
[좌바]
- 여 두꺼비

жа́дность
[좌드너스찌]
- 여 욕심

жаке́т
[좌껫]
- 남 자켓

жале́ть-пожале́ть
[쫠레찌-빠좔레찌]
- 불완-완 가엽게 여기다, 동정하다

жаль
[좔]
- 술어 유감스럽다, 안타깝다

жара́
[좌라]
- 여 더위, 무더위

жа́ренный
[좌롄느이]
[좌롄느이 까르또쉬까]
- 형 볶은, 구운, 튀긴
  ~ая карто́шка 감자튀김

жа́рить
[좌리찌]
- 불완 볶다, 지지다, 굽다

жа́ркий
[좌르끼이]
- 형 더운, 뜨거운

жать
[좌찌]
[좌찌 루꾸]
- 불완 ①누르다, 쥐다 ②추수하다
  ~ ру́ку 악수하다

жва́чка
[쥐바츠까]
- 여 껌

ждать
[쥐다찌]
[쥐다찌 거스뻬이]
- 불완 кого-чего 기다리다
  ~ госте́й 손님을 기다리다

жевáть
[줴바찌]

불완 씹다

желáние
[젤라니에]

중 희망, 소원

желáть-пожелáть
[젤라찌–빠젤라찌]

불완–완 바라다, 소원하다

железнодорóжный
[젤레즈너다로쥐느이]
[젤레즈너다로쥐느이 빌롓]
[젤레즈너다로쥐느이 바그잘]

형 철길의, 철도의
~ый билéт 기차표
~ый вокзáл 기차역

желéзо
[젤레자]

중 쇠, 철

жёлтый
[죨뜨이]
[죨따야 까르떠치까]

형 노란색의, 황색의
~ая кáрточка 옐로우카드

желýдок
[젤루덕]

남 위(신체)

жéмчуг
[젬축]

남 진주

женá
[줴나]

여 처, 아내, 부인

женúться
[줴닛짜]

불완 на ком 결혼하다(남자가)

жéнский
[줸스끼이]
[줸스끼이 뽈]

형 여자의, 여성의
~ий пол 여성

жéнщина
[줸쉬나]

여 여자

женьшéнь
[줸쉔]

남 인삼

же́ртва
[줴르뜨바]

여 희생, 희생자

жест
[줴스뜨]

남 제스처, 몸짓

жёсткий
[죠스끼이]

형 딱딱한, 뻣뻣한

жечь
[줴치]

불완 태우다, 굽다, 데우다

живо́й
[쥐보이]
[쥐보에 수쉐스뜨버]

형 살아있는, 생명이 있는
~ое существо́ 생물

живопи́сец
[쥐버삐쎄쯔]

남 화가

жи́вопись
[쥐바삐시]

여 그림, 회화

живо́т
[쥐봇]
[레좌찌 나 쥐보쩨]

남 배, 복부
лежа́ть на ~é 엎드려있다.

живо́тное
[쥐보뜨너에]

중 동물

жи́дкий
[쥐뜨끼이]

형 액체의

жи́дкость
[쥐뜨꺼스찌]

여 액체

жизнь
[쥐즌]

여 목숨, 생명, 삶

жильё
[쥘리요]

중 주거, 주택

жир
[쥐르]

남 기름, 지방

жира́ф
[쥐라프]

남 기린

жи́рный
[쥐르느이]

형 기름진, 기름이 많은, 살찐

жи́тель
[쥐쩰]

남 주민, 거주자

жить
[쥐찌]

불완 살아있다, 생활하다, 거주하다.

житьё
[쥐찌요]

중 생활, 살림살이

журна́л
[주르날]

남 잡지

журнали́ст
[주르날리스뜨]

남 기자

3

за
[자]

전 ①(위치) 뒤에, 건너편에, 밖에 ②(방향) 뒤로, 밖으로 ③뒤따라, 뒤이어 ④가까이에, 곁에 ⑤(원인) …때문에

забастóвка
[자바스또프까]

여 파업

заберéменеть
[자베레메네찌]

완 임신하다

забóтиться
[자보찟짜]

불완 근심하다, 걱정하다

заболевáние
[자발레바니에]

중 병, 질병

заболевáть-заболéть
[자발레바찌–자발레찌]

불완–완 발병하다, 병에 걸리다, 아프다.

забóта
[자보따]

여 근심, 걱정

забывáть-забы́ть
[자븨바찌–자븨찌]

불완–완 잊다, 잊어버리다

заведéние
[자베제니에]
[우체브노에 자베제니에]

중 기관, 시설
учéбное ~ 교육기관, 학교

завéдующий
[제베두유쉬이]

남 지배인, 관리자, 책임자

завёртывать-завернýть
[자뵤르띄바찌–자베르뜨누찌]

불완–완 싸다, 둘러싸다, 포장하다

завершáть-завершúть
[자베르샤찌-자베르쉬찌]

불완-완 완성하다, 완수하다

завершáться-завершúться
[자베르샷짜-자베르쉿짜]

불완-완 чем 끝나다, 완료하다

завершéние
[자베르쉐니에]

중 성취, 완성, 완수

завúдовать-позавúдовать
[자비더바찌-빠자비더바찌]

불완-완 кому-чему 부러워하다

завúсеть
[자비세찌]

불완 от кого-чего 의존하다, 종속 관계에 있다

завúсимый
[자비시므이]

여 종속, 의존

завóд
[자보트]

남 공장

зáвтра
[자프뜨라]

부 내일

зáвтрак
[자프뜨락]

남 아침식사

зáвтракать-позáвтракать
[자프뜨라까찌-빠자프뜨라까찌]

불완-완 아침식사를 하다

зáвтрашний
[자프뜨라쉬니이]

형 내일의

завя́зка
[자뱌스까]

여 끈, 줄

зага́дка
[자가트까]

여 수수께끼

загова́ривать-заговори́ть
[자가바리바찌-자가바리찌]

불완-완 말하기 시작하다, 입을 떼다

за́городный
[자거러드느이]

형 교외의, 시외의

заграни́ца
[자그라니짜]

여 외국, 국외

загру́зка
[자그루스까]

여 싣는것, 적재

загрязне́ние
[자그럐즈녜니에]

중 오염

задава́ть-зада́ть
[자다바찌-자다찌]
[자다바찌 바쁘로스]

불완-완 주다
~ вопро́с 질문하다

зада́ние
[자다니에]
[다마쉬네에 자다니에]

중 과제, 임무
дома́шнее ~ 숙제

зада́ча
[자다차]
[레샤찌 자다추]

여 과제, 문제
реша́ть ~у 문제를 풀다

заде́ржка
[자데르쉬까]

여 지체, 정체

за́дний
[자드니이]

형 뒤의, 뒤쪽의

заду́мываться-заду́маться
[자두븨밧짜-자두맛짜]

불완-완 생각에 잠기다, 깊이 생각하다

заём
[자욤]

남 부채, 빚

зажигалка
[자쥐갈까]

여 라이터

зажигание
[자쥐가니에]

중 점화

заимствовать
[자임스뜨버바찌]

불완|완 차용하다

заинтересовать
[자인쩨레서바찌]

→интересовать

заказ
[자까스]
[젤라찌 자까스]

남 주문
делать ~ 주문하다

заказчик
[자까칙]

남 주문자

**заказывать-
заказать**
[자까즤바찌-자까자찌]

불완-완 주문하다

**заканчивать-
закончить**
[자깐치바찌-자꼰치찌]

불완-완 끝마치다, 끝내다

**заключать-
заключить**
[자클류차찌-자클류치찌]

불완-완 (조약 등을) 맺다, 체결하다, 결론짓다

**заключаться-
заключиться**
[자클류찻짜-자클류칫짜]

불완-완 в чём …에 있다, …라고 하는데 있다, …로 되다

заключение
[자클류체니에]

중 체결, 결론

зако́н
[자꼰]
[자꼰 아 인베스찌찌이]

남 법칙, 법, 법령
~ о инвести́ции 투자법

законода́тельство
[자꺼나다쩰스트버]

중 입법, 법률 제정

закономе́рный
[자꺼나메르느이]

형 적법의, 합법의

законопрое́кт
[자꺼너쁘라옉트]

남 법안, 법률안

закрепля́ть-закрепи́ть
[자끄레쁠랴찌–자끄레삐찌]

불완–완 고정시키다, 견고하게 하다

закрыва́ть-закры́ть
[자끄릐바찌–자크릐찌]

불완–완 닫다, 끄다, 가리다

закры́тие
[자크릐찌에]

중 닫는것, 폐쇄

заку́пка
[자꿉까]

여 구매, 구입, 수매

заку́ска
[자꾸스까]

여 반찬, 안주

зал
[잘]

남 홀, 강당

зало́г
[잘로크]

남 저당, 담보

замедле́ние
[자메들레니에]

중 지체, 지연

замедля́ть-заме́длить
[자메들랴찌–자메들리찌]

불완–완 지연시키다, 늦추다

замéна
[자메나]

여 교환, 교대

**заменя́ть-
замени́ть**
[자메냐찌–자메니찌]

불완–완 바꾸다, 교대하다, 교체하다

замéтка
[자메트까]

여 기사, 메모, 비고

замóк
[자목]

중 자물쇠

**замора́живать-
заморо́зить**
[자마라쥐바찌–자마로지찌]

불완–완 동결시키다, 냉각시키다, 냉동하다

за́муж
[자무쉬]
[븨하지찌 자무쉬]

부 выходи́ть ~ 시집가다

занавéска
[자나베스까]

여 커튼

**занима́ть-
заня́ть**
[자니마찌–자냐찌]

불완–완 (위치 등을) 차지하다, (시간이) 걸리다

**занима́ться-
заня́ться**
[자니맛짜–자냣짜]

불완–완 чем …을 하다, …에 종사하다

заня́тие
[자냐찌에]

중 일, 사업

за́пад
[자빠트]

남 서쪽

запа́с
[자빠스]

남 재고, 예비품

за́пах
[자빠흐]

남 냄새, 향기

запи́сывать-записа́ть
[자삐스바찌–자삐싸찌]

불완–완 적어두다, 기입하다, 등록하다

за́пись
[자삐시]

여 필기, 녹음

заплати́ть
[자쁠라찌찌]

→плати́ть

запозда́ние
[자빠즈다니에]

중 지연, 지각

запомина́ть-запо́мнить
[자빠미나찌–자뽐니찌]

불완–완 기억하다

запре́т
[자쁘렛]

남 금지

запреща́ть-запрети́ть
[자쁘레샤찌–자쁘레찌찌]

불완–완 что кому 금지하다, 말리다

запреща́ться-запрети́ться
[자쁘레샷짜–자쁘레찟짜]
[쁘라호트 자쁘레샤엣짜]

불완–완 금지시키다
прохо́д ~ща́ется 통행 금지

запро́с
[자쁘로스]

남 조회, 문의

запята́я
[자삐따야]

여 구두점(,)

зараба́тывать-зарабо́тать
[자라바띄바찌–자라보따찌]

불완–완 돈을 벌다

зара́нее
[자라네에]

부 미리, 사전에

зарпла́та
[자쁠라따]

여 임금, 봉급

заседа́ние
[자세다니에]

중 회의, 모임

заслу́га
[자슬루가]

여 공훈, 공로, 업적

засто́й
[자스또이]

남 정체, 침체, 불경기

за́суха
[자쑤하]

여 가뭄

зате́м
[자쩸]

부 다음에, 그 후에

затра́та
[자뜨라따]

여 소비, 지출

затра́чивать-затра́тить
[자뜨라치바찌-자뜨라찌찌]

불완-완 쓰다, 사용하다, 소모하다

затя́жка
[자쨔쥐까]

여 지체, 지연

захва́тывать-захвати́ть
[자흐바띄바찌-자흐바찌찌]

불완-완 움켜쥐다

заходи́ть-зайти́
[자하지찌-자이찌]

불완-완 들르다

заче́м
[자쳄]

부 왜, 어째서, 무엇때문에

зачёт
[자촛]

남 중간시험, 보조시험

зачисление
[자치슬례니에]

중 편입

зачислять-зачислить
[자치슬랴찌-자치슬리찌]

불완-완 등록하다, 편입시키다

защита
[자쉬따]

여 보호

защищать-защитить
[자쉬샤찌-자쉬찌찌]

불완-완 보호하다, 방어하다, 변호하다

заявка
[자야프까]
представлять ~у
[쁘레드스따블랴찌 자야프꾸]

여 신청서, 청구서
신청서를 제출하다

заявление
[자이블례니에]

중 성명, 성명서

заявлять-заявить
[자이블랴찌-자이비찌]

불완-완 선언하다, 신고하다, 제출하다

заяц
[자야쯔]

남 토끼

звать
[즈바찌]

불완 부르다, 초대하다

звезда
[즈베즈다]

여 별

звено
[즈비노]

중 고리

зверь
[즈베리]

남 짐승

звони́ть-позвони́ть
[즈바니찌-빠즈바니찌]

불완-완 (종이) 울리다, 소리가 나다, 전화를 걸다

звоно́к
[즈바녹]

남 초인종, 종, 종소리

звук
[즈북]

남 소리, 음성

звукоза́пись
[즈부꺼자삐시]

여 녹음

звуча́ние
[즈부차니에]

중 소리나는 것

звуча́ть-прозвуча́ть
[즈부차찌-쁘러즈부차찌]

불완-완 소리가 나다, 울리다

зда́ние
[즈다니에]

중 건물

здесь
[즈제시]

부 여기, 여기에

здоро́ваться-поздоро́ваться
[즈다로밧짜-빠즈다로밧짜]

불완-완 с кем 인사를 나누다

здоро́вый
[즈다로브이]

형 건강한, 튼튼한

здоро́вье
[즈다로비에]

중 건강

зе́бра
[제브라]

여 얼룩말

зево́та
[제보따]

여 하품

зелёный
[젤료느이]

형 초록색

земледе́лие
[지믈레젤리에]

중 농업, 농사

землетрясе́ние
[지믈레뜨랴쎄니에]

중 지진

земля́
[제믈랴]

여 흙, 땅, 토지
Земля́ 지구

зе́ркало
[제르깔러]

중 거울

зерно́
[제르노]

중 곡물

зима́
[지마]

여 겨울

зи́мний
[짐니이]

형 겨울의

зимо́й
[지모이]

부 겨울에

зло
[즐로]

중 악

злока́чественный
[즐러까체스뜨벤느이]

형 악성의

змея́
[즈메야]

여 뱀

знак
[즈낙]

남 기호, 부호

**знако́мить-
познако́мить**
[즈나꼬미찌-빠즈나꼬미찌]

불완-완 кого с кем-чем 알게하다,
소개하다

знакóмиться-познакóмиться
[즈나꼬밋짜-빠즈나꼬밋짜]

불완-완 с кем-чем 아는 사이가 되다.
사귀다

знакóмство
[즈나꼼스뜨버]

중 아는사이, 교제

знакóмый
[즈나꼬므이]

형 아는, 낯익은

знáние
[즈나니에]

중 지식

знать
[즈나찌]

불완 알다, 이해하다

значéние
[즈나체니에]

중 뜻, 의미

знáчить
[즈나치찌]

불완 의미하다, 의미를 가지다

зóлото
[졸러떠]

중 금, 황금

зóнтик
[존찍]

남 우산

зоопáрк
[자아빠르끄]

남 동물원

зуб
[주쁘]

남 이, 치아

зубнóй
[주브노이]
[주브나야 빠스따]
[주브나야 숏까]

형 치아의
~ая пáста 치약
~ая щётка 칫솔

зубочи́стка
[주버치스뜨까]

여 이쑤시개

И

и
[이]
접 …와(과), 및, 그리고

и́бо
[이버]
접 왜냐하면, …때문에

игла́
[이글라]
여 바늘

игра́
[이그라]
여 놀이, 경기, 게임

игра́ть-сыгра́ть
[이그라찌-씌그라찌]
불완-완 놀다, 장난하다, (악기 등을) 연주하다

игру́шка
[이그루쉬까]
여 장난감

идеоло́гия
[이데알로기야]
여 사상

идио́т
[이디옷]
남 바보, 멍청이, 백치

идти́
[잇찌]
불완 가다, 오다, 걷다

из
[이즈]
전 …부터, …에서

избавля́ть-изба́вить
[이즈바블랴찌-이즈바비찌]
[이즈바블랴찌 앗 아빠스너스찌]
불완-완 от кого-чего 벗어나게 하다, 구제하다
~ от опа́сности 구출하다

избира́тель
[이즈비라쩰]
남 유권자, 선거인

избира́тельный
[이즈비라쪨느이]
[이즈비라쪨나야 깜빠니야]

형 선거의
~ая кампа́ния 선거운동

изве́стие
[이즈베스찌에]

중 보도, 통신, 소식, 뉴스

изве́стный
[이즈베스느이]

형 알려진, 유명한, 저명

извиня́ть-извини́ть
[이즈비냐찌-이즈비니찌]

불완-완 кого за что 용서하다

извиня́ться-извини́ться
[이즈비냣짜-이즈비닛짜]

불완-완 용서를 빌다, 사과하다

извлека́ть-извле́чь
[이즈블레까찌-이즈블레치]
[이즈블레까찌 브버트]
[이즈블레까찌 우록]

불완-완 끄집어 내다, 뽑아내다, 얻어내다
~ вы́вод 결론을 끄집어 내다
~ уро́к 교훈을 얻다

изда́ние
[이즈다니에]

중 발행, 발간

изда́тельство
[이즈다쪨스뜨버]

중 출판사

изде́лие
[이즈젤리에]

중 제품, 생산품

изде́ржки
[이즈제르쉬끼]

복 지출, 비용, 경비

из-за
[이자]

전 ① …의 뒤로부터, … 뒤에서
② …때문에, …로 인하여

излуче́ние
[이즐루체니에]

중 방사, 발산, 방출

изменя́ть-измени́ть
[이즈메냐찌-이즈메니찌]

불완-완 바꾸다, 변경하다, 개정하다, 수정하다

измере́ние
[이즈메례니에]

중 측정

изображе́ние
[이저브라줴니에]

중 묘사, 그림

изобрете́ние
[이저브레쩨니에]

중 발명, 고안, 발명품

изуча́ть-изучи́ть
[이주차찌-이주치찌]

불완-완 배우다, 연구하다, 학습하다

изуче́ние
[이주체니에]

중 연구, 학습

изыска́ние
[이즈스까니에]

중 탐색, 탐구

ико́та
[이꼬따]

여 딸꾹질

икра́
[이끄라]

여 물고기 알

и́ли
[일리]

접 혹은, 또는

иллю́зия
[일류지야]

여 착각, 환상, 망상

иллюстри́ровать
[일류스뜨리러바찌]

불완/완 그림을 그리다, 삽화를 넣다, 예증하다

и́менно
[이몐너]
[이몐너 에떠]

조 바로
~ э́то 바로 이것

име́ть
[이몌찌]

불완 가지다, 소유하다

имита́ция
[이미따찌야]
〔여〕 모조, 모방, 위조물

иммигра́нт, ~ка
[이미그란뜨, 이미그란뜨까]
〔남〕〔여〕 이주민

иммигра́ция
[이미그라찌야]
〔여〕 이주

импе́рия
[임뻬리야]
〔여〕 제국

и́мпорт
[임뽀르뜨]
〔남〕 수입

импорти́ровать
[임뽀르찌러바찌]
〔불완〕〔완〕 수입하다

и́мпортный
[임뽀르뜨늬이]
[임뽀르뜨늬에 따바리]
〔형〕 수입의
~ые това́ры 수입품

и́мпульс
[임뿔스]
〔남〕 충동, 자극

иму́щество
[이무쉐스뜨버]
〔중〕 재산, 소유물

и́мя
[이먀]
〔중〕 이름, 명성

ина́че
[이나체]
[이나체 가바랴]
〔부〕 다르게, 달리 〔접〕 그렇지 않으면
~ говоря́ 다르게 말하면

инвали́д
[인발리트]
〔남〕 노약자

инвести́ция
[인베스찌찌야]
〔여〕 투자

индивидуали́зм
[인디비두알리즘]
〔남〕 개인주의

Индия
[인디야]
[인디예쯔, 인디이짜]

- 여 인도
- 남 **индиец**,
- 여 ~**ийца** 인도사람

Индонéзия
[인다네지야]
[인데네지예쯔, 인더네제이짜]

- 여 인도네시아
- 남 **индонезиец**
- 여 ~**ийц**а 인도네이사인

индустриализáция
[인두스뜨리알리자찌야]

- 여 공업화

индýстрия
[인두스뜨리야]

- 여 공업, 산업

инженéр
[인줴네르]
[인줴네르-스뜨로이쩰]

- 남 기사
- ~-**строитель** 건축기사

инициатива
[이니찌아찌바]

- 여 발기, 발의, 주도권, 발의권

иногдá
[이나그다]

- 부 때때로, 가끔, 이따금

инóй
[이노이]

- 형 다른, 별개의

иностранец, ~ка
[이나스뜨라녜쯔,
이나스뜨란까]

- 남 여 외국인

иностранный
[이나스뜨란느이]
[이나스뜨란느이 이직]

- 형 외국의
- ~**ый язык** 외국인

институт
[인스찌뚜뜨]

- 남 대학, 연구소

инструмéнт
[인스뜨루몐뜨]
[무즤깔느이 인스뜨루몐뜨]

- 남 도구, 기구, 악기
- **музыкальный** ~ 악기

И

интегра́ция
[인떼그라찌야]

여 통합

интелле́кт
[인뗄렉뜨]

남 지성, 지능

интеллектуа́льный
[인뗄렉뚜알느이]

형 이성적인, 지적인

интенси́вный
[인뗀씨브느이]

형 긴장된, 강도가 높은, 집약적인

интерва́л
[인떼르발]

남 사이, 간격, 구간, 거리

интервью́
[인떼르비유]

중 인터뷰, 면접

интере́с
[인쩨레스]

남 재미, 흥미, 관심

интересова́ть
[인쩨레써바찌]

불완 흥미를 느끼게 하다, 흥미를 갖게 하다

интересова́ться
[인쩨레써밧짜]

불완 кем-чем 흥미를 가지다, 관심을 가지다

интере́сы
[인쩨레싀]

목 이익, 이해관계

инфе́кция
[인뻭찌야]

여 전염, 감염

информа́ция
[인파르마찌야]

여 정보, 보도, 통지

информи́ровать
[인파르미러바찌]

불완 кого о чём 통고하다, 통보하다

иска́ть
[이스까찌]

불완 찾다, 찾아다니다, 탐색하다, 모색하다

исключе́ние [이스끌류체니에]	중 제외, 삭제, 제거
и́скра [이스끄라]	여 불꽃, 섬광
иску́сственный [이스꾸쓰뜨벤느이]	형 인공적인, 인조의
иску́сство [이스꾸쓰뜨버]	중 예술
исполня́ть-испо́лнить [이스빨냐찌-이스뽈니찌]	불완-완 실행하다, 수행하다
испо́льзовать [이스뽈저바찌]	불완/완 쓰다, 사용하다
исправле́ние [이스쁘라블레니에]	중 수정
исправля́ть-испра́вить [이스쁘라블랴찌-이스쁘라비찌]	불완-완 고치다, 수정하다
испы́тывать-испыта́ть [이스쁴띄바찌-이스쁴따찌]	불완-완 시험하다, 실험하다, 겪다, 체험하다
иссле́дование [이슬레더바니에]	중 연구, 탐구
иссле́довать [이슬레더바찌]	불완/완 연구하다, 조사하다
истека́ть-исте́чь [이스쩨까찌-이스쩨치]	불완-완 끝나다, 만료되다
истори́ческий [이스따리체스끼이]	형 역사의, 역사적인

И

исто́рия
[이스또리야]

여 역사

исто́чник
[이스또치닉]

남 발원, 출처, 원천

исхо́д
[이스호트]

남 결말, 종결

Ита́лия
[이딸리야]
[이딸리야네쯔]
[이딸리얀짜]

여 이탈리아
남 италья́нец
여 ~нца

ито́г
[이또크]

남 총액, 총계

ию́ль
[이율]

남 7월

ию́нь
[이윤]

남 6월

йо́грут
[이오구르뜨]

남 요구르트

К

к
[끄]
전 …에, …로, …까지

кáбель
[까벨]
남 케이블선

кабинéт
[까비넷]
남 연구실, 서재

кáждый
[까쥐드이]
형 각각의, 제각기
명 각자

казáться-показáться
[까잣짜-빠까잣짜]
불완–완 кому кем-чем 보이다, 생각된다

Казахсáн
[까자흐스딴]
남 카자흐스탄

казнá
[까즈나]
여 국고

как
[깍]
부 어떻게
접 …와 같다, …처럼, 마치

какóй
[까꼬이]
형 어떠한, 어느, 무슨

календáрь
[깔렌다리]
남 달력

калóрия
[깔로리야]
여 칼로리

калькулятор
[깔리꿀랴떠르]
남 계산기

кáмень
[까민]
남 돌, 바위

ка́мера
[까메라]
- 여 방

кампа́ния
[깜빠니야]
- 여 운동, 캠페인

Кана́да
[까나다]
[까나데쯔]
[까나트까]
- 여 캐나다
- 남 кана́дец
- 여 ~дка 캐나다 사람

кана́л
[까날]
- 남 운하, 물길

кандида́т
[깐디닷]
- 남 후보자

кани́кулы
[까니꿀릐]
- 복 방학, 휴가

капита́л
[까삐딸]
- 남 자본, 자산

капитали́зм
[까삐딸리즘]
- 남 자본주의

капита́н
[까삐딴]
- 남 선장, 함장, 대위

ка́пля
[까쁠랴]
[까쁠리 다좌]
- 여 방울
  ~и дождя́ 빗방울

каранда́ш
[까란다쉬]
[쯔베뜨노이 까란다쉬]
- 남 연필
  цветно́й ~ 색연필

ка́рий
[까리이]
- 형 갈색의

карма́н
[까르만]
- 남 호주머니

ка́рта
[까르따]
여 지도

карти́на
[까르찌나]
여 그림

карто́фель
[까르또필]
남 감자

ка́рточка
[따르떠치까]
여 카드

карье́р
[까리예르]
남 출세, 직업

каса́ться-косну́ться
[까샷짜–까스눗짜]
불완–완 접촉하다, 건드리다, 언급하다

ка́сса
[까싸]
[빌롓드나야 까싸]
여 계산대
биле́тная ~ 매표소

кассе́та
[까쎄따]
여 카세트

кастрю́ля
[까르뜨률랴]
여 냄비

катало́г
[까딸로크]
남 목록

катастро́фа
[까따스뜨로파]
여 사고, 참사

ката́ться
[까땃짜]
[까땃짜 나 깐까호]
불완 타고다니다
~ на конька́х 스케이트를 타다

катего́рия
[까쪠고리야]
여 종류, 등급

K

каток [까똑]	남 스케이트장
католик [까딸릭]	남 카톨릭
кафе [까페]	중 카페
кафедра [까페드라]	여 강단, 교단, 강좌
кафетерий [까페쩨리이]	남 간이식당(카페)
качать [까차찌]	불완 흔들다
качели [까첼리]	복 그네
качество [까체스뜨버]	중 질, 품질
каша [까샤]	여 죽
кашель [까쉘]	남 기침
кашлять [까쉴랴찌]	불완 기침하다, 콜록거리다
квадрат [끄바드랏]	남 정사각형, 정방형
квалификация [끄발리피까찌야]	여 자격, 숙련, 자질
квартал [끄바르딸]	남 구, 구역, 분기

квартира [끄바르찌라]	여 아파트
квас [끄바스]	남 크바스(러시아 곡물음료)
кекс [껙스]	남 케이크
кéпка [껩까]	여 캡(모자)
кефир [끼피르]	남 케피르, 발효우유
килограмм [낄라그람]	남 킬로그램
километр [낄라메뜨르]	남 킬로미터
кино [끼노]	중 영화
кинотеатр [끼너찌아뜨르]	남 영화관
киоск [끼오스끄]	남 간이매점
кипеть [끼뻬찌]	불완 끓다, 끓어오르다
Киргизия [끼르기지야] [끼르기즈,] [끼르기즈까]	여 키르기즈 남 кирги́з, 여 ~ка
кирпич [끼르삐치]	남 벽돌
кислород [끼슬라로트]	남 산소

ки́слый
[끼슬르이]

형 신, 시큼한

кит
[낏]

남 고래

Кита́й
[끼따이]
[끼따에쯔]
[끼따얀까]

남 중국
남 кита́ец,
여 китая́нка

кишка́
[끼쉬까]

여 내장

клавиату́ра
[끌라비아뚜라]

여 (피아노, 타자기의) 건반, 키보드

**кла́няться-
поклони́тся**
[끌라냣짜~빠끌라닛짜]

불완-완 кому 인사하다, 절하다

класс
[끌라쓰]

남 계급, 학년, 등, 급

клей
[끌레이]

남 풀, 접착제

клён
[끌룐]

남 단풍나무

клие́нт
[끌리엔뜨]

남 고객, 의뢰인

кли́мат
[끌리맛]
[깐찌넨딸느이 끌리맛]

남 기후
континента́льный ~ 대륙성기후

кли́ника
[끌리니까]

여 (대학부속) 병원, 클리닉

кла́ссик
[끌라씩]

남 고전작가

клуб
[끌루쁘]
남 클럽

клубни́ка
[끌루브니까]
여 딸기

ключ
[끌류치]
남 열쇠

кни́га
[끄니가]
여 책

кно́пка
[끄높까]
여 압정, 스위치

княги́ня
[끄냐기냐]
여 공작부인

князь
[끄냐시]
남 공작

ковёр
[까뵤르]
남 양탄자, 카페트

когда́
[까그다]
부 언제, 어느때에

код
[꼬트]
남 암호, 부호

ко́декс
[꼬덱쓰]
[그라쥐단스끼이 꼬덱쓰]
[우갈로브느이 꼬덱쓰]
남 법전, 규범
гражда́нский ~ 민법
уголо́вный ~ 형법

ко́жа
[꼬좌]
여 살갗, 피부, 가죽

козёл
[까쫄]
남 수염소, 산양

кокте́йль
[깍떼일]
남 칵테일

ко́ла
[꼴라]

여 콜라

колеба́ние
[깔레바니에]

중 진동, 변동, 동요

колеба́ть-поколеба́ть
[깔레바찌-빠깔레바찌]

불완-완 흔들다, 진동하다

коле́но
[깔레너]

중 무릎

колесо́
[깔레쏘]

중 바퀴, 차바퀴

коли́чество
[깔리체스뜨버]

중 수량, 양, 수

колле́га
[깔레가]

여 동료

колле́кция
[깔렉찌야]

여 수집, 수집품

ко́локол
[꼴러껄]
[비찌 프 꼴러껄]

남 종
бить в ~ 종을 치다

коло́ния
[깔로니야]

여 식민지

кольцо́
[깔쪼]

중 고리, 반지

команди́р
[까만디르]

남 지휘관

командиро́вка
[까만디로프까]

여 출장, 파견

кома́ндовать
[까만더바찌]

불완 чем 지휘하다

комáр
[까마르]

남 모기

комéдия
[까메디야]

여 희극

комиссия
[까미씨야]
[이즈비라쩰나야 까미씨야]

여 위원회
избирáтельная ~ 선거위원회

комитéт
[까미쩻]
[이스빨니쩰느이 까미쩻]

남 위원회(경제·문화·사회·정치 분야 등의)

комментáрий
[까멘따리이]

남 주해, 주석 복 해설, 논평

коммунáльный
[까무날느이]
[까무날나야 끄바르찌라]

형 공공의
~ая квартúра 공공주택

коммунúзм
[까무니쯤]

남 공산주의

кóмната
[꼼나따]

여 방

компáния
[깜빠니야]

여 회사

кóмпас
[꼼빠쓰]

남 나침반

компенсáция
[깜뼨싸찌야]

여 보상, 배상

кóмплекс
[꼼쁠렉스]

남 집합체, 총체

комплéкт
[깜쁠렉뜨]
[깜쁠렉뜨 벨리야]

남 한 벌, 한 조
~ белья́ 속옷 한 벌

компози́тор
[깜빠지떠르]

남 작곡가

компью́тер
[깜삐유쩨르]

남 컴퓨터

комфо́рт
[깜포르뜨]

남 안락, 편리

конве́нция
[깐벤찌야]

여 협약, 공약

конве́рт
[깐베르뜨]

남 봉투

конгре́сс
[깐그레쓰]

남 국제회의

кондиционе́р
[깐디찌아녜르]

남 에어컨

коне́ц
[까녜쯔]

남 끝, 마지막

коне́чно
[까녜쉬너]
[까녜치너]

조 물론

коне́чный
[까녜치느이]

형 최후의, 마지막의

конкре́тный
[깐끄레뜨느이]
[깐끄레뜨느이 쁠란]

형 구체적인
~ план 구체적인 계획

конкуре́нция
[깐꾸렌찌야]

여 경쟁

ко́нкурс
[꼰꾸르스]

남 경연, 콩쿨

консервато́рия
[깐쎄르바또리야]

여 음악대학

конспе́кт
[깐스뻭뜨]

남 개요

конститу́ция
[깐스찌뚜찌야]

여 헌법

констру́кция
[깐스뜨룩찌야]

여 구성, 구조

консульта́ция
[깐술따찌야]

여 협의, 상담

конта́кт
[깐딱트]

남 접촉

конте́йнер
[깐떼이네르]

남 콘테이너

контине́нт
[깐찌넨뜨]

남 대륙

контра́кт
[깐뜨락뜨]
[자클류차찌 깐뜨락뜨]

남 계약, 계약서
заключа́ть ~ 계약을 맺다

контро́ль
[깐뜨롤]

남 검열, 검사, 감독

конфере́нция
[깐페렌찌야]

여 회의, 대회

конфе́та
[깐폐따]

여 사탕

конфли́кт
[깐플릭뜨]

남 충돌, 분쟁, 갈등

концентри́ровать-сконцентри́ровать
[깐쩬뜨리러바찌-스깐쩬뜨리러바찌]

불완-완 집중하다

конце́рт
[깐쩨르뜨]

남 콘서트, 음악회, 연주회

кончáть-кóнчить
[깐차찌-꼰치찌]

불완-완 끝내다, 끝마치다, 완료하다

конь
[꼰꾸르스]

남 말

конькú
[깐끼]

복 스케이트

кооперáция
[까아뻬라찌야]

여 협동, 협력

копéйка
[까뻬이까]

여 코페이카(1/100 루블)

кóпия
[꼬삐야]

여 사본, 복사

корáбль
[까라블]

남 배, 선박

кóрень
[꼬렌]

남 뿌리, 근원, 본질

Корéя
[까레야]
[까레에쯔, 까레얀까]

여 한국
남 корéец
여 коряáнка

корзúна
[까르지나]

여 광주리, 바구니

коридóр
[까리도르]

남 복도

кормúть-накормúть
[까르미찌-나까르미찌]

불완-완 먹이다, 먹이를 주다

королéва
[까랄레바]

여 여왕, 왕비

королéвство
[까랄롑스뜨버]

중 왕국

коро́ль
[까롤]
- 남 왕

коро́на
[까로나]
- 여 왕관

коро́ткий
[까로뜨끼이]
- 형 짧은, 가까운

корпора́ция
[까르빠라찌야]
- 여 회사

корректи́ровать-прокорректи́ровать
[까렉찌러바찌-쁘러까렉찌러바찌]
- 불완–완 수정하다, 정정하다

корреспонде́нт
[까레스빤덴뜨]
- 남 기자, 통신원

корру́пция
[까룹찌야]
- 여 뇌물

ко́свенный
[꼬스벤느이]
- 형 간접적인, 부차적인

косме́тик
[까스메찌까]
- 남 미용, 화장, 화장품

косми́ческий
[까스미체스끼이]
[까스미체스꺼에 쁘라스뜨란스뜨버]
- 형 우주의
  ~ое простра́нство 우주공간

космодро́м
[까스마드롬]
- 남 우주비행장

космона́вт
[까스마나프뜨]
- 남 우주비행사

ко́смос
[꼬스머스]
- 남 우주

костёр [까스쪼르]	남 모닥불
кость [꼬스찌]	여 뼈
костю́м [까스쫌]	남 옷, 의복
кот [꼿]	남 수코양이
кото́рый [까또로이]	의문대 어느, 어떤, 몇번째
ко́фе [꼬페]	중 커피
кошелёк [까셀룍]	남 지갑
ко́шка [꼬쉬까]	여 암코양이
кошма́р [까쉬마르]	남 악몽, 좋지 않은 것
краб [크랍]	남 게
край [크라이]	남 끝, 변두리, 모서리
краса́вец [끄라싸베쯔]	남 미남
краса́вица [끄라싸비짜]	여 미인, 미녀
краси́вый [끄라씨브이]	형 아름다운, 고운, 훌륭한

красить-покрасить [끄라씨찌-빠끄라씨찌]	불완-완 색칠하다, 물들이다
краска [끄라스까]	여 도료, 물감
красный [끄라스느이]	형 붉은, 붉은색의
красота [끄라싸따]	여 아름다움, 미
краткий [끄라뜨끼이]	형 짧은, 간략한, 간단한
креветка [끄레베뜨까]	여 새우
кредит [끄레딧]	남 신용, 차관
кредитовать [끄레디따바찌]	불완-완 кого-что чем 융자하다, 신용대부하다
кредитор [끄레디또르]	남 채권자
крем [끄렘]	남 크림
кремация [끄리마찌야]	여 화장
крепкий [끄렙끼이]	형 굳은, 단단한, 튼튼한, 견고한
крепость [끄레뽀스찌]	여 요새, 성
крест [끄레스뜨]	남 십자가

крестья́нин,
крестья́нка
[끄레스찌야닌],
[끄레스찌얀까]

남여 농민

кри́зис
[끄리지스]
[이커너미체스끼이 크리지스]

남 위기, 공황
экономи́ческий ~ 경제위기

кри́тик
[끄리찍]

남 비평가, 비판가, 평론가

кри́тика
[끄리찌까]

여 비평, 비판, 평론

крича́ть
[끄리차찌]

불완 외치다, 부르짖다, 고함치다

крова́ть
[끄라바찌]

여 침대

кровообраще́ние
[끄러버아브라쉐니에]

중 혈액순환

кровотече́ние
[끄러버쩨체니에]

중 출혈

кровь
[끄로피]

여 피, 혈액

крокоди́л
[끄라까질]

남 악어

кро́ме
[끄로메]

전 …밖에, …외에

круг
[끄루크]

남 원, 원형, 동그라미

кру́глый
[끄루글르이]

형 둥근, 원형의

кружи́ться [끄루짓짜]	불완 회전하다, 빙빙돌다
кру́пный [끄루쁘느이]	형 커다란, 큰, 웅대한
круто́й [끄루또이]	형 가파른, 험한, 험악한
крыло́ [끄릴로]	중 날개
кры́ша [끄리샤]	여 지붕
кто [끄또]	대 누구
куб [꿉]	남 입방체
ку́бок [꾸벅]	남 컵, 큰잔
кубоме́тр [꾸바몌뜨르]	남 입방미터
куда́ [꾸다]	부 어디로
ку́кла [꾸끌라]	여 인형
кукуру́за [꾸꾸루자]	여 옥수수
кула́к [꿀락]	남 주먹
культу́ра [꿀뚜라]	여 문화
купа́льный [꾸빨느이]	형 수영의

купа́льня
[꾸빨냐]
여 수영장, 해수욕장

купа́ние
[꾸빠니에]
중 목욕, 해수욕

купи́ть
[꾸빠찌]
완 →покупа́ть

ку́пол
[꾸뽈]
남 둥근지붕

купо́н
[꾸뽄]
남 쿠폰

куре́ние
[꾸레니에]
[브로씨찌 꾸레니에]
중 흡연
бро́сить ~ 담배를 끊다

кури́ть
[꾸리찌]
불완 담배를 피우다

ку́рица
[꾸리짜]
여 닭, 닭고기

курс
[꾸르스]
남 ①방향, 진로 ②학과, 학과목

ку́ртка
[꾸르뜨까]
여 점퍼, 자켓

кусо́к
[꾸쏙]
남 조각, 덩어리, 토막

ку́хня
[꾸흐냐]
여 부엌, 주방

ку́шать
[꾸샤찌]
불완 먹다, 마시다

Л

лаборато́рия
[라보라또리야]
여 연구실, 실험실

ла́герь
[라게리]
남 야영지

ла́дно
[라드너]
조 좋다

ладо́нь
[라돈]
여 손바닥

ла́зер
[라제르]
남 레이저

ла́мпа
[람빠]
여 램프, 등

лапша́
[랍샤]
여 라면

ласка́ть
[라스까찌]
불완 귀여워하다

ла́сковый
[라스까브이]
형 정다운, 귀여운

лгать
[르가찌]
불완 거짓말하다

ле́бедь
[레비찌]
남 백조

лев
[레프]
남 사자

ле́вый
[레브이]
형 왼쪽의

леге́нда
[레겐다]
여 전설

лёгкий [료흐끼이]	형 가벼운, 쉬운
лёгкое [료흐꺼에]	중 폐
лёд [료트]	남 얼음
лежа́ть [레좌찌]	불완 누워있다
лейтена́нт [레이쩨난뜨]	남 중위
лека́рство [레까르스뜨버]	중 약, 약제
ле́ксика [렉씨까]	여 어휘
ле́ктор [렉떠르]	남 강사
ле́кция [렉찌야]	여 강의, 강연
ле́нта [렌따]	여 테이프, 리본
лентя́й [렌쨔이]	남 게으름뱅이
лень [렌]	여 게으름
лес [레스]	남 숲
ле́стница [레스니짜]	여 사다리, 계단

летá [레따]	복 ①→год ②나이, 살
летéть-летáть [레쩨찌–레따찌]	불완-완 날다, 날아가다
лéтний [레뜨니이]	형 여름의
лéто [레따]	중 여름
лéтом [레땀]	부 여름에
лечéние [레체니에]	중 치료, 의료
лечи́ть [레치찌]	불완 치료하다
ли́вень [리벤]	남 소나기, 폭우
ли́дер [리데르]	남 지도자, 리더
лими́т [리밋]	남 한도
лимóн [리몬]	남 레몬
линéйка [리네이까]	여 자
ли́нза [린자]	여 렌즈
ли́ния [리니야]	여 줄, 선

лиса́
[리싸]

여 여우

лист
[리스뜨]

남 잎, 잎사귀, 종이장

литерату́ра
[리쩨라뚜라]

여 문학

лифт
[리프뜨]

남 승강기, 엘리베이터

лицо́
[리쪼]

중 얼굴, 낯

ли́чность
[리치너스찌]

남 인격, 인물, 개성

ли́чный
[리치느이]

형 자신의, 개인의

ли́шний
[리쉬니이]

형 나머지의, 여분의

лоб
[로프]

남 이마

лови́ть-пойма́ть
[라비찌-빠이마찌]
[라비찌 릭부]

불완-완 잡다, 붙잡다
~ ры́бу 물고기를 잡다

ло́гика
[로기까]

여 논리

ло́гин
[로긴]

남 로그인

ло́дка
[로뜨까]

여 배, 보트

ло́жка
[로쉬까]

여 숟가락

ломáть-сломáть [라마찌–슬라마찌]	불완–완 부러뜨리다, 깨뜨리다
лотерéя [라쩨레야]	여 추첨, 복권
лóтос [로떠스]	남 연꽃
лóшадь [로샤찌]	여 말
лук [루크]	남 파, 양파
лунá [루나] [뽈나야 루나]	여 달 пóлная ~ 보름달
луч [루치]	남 빛, 광선
лýчший [루쉬이]	형 더 좋은, 제일 좋은
лы́жи [릐쥐]	복 스키
льгóта [리고따]	여 특혜, 특전, 특권
люби́мый [류비므이]	형 사랑하는, 그리운, 마음에 드는
люби́ть [류비찌]	불완 사랑하다
любóвь [류보피]	여 사랑
любóй [류보이]	형 임의의, 온갖

Л

любопы́тство
[류바삐뜨스뜨버]

중 호기심, 흥미

лю́ди
[류지]

복 사람들

лягу́шка
[리구쉬까]

여 개구리

М

магази́н
[마가진]
남 상점

маги́стр
[마기스뜨르]
남 석사

магистра́ль
[마기스뜨랄]
여 철도

магни́т
[마그닛]
남 자석

ма́зать
[마자찌]
불완 바르다

мазь
[마시]
여 연고

май
[마이]
남 5월

ма́йка
[마이까]
여 티셔츠

максима́льный
[막씨말느이]
형 최대의, 최대한, 최고의

ма́ленький
[말렌끼이]
형 작은, 자그마한

мали́на
[말리나]
여 산딸기

ма́ло
[말러]
부 조금, 적게

малоизве́стный
[말라이즈베스뜨느이]
형 적게 알려진, 잘 알려지지 않은

малокро́вие
[말라끄로비에]
중 빈혈

ма́льчик
[말칙]
　　　　　　　　　　남 소년

маляри́я
[말랴리야]
　　　　　　　　　　여 말라리아

ма́ма
[마마]
　　　　　　　　　　여 엄마, 어머니

мандари́н
[만다린]
　　　　　　　　　　남 귤

ма́рка
[마르까]
　　　　　　　　　　여 우표

Марс
[마로스]
　　　　　　　　　　남 화성

март
[마르따]
　　　　　　　　　　남 3월

маршру́т
[마르쉬룻]
　　　　　　　　　　남 노선

ма́ска
[마스까]
　　　　　　　　　　여 탈, 가면, 마스크

ма́сло
[마슬러]
　　　　　　　　　　중 기름

ма́сса
[마싸]
　　　　　　　　　　여 질량, 대량, 다수

масса́ж
[마싸쉬]
　　　　　　　　　　남 마사지, 안마

масси́вный
[마씨브느이]
　　　　　　　　　　형 육중한, 거창한

мастерство́
[마스쩨르스뜨보]
　　　　　　　　　　중 기능, 기교, 솜씨

масшта́б [마쉬따쁘]	남 척도, 표준, 규모, 범위
матема́тика [마쩨마찌까]	여 수학
материа́л [마쩨리알]	남 재료, 원료, 자재, 자료
матери́нство [마쩨린스뜨버]	중 모성
матч [맛취]	남 시합, 경기
мать [마찌]	여 어머니
маши́на [마쉬나]	여 기계, 기구, 자동차
мая́к [마약]	남 등대
мгнове́нно [므그나벤너]	부 순식간에
ме́бель [메빌]	여 가구
мегава́тт [메가바뜨]	남 메가와트
мёд [묘트]	남 꿀
меда́ль [메달]	여 메달
медве́дь [메드베찌]	남 곰

медици́на
[메디찌나]

여 의학

медици́нский
[메디찐스끼이]
[메디찐스까야 쎄르찌피까찌야]

형 의학의, 의료의
~ая сертифика́ция
건강증명서

ме́дленный
[메들린느이]

형 완만한, 느린

медосме́тр
[메다스모뜨르]

남 신체검사, 건강검진

медсестра́
[메드시스뜨라]

여 간호사

меду́за
[메두자]

여 해파리

ме́жду
[메주두]

전 …사이에, …가운데

междунаро́дный
[메쥐두나로드느이]
[메쥐두나로드느이 아에러뽀르뜨]

형 국제적인
~ый аэропо́рт 국제공항

ме́лкий
[멜끼이]

형 얕은, 소규모의

мело́дия
[멜로지야]

여 곡조, 선율

ме́нее
[메네에]

부 더 적게 (ма́ло의 비교급)

меню́
[미뉴]

중 메뉴

меня́ть
[미냐찌]

불완 что на что 바꾸다, 교환하다

мéра [메라]	여 단위, 척도, 조치
мёртвый [묘르뜨브이]	형 죽은, 생명을 잃은
мéсто [메스떠]	중 자리, 장소
месторождéние [메스떠라쥐제니에]	중 매장지
мéсяц [메샤쯔]	남 달, 월
метáлл [메딸]	남 금속
металлýргия [메딸루르기야]	여 야금, 야금학
метéль [미쩰]	여 눈보라
мéтод [메떠트]	남 방법
метр [메뜨르]	남 미터
мех [메흐]	남 모피
механизáция [메하니자찌야]	여 기계화
механика [메하니까]	여 역학
мешáть-помешáть [메샤찌-빠메샤찌]	불완-완 кому-чему 방해하다

мешóк
[미쇽]
남 자루, 주머니

мигрáция
[미그라찌야]
여 이동, 이주

микроскóп
[미끄라스꼽]
남 현미경

микрофóн
[미끄라폰]
남 마이크

милúция
[밀리찌야]
여 경찰

миллиáрд
[밀리아르트]
남 10억

миллиóн
[밀리온]
남 100만

мúлый
[밀르이]
형 사랑스러운, 귀여운, 어여쁜

мúмо
[미머]
전 옆을 지나서

минерáл
[미네랄]
남 광물

минимáльный
[미니말느이]
형 최소의, 최저의

министéрство
[미니스쩨르스뜨버]
[미니스쩨르스뜨버 이너스뜨란니호 젤]
중 부, 성
~ инострáнных дел
외무부

минúстр
[미니스뜨르]
남 장관

мúнус
[미누스]
남 마이너스, 손해, 결점

минута
[미누따]

여 (시간) 분

мир
[미르]

남 평화

мирный
[미르느이]

형 평화적인, 평화로운

мировой
[미라보이]
[미라바야 바이나]

형 세계적인
~áя войнá 세계대전

миссия
[미씨야]

여 임무, 사명

миф
[미프]

남 신화

младший
[믈랏쉬이]

형 나이가 보다 어린, 손아래의

мнение
[므녜니에]

중 의견, 견해, 소견

многий
[므노기이]

형 많은, 다수의

много
[므노거]

부 많이, 많게, 다량으로

многодетный
[므너거뎻뜨이]
[므너거뎻뜨나야 마찌]

형 아이가 많은
~ая мать 다산모

многосторонний
[므너거스따론니이]

형 다방면의

многоточие
[므너가또치에]

중 말줄임표(…)

многочисленный
[므너가치슬렌느이]

형 수많은, 허다한, 무수한

мно́жить-
умножа́ть
[므노쥐찌-움나좌찌]

불완-완 곱하다

моги́ла
[마길라]

여 무덤, 묘

могу́щество
[마구쒜스뜨버]

중 세력, 위력, 힘

мо́да
[모다]

여 유행

моде́ль
[마뎰]

여 모델, 본보기

модерниза́ция
[마데르니자찌야]

여 현대화

мо́дный
[모드느이]

형 유행의, 최신 유행의

мо́жно
[모쥐너]

술어 …할 수 있다, …해도 좋다

мозг
[모스크]

남 뇌, 뇌수

мой
[모이]
[마야, 마요, 모이, 마이]

대 (여 моя́, 중 моё, 남 мой, 복 мои́)
나의

мо́йка
[모이까]

여 세탁, 세정

мокро́та
[마끄로따]

여 가래, 담

мо́крый
[모크르이]

형 젖은, 축축한

моли́тва
[말리뜨바]

여 기도, 예배

мо́лния
[몰니야]
여 번개, 벼락

молодёжь
[말라죠쉬]
여 청년

молоде́ц
[말라졔쯔]
남 잘한다! 훌륭하다!

молодо́й
[말라도이]
형 젊은

молоко́
[말라꼬]
중 우유

мо́лот
[말럿]
남 망치

молча́ние
[말차니에]
중 침묵

молча́ть
[말차찌]
불완 침묵하다

моме́нт
[마몐뜨]
남 시기, 때

момента́льный
[마몐딸느이]
형 순간적인, 순식간의

монасты́рь
[마나스띠리]
남 절, 수도원

моне́та
[마녜따]
여 동전, 주화

моноло́г
[마날로크]
남 혼잣말, 독백

монопо́лия
[마나뽈리야]
여 독점

M

133

мора́ль [마랼]	여	도덕, 윤리
мо́ре [모레]	중	바다
морко́вь [마르꼬피]	여	당근
моро́женое [마로젠에]	중	아이스크림
моро́з [마로스]	남	추위
моро́зить [마로지찌]	불완	얼게하다, 얼다
морско́й [마르스꼬이]	형	바다의, 해상의, 해군의
Москва́ [마스끄바]	여	모스크바
москви́ч [마스끄비치]	남	모스크바사람
мост [모스뜨]	남	다리, 교량
моти́в [모찌프]	남	동기, 이유
мото́р [마또르]	남	모터, 발동기
мотоци́кл [마따찌끌]	남	오토바이
моча́ [마차]	여	소변

мочь [모치]	불완 …할수 있다
мо́щность [모쉬너스찌]	여 위력, 힘, 능력
мощь [모쉬]	여 권력, 위력
мра́мор [므라머르]	남 대리석
мра́чный [므라치느이]	형 침울한, 우울한, 쓸쓸한
му́дрый [무드르이]	형 현명한, 지혜로운
муж [무쉬]	남 남편
му́жественный [무줴스뜨벤느이]	형 용감한
мужско́й [무쉬꼬이]	형 남자의
мужчи́на [무쉬나]	남 남자
музе́й [무제이]	남 박물관, 기념관
му́зыка [무직까]	여 음악대학
мука́ [무까]	여 가루
мураве́й [무라베이]	남 개미

мýсор
[무쎄르]

남 쓰레기

мýха
[무하]

여 파리

мучéние
[무체니에]

남 고통, 고민, 괴로움

мýчить
[무치찌]

술어 괴롭히다, 학대하다

мýчиться
[무칫짜]
[무칫짜 앗 볼리]

술어 괴로워하다, 고통을 받다
~ от бóли 아파서 괴로워하다

мы
[믜]
[나스], [남], [나미], [아 나스]

대 (нас[생격,대격], нам[여격], нáми[조격], о нас[전치격])
우리

мысль
[믜슬]

여 생각, 사상

мыть-помы́ть
[믜찌-빠믜찌]

불완-완 씻다, 세탁하다

мышь
[믜쉬]

여 쥐

мя́гкий
[먀흐끼이]

형 부드러운, 유연한

мя́со
[먀싸]

중 고기, 육류

мяч
[먀치]

남 공, 구

Н

на
[나]
전 …위에, …위에서, (위치) …에

набавля́ть-наба́вить
[나바블랴찌-나바비찌]
불완–완 더 올리다, 높이다
~ це́ну 값을 더 올리다

наблюда́тель
[나블류다쪨]
남 관찰자, 감시자

наблюда́ть
[나블류다찌]
불완 관찰하다, 관측하다, 주시하다

наве́рно
[나베르너]
삽입어 아마도

наве́рх
[나베르흐]
부 위로

наводне́ние
[나바드녜니에]
중 홍수

навсегда́
[나프씨그다]
부 영원히

награ́да
[나그라다]
여 상, 표창

нагре́в
[나그레프]
남 가열, 데우는 것

над
[나트]
전 위에, 위에서

наде́жда
[나졔쥐다]
여 희망, 기대

надёжный
[나죠쥐느이]
형 믿음직한, 믿을만한, 확실한

надéяться
[나데얏짜]

불완 희망을 걸다, 바라다, 기대하다

надзóр
[나드조르]

남 감독, 감시

надлежáть
[나들레좌찌]

불완 (무인칭) 하지 않으면 안된다, 해야한다

надлежáщий
[나들레좌쉬이]

형 해당하는, 적절한, 적합한

нáдо
[나다]

술어 하지 않으면 안된다, 할 필요가 있다

надоедáть-надоéсть
[나다에다찌-나다예스찌]

불완-완 싫증나다, 귀찮아지다

наём
[나욤]

남 고용

нажимáть-нажáть
[나쥐마찌-나좌찌]

불완-완 누르다

назáд
[나자트]

부 뒤로

назвáние
[나즈바니에]

중 이름, 명칭

назначáть-назнáчить
[나즈나차찌-나즈나치찌]

불완-완 정하다, 규정하다

назревáть-назрéть
[나즈레바찌-나즈레찌]

불완-완 여물다, 익다, 성숙하다

называ́ть-назва́ть [나즤바찌-나즈바찌]	불완-완 부르다, 명명하다
называ́ться-назва́ться [나즤밧짜-나즈밧짜]	불완-완 …라고 불리다
наибо́лее [나이볼레에]	부 가장, 제일, 특히
наиме́нее [나이메네에]	부 가장 적게
наказа́ние [나까자니에]	중 벌, 처벌
наконе́ц [나까녜쯔]	부 마침내, 드디어
нале́во [날레버]	부 왼쪽으로
налива́ть-нали́ть [날리바찌-날리찌]	불완-완 부어넣다, 쏟아붓다
нали́чие [날리치에]	중 존재, 실재, 출석
нало́г [날로크]	남 세금, 조세
налогоплате́льщик [날라가쁠라쩰쉭]	남 납세자
наме́рен [나메렌]	술어 …하려 한다, …을 할 작정이다
наме́рение [나메레니에]	중 기도, 의향, 생각

наме́ренный
[나메렌느이]

형 고의적인

намеча́ть-наме́тить
[나메차찌-나메찌찌]

불완-완 (계획·안 등을) 세우다, 정하다, 표시하다

наноси́ть-нанести́
[나나씨찌-나네스찌]
[나나씨찌 우쉐르프]

불완-완 많이 가져오다, 초래하다
~ уще́рб 손해를 끼치다

наоборо́т
[나아바롯]

부 거꾸로, 반대로

нападе́ние
[나빠제니에]

중 습격, 공격, 침공

напи́ток
[나삐떡]

남 음료수

наполня́ть-напо́лнить
[나빨냐찌-나뽈니찌]

불완-완 가득 채우다

наполови́ну
[나빨라비누]

부 절반쯤, 절반으로

напомина́ние
[나빠미나니에]

중 상기, 회상

напомина́ть-напо́мнить
[나빠미나찌-나뽐니찌]

불완-완 상기시키다

направле́ние
[나쁘라블레니에]
[쁘러찌버빨로쥐너에 나쁘라블레니에]

중 방향, 방침
противополо́жное ~
반대방향

направля́ть-напра́вить
[나쁘라블랴찌-나쁘라비찌]
불완-완 향하게 하다, 보내다, 파견하다

напра́во
[나쁘라바]
부 오른쪽으로

наприме́р
[나쁘리메르]
삽입어 예를 들면, 예컨데

напро́тив
[나쁘로찌프]
부 건너편에, 맞은편에, 반대로

напряже́ние
[나쁘랴줴니에]
중 긴장, 전압

нараста́ние
[나라스따니에]
중 증대

наре́чие
[나레치에]
중 ①〈언어〉부사 ②사투리, 방언

нарко́тик
[나르꼬찍]
남 마약

наро́д
[나로트]
남 국민, 민족, 대중

наро́дный
[나로드느이]
[나로드너에 하쟈이스뜨버]
형 국민의, 민족의
~ое хозя́йство 국민경제

нару́жный
[나루쥐느이]
형 표면의, 겉의, 외면의

наруша́ть-нару́шить
[나루샤찌-나루쉬찌]
[나루샤찌 아베샤니에]
[나루샤찌 자꼰]
불완-완 위반하다, 어기다
~ обеща́ние 약속을 어기다
~ зако́н 법을 위반하다

наруше́ние
[나루쉐니에]
중 위반

наря́д
[나랴트]

남 옷차림, 복장

наряду́
[나랴두]

부 с кем-чем …와 더불어, …와 동시에

насажде́ние
[나사쮀니에]

중 식목, 재배

наси́лие
[나실리에]

중 폭력, 폭행

наси́лу
[나실루]

부 겨우, 간신히

наси́льно
[나실너]

부 강제로, 억지로

наско́лько
[나스꼴꺼]

부 얼마만큼, 얼마쯤, 어느 정도까지

наслажда́ться-насладиться
[나슬라쥐닷짜–나슬라짓짜]

불완–완 чем …을 즐기다

насле́дие
[나슬레지에]

중 유산, 유물

насле́дование
[나슬레더바니에]

중 상속, 계승

насле́довать
[나슬레더바찌]
[나슬레더바찌 이무쉐스뜨버]

불완 완 상속하다, 계승하다, 물려받다
~ иму́щество 재산을 상속하다"

насле́дство
[나슬레드스뜨버]
[빨루차찌 나슬레드스뜨버]

중 유산
получа́ть ~ 유산을 받다

на́сморк
[나스머르크]

남 감기, 코감기

насолить
[나쌀리찌]

완 소금을 치다

настолько
[나스똘까]

부 그 만큼, 그 정도로, 얼마나

настоящее
[나스따야쉐에]

중 현재

настоящий
[나스따야쉬이]

형 현재의, 지금의

настраивать-настроить
[나스뜨라이바찌-나스뜨로이찌]

불완-완 (많이) 건축하다, (위에) 증축하다,
(악기) 음을 맞추다, 조율하다

настроение
[나스뜨라에니에]
[븨찌 브 하로솀(쁠러홈) 나스뜨라에니이]

중 기분, 마음
быть в хорóшем(плохóм) ~и
기분이 좋다(나쁘다)

наступать-наступить
[나스뚜빠찌-나스뚜삐찌]

불완-완 되다, 도래하다

натура
[나뚜라]

여 천성, 본성, 자연

натуральный
[나뚜랄느이]

형 자연적인, 자연스러운, 천연의

наука
[나우까]

여 과학

научать-научить
[나우차찌-나우치찌]

불완-완 кого чему 가르치다

научный
[나우치느이]

형 과학의, 과학적인

нау́шники
[나우쉬니끼]

복 수화기, 이어폰

находи́ть-найти́
[나하지찌-나이찌]

불완-완 찾아내다, 발견하다

находи́ться-найти́сь
[나하짓짜-나이찌시]

불완-완 (일정한 장소에) 있다, 머물러있다, 체류하다

национа́льный
[나쯔이아날느이]

형 민족의, 민족적인
~ вопро́с 민족문제

на́ция
[나쯰야]

여 민족, 국민

нача́ло
[나찰러]

중 처음, 시작, 시초

нача́льник
[나찰닉]

남 책임자, 장
~ ста́нции 역장

нача́льный
[나찰느이]
[나찰너에 아브라저바니에]

형 처음의, 초보의
~ое образова́ние 초등교육

начина́ть-нача́ть
[나치나찌-나차찌]

불완-완 시작하다, 착수하다

начисля́ть-начи́слить
[나치슬랴찌-나치슬리찌]

불완-완 가산하다, 계산하다

наш
[나쉬]
[나쉬, 나샤, 나쉐, 나쉬]

대 (남 наш, 녀 на́ша, 중 на́ше, 복 на́ши) 우리의

не
[네]

조 (뒤에 오는 단어의 뜻을 부정)

небе́сный [네베스느이]	형 하늘의
не́бо [녜바]	중 하늘
нева́жный [니바쥐느이]	형 중요하지 않은, 시시한, 평범한
неве́рный [니베르느이]	형 틀린, 잘못된, 부정확한
невероя́тный [니베러야뜨느이]	형 믿기 어려운, 믿을 수 없는
неве́ста [니베스따]	여 약혼녀
невнима́тельный [니브니마쩰느이]	형 부주의한, 산만한
невозмо́жный [니바즈모쥐느이]	형 불가능한
невоспи́танный [니바스삐딴느이]	형 버릇없는, 교양이 없는
неда́вно [니다브너]	부 얼마 전부터, 최근에
недалёкий [니달료끼이]	형 멀지 않은, 가까운
неде́ля [니젤랴]	여 주, 한 주간
недо́брый [니도브르이]	형 좋지 않은, 나쁜, 싫은
недове́рие [니다베리에]	중 불신, 의혹

Н

недово́льный [니다볼느이]	형 불만족한, 불쾌한
недооце́нка [니다아쩬까]	여 과소평가, 불충분한 평가
недорого́й [니다라고이]	형 비싸지 않은, 싼
недоста́ток [니다스따떡]	남 부족, 결핍
недоста́точный [니다스따떠치느이]	형 부족한, 불충분한
недосту́пный [니다스뚜쁘느이]	형 이해하기 어려운, 납득할 수 없는
не́дра [네드라]	여 땅속, 지하매장물
неесте́ственный [니이스쩨스뜨벤느이]	형 부자연스러운, 꾸며낸, 지어낸
нежена́тый [니줴나뜨이]	형 독신의 남 독신, 총각
незави́симый [니자비씨므이]	형 от чего 관계가 없는
незако́нный [니자꼰느이]	형 불법의, 법에 어긋나는
нездоро́вый [니즈다로브이]	형 건강하지 않은
незнако́мый [니즈나꼬므이]	형 알지 못하는, 모르는
незна́ние [니즈나니에]	중 무지, 무식
неизве́стный [니이즈베스뜨느이]	형 알려지지않은, 유명하지 않은

неизме́нный [니이즈몐느이]	형 변하지 않는, 불변의
неи́скренный [니이스끄롄느이]	형 불성실한
нейтра́льный [네이뜨랄느이]	형 중립적인, 중립의
не́который [녜까떠르이]	대 그 어떤, 어느, 약간의
некульту́рный [니꿀뚜르느이]	형 비문화적인, 교양없는
нельзя́ [닐쟈]	술 불가능하다, …할 수 없다
нелюби́мый [니류비므이]	형 싫은, 좋아하지 않는
нема́лый [니말르이]	형 적지 않은
немно́гий [니므노기이]	형 많지 않은, 적은
немно́го [니므노거]	부 적게, 조금
немолодо́й [니말라도이]	형 젊지 않은, 중년의
необразо́ванный [니아브라조반느이]	형 교육을 받지 못한, 교양없는
необходи́мо [니아브하지머]	부 필요하다, 꼭 …해야 한다
необходи́мость [니아브하지머스찌]	여 필요성
необы́чный [니아브츠느이]	형 보통이 아닌, 평소와는 다른, 예외의

необязáтельный
[니아뱌자쩰느이]
형 필수적이 아닌

неограни́ченный
[니아그라니첸느이]
형 무한한, 무제한의

неопáсный
[니아빠스느이]
형 위험하지 않은, 안전한

неопределённый
[니아쁘리졜론느이]
형 부정의, 무한정의, 막연한

неплóхо
[니쁠로허]
부 괜찮게, 나쁘지 않게

неплохóй
[니쁠라호이]
형 나쁘지 않은, 괜찮은

непонятный
[니빠냐뜨느이]
형 이해할 수 없는, 알기 힘든

непорядок
[니빠랴덕]
남 무질서

непосре́дственно
[니빠스레뜨스뜨벤너]
부 직접적으로

непостоя́нный
[니빠스따얀느이]
형 변덕스러운, 변하기 쉬운, 가변적인

непрáвда
[니쁘라브다]
여 거짓말, 허위

непрáвильный
[니쁘라빌느이]
형 옳지 못한, 틀린

непрерывный
[니쁘레릐브느이]
형 끊임없는, 부단한

неприятный
[니쁘리야뜨느이]
형 마음에 들지 않는, 불쾌한

непродукти́вный
[니쁘라둑찌브느이]
형 비생산적인, 효과가 적은

нерабо́чий
[니라보치이]
[니라보치이 젠]

형 일을 하지 않는, 휴식의, 일이 없는
~ день 휴일

нера́венство
[니라벤스뜨버]

중 불평등

нера́вный
[니라브느이]

형 같지 않은, 동등하지 않은, 불평등한

неразрешённый
[니라즈레쇼느이]

형 해결되지 못한, 풀리지 않은

неразу́мный
[니라줌느이]

형 어리석은, 무모한, 불합리한

нерациона́льный
[니라찌아날느이]

형 불합리한

нерв
[네르프]

남 신경

несве́жий
[니스베쥐이]

형 신선하지 못한

несерьёзный
[니세리요즈느이]

형 경솔한, 진지하지 않은

не́сколько
[녜스껄꺼]

부 조금, 얼마간, 다소, 몇몇의, 약간의

неслы́шный
[니슬릐쉬느이]

형 들리지 않는, 조용한

несмотря́
[니스마뜨랴]

전 на кого-что …에도 불구하고

несоблюде́ние
[니사블류제니에]

중 위반

несоверше́нный
[니사베르쉔느이]

형 완전하지 못한, 미완성의

несовпадéние
[니사브빠제니에]

중 부합하지 않는것, 불일치

несоглáсие
[니싸글라씨에]

중 의견 불일치, 반대, 거절, 불화

несоглáсный
[니싸글라스느이]

형 с кем-чем …와 동의하지 않는,
…에 찬성하지 않는

несомнéнный
[니쌈녠느이]

형 의심할 바 없는, 확실한

неспосóбный
[니스빠쏘브느이]

형 к чему, на что …할 수 없는, 능력이 없는

несправедлúвый
[니스쁘라베들리브이]

형 불공평한, 부당한

нестú
[녜스찌]
[녜스찌 앗볘뜨스뜨볜너스찌]

불완 나르다, 가지고 가다
~ отвéтственность 책임을 지다

несчáстье
[니샤스찌에]

중 불행

нет
[녯]

조 아니다, 없다

нетерпéние
[니쪠르뼤니에]

중 참지 못하는 것, 성급해 하는 것

нетóчный
[니또치느이]

형 부정확한, 정밀하지 못한, 확실치 못한

неуважéние
[니우바줴니에]
[니우바줴니에 끄 라지쪨럄]

중 존경하지 않는것
~ к родúтелям 불효

неудáча
[니우다차]

여 실패

неудо́бный
[니우도브느이]
- 형 불편한

неудо́бство
[니우돕스뜨버]
- 중 불편, 난처한 처지, 곤경

неудово́льствие
[니우다볼스뜨비에]
- 중 불만족, 불만, 불평

неурожа́й
[니우로좌이]
- 남 흉작

нефть
[녜프찌]
- 여 석유, 원유

нехва́тка
[니흐바뜨까]
- 여 부족, 결핍

нехоро́ший
[니하로쉬이]
- 형 좋지 않은, 나쁜

нечи́стый
[니치스뜨이]
- 형 더러운, 불결한, 깨끗하지 않은

нея́сный
[니야스느이]
- 형 불명료한, 애매한

ни
[니]
- 조 접 (부정문에서) …도
  нет ни одного́ челове́ка
  한 사람도 없다

ни́жний
[니쥐니이]
- 형 아래의

ни́зкий
[니스끼이]
- 형 낮은

ника́к
[니깍]
- 부 결코, 도저히, 전혀

никако́й
[니까꼬이]
- 대 아무런, …도 아닌

никогда́
[니까그다]

부 그 어느때도, 한시도

никто́
[니크또]

대 아무도

никуда́
[니꾸다]

부 아무데도

ниско́лько
[니스꼴꼐]

부 조금도

ни́тка
[니트까]

여 실

ничто́
[니쉬또]

대 아무것도, 어느 것도

но
[노]

접 그러나, 그런데

нови́нка
[나빈까]

여 신제품, 새것

нового́дний
[너바고드니이]

형 새해의, 신년의

но́вость
[노버스찌]

여 새소식, 뉴스

но́вый
[노브이]
[노브이 고트]

형 새, 새로운
　~ый год 신년, 새해

нога́
[나가]

여 발, 다리

но́готь
[노거찌]

남 손톱, 발톱

нож
[노쉬]

남 칼

ножницы
[노쥐니찌]
복 가위

ноль
[놀]
남 0, 영, 제로

номер
[노메르]
남 번호

норма
[노르마]
여 규범, 표준

нормализация
[나르말리자찌야]
여 정상화, 규범화, 표준화

нормальный
[나르말느이]
형 정상적인, 보통의

норматив
[나르마찌프]
남 표준량, 규범, 기준

нос
[노스]
남 코

носитель
[나씨쩰]
남 소유자, 소지자

носить
[나씨찌]
불완 지니다, 입다, 신다

нота
[노따]
여 음, (외교)각서 복 악보

нотариус
[나따리우스]
남 공증인

ноутбук
[노우뜨북]
남 노트북

ночевать
[나체바찌]
불완 숙박하다

Н

ночь
[노치]

여 밤

но́чью
[노치유]

부 밤에

ноя́брь
[나야브리]

남 11월

нра́виться
[느라빗짜]
[에떠 므녜 느라빗짜]

불완 마음에 들다, 좋아하다
  э́то мне ~ 이것은 내 마음에 든다

нра́вственный
[느랍스뜨벤느이]

형 도덕적인, 정신적인

нужда́
[누즈다]

여 필요, 요구, 수요

ну́жно
[누즈너]

술 кому-чему …해야 한다, 필요하다

ну́жный
[누즈느이]

형 필요한

нуль
[눌]

남 0, 영, 제로

ня́ня
[냐냐]

여 보모

O

о
[오]
전 …에 대하여 [감] 오!, 아!

óба
[오바]
수 둘, 쌍

обéд
[아베트]
남 점심(식사)

обéдать
[아베다찌]
불완 점심을 먹다, 식사하다

обеспéчение
[아베스뻬체니에]
중 보장, 보증, 공급

обещáние
[아베샤니에]
중 약속

обещáть
[아베샤찌]
불완 약속하다

обзóр
[압조르]
남 개관, 일람, 실지 조사

обида
[아비다]
여 모욕, 능욕

обидный
[아비드느이]
형 모욕적인, 분한, 노여운

обладáть
[아블라다찌]
불완 кем-чем 가지고 있다, 소유하고 있다

óблако
[오블리꼬]
중 구름

óбласть
[오블라스찌]
여 주, 분야, 부문

óблачный
[오블라치느이]
형 구름이 많이 낀, 흐린

облигáция
[아블리가찌야]

여 채권

о́блик
[오블릭]

남 용모, 모습, 품성

обмáн
[아브만]

남 속임, 기만

обмéн
[아브멘]
[아브멘 므녜니야미]

남 교환, 교류
~ мнéниями 의견 교환

**обнарýживать-
обнарýжить**
[압나루쥐바찌-압나루쥐찌]

불완-완 발견하다, 찾아내다

обновлéние
[아브나블레니에]

중 갱신, 혁신

обозначéние
[아바즈나체니에]

중 표시, 기호, 부호

оборóна
[아바로나]

여 방어, 방위, 국방력

оборóт
[아바롯]

남 회전, 선회, 〈경제〉 유통, 유동

оборýдование
[아바루더바니에]

중 시설, 설비

обострéние
[아바스뜨레니에]

중 첨예화, 격화, 악화

обрабóтка
[아브라보뜨까]

여 가공, 정제

о́браз
[오브라스]

남 모양, 모습

образéц
[아브라제쯔]

남 견본, 본보기, 샘플

образова́ние [아브라저바니에]	중 ① 형성, 조성, 창립 ② 교육
образо́вывать- **образова́ть** [아브라조븨바찌- 아브라자바찌]	불완-완 이루다, 형성하다, 조성하다, 창립하다
обра́тный [아브라뜨늬이]	형 돌아오는, 되돌아가는
обраща́ть- **обрати́ть** [아브라샤찌-아브라찌찌]	불완-완 돌리다, 향하게 하다 ~ внима́ние 주의를 돌리다
обраще́ние [아브라쉐니에]	중 ① 호소(문), 요청문 ② 유통, 순환
обря́д [아브랴트] [스바제브늬이 아브랴트]	남 의식, 예식 сва́дебный ~ 혼례
обсле́довать [압슬레더바찌]	불완 완 조사하다, 탐구하다
обслу́живание [압슬루쥐바니에]	중 봉사, 서비스
обстано́вка [압스따노프까]	여 ① 가구 ② 정세, 환경, 분위기
обстоя́тельный [압스따야쩰느이] [압스따야쩰느이 칠러벡]	형 자세한, 세밀한 ~ый челове́к 빈틈없는 사람
обстоя́тельство [압스따야쩰스뜨버]	중 사정, 상황 복 환경
обстре́л [압스뜨렐]	남 사격, 포격
обсужде́ние [압수즈제니에]	중 토의, 토론

O

óбувь
[오부피]

여 신발, 구두

обуча́ть-обучи́ть
[아부차찌-아부치찌]

불완-완 가르치다

обуча́ться-обучи́ться
[아부찻짜-아부칫짜]

불완-완 배우다

обуче́ние
[아부체니에]

중 교육, 교수, 훈련

обща́ться
[압샷짜]
[압샷짜 스 류지미]

불완 교제하다
~ с людьми́ 사람들과 교제하다

общежи́тие
[압쉐쥐찌에]

중 기숙사

обще́ние
[압쉐니에]

중 교제, 사교

обще́ственный
[압쉐스뜨벤노이]
[압쉐스뜨벤노이 아르가니자찌야]

형 사회의, 사회적인
~ые организа́ция 사회단체

о́бщество
[옵쉐스뜨버]

중 ①사회 ②협회, 단체

о́бщий
[옵쉬이]

형 전반적인, 공통적인, 공동의

объедине́ние
[아비에지네니에]

중 통일, 합동, 결합

объе́кт
[아비엑트]

남 대상, 목표(물)

объём
[아비옴]

남 넓이, 크기, 범위

158

**объявля́ть-
объяви́ть**
[아브야블랴찌-아브야비찌]

불완-완 공포하다, 선포하다, 선언하다

**объясня́ть-
объясни́ть**
[아브야스냐찌-아브야스니찌]

불완-완 설명하다, 해설하다, 해명하다

обы́чай
[아븨차이]

남 풍습, 관례

обы́чный
[아븨츠느이]

형 보통의, 일상적인

обя́занность
[아뱌잔너스찌]

여 임무, 의무, 책임

обя́занный
[아뱌잔느이]

형 …할 의무가 있는, 책임이 있는

обяза́тельный
[아비자쪨느이]

형 의무적인, 필수적인

обяза́тельство
[아비자쪨스뜨버]

중 약속, 계약, 공약

**овладева́ть-
овладе́ть**
[아블라데바찌-아블라제찌]

불완-완 кем-чем ①차지하다, 점유하다 ②소유하다, 습득하다

о́вощи
[오버쉬]

복 야채

овца́
[아브짜]

여 암양

огнетуши́тель
[아그니뚜쉬쪨]

남 소화기

ого́нь
[아곤]

남 불, 불길

O

**огорча́ться-
огорчи́ться**
[아가르찻짜–아가르칫짜]

불완–완 슬퍼하다

огорче́ние
[아가르체니에]

중 슬픔, 상심

ограниче́ние
[아그라니체니에]

중 제한, 국한

**ограни́чивать-
ограни́чить**
[아그라니치바찌–
아그라니치찌]

불완–완 제한하다

огро́мный
[아그롬느이]

형 커다란, 웅장한

огуре́ц
[아구례쯔]

남 오이

одева́ть-оде́ть
[아제바찌–아제찌]

불완–완 что …을 입히다,
кого …에게 옷을 입혀주다

**одева́ться-
оде́ться**
[아제밧짜–아젯짜]

불완–완 옷을 입다

оде́жда
[아제쥐다]

여 옷, 의복

оди́н
[아진]
[아드나́], [아드노́], [아드니́]

수 (녀 одна́, 중 одно́, 복 одни́) 1

оди́надцать
[아진낫짜찌]

수 11

одино́кий
[아지노끼이]

형 외로운, 고독한

одна́ко [아드나꼬]	접 그러나, 그렇지만
одновре́менно [아드나브레몐너]	부 동시에, 한꺼번에
однозна́чный [아드나즈나치느이]	형 뜻이 같은, 의미가 같은
односторо́нний [아드너스따론느이]	형 단면의, 일방적인
одобре́ние [아다브레니에]	중 찬성
одолева́ть-одоле́ть [아달레바찌-아달레찌]	불완-완 이겨내다, 극복하다
оды́шка [아듸쉬까]	여 숨가쁨, 호흡곤란
оживле́ние [아쥐블례니에]	중 소생, 활기
ожида́ние [아쥐다니에]	중 기다리는 것, 기대, 예측
ожида́ть [아쥐다찌]	불완 кого-чего 기다리다, 기대하다, 예상하다
озабо́чить-озабо́тить [아자보치찌-아자보찌찌]	불완-완 걱정시키다
о́зеро [오제러]	중 호수
означа́ть [아즈나차찌]	불완 의미하다, 뜻하다
ой [오이]	감 아! 아야!

**ока́зывать-
оказа́ть**
[아까즈바찌-아까자찌]

불완-완 …하다, …을 주다, 끼치다
~ по́мощь 도와주다

**ока́нчивать-
око́нчить**
[아깐치바찌-아꼰치찌]

불완-완 끝내다, 종료하다, 완료하다

океа́н
[아께안]

남 해양, 대양
Ти́хий ~ 태평양

окно́
[아크노]

중 창문

о́коло
[오껄러]

전 곁에, 가까이에, 부근에, 근처에

оконча́ние
[아깐차니에]

중 종결, 완료, 졸업, 수료

оконча́тельно
[아깐차쪨너]
[레쉬찌 아깐차쪨너]

부 최종적으로, 완전히
реши́ть ~ 최종적으로 결정하다

о́круг
[오크루크]

남 지구, 구역, 구

окруже́ние
[아그루줴니에]

중 ①둘러싸는 것, 에워싸는 것
②환경, 주위의 사람들

октя́брь
[악쨔브리]

남 10월

оле́нь
[알롄]

남 사슴

оли́ва
[알리바]

여 올리브

олига́рхия
[알리가르히야]

여 과두정치

олимпиа́да
[알림삐아다]

여 올림픽

олимпи́йский
[알림삐이스끼이]

형 올림픽의
~ие и́гры 올림픽경기

он
[온]
[이보(니보)], [이무(니무)],
[임(님)], [아 뇸]

대 (생대 [н]его́, 여 [н]ему́,
조 [н]им, 전 о нём) 그

она́
[아나]
[이요(니요)], [예이(네이)],
[예유(예유)], [예이(네이)], [아 녜이]

대 (생대 [н]её, 여 [н]ей,
조 [н]е́ю 또는 [н]ей, 전 о ней)
그녀

они́
[아니]
[이스(니스)], [임(님)],
[이미(니미)], [아 니흐]

대 (생대 [н]их, 여 [н]им,
조 [н]и́ми, 전 о них) 그들

оно́
[아노]
[이보(니보)], [이무(니무)],
[임(님)], [아 뇸]

대 (생대 [н]его́, 여 [н]ему́,
조 [н]им, 전 о нём) 그것

ООН
[오오온(아르가니자찌야
아브이지뇬늬흐 나찌이)]

(Организа́ция Объединённых На́ции) 유엔

**опа́здывать-
опозда́ть**
[아빠즈디바찌-아빠즈다찌]

불완-완 늦다, 지각하다

опасе́ние
[아빠세니에]

중 두려움

опа́сность
[아빠스너스찌]

여 위험

опа́сный
[아빠스느이]

형 위험한, 위태로운

ópera
[오뻬라]
- 여 가극, 오페라

operáция
[아뻬라찌야]
- 여 수술, 작전, 거래, 업무

описáние
[아삐싸니에]
- 중 묘사, 서술

опоздáние
[아빠즈다니에]
- 중 지각, 지연

оппозиция
[아빠지찌야]
- 여 반대, 반항

определéние
[아쁘레젤레니에]
- 중 판정, 결정, 규정

определя́ть-определи́ть
[아쁘리젤랴찌-아쁘리젤리찌]
- 불완-완 판정하다, 확정하다, 규정하다

опро́с
[아쁘로스]
- 남 심문

оптóвый
[압또브이]
- 형 도매의

о́пыт
[오삐뜨]
- 남 경험, 경력

орби́та
[아르비따]
[земна́я아르비따]
- 여 궤도
  земна́я ~ 지구궤도

о́рган
[오르간]
[가수다르스뜨벤늬에 오르가늬]
- 남 기관
  госудáрственные ~ы
  국가기관

организáция
[아르가니자찌야]
- 여 조직, 단체

организо́вывать-организова́ть
[아르가니조븨바찌-아르가니자바찌]

불완-완 조직하다

о́рден
[오르젠]

남 훈장

орёл
[아룔]

남 독수리

оре́х
[아레호]

남 호두

оригина́льный
[아리기날느이]

형 ①원본의, 원고의 ②독창적인, 독특한

орке́стр
[아르께스뜨르]

남 오케스트라

ору́дие
[아루지에]

중 도구, 기구

ору́жие
[아루쥐에]

중 무기, 병기

оса́дки
[아싸드끼]

복 강수량

освобожде́ние
[아스바보줴니에]

중 해방, 석방, 면제

освое́ние
[아스바예니에]
[아스바예니에 노보이 쩨호니끼]

중 개간, 개발, 습득, 체득
~ но́вой те́хники 새 기술 습득

о́сень
[오씬]

여 가을

о́сенью
[오씨니유]

부 가을에

O

ослабле́ние
[아슬라블례니에]
중 약화, 쇠약, 완화, 경감

осмо́тр
[아스모뜨르]
남 구경, 견학, 참관, 시찰, 검사

оснаще́ние
[아스나쉐니에]
중 장비

осно́ва
[아스노바]
여 기초, 기본, 토대

основа́ние
[아스나바니에]
중 창립, 토대, 기초, 기반

основа́тель
[아스나바쪨]
남 창립자

основа́тельный
[아스나바쪨느이]
형 튼튼한, 견고한, 근거있는

основно́й
[아스나브노이]
형 기본적인, 근본적인
~ вопро́с 근본적인 문제

осо́бенность
[아쏘볜너스찌]
여 특성, 특수성

осо́бенный
[아쏘볜느이]
형 특별한, 특수한, 색다른

осо́бый
[아쏘브이]
형 특별한, 독특한, 남다른, 개별적인, 별개의

остава́ться
[아스따밧짜]
불완-완 남다, 머물다

оставля́ть-оста́вить
[아스따블랴찌-아스따비찌]
불완-완 남기다, 남겨놓다, 남겨두다

останáвливать-остановúть
[아스따나블리바찌-아스따나비찌]

불완-완 멈추다, 멈추어세우다, 정지시키다

останóвка
[아스따노프까]

여 멈추는 것, 정지, 정류장

остáток
[아스따떡]

남 나머지, 여분

óстров
[오스뜨로프]

남 섬

óстрый
[오스뜨르이]

형 예리한, 날카로운, 뾰족한

осуществлéние
[아수쉐스뜨블레니에]

중 실현, 실행

ось
[오시]

여 축

от
[오뜨]

접 … 에, …로 부터

отвéт
[아드벳]

남 대답, 답변

отвéтственность
[아드벳스뜨벤너스찌]

여 책임, 책임성

отвечáть-отвéтить
[아드베차찌-아드베찌찌]
[아드베차찌 나 바쁘로스]

불완-완 대답하다
~ на вопрóс 질문에 대답하다

отдавáть-отдáть
[앗다바찌-앗다찌]

불완-완 돌려주다, 반환하다

отдéл
[앗젤]

남 부, 부서, 국

отделе́ние
[아젤례니에]
중 ①구분, 갈라놓는 것 ②지점, 국

отде́льный
[앗젤느이]
형 따로 떨어진, 개별적인, 별개의

о́тдых
[옷듸흐]
남 휴식

отдыха́ть-отдохну́ть
[아듸하찌-앗다흐누찌]
불완-완 휴식하다, 쉬다

оте́ль
[아뗄]
남 호텔

оте́ц
[아쩨쯔]
남 아버지

оте́чественный
[아쩨체스뜨벤느이]
[아쩨체스뜨벤늬에 따바릐]
형 조국의
~ые това́ры 국산품

оте́чество
[아쩨체스뜨버]
중 조국

отка́з
[앗까스]
남 거절

открове́нный
[아뜨크라벤느이]
형 솔직한, 숨김없는, 노골적인

открыва́ть-откры́ть
[아뜨끄릐바찌-아뜨끄릐찌]
불완-완 열다, 개설하다, 개시하다

откры́тие
[아뜨끄릐찌에]
중 개시, 개설

откры́тый
[앗끄릐뜨이]
형 열린, 펼쳐진

откýда
[앗꾸다]

부 어디서, 어디로부터

отличáть-отличи́ть
[아뜰리차찌-아뜰리치찌]

불완-완 구별하다, 분별하다

отли́чие
[아뜰리치에]

중 차이, 차별

отли́чный
[아뜰리치느이]

형 ①다른, 차이있는 ②훌륭한, 뛰어난

отмéна
[아뜨메나]

여 폐지, 파기, 취소

отмéтка
[아뜨메뜨까]

여 표, 기호, 부호

относи́тельно
[아드나씨쩰너]

부 비교적으로, 상대적으로

относи́ть-отнести́
[아드너씨찌-아뜨네스찌]

불완-완 가져가다, 운반해가다

отношéние
[아드나쉐니에]

중 к кому-чему 태도, 입장, 견해
복 관계, 인연

отоплéние
[아따쁠레니에]

중 난방, 난방장치

отпечáток
[아뜨뻬차떡]
[아뜨뻬차떡 빨짜]

남 자국, 자취, 흔적
~ пáльца 지문

отправлéние
[아뜨쁘라블레니에]

중 발송, 보내는것, 출발

отправля́ть-отпра́вить [아뜨쁘라블랴찌-아뜨쁘라비찌] [아뜨쁘라블랴찌 삐씨모]	불완-완 보내다, 발송하다 ~ письмо́ 편지를 보내다
отправля́ться-отпра́виться [아뜨쁘라블럇쨔-아뜨쁘라빗짜]	불완-완 떠나다, 출발하다
о́тпуск [옷뿌스끄]	남 휴가
отрабо́тать [아뜨라보따찌]	완 일을 끝마치다, (일정한 시간) 일하다
отра́да [아뜨라다]	여 즐거움, 기쁨
отража́ть-отрази́ть [아뜨라좌찌-아뜨라지찌]	불완-완 반영하다, 표현하다
отрица́тельный [아뜨리짜쩰느이]	형 부정적인 ~ отве́т 부정적인 대답
отсро́чка [앗스로치까]	여 연기, 기한연장
отстава́ть-отста́ть [앗스따바찌-앗스따찌]	불완-완 뒤떨어지다, 낙후하다
отста́лный [앗스딸느이]	형 뒤떨어진, 낙후한
отсу́тствие [앗수스쁘비에]	중 없는것, 결여, 결석
отсу́тствовать [앗수스뜨버바찌]	불완 결석하다, 없다

о́тчество
[오체스떠버]

중 부칭

отчёт
[앗촛]

남 보고, 보고서

отъе́зд
[아뜨예스트]

남 출발

отъезжа́ть-отъе́хать
[아뜨예즈좌찌-아뜨에하찌]

불완-완 타고 떠나다, 출발하다

о́фис
[오피스]

남 사무실

офице́р
[아피쩨르]

남 장교

официа́льный
[아피찌알느이]
[아피찌알느이 다꾸멘뜨]
[아피찌알느이 비짓]

형 공식적인
~ый докуме́нт 공문서
~ый визи́т 공식방문

оформле́ние
[아파르믈레니에]

중 수속

оформля́ть-офо́рмить
[아파르믈랴찌-아포르미찌]

불완-완 수속하다, 작성하다

ох
[오흐]

감 오! 아이!

охлажде́ние
[아흘라줴니에]

중 ①냉각 ②냉담, 무관심

охо́та
[아호따]

여 사냥

охра́на
[아흐라나]

여 경비, 방위, 보호

O

оце́нивать-оцени́ть
[아쩨니바찌-아쩨니찌]

불완-완 ①값을 매기다, 가격을 정하다 ②평가하다

оце́нка
[아쩬까]

여 평가, 점수
ста́вить ~у 점수를 매기다

оча́г
[아차크]

남 ①난로, 아궁이 ②발원지

очарова́ние
[아차라바니에]

중 매력, 매혹

очеви́дный
[아체비드느이]

형 자명한, 명백한

о́чень
[오친]

부 매우

о́чередь
[오체레찌]

여 순서, 차례

очи́стка
[아치스뜨까]

여 청소

очки́
[아치끼]

복 안경

оши́бка
[아쉽까]

여 실수, 잘못

ощуще́ние
[아슈세니에]

중 감촉, 감각, 느낌

П

павильо́н
[빠빌리온]

남 진열관, 관

па́дать-пасть
[빠다찌-빠스찌]

불완-완 떨어지다, 넘어지다

паде́ние
[빠제니에]

중 추락, 저하, 감소, 쇠퇴

паке́т
[빠껫]

남 꾸러미, 봉투

пала́та
[빨라따]

여 의원, 의회

пала́тка
[빨라뜨까]

여 천막

па́лец
[빨레쯔]

남 손가락, 발가락

па́лка
[빨까]

여 막대기, 몽둥이

па́лочка
[빨러치까]

여 작은 막대기 복 젓가락

пальто́
[빨또]

중 외투, 코트

па́мятник
[빠먀뜨닉]

남 기념비, 동상

па́мять
[빠먀찌]

여 기억, 기억력

па́па
[빠빠]

여 아빠, 아버지

па́пка
[빱까]

여 종이끼우개, 서류철, 파일

па́ра
[빠라]
여 (한)켤레, 쌍

паралле́льный
[빠랄렐느이]
형 평행의, 상응한, 일치한

парашю́т
[빠라슛]
남 낙하산

па́рень
[빠린]
남 젊은이, 청년, 사내

парк
[빠르크]
남 공원

парла́мент
[빠를라멘뜨]
남 국회, 의회

парохо́д
[빠라호트]
남 기선, 배

па́ртия
[빠르찌야]
여 당, 정당

партнёр
[빠르뜨뇨르]
남 파트너

па́рус
[빠루스]
남 돛

парфюме́рия
[빠르퓨메리야]
여 향수, 화장품

па́спорт
[빠스뻐르뜨]
남 신분 증명서, 여권

пассажи́р, ~ка
[빠싸쥐르, 빠싸쥐르까]
남 여 손님, 승객

пасси́вный
[빠씨브느이]
형 소극적인, 수동적인

па́ста
[빠스따]
[주브나야 빠스따]

여 연고
зубна́я ~ 치약

пате́нт
[빠뗀트]

남 특허

патрио́т
[빠뜨리옷]

남 애국자

па́уза
[빠우자]

여 중단, 중지

певе́ц, ~и́ца
[뻬베쯔, 뻬비짜]

남여 가수

педаго́г
[뻬다고크]

남 교육자

педагоги́ческий
[뻬다가기체스끼이]
[뻬다가기체스끼이 인스띠뚜뜨]

형 교육의
~ институ́т 사범대학

пейза́ж
[뻬이자쉬]

남 풍경, 경치

пелёнка
[삘룐까]

여 기저귀

пельме́ни
[삘메니]

복 만두

пе́на
[뻬나]

여 거품

пе́нсия
[뻰씨야]

여 연금, 사회보장금

пень
[뻰]

남 나무그루

пе́пельница
[뻬뻴니짜]

여 재떨이

пе́рвый
[뻬르브이]
[뻬르바야 류보피]

형 첫째의, 처음의
~ая любо́вь 첫사랑

перево́д
[뻬레보트]

남 ①이동 ②번역, 통역

переводи́ть-
перевести́
[뻬레바지찌-뻬레베스찌]
[뻬레바지찌 스 루스꺼버 야즤까 나 까레이스끼이]

불완-완 ①옮기다, 이동시키다
②번역하다, 통역하다 ③(돈을)
송금하다
~ с ру́сского языка́ на коре́йский
러시아어를 한국어로 번역하다

перево́зка
[뻬레보스까]

여 운반, 수송

перевоспита́ние
[뻬레바스삐따니에]

중 재교육

перегово́ры
[뻬레가보릐]
[베스찌 뻬레가보릐]

복 회담, 담판
вести́ ~ 회담하다

пе́ред
[뻬레트]

전 …앞에, …전에

передава́ть-
переда́ть
[뻬레다바찌-뻬레다찌]

불완-완 ①넘겨주다, 전하다, 양도하다
②알리다, 전달하다
③방송하다, 방영하다

переда́ча
[뻬레다차]

여 전달, 방송

передвиже́ние
[뻬레드비줴니에]

중 옮기는 것, 이동, 왕래

переживáть-пережи́ть
[뻬레쥐바찌-뻬레쥐찌]

불완-완 체험하다, 겪다

перенóс
[뻬레노스]

남 옮겨놓는 것, 미루는 것, 연기

перенóсный
[뻬레노스느이]

형 이동식의, 휴대용의

переоцéнка
[뻬레아쩬까]

여 재평가, 과대평가

перепи́ска
[뻬레삐스까]

여 복사, 베껴쓰기

переработка
[뻬레라보뜨까]

여 가공

переры́в
[뻬레릐프]

남 중단, 휴식, 휴식시간

переса́дка
[뻬레싸드까]

여 옮겨놓는것, 환승

переселéние
[뻬레셸레니에]

중 이주, 이사, 이민

пересказывать-пересказа́ть
[뻬레스까즤바찌-뻬레스까자찌]

불완-완 (들은것, 읽은 것을) 자기말로 서술하다, 다시 이야기하다

пересмóтр
[뻬레스모뜨르]

남 재검토, 수정, 개정

переу́лок
[뻬레울럭]

남 골목

перехóд
[뻬레호트]

남 이동, 과도, 전환

переходи́ть-
перейти́
[뻬레하지찌-뻬레이찌]

불완-완 건너가다, 넘어가다, 이동하다

пе́рец
[뻬레쯔]
[끄라스느이 뻬레쯔]
[쵸르느이 뻬레쯔]

남 고추, 후추
кра́сный ~ 고추
чёрный ~ 후추

пе́речень
[뻬레첸]

남 목록

перечисле́ние
[뻬레치슬레니에]

중 열거

перечи́тывать-
перечита́ть
[뻬레치띄바찌-뻬레치따찌]

불완-완 다시 읽다

пери́од
[뻬리오트]
[뻬레호드느이 뻬리오트]

남 시기, 기간, 시대
перехо́дный ~ 과도기

периоди́ческий
[뻬리아지체스끼이]

형 주기적인, 정기적인

пермане́нт
[뻬르마넨트]

남 파마

перо́
[삐로]

중 깃, 깃털, 붓

персо́наж
[뻬르쏘날]

여 인물, 사람, 손님

персона́льный
[뻬르싸날느이]

형 개별적인, 개인적인

перспекти́ва
[뻬르스뻭찌바]

여 전망, 예상

пе́сня
[뻬스냐]

여 노래

песо́к
[삐쏙]
남 모래

пету́х
[뼤뚜흐]
남 수탉

петь
[뼤치]
불완 노래하다, 노래부르다

печа́ль
[뼤찰]
여 슬픔, 비애, 근심

печа́тать-напеча́тать
[뼤차따찌-나뼤차따찌]
불완-완 인쇄하다, 출판하다

печа́ть
[뼤차찌]
여 인쇄, 도장

печь
[뼤치]
[뼤치 흘레프]
불완 굽다
 ~ хлеб 빵을 굽다

печь
[뼤치]
여 난로

пешехо́д
[뼤쉐호트]
남 보행자

пеще́ра
[삐쉐라]
여 동굴

пиани́но
[삐아니너]
중 피아노
 игра́ть на ~ 피아노를 치다

пиани́ст, ~ка
[삐아니스뜨, 삐아니스뜨까]
남 여 피아니스트

пи́во
[삐버]
중 맥주

пик
[삑]
남 산봉우리, 절정

пила́
[삘라]
여 톱

пило́т
[삘롯]
남 비행사, 조종사

пингви́н
[삔그빈]
남 펭귄

пинг-по́нг
[삔-뽄크]
남 탁구

пира́т
[삐랏]
남 해적

писа́тель, ~ница
[삐사쩰, 삐사쩰니짜]
남 여 작가

писа́ть-написа́ть
[삐싸찌-나삐싸찌]
불완-완 쓰다, 사용하다, 소모하다

пистоле́т
[삐스딸레트]
남 권총

пи́сьменный
[삐씨멘느이]
형 서면의, 문서의

письмо́
[삐씨모]
중 편지, 서한

пита́ние
[삐따니에]
중 보육, 양육

пита́ть
[삐따찌]
불완 먹이다, 먹여기르다, 양육하다

пить
[삐찌]
불완 마시다

питьё
[삐찌요]
중 음료

пи́ща
[삐샤]
— 여 음식, 양식

пла́вание
[쁠라바니에]
— 중 수영, 항해

пла́вать-плыть
[쁠라바찌-쁠릐찌]
— 불완-완 수영하다, 항해하다

пла́кать
[쁠라까찌]
— 불완 울다

план
[쁠란]
— 남 계획, 방안, 안

плане́та
[쁠라녜따]
— 여 행성

плани́ровать-сплани́ровать
[쁠라니러바찌-스쁠라니러바찌]
— 불완-완 계획하다, 설계하다

пла́та
[쁠라따]
— 여 지불, 임금, 요금

платёж
[쁠라쬬쉬]
— 남 지불

плати́ть-заплати́ть
[쁠라찌찌-자쁠라찌찌]
— 불완-완 지불하다

пла́тный
[쁠라뜨느이]
— 형 유료의

плато́к
[쁠라똑]
[나사보이 쁠라똑]
— 남 수건
носово́й ~ 손수건

пла́тье
[쁠라찌에]
— 중 의복

плач
[쁠라치]
남 울음

пле́мя
[쁠레먀]
중 종족, 인종

племя́нник
[쁠레먄닉]
남 조카

племя́нница
[쁠레먄니짜]
여 조카딸

плен
[쁠렌]
남 포로

плечо́
[쁠리초]
중 어깨

плод
[쁠로트]
남 열매, 과일

пло́скость
[쁠로스꺼스찌]
여 평면

пло́тность
[쁠로뜨너스찌]
여 밀도, 농도

пло́хо
[쁠로허]
부 나쁘게, 서투르게

плохо́й
[쁠라호이]
형 나쁜, 좋지 않은

площа́дка
[쁠로샤뜨까]
[스빠르찌브나야 쁠라샤뜨까]
여 광장
спорти́вная ~ 운동장

пло́щадь
[쁠로샤찌]
여 면적, 광장

плюс
[쁠류스]
남 플러스, 덧셈

пляж [쁠랴쉬]	남 해변
по [빠]	전 ①(장소, 방향 표시) …으로, …을 ②(근거를 표시) …에 의하여, …에 따라
побе́г [빠베크]	남 도주, 도망
побе́да [빠베다]	여 승리
побежа́ть [빠베좌찌]	완 뛰다, 달리다
побежда́ть-победи́ть [빠베즈다찌-빠베지찌]	불완-완 승리하다, 이기다
поблагодари́ть [빠블라가다리찌]	완 감사하다
поборо́ть [빠바로찌]	완 이기다
побоя́ться [빠바얏짜]	완 두려워하다, 무서워하다
побыва́ть [빠븨바찌]	완 방문하다, 다녀오다, 방문하다
по́вар [뽀바르]	남 요리사
пове́рить [빠베리찌]	완 믿다
поверну́ться [빠베르눗짜]	완 돌리다, 회전시키다

пове́рхность
[빠베르흐너스찌]
[빠베르흐너스찌 제믈리]

여 표면
~ земли́ 지표면

пове́сить
[빠베씨찌]

완 걸다, 매달다

повести́
[빠베스찌]

완 데리고 가다, 인도하다

пове́стка
[빠베스뜨까]
[빠베스뜨까 드냐]

여 의정, 토의일정
~ дня 토의일정

по́весть
[뽀베스찌]

여 중편소설

по́вод
[뽀버트]

남 구실, 기회, 동기, 원인

поворо́т
[빠바로트]

남 회전, 방향전환

повседне́вный
[빠프세드녜브느이]
[빠프세드녜브나야 쥐즈니]

형 매일매일의, 일상적인
~ая жизнь 일상생활

повто́р
[빠프또르]

남 되풀이, 반복

повторе́ние
[빠프따레니에]

중 되풀이, 반복, 복습

повыша́ть-повы́сить
[빠븨샤찌-빠븨씨찌]

불완-완 높이다, 증가시키다

повыше́ние
[빠븨쉐니에]

중 증가, 제고, 인상

погиба́ть-поги́бнуть
[빠기바찌-빠기브누찌]

불완-완 죽다, 전사하다, 멸망하다, 사라지다

поглоще́ние
[빠글라쉐니에]

중 흡수

пого́да
[빠고다]

여 날씨

погребе́ние
[빠그레베니에]

중 매장, 장례

под
[뽀트]

전 …밑에, 가까이에, 부근에

подава́ть-пода́ть
[빠다바찌-빠다찌]

불완-완 내놓다, 공급하다, 주다

пода́рок
[빠다럭]
[빠루치찌 프 빠다럭]

남 선물
получи́ть в ~ 선물로 받다

подва́л
[빠드발]

남 지하실

подво́дный
[빠드보드느이]
[빠드보드나야 로트까]

형 물밑의, 수중의
~ая ло́дка 잠수함

подгото́вить
[빠드가또비찌]

완 준비하다, (미리) 마련하다

подгото́вка
[빠드가또프까]

여 준비, 마련, 양성, 훈련

подгру́ппа
[빠드그루빠]

여 소그룹

по́дданство
[뽀단스뜨버]

중 국적

подде́лка
[빠젤까]

여 위조, 모조, 위조품

поддéрживать-поддержáть
[빠드제르쥐바찌-빠드제르좌찌]

불완-완 지지하다, 동의하다, 원조하다, 지원하다

поддéржка
[빠드졔르쉬까]

여 지지, 찬성, 원조, 유지

подзéмный
[빠드졤느이]

형 지하의, 땅속의

подлежáть
[빠들레좌찌]

불완 …해야 한다, …할 필요가 있다

пóдлинник
[뽀들린닉]

남 원본, 원문

подлóжный
[빠들로쥐느이]
[빠들로쥐느이 다꾸몐뜨]

형 위조의
~ый докумéнт 위조문서

поднимáть-поднять
[빠드니마찌-빠드냐찌]

불완-완 들다, 들어올리다

поднóс
[빠드노스]

남 쟁반

подóбный
[빠도브느이]

형 비슷한, 유사한, 같은

подозрéние
[빠다즈례니에]

중 의심, 의혹

подписнóй
[빠드삐스노이]

형 예약의

пóдпись
[뽀드삐시]

여 서명, 수표

подражáние
[빠드라좌니에]

중 모방, 모조

подразделе́ние
[빠드라즈젤레니에]

중 구분, 세분

подро́бный
[빠드로브느이]

형 상세한, 자세한

подро́сток
[빠드로스떡]

남 소년, 소녀

подру́га
[빠드루가]

남 여자친구

по-друго́му
[빠-드루고무]

부 다르게, 달리

подря́д
[빠드럇트]

남 ①청부, 계약 부 연이어, 연속적으로

подсо́лнечник
[빠드솔네치닉]

남 해바라기

подсчёт
[빳숏]

남 계산, 결산

подтёк
[빳쪽]

남 멍, 멍든곳

поду́мать
[빠두마찌]

완 생각하다

поду́шка
[빠두쉬까]

여 베개

подхо́д
[빠뜨호트]

남 접근, 태도, 입장

подчёркивать-подчеркну́ть
[빳쵸르끼바찌-빳체르크누찌]

불완-완 밑줄을 긋다, 강조하다

подъём
[빠지욤]

남 높이는 것, 올리는 것

поезд
[빠에스트]

남 기차

поездка
[빠에스트까]

여 여행, 유람, 견학

пожалуйста
[빠좔루이스따]

초 제발, 어서, 예 좋습니다

пожар
[빠좌르]

남 화재, 불

пожарник
[빠좌르닉]

남 소방대원

пожилой
[빠칠로이]

형 나이가 지긋한, 중년의

пожимать-пожать
[빠쥐마찌-빠좌찌]

불완-완 쥐다, 움켜쥐다

поза
[뽀자]

여 몸가짐, 자세, 포즈

позволять-позволить
[빠즈발랴찌-빠즈볼리찌]

불완-완 허락하다, 허가하다

поздний
[뽀즈드니이]

형 때늦은

поздравлять-поздравить
[빠즈드라블랴찌-빠즈드라비찌]
[빠즈드라블랴찌 스 쁘라즈드니껌]

불완-완 축하하다
~ с праздником 명절을 축하하다

позитивный
[빠지찌브느이]

형 긍정적인

пози́ция
[빠지찌야]
— 여 위치, 입장, 견해

по́иск
[뽀이스크]
— 남 탐색, 수색

поиска́ть
[빠이스까찌]
— 완 탐색하다, 찾다

пойти́
[빠이찌]
— 완 ①가다, 떠나다 ②(눈, 비가) 내리다

пока́
[빠까]
— 부 아직도, 당분간 조 안녕히

показа́тель
[빠까자쩰]
— 남 지표

поклоне́ние
[빠클라녜니에]
— 중 숭배, 예찬

поко́й
[빠꼬이]
— 남 안정, 평정

поколе́ние
[빠깔레니에]
— 중 세대

поко́нчить
[빠꼰치찌]
— 완 с чем 끝내다, 그만두다

покрови́тель, ~ница
[빠끄라비쩰, 빠끄라비쩰니짜]
— 남 여 보호자

покрыва́ть-покры́ть
[빠끄리바찌-빠끄리찌]
— 불완–완 덮다, 씌우다

покупа́тель, ~ница
[빠꾸빠쩰, 빠꾸빠쩰니짜]
— 남 여 구매자, 고객

покупáть-купи́ть
[빠꾸빠찌-꾸삐찌]

불완-완 구매하다, 사다

поку́пка
[빠꿉까]

여 구입

поку́шать
[빠꾸샤찌]

완 식사하다, 먹다

пол
[뽈] [무쉬꼬이 뽈]
[줸스끼이 뽈]

남 ①마루, 방바닥 ②성
мужско́й ~ 남성
же́нский ~ 여성

пóле
[뽈레]

중 들, 벌판

поле́зный
[빨레즈느이]

형 유익한, 유용한

полёт
[빨롯]

남 비행

поли́тика
[빨리찌까]

여 정치, 정책

поли́ция
[빨리찌야]

여 경찰

полномо́чие
[빨나모치에]

중 전권, 권한

пóлностью
[뽈너스찌유]

부 완전히, 모조리

пóлночь
[뽈노치]

여 한밤중, 야밤

пóлный
[뽈느이]

형 찬, 가득찬, 충분한

полови́на
[빨라비나]

여 반, 절반

положе́ние [빨라줴니에]	중 위치, 장소, 지위, 정세, 상태
положи́тельный [빨라쥐쩰느이]	형 긍정적인, 좋은, 적극적인
полтора́ [빨따라] [빨따라 치사]	수 한개반 ~ часа́ 한시간 반
полуфабрика́т [빨루파브리까트]	남 반제품
получа́ть-получи́ть [빨루차찌-빨루치찌]	불완-완 받다, 접수하다, 얻다
по́льзование [뽈저바니에]	중 이용, 사용
по́льзоваться-воспо́льзоваться [뽈즈밧짜-바스뽈저밧짜]	불완-완 кем-чем 쓰다, 사용하다
по́люс [뽈류스] [쎼베르느이(유즈느이) 뽈류스]	남 극 Се́верный(Ю́жный) ~ 북(남)극
помидо́р [빠미도르]	남 토마토
по́мнить [뽐니찌]	불완 о ком-чём 기억하다
помога́ть-помо́чь [빠마가찌-빠모치]	불완-완 돕다, 도와주다
по́мощь [뽀모쉬]	여 도움, 원조

понеде́льник
[빠네젤닉]

남 월요일

пониже́ние
[빠니줴니에]

중 낮아지는 것, 저하

понима́ние
[빠니마니에]

중 이해, 이해력

поня́тие
[빠냐찌에]

중 개념, 이해

попола́м
[빠빨람]
[젤리찌 빠빨람]

부 절반씩, 동등하게
дели́ть ~ 절반씩 나누다, 이등분하다

попра́вка
[빠쁘라프까]

여 수정, 개정, 수리

попуга́й
[빠뿌가이]

남 앵무새

популя́рный
[빠뿔랴르느이]

형 인기있는, 유명한, 대중적인

пора́
[빠라]

여 때, 시절, 시기
до сих ~ 지금까지

по́ра
[뽀라]

여 땀구멍, 모공

поро́г
[빠로크]

남 문턱, 문지방

поро́да
[빠로다]

여 (동식물의) 종, 종류

по́рохоны
[빠라허늬]

복 장례식

порошо́к
[빠라쇽]

남 가루

порт
[뽀르트]
- 남 항구, 항만

портре́т
[빠르뜨렛]
- 남 초상화

портфе́ль
[빠르뜨펠]
- 남 서류가방

поруче́ние
[빠루체니에]
- 중 위임, 위탁

поря́док
[빠랴덕]
[빠 빠랴드꾸]
- 남 질서, 순서, 절차
  по ~ку 차례로

поса́дка
[빠사뜨까]
- 여 ①재배, 심는것 ②착륙

посети́тель
[빠쎄찌쩰]
- 남 손님, 방문객

посеща́ть-посети́ть
[빠쎄샤찌-빠세찌찌]
- 불완-완 방문하다, 찾아가다

посеще́ние
[빠세쉐니에]
- 중 방문, 출석

поско́льку
[빠스꼴꾸]
- 접 …하는 만큼, …하기 때문에

по́сле
[뽀슬레]
- 접 후에
  ~ обе́да 점심 후에

после́дний
[빠슬레드니이]
- 형 마지막의, 최후의

после́дователь
[빠슬레다바쩰]
- 남 계승자, 후계자

посо́бие
[빠쏘비에]
- 중 참고서, 보조금

П

посове́товать
[빠싸볘뜨바찌]

완 권고하다

посо́л
[빠쏠]
[츠례즈비차인느이 이 빨너모치느이 빠쏠]

남 대사
чрезвыча́йный и полномо́чный ~ 특명전권대사

посо́льство
[빠솔스뜨버]

중 대사관

поссо́рить
[빠쏘리찌]

완 다투게하다, 싸우게하다

пост
[뽀스뜨]

남 직위, 직책

поста́вка
[빠스따프까]

여 공급

поставля́ть-поста́вить
[빠스따블랴찌-빠스따비찌]

불완-완 공급하다

поставщи́к
[빠스땁쉭]

남 공급자

посте́ль
[빠스쪨]

여 침상, 침대, 침구, 이부자리

постепе́нно
[빠스쪠뼨너]

부 점차, 점점

постоя́нный
[빠스따얀느이]

형 끊임없는, 변함없는

постро́йка
[빠스뜨로이까]

여 건설, 건축물, 건물

поступа́ть-поступи́ть
[빠스뚜빠찌-빠스뚜삐찌]

불완-완 입학하다, 들어가다, 취직하다

поступле́ние [빠스뚜블레니에]	중 입학, 취직
посту́пок [빠스뚜뻑]	남 행위, 행동
посу́да [빠쑤다]	여 그릇, 식기
посыла́ть-посла́ть [빠실라찌-빠슬라찌]	불완-완 보내다, 파견하다
пот [뽓]	남 땀
потенциа́л [빠뗀찌알]	남 잠재력
потерпе́ть [빠쩨르뻬찌]	완 참다, 견디다
поте́ря [빠쩨랴]	여 상실, 분실, 손실 복 손해
пото́м [빠똠]	부 그 후에, 그 다음에
пото́мок [빠또먹]	남 자손, 후손
пото́мство [빠똠스뜨버]	중 자손, 후손, 후대
потому́ [빠따무]	부 그러므로 접 ~ что 왜냐하면, …때문이다
потреби́тель [빠뜨레비쪨]	남 소비자
потребле́ние [빠뜨레블레니에]	중 소비

потре́бность
[빠뜨례브너스찌]

여 수요, 요구

похо́жий
[빠호쥐이]

형 на кого-что 닮은

по́чва
[뽀치바]

여 토양, 토지

почему́
[빠체무]

부 왜, 어째서

почёт
[빠촛]

남 명예, 존경, 존중

починя́ть-почини́ть
[빠치냐찌-빠치니찌]

불완-완 고치다, 수리하다

по́чта
[뽀치따]

여 우편, 우체국

почти́
[빠치찌]

부 거의

по́шлина
[뽀쉴리나]
[따모젠나야 뽀쉴리나]

여 세금
тамо́женная ~ 관세

по́эзия
[빠에지야]

여 시

поэ́т
[빠엣]

남 시인

поэ́тому
[빠에떠무]

부 그러므로, 그렇기때문에

появле́ние
[빠이블레니에]

중 나타나는것, 출현

по́яс
[뽀야스]

남 띠, 허리띠

пояснéние [빠이스녜니에]	중 설명, 해석
пояснять-пояснить [빠이스냐찌-빠이스니찌]	불완-완 설명하다, 해석하다
прáвда [쁘라브다]	여 진리, 진실, 정의
прáвило [쁘라빌러]	중 규칙, 법칙, 규정, 원칙
прáвильный [쁘라빌느이]	형 옳은, 정확한, 규칙적인
правительство [쁘라비쩰스뜨버]	중 정부
правлéние [쁘라블레니에]	중 통치, 지배, 관리
прáво [쁘라버]	중 법, 법률, 권리
прáвый [쁘라브이]	형 ①오른쪽의 ②우익의 ③옳은, 정당한
прáздник [쁘라즈닉]	남 명절, 기념일
прáзднование [쁘라즈너바니에]	중 경축, 경축행사, 기념행사
прáктика [쁘락찌까]	여 실천, 실습, 연습, 경험
пребывáние [쁘레비바니에]	중 체류
превосхóдный [쁘레바스호드느이]	형 훌륭한, 아주 좋은, 우수한

превыше́ние
[쁘레브이쉐니에]

중 초과, 능가

предвари́тельный
[쁘레드바리쪨느이]

형 예비적인, 사전의

преде́л
[쁘레젤]

남 경계, 한계, 범위

преде́льный
[쁘레젤느이]

형 극도의, 최대의, 최고의

предлага́ть-предложи́ть
[쁘레들라가찌–쁘레들라지찌]

불완–완 제안하다, 제의하다, 권하다, 위임하다

предложе́ние
[쁘레들라줴니에]

중 제의, 제안, 문장

предме́т
[쁘레드멧]

남 사물, 물건

предоставле́ние
[쁘레다스따블레니에]

중 제공, 부여

предположе́ние
[쁘레드발라줴니에]

중 예상, 추측

предпочита́ть-предпоче́сть
[쁘레드빠치따찌–쁘레드빠체스찌]
[쉬또 브이 쁘레드빠치따에쩨]

불완–완 더 좋아하다
что вы ~ита́ете?
당신은 무엇을 더 좋아합니까?

предпринима́тель
[쁘레드쁘리니마쪨]

남 기업가

предпринима́тель-ство
[쁘레드쁘리니마쪨스뜨버]

중 기업, 사업, 기업활동

предприя́тие
[쁘레드쁘리야찌에]

중 기업, 회사, 공장

председа́тель [쁘레드세다쩰]	남 위원장, 의장, 회장
предсказа́ние [쁘레드스까자니에]	중 예언, 예고
представи́тель [쁘레드스따비쩰]	남 대표, 대표자, 대변인
представле́ние [쁘레드스따블레니에]	중 제출, 소개, 추천
предупрежде́ние [쁘레두쁘레줴니에]	중 예고, 경고, 예방, 방지
пре́жде [쁘레줴]	부 이전에, 우선
президе́нт [쁘레지젠뜨]	남 대통령, 사장, 총재
преиму́щество [쁘레이무쉐스뜨버]	중 우월성, 장점, 우선권
прекра́сный [쁘레끄라스느이]	형 아름다운, 훌륭한
прекраще́ние [쁘레끄라쉐니에]	중 중지, 중단
пре́мия [쁘레미야]	여 상, 상금
премье́р [쁘레미예르]	남 총리
преобразова́ние [쁘레아브라자바니에]	중 개혁, 변혁, 개편
преодоле́ние [쁘레아달레니에]	중 극복
препара́т [쁘레빠라트]	남 표본, 약제, 약품

преподава́тель, ~ница
[쁘레빠다바쪨, 쁘레빠다바쪨니짜]

남 여 교사, 선생

преподава́ть-препода́ть
[쁘레빠다바찌-쁘레빠다찌]

불완-완 가르치다

препя́тствие
[쁘레뺫스뜨비에]

중 장애, 방해, 장애물

прерыва́ть-прерва́ть
[쁘레릐바찌-쁘레르바찌]

완 중지하다, 중단시키다, 멈추다

пресс-конфере́нция
[쁘레스-깐페렌찌야]

여 기자회견

преступле́ние
[쁘레스뚜쁠레니에]
[사베르쉬찌 쁘레스뚜블레니에]

중 위법행위, 범죄
соверши́ть ~e 죄를 짓다

престу́пник, ~ца
[쁘레스뚜쁘닉, 쁘레스뚜브니짜]

남 여 범죄자

при
[쁘리]

전 ①부근에, 곁에 ②때에

приба́вка
[쁘리바프까]

여 첨가

приближе́ние
[쁘리블리줴니에]

중 접근

приблизи́тельно
[쁘리블리지쪨너]

부 대략, 약

прибо́р
[쁘리보르]

남 기구, 도구, 장치

при́быль
[쁘리빌]

여 이윤, 이익

прибы́тие
[쁘리브이찌에]

중 도착

приве́т
[쁘리벳]

남 인사, 축하, 안녕!

приве́тствие
[쁘리벳스뜨비에]

중 인사, 환영사

привлека́ть-привле́чь
[쁘리블레까찌-쁘리블레치]

불완-완 끌어들이다, (관심, 주의 등을) 끌다

приво́з
[쁘리보스]

남 반입, 수입, 수입품

привы́чка
[쁘리브이츠까]
[바이찌 브 쁘리브이츠꾸]

여 습관, 버릇
войти́ в ~у 버릇되다

приглаша́ть-пригласи́ть
[쁘리글라샤찌-쁘글라씨찌]

불완-완 초대하다, 초청하다

приглаше́ние
[쁘리글라쉐니에]

중 초청, 초대

приготовля́ть-пригото́вить
[쁘리가따블랴찌-쁘리가또비찌]

불완-완 준비하다, (음식을) 만들다

придава́ть-прида́ть
[쁘리다바찌-쁘리다찌]

불완-완 첨가하다, 덧붙이다

201

приём [쁘리욤]	남 접수, 섭취, 복용
призва́ние [쁘리즈바니에]	중 임무, 사명
при́знак [쁘리즈낙]	남 표식, 특징, 지표
прика́з [쁘리까스]	남 명령, 지령, 명령서, 지령서
прилага́ть-приложи́ть [쁘릴라가찌-쁘릴라쥐찌] [쁘릴라가찌 프세 씰리]	불완-완 덧붙이다, 첨가하다, 집중하다, 적용하다 ~ все си́лы 전력을 다하다
прилёт [쁘리룟]	남 착륙
прили́в [쁘릴리프]	남 밀물, 흘러드는것
приложе́ние [쁘릴라줴니에]	중 부록, 부가, 첨가
примене́ние [쁘리메네니에]	중 사용, 이용, 적용
применя́ть-примени́ть [쁘리메냐찌-쁘리메니찌]	불완-완 이용하다, 사용하다
приме́р [쁘리메르]	남 예, 실례, 모범, 본보기
приме́рно [쁘리메르너]	부 모범적으로, 대략, 약
примеча́ние [쁘리메차니에]	중 주, 주석

примире́ние
[쁘리미레니에]

중 화해

принадлежа́ть
[쁘리나들레좌찌]

불완 кому-чему …에 속하다

принима́ть-приня́ть
[쁘리니마찌-쁘리냐찌]

불완-완 받다, 접수하다, 담당하다, 책임지다

приноси́ть-принести́
[쁘리너씨찌-쁘리네스찌]

불완-완 가져오다, 가져가다, 야기하다

при́нтер
[쁘리테르]

남 프린터기

принц
[쁘린쯔]

남 왕자

при́нцип
[쁘린찝]

남 원칙, 원리

принципиа́льный
[쁘린찌삐알느이]

형 원칙적인, 시종일관, 철저한

приня́тие
[쁘리냐찌에]

중 접수, 인수, 채용, 승인, 수락

приобрете́ние
[쁘리아브레쩨니에]

중 얻는것, 획득

приорите́т
[쁘리아리쩨트]

남 우선권, 우위, 우선순위

припра́ва
[쁘리쁘라바]

여 양념, 조미료

приро́да
[쁘리로다]

여 ①자연, 자연계 ②본질, 본성, 천성

приро́ст
[쁘리로스뜨]

남 증대, 증가, 증가량

присвое́ние
[쁘리스바예니에]

중 수여

присоедине́ние
[쁘리사에지녜니에]

중 연합, 결합, 통합

прися́га
[쁘리샤가]
[쁘리냐찌 쁘리샤구]

여 선서
приня́ть ~y 선서하다

прито́к
[쁘리똑]

남 흘러들어오는 것, 강의 지류

прихо́д
[쁘리호트]

남 도착, 도래, 수입

причём
[쁘리촘]

접 그리고, 게다가, 또한
부 왜, 무슨 까닭에

причи́на
[쁘리치나]

여 원인, 이유

прия́тный
[쁘리야뜨느이]

형 유쾌한, 반가운, 마음에 드는

про
[쁘로]

전 …에 대하여, …을 위하여

про́ба
[쁘로바]

여 시험, 실험

про́бка
[쁘롭까]

여 마개, 코르크, 장애물, 교통혼잡

про́бовать-
попро́бовать
[쁘로바바찌-빠쁘로바바찌]

불완-완 맛보다, 해보다, 시도하다

прове́рка
[쁘라베르까]

여 검열, 검사

проверя́ть-прове́рить
[쁘라베랴찌-쁘라베리찌]

불완-완 검열하다, 검사하다

провока́ция
[쁘라바까찌야]

여 도발, 도발행위

прогно́з
[쁘라그노스]
[쁘라그노스 빠고듸]

남 예측, 예언
~ пого́ды 일기예보

програ́мма
[쁘라그람마]

여 프로그램, 계획, 일정

прогре́сс
[쁘라그레스]

남 전진, 진보

прогу́л
[쁘라굴]

남 무단결근, 결석

прогу́лка
[쁘라굴까]

여 산보, 산책

продава́ть-прода́ть
[쁘라다바찌-쁘라다찌]

불완-완 팔다, 판매하다

продаве́ц, ~щи́ца
[쁘라다볘쯔, 쁘라답쉬짜]

남여 판매원

прода́жа
[쁘라다좌]
[로즈니치나야(압또바야) 쁘라다좌]
[쁘라다좌 나 스끼트끼]

여 판매
ро́зничная(опто́вая) ~
소매(도매)
~ на ски́дки 할인판매"

продле́ние
[쁘라들레니에]
[쁘라들레니에 스로끄까]

중 연장, 연기
~ сро́ка 기한연기

продово́льствие
[쁘라다볼스뜨비에]

중 식량, 식료품

продолжа́ть-продо́лжить
[쁘라달좌찌-쁘라달쥐찌]

불완-완 계속하다, 늘이다, 연장하다

продолже́ние
[쁘라달줴니에]

중 계속, 지속, 연장

проду́кт
[쁘라둑뜨]

남 제품, 생산품, 결과

продукти́вный
[쁘라둑찌브느이]

형 생산적인, 생산이 높은

прое́зд
[쁘라에스트]
[쁘라에스트 바스쁘라숀]

남 통행, 통과
~ воспрещён 통행금지

прое́кт
[쁘라엑뜨]

남 ①설계도, 계획, 구상, 프로젝트
②안, 초안

про́за
[쁘로자]

여 산문

прозра́чный
[쁘라즈라츠느이]

형 투명한, 맑은

прои́грывать-проигра́ть
[쁘라이그릐바찌-쁘라이그라찌]

불완-완 지다, 패하다, 실패하다, 손해보다

произведе́ние
[쁘라이즈베제니에]

중 작품

производи́ть-произвести́
[쁘라이즈바지찌-쁘라이즈베스찌]

불완-완 만들다, 생산하다, 제작하다

произво́дство
[쁘라이즈봇스뜨버]

중 생산, 실시, 수행

произноше́ние
[쁘라이즈나쉐니에]

중 발음

происхожде́ние
[쁘라이스하줴니에]

중 발생, 유래, 기원, 출신

прокурату́ра
[쁘라꾸라뚜라]

여 검찰

прокуро́р
[쁘라꾸로르]
[게네랄늬이 쁘라꾸로르]

남 검사
генера́льный ~ 검찰총장

промедле́ние
[쁘라베들레니에]

중 지연, 지체

промежу́ток
[쁘라메쥬떡]

남 사이, 간격, 중간

промы́шленность
[쁘라븨쉴렌너스찌]

여 공업

**пропуска́ть-
пропусти́ть**
[쁘라뿌스까찌-쁘라뿌스찌찌]

불완-완 통과시키다, 길을 내주다,
허가하다,
승인하다

проре́ктор
[쁘라렉떠르]

남 부총장, 부학장

**проси́ть-
попроси́ть**
[쁘라씨찌-빠쁘라씨찌]

불완-완 부탁하다, 청하다

проспе́кт
[쁘라스뻭트]

남 ①(크고 넓은)거리, 대로 ②초안,
개요

просто́й
[쁘라스또이]

형 단일한, 단순한, 간단한

П

простра́нство
[쁘라스뜨란스뜨바]

중 공간, 지역, 지대

просту́да
[쁘라스뚜다]

여 감기

просту́пок
[쁘라스뚜뻭]

남 잘못

про́сьба
[쁘로지바]

여 요청, 청원, 부탁, 요구

проте́ст
[쁘라쩨스뜨]

남 반항, 반대, 항의

про́тив
[쁘로찌프]

전 맞은편에, 반대하여, 맞서

проти́вник
[쁘라찌브닉]

남 적, 원수

противоде́йствие
[쁘라찌바제이스뜨비에]

중 반작용, 저항, 대립

противополо́жный
[쁘라찌버빨라쥐느이]

형 반대되는, 상반되는

противоре́чие
[쁘라찌바레치에]

중 모순, 반항, 대립, 충돌

противостоя́ть
[쁘라찌바스따야찌]

불완 кому-чему 대립하다, 맞서다

протоко́л
[쁘라따꼴]

남 기록, 회의록, 프로토콜

протяже́ние
[쁘라쨔줴니에]
[나 쁘라쨔줴니이]

중 거리, 기간
на ~и …에 걸쳐, …동안에

профессиона́льный
[쁘라페씨아날느이]
[쁘라페씨아날늬에 발레즈니]

형 직업의, 직업상
~ые боле́зни 직업병

профе́ссия [쁘라페씨야]	여 직업, 업
профе́ссор [쁘라페쏘르]	남 교수
профила́ктика [쁘라필라찌까]	여 예방
про́филь [쁘로필]	남 옆얼굴, 프로필, 단면도
профсою́з [쁘랍싸유스]	남 노동조합
прохла́дный [쁘라홀라드느이]	형 시원한, 서늘한
прохо́д [쁘라호트]	남 통과, 통행, 통로, 출입구
проце́нт [쁘라쩬트]	남 퍼센트, 이자, 이율
проце́сс [쁘라쩨스]	남 과정, 행정, 경과
про́чий [쁘로치이]	형 기타의, 나머지의
про́шлый [쁘로쉴르이]	형 지난, 저번의 в ~ом году́ 지난해에
проща́ние [쁘라샤니에]	중 작별, 이별, 작별인사
проще́ние [쁘라쉐니에]	중 용서
проявле́ние [쁘라이블레니에]	중 발현, 표현, 발휘

пруд [쁘루트]	남 연못
прыжóк [쁘리족]	남 뜀뛰기, 도약
прямóй [쁘리모이]	형 곧은, 직접의, 솔직한, 노골적인
психолóгия [프시할로기야]	여 심리학
птúца [쁘찌짜]	여 새
пýгало [뿌갈러]	중 허수아비
пугáть-испугáть [뿌가찌-이스뿌가찌]	불완-완 놀라게 하다, 깜짝 놀라게하다
пýговица [뿌거비짜]	여 단추
пузы́рь [뿌직리]	남 거품
пульс [뿔스]	남 맥박, 맥
пункт [뿐끄뜨]	남 ①점, 지점 ②조항, 조
пустóй [뿌스또이]	형 빈, 실속없는
пусты́ня [뿌스띠냐]	여 사막
путём [뿌쬠]	전 …함으로써, …하는 방법으로

путешéствие [뿌쪠쉐스뜨비에]	중 여행	
путь [뿌찌]	남 길, 도로	
пух [뿌흐]	남 솜털	
пыль [쁼]	여 먼지	
пытáться [쁴땃짜]	불완 해보다, 애쓰다, 시도하다	
пьéса [삐에싸]	여 희곡, 각본	
пюрé [쀼레]	중 퓨레(야채를 갈아서 으깬 걸쭉한 스프)	
пя́тка [빠뜨까]	여 발뒤꿈치	
пя́тница [뺫니짜]	여 금요일	
пятнó [삣뜨노]	중 얼룩, 반점, 오점	
пять [빠찌]	수 5	
пятьдеся́т [삣지샷]	수 50	
пятьсóт [삣쏫]	수 500	

P

раб
[라프]

남 노예

рабо́та
[라보따]

여 일, 사업, 노동

рабо́тать
[라보따찌]

불완 일하다, 사업하다

рабо́тник, ~ца
[라보뜨닉, 라보뜨니짜]

남 여 일꾼, 고용인, 종업원, 노동자

рабо́чий
[라보치이]

형 일의, 작업의, 노동의 남 노동자

ра́венство
[라벤스뜨버]
[즈낙 라벤스뜨바]

중 평등, 균등, 〈수학〉 등식
знак ~а 등호(=)

равно́
[라브노]

술어 같다, 동일하다

равноду́шие
[라브나두쉬에]

중 무관심, 냉정

ра́вный
[라브느이]

형 같은, 동등한, 동일한

рад
[라트]

술어 기쁘다, 반갑다

ра́ди
[라지]

전 …을 위하여, …때문에

ра́дио
[라지오]

중 라디오

радиовеща́ние
[라지오베샤니에]

중 라디오방송

ра́довать
[라다바찌]

불완 기쁘게하다, 즐겁게하다

ра́доваться
[라다밧짜]
[라다밧짜 우스뻬함]

불완 кому-чему 기쁘하다, 반가워하다
~ успе́хам 성공을 기뻐하다

ра́дость
[라더스찌]

여 기쁨, 기쁜일

ра́дуга
[라두가]

여 무지개

раз
[라스]
[까즈드이 라스]

남 한번
ка́ждый ~ 매번

разве́дка
[라즈베뜨까]

여 탐사, 시굴, 답사, 정찰

**развива́ть-
разви́ть**
[라즈비바찌-라즈비찌]

불완-완 발전시키다, 발달시키다, 키우다, 기르다

разви́тие
[라즈비찌에]

중 발전, 발달, 성숙

**развлека́ть-
развле́чь**
[라즈블레까찌-라즈블레치]

불완-완 즐기게 하다, 위안하다

развлече́ние
[라즈블레체니에]

중 오락, 위로

разво́д
[라즈보트]

남 이혼

разгово́р
[라즈가보르]

남 이야기, 회화, 대화

разгово́рник
[라즈가보르닉]

남 회화집

разграничéние [라즈그라니체니에]	중	경계의 확정, 경계, 분계, 구획, 구분
раздéл [라즈젤]	남	①분할, 분배 ②편, 부
разделя́ть-раздели́ть [라즈젤랴찌-라즈젤리찌]	불완-완	나누다, 분할하다, 배배하다
разду́мье [라즈두미에]	중	심사숙고
разли́в [라즐리프]	남	범람, 홍수
разли́чие [라즐리치에]	중	차이, 차별, 구별
разли́чный [라즐리치느이]	형	여러가지의, 서로 다른
разлюбля́ть-разлюби́ть [라즐류블랴찌-라즐류비찌]	불완-완	사랑하지 않게 되다, 싫어지다, 싫증을 느끼다
размéр [라즈메르]	남	크기, 치수, 규모, 범위
рáзница [라즈니짜]	여	차이
разноглáсие [라즈나글라씨에]	중	불일치, 불화, 모순
рáзный [라즈느이]	형	여러가지의, 다양한
рáзовый [라저브이]	형	1회의, 한번의
разоружéние [라자루줴니에]	중	군비축소, 무장해제

разрабóтка [라즈라보트까]	여 개발, 작성, 연구, 채굴
разрезáть- разрéзать [라즈레자찌-라즈레자찌]	불완-완 베다, 자르다
разрешáть- разрешúть [라즈레샤찌-라즈레쉬찌]	불완-완 허가하다, 허락하다, 해결하다
разрешéние [라즈레쉐니에]	중 허가, 해결
разрушáть- разрýшить [라즈루샤찌-라즈루시찌]	불완-완 파괴하다, 붕괴시키다
разрушéние [라즈루쉐니에]	중 파괴, 붕괴
разрýв [라즈릐프]	남 단절, 결렬, 절교
рáзум [라줌]	남 이성
разумéться [라주멧짜] [라주메엣짜]	불완 …의 의미로 이해되다 ~ется 물론, 말할것도 없이
разýмный [라줌느이]	형 이성적인, 합리적인
рай [라이]	남 낙원, 천국
райóн [라이온]	남 구역, 지역, 지구
рак [락]	남 ①새우, 가재 ②암

ракéта
[라케따]

여 로케트, 미사일

рáмка
[람까]

여 작은 틀 복 범위, 한계, 테두리

рáна
[라나]

여 상처

рáнний
[라니이]
[라네에 우뜨러]

형 이른, 초기의, 조기의
~ee ýтро 이른아침

рáно
[라너]

부 이르게, 빠르게

рáньше
[란쉐]

부 더 일찍, 이전에, 그 전에

рáса
[라싸]
[죨따야(벨라야, 쵸르나야) 라싸]

여 인종
жёлтая(бéлая, чёрная) ~
황(백,흑)인종

расúзм
[라씨즘]

남 인종주의

**раскрывáть-
раскрыть**
[라스크릐바찌-라스크릐찌]

불완–완 열다, 펴다, 밝히다

рáсовый
[라싸브이]
[라싸바야 디스크리미나찌야]

형 인종의
~ая дискриминáция 인종차별

распáд
[라스빠트]

남 붕괴, 파탄, 몰락

расписáние
[라스삐사니에]

중 시간표

распúска
[라스삐스까]

여 영수증

распла́чиваться-расплати́ться
[라스쁠라치밧짜—라스쁠라치짜]
[라스쁠리치밧짜 즈 달가미]

불완-완 지불하다, 갚다
~ с долга́ми 빚을 청산하다

расположе́ние
[라스빨라줴니에]

중 배치, 위치

распоря́док
[라스빠랴덕]

남 정돈, 정비, 질서

распределе́ние
[라스쁘레젤레니에]

중 분배, 배정, 배치

распростране́ние
[라스쁘라스뜨라네이에]

중 보급, 전파, 유포, 확산

рассве́т
[라스벳]

남 새벽, 동틀무렵, 초기

расска́з
[라스까스]

남 이야기, 단편소설

рассле́довать
[라슬레더바찌]

불완 완 조사하다, 탐색하다

рассмотре́ние
[라스마뜨레니에]

중 심의, 연구, 고찰, 검토

расстано́вка
[라스따노프까]

여 배치, 정렬

расстоя́ние
[라스따야니에]

중 거리, 간격

расстро́йство
[라스뜨로이스뜨버]

중 혼란, 무질서

рассужде́ние
[라쑤줴니에]

중 판단, 생각, 고찰 복 의논, 토론

217

растение
[라스쩨니에]
- 중 식물

расти́
[라스찌]
- 불완 자라다, 크다, 성장하다

расти́тельность
[라스찌쩰너스찌]
- 여 식물, 식물계, 초목

растра́та
[라스뜨라따]
- 여 낭비, 소비

расхо́д
[라스호뜨]
[다호듸 이 라스호듸]
[라스호듸 나 쥐즈니]
- 남 지출, 비용, 경비
  доходы и ~ы 수입과 지출
  ~ы на жизнь 생활비

расчёска
[라스쵸스까]
- 여 머리빗

расчёт
[라숏]
- 남 계산, 셈, 지불

расшире́ние
[라쉬레니에]
- 중 확대, 확장, 증대

расширя́ть-расши́рить
[라쉬랴찌-라쉬리찌]
- 불완-완 넓히다, 확장하다, 확대하다

ра́унд
[라운드]
- 남 라운드

рациона́льный
[라찌아날느이]
- 형 합리적인

рвать
[르바찌]
- 불완 뜯다, 따다, 찢다, 잡아채다, 가로채다

рво́та
[르보따]
- 여 구토

реа́ктор
[리악떠르]
[아똠느이 리악떠르]

남 원자로
а́томн ый ~ 원자로

реа́кция
[리악찌야]

여 반응, 반작용

реализа́ция
[리알리자찌야]

여 실현, 실행

реализова́ть
[리알리자바찌]

불완 완 실현하다, 실행하다, 실시하다

реа́льный
[리알느이]

형 실제적인, 현실적인

ребёнок
[리뵤녁]

남 아이, 어린이

ребро́
[리브로]

중 갈비뼈

ребя́та
[리뱌따]

복 아이들, 어린이들, 동료

реви́зия
[리비지야]

여 검사, 검열, 조사

ревизо́р
[리비조르]

남 감사관, 검사관, 검찰관

револю́ция
[레발류찌야]

여 혁명

регио́н
[레기온]

남 지역

регистра́ция
[레기스뜨라찌야]

여 등록, 등기, 기입

регла́мент
[레글라멘트]

남 규정, 규칙, 법규, 회의진행절차

регре́сс
[레그레쓰]

남 퇴보, 퇴화, 후진

регули́рование
[레굴리러바니에]
[레굴리러바니에 울리치너버 드비줴니야]

중 정리
~ у́личного движе́ния
교통정리

регули́ровать
[레굴리러바찌]

불완 정리하다, 조정하다

регуля́рный
[레굴랴르느이]

형 규칙적인, 정상적인, 정기적인

реда́ктор
[레닥떠르]

남 편집자, 편집원

реда́кция
[레닥찌야]

여 교열, 편집

ре́дкий
[레뜨끼이]

형 보기 드문, 희박한, 진귀한

рее́стр
[레예스뜨르]
[레예스뜨르 이무쉐스뜨바]

남 목록, 장부, 등록부
~ иму́щества 재산목록

режи́м
[레쥠]

남 제도, 정책, 질서, 규정, 규칙

**реза́ть-
разреза́ть**
[레자찌-라즈레자찌]

불완-완 베다, 자르다, 수술하다

резе́рв
[레제르프]

남 예비, 예비금

рези́на
[레지나]

여 고무

рези́нка
[레진까]

여 고무지우개, 고무줄

ре́зкий
[레즈끼이]
- 형 날카로운, 강렬한, 급격한, 비약적인

резолю́ция
[레잘류찌야]
[쁘리냐찌 레잘류찌유]
- 여 결정, 결의
 приня́ть ~ю 결정을 채택하다

результа́т
[레줄땃]
- 남 결과, 결말, 성과, 성적

резюме́
[레쥬메]
- 중 요지, 요약, 결론

рейс
[레이스]
- 남 항로, 항공로

река́
[리까]
- 여 강

рекла́ма
[리끌라마]
- 여 광고, 선전

реклами́ровать
[리끌라미러바찌]
- 불완 완 광고하다, 선전하다

рекоменда́ция
[리까멘다찌야]
- 여 소개, 추천, 추천서

рекомендова́ть
[리까멘다바찌]
- 불완 완 추천하다, 권고하다, 제의하다

реконстру́кция
[리깐스뜨룩찌야]
- 여 개편, 개조

реко́рд
[리꼬르트]
[우스따나비찌 노브이 미라보이 리꼬르트]
- 남 기록
 установи́ть но́вый мирово́й ~
 새로운 세계기록을 세우다

ре́ктор
[렉떠르]
- 남 대학총장

Р

рели́гия
[렐리기야]
여 종교

реме́нь
[리멘]
남 가죽띠, 벨트

ремо́нт
[리몬트]
남 수리

ремонти́ровать
[리만찌라바찌]
불완 수리하다

репута́ция
[리뿌따찌야]
여 평, 평판, 명성

ресни́ца
[리스니짜]
여 속눈썹

респу́блика
[리시뿌블리까]
여 공화국

рестора́н
[레스따란]
남 식당, 레스토랑

ресу́рсы
[레쑤르식]
[쁘리로드늬에 레쑤르식]
복 자원
приро́дные ~ 천연자원

рефера́т
[리페라트]
남 레포트, 연구보고

рефоми́ровать
[리파르미라찌]
불완 완 개혁하다, 개정하다

рефо́рма
[리포르마]
여 개혁, 혁신

реце́пт
[리쩹트]
남 약처방, 처방전

речь
[레치]
여 말, 언어, 연설

решать-решить [레샤찌-레쉬찌]	불완-완 풀다, 해결하다, 결심하다, 결정하다
решение [레쉐니에]	중 결정, 결심, 해결, 해답
решительный [레쉬쩰느이]	형 단호한, 과감한, 결정적인
рис [리스]	남 벼, 쌀, 밥
риск [리스크]	남 모험, 위험, 리스크
рисовать- нарисовать [리싸바찌-나리싸바찌]	불완-완 그림을 그리다, 스케치하다
рисунок [리수녁]	남 그림, 무늬
ритуал [리뚜알]	남 의식, 의전
род [로트]	남 가문, 세대, 대, 종류
родина [로지나]	여 조국, 고향
родители [라지쩰리]	복 부모
родить [라지찌]	불완 완 낳다, 잃으키다
родиться [라짓짜]	불완 완 태어나다, 출생하다, 나타나다
родной [라드노이]	형 육친의, 태생의, 고향의, 친애하는

ро́дственник [로드스트벤닉]	남 친척
родство́ [랏스뜨보]	중 친족관계, 친척
рожда́емость [라쥐다이머스찌]	여 출생률
рожде́ние [라쥐제니에]	중 출생, 탄생
рождество́ [라쥐제스뜨보]	중 성탄절, 크리스마스
ро́за [로자]	여 장미
ро́зница [로느지짜]	여 소매, 소매상품
роль [롤]	여 역할, 구실, 임무, 배역
рома́н [라만]	남 장편소설, 로맨스
роса́ [라싸]	여 이슬
ро́скошь [로스꺼쉬]	여 호화, 사치
росси́йский [라씨이스끼이]	형 러시아의
Росси́я [라씨야]	여 러시아
рост [로스트]	남 성장, 발육, 발전, 증가, 증대

рот
[롯]

남 입

рубе́ж
[루베쉬]

남 경계, 국경
éхать за ~ 외국으로 가다

руби́ть
[루비찌]

불완 베다, 벌목하다

рубль
[루블]

남 루블(러시아 화폐단위)

руга́ть
[루가찌]

불완 꾸짖다, 험담하다

ружьё
[루쥐요]

중 소총

рука́
[루까]
[레바야(쁘라바야) 루까]

여 손, 팔
ле́вая(пра́вая) ~ 왼손(오른손)

руководи́тель
[루까바지쩰]

남 지도자, 책임자

руководи́ть
[루까바지찌]

불완 кем-чем 지도하다, 지휘하다, 관리하다

руково́дство
[루까보트스쯔버]

중 지도, 지도방침, 지도서

ру́копись
[루꺼삐시]

여 원본, 원고, 초고

ру́сский
[루스끼이]
[루스끼이 이직]

형 러시아의, 러시아인의
~ язы́к 러시아어

ру́чка
[루츠까]

여 볼펜, 손잡이

ры́ба
[릐바]

여 물고기

рыа́к
[리박]

남 어부

рыба́лка
[리발까]

여 어업, 고기잡이

рыболо́вство
[리 발롭스뜨버]

중 어업, 고기잡이

рыбопроду́кты
[리바쁘라둑띄]

복 수산물

ры́нок
[리넉]

남 시장

рыча́г
[리차크]

남 지렛대

рюкза́к
[류그작]

남 배낭

ряд
[랴트]

남 줄, 열, 행렬

ря́дом
[랴덤]

부 나란히, 옆에

С

с(со)
[스(싸)]
- 전 …에서, …부터, …때문에, …로 인하여
- 조 …와, …와 함께

сад
[사트]
- 남 정원, 과수원, 공원
  де́тский ~ 유치원

сади́ться-сесть
[사짓짜–세스찌]
- 불완–완 앉다, 착석하다

сала́т
[살라트]
- 남 샐러드

сало́н
[살론]
- 남 객실, 응접실, 이발소

салфе́тка
[살뼷까]
- 여 냅킨

салю́т
[살류트]
- 남 예포, 축포, 불꽃놀이

сам
[삼]
[사마, 사미]
- 남 (여 ~á, 복 ~и) 자기, 자신, 그 자체

самова́р
[사마바르]
- 남 싸모바르(안에 숯불을 넣는 러시아 특유의 물 끓이는 그릇)

самолёт
[사말룃]
- 남 비행기

самолю́бие
[사마류비에]
- 중 자부심, 자존심

самостоя́тельный
[사마스따야젤느이]
- 형 자립적인, 독립적인, 자주적인

самоуби́йство
[사마우비이스뜨버]
- 중 자살

самоуваже́ние
[사마우바줴니에]
중 자존심

самочу́вствие
[사마춥스뜨비에]
중 건강상태, 기분

са́мый
[사므이]
대 가장, 제일

санато́рий
[사나또리이]
남 요양소

са́нкция
[산크찌야]
여 인가, 비준, 승인, 〈법률〉제재

сапоги́
[사빠기]
복 장화

са́хар
[사하르]
남 설탕

сберега́ть-сбере́чь
[즈베레가찌-즈베레치]
[즈베레가찌 젠기]
불완-완 소중히 보관하다, 저축하다, 저금하다
~ де́ньги 돈을 저축하다

сближе́ние
[즈블리줴니에]
중 접근, 친근

сбо́р
[즈보르]
남 수집, 집합, 모집, 수확, 추수

сбо́рка
[즈보르까]
여 조립

сбо́рник
[즈보르닉]
[즈보르닉 스따쩨이]
[즈보르닉 스찌호프]
남 선집, 집
~ стате́й 논문집
~ стихо́в 시집

сбыт
[즈븨트]
남 판매

сва́дьба
[스바지바]

여 결혼, 결혼식

сва́лка
[스발까]

여 쓰레기장

свари́ть
[스바리찌]

→вари́ть

сва́рка
[스바르까]

여 용접

све́дение
[스베제니에]

중 보도, 정보, 통지, 소식

све́жий
[스베쥐이]
[스베쥐에 프룩띄]
[스베쥐 흘렙]

형 신선한, 새로운, 방금 만든
~ие фру́кты 신선한 과일
~ий хлеб 갓 구어낸 빵

свёкор
[스뵤꼬르]

남 시아버지

свекро́вь
[스베르끄로피]

여 시어머니

сверх
[스베르흐]

전 위에

свет
[스벳]

남 ①빛, 광선 ②세계, 세상

свети́ть
[스베찌찌]

불완 빛나다, 비치다

све́тлый
[스베뜰르이]
[스베뜰라야 꼼나따]
[스베뜰리에 볼러싀]

형 밝은, 환한, 맑은, 투명한, 명랑한
~ая ко́мната 밝은 방
~ые во́лосы 금발머리

светофо́р
[스베따포르]

남 신호등

свеча́
[스베차]
- 여 양초

свида́ние
[스비다니에]
[다 스비다니야]
- 중 면회, 상봉
  до ~я 안녕히 계십시오(가십시오)

свиде́тельство
[스비제쩰스뜨버]
- 중 증언, 증명, 입증, 증거물

свини́на
[스비니나]
- 여 돼지고기

свинья́
[스비니야]
- 여 돼지

свист
[스비스뜨]
- 남 휘파람

свобо́да
[스바보다]
- 여 자유

свобо́дный
[스바보드늬이]
[스바보드너예 몌스떠]
[프 스바보드너예 브레먀]
- 형 자유로운, 구속되지 않는, 빈, 한가한
  ~ое ме́сто 빈자리
  в ~ое вре́мя 한가한 때에

своевре́менный
[스바에브레멘늬이]
- 형 시기적절한

свой
[스보이]
- 대 자기의, 자신의, 고유한, 독특한

сво́йство
[스보이스뜨버]
- 중 특성, 속성

связь
[스뱌시]
[드루줴스키에 스뱌지]
- 여 관계, 연관, 연락
  дру́жеские ~и 우호관계

свяще́нник
[스뱌쉔닉]
- 남 목사, 사제

сдава́ть-сдать
[즈다바찌-즈다찌]
[즈다바찌 바렌두]
[즈다바찌 익자멘]

불완-완 맡기다, 넘기다, 인도하다, 건네주다, 빌려주다, (시험에) 통과하다, 합격하다 ~ в аре́нду 세주다
~ экза́мен 시험에 통과하다

сда́ча
[즈다차]

여 인도, 교부, 납부, 납입, 거스름돈

сде́лка
[즈젤까]
[자클류치찌 즈젤꾸]

여 거래, 계약, 협정
заключи́ть ~у 계약을 체결하다

себя́
[시뱌]

대 자기, 자신, 자체

се́вер
[세베르]

남 북, 북쪽, 북부지방

сего́дня
[시보드냐]

부 오늘, 현재, 지금

седо́й
[시도이]
[시듸에 볼러싀]
[시도이 스따릭]

형 백발의
~ые во́лосы 흰 머리카락
~о́й стари́к 백발노인

сезо́н
[시존]

남 철, 계절, 시절

сейча́с
[시이차스]

부 지금, 이제, 곧

секре́т
[시끄렛]

남 비밀

секрета́рь
[시끄리따리]

남 비서, 서기, 서기관

се́ктор
[섹떠르]

남 부분, 부문, 구역, 지역

секу́нда
[시꾼다]

여 (시간) 초

се́кция
[섹찌야]

여 분과, 부, 부분, 부문

село́
[셀로]

중 농촌, 큰 마을

се́льский
[셀스끼이]
[셀스꺼에 하쟈이스뜨버]

형 농촌의, 마을의
~ое хозя́йство 농업

**сельскохозя́йств-
енный**
[셀스꺼하쟈이스뜨벤느이]
[셀스꺼하쟈이스뜨벤나야 스뜨라나]

형 농업의
~ая страна́ 농업국가

семе́йный
[세메인느이]
[세메인너에 바스삐따니에]

형 가정의, 가족의
~ое воспита́ние 가정교육

семина́р
[세미나르]

남 학과토론, 세미나, 강습회

семна́дцать
[심낫짜찌]

수 17

семь
[셈]

수 7

се́мьдесят
[셈지샷]

수 70

семьсо́т
[셈솟]

수 700

семья́
[시미야]

중 가정, 가족, 세대

се́мя
[시먀]

중 씨, 씨앗, 종자

сена́т [시낫]	남 상원
сена́тор [시나떠르]	남 상원의원
сентя́брь [신짜브리]	남 9월
се́рвис [세르비스]	남 서비스, 봉사
се́рдце [세르쩨]	중 심장, 마음, 가슴
серебро́ [세레브로]	중 은, 은그릇, 은세공품
се́рый [세르이]	형 회색의, 잿빛의
серьга́ [시리가]	여 귀걸이
серьёзный [시리요즈느이]	형 신중한, 진지한
се́ссия [세시야]	여 회의, 정기회의
сестра́ [시스뜨라]	여 누이, 언니, 여동생
сесть [세스찌]	→сади́ться
сеть [세찌]	여 그물, 망
сжа́тый [스좌뜨이]	형 압축된, 함축된, 단축된

сжижéние
[스쥐제니에]

중 액화, 액체화

сигнáл
[시그날]
[дать сигнáл] [다찌 시그날]
[пожáрный сигнáл] [빠좌르느이 시그날]

남 신호, 경보, 경고
дать ~ 신호하다
пожáрный ~ 화재경보

сидéть
[시제찌]

불완 앉아있다, 머무르다

сила
[실라]

여 힘 복 세력

сильный
[실느이]

형 힘이 센, 강한, 세찬
~ая боль 강한 아픔
~ вéтер 세찬 바람

сим́вол
[심벌]

남 상징, 기호, 부호

синий
[시니이]

형 푸른, 파란

синхрóнный
[신흐론느이]

형 동시의
~ перевóд 동시통역

сиротá
[시라따]

여 고아

систéма
[시스쩨마]
[привести́ в систéму] [쁘리베스찌 프 시스쩨무]

여 ①시스템, 체계 ②계통, 기관
③질서, 순서
привести́ в ~у 체계화하다

систематизáция
[시스쩨마찌자찌야]

여 체계화

ситуáция
[시뚜아찌야]

여 정세, 상태, 형세

сказáть
[스까자찌]

완 말하다, 이야기하다

ска́зка
[스까스까]

여 옛날이야기, 동화

сканда́л
[스깐달]

남 스캔들, 추문

ски́дка
[스끼뜨까]

여 할인, 감액

склад
[스끌라트]

남 창고

ско́бка
[스꼽까]
[앗크리찌(자크리찌) 스꼽까]

여 괄호( )
откры́ть(закры́ть) ~
괄호를 열다(닫다)

ско́льзкий
[스꼴스끼이]
[스꼴스까야 다로가]

형 미끄러운, 미끈미끈한
~ая доро́га 미끄러운 길

ско́лько
[스꼴까]
[스꼴까 찌볘 롓?]
[스꼴까 스또잇?]

부 얼마, 몇, 얼마나 많은
~ тебе́ лет? 너는 몇살이냐?
~ сто́ит? (값이) 얼마입니까?

ско́ро
[스꼬러]

부 빨리, 속히, 곧

ско́рость
[스꼬러스찌]

여 속도, 속력
~ в час 시속

ско́рый
[스꼬로이]
[스꼬라야 뽀머쉬]

형 빠른, 속력이 빠른, 성급한
~ая по́мощь 구급차

скри́пка
[스끄립까]

남 바이올린

скро́мный
[스크롬느이]

형 겸손한, 얌전한, 소박한

скульпту́ра
[스꿀프뚜라]

여 조각, 조각품, 조각술

скучный
[스꾸츠느이]

형 재미없는, 따분한

слабость
[슬라버스찌]

여 허약, 쇠약, 약점, 취약점

слабый
[슬라브이]

형 약한, 힘없는, 허약한

слава
[슬라바]

여 영광, 명예, 명성, 평판

сладкий
[슬라뜨끼이]
[슬라뜨끼이 쏜]

형 단, 달콤한
~ий сон 달콤한 잠

сладость
[슬라더스찌]

여 단것, 단맛 복 당과류, 단음식

слева
[슬레바]

부 왼쪽에, 왼쪽에서부터

след
[슬레트]

남 발자국, 자취, 흔적

**следовать-
последовать**
[슬레다바찌-빠슬레다바찌]

불완-완 за кем-чем 뒤를 따라가다, 쫓다, 따르다

следствие
[슬레뜨스뜨비에]

중 결과, 결말

следующий
[슬레두유쉬이]

형 다음의, 뒤에 오는

слеза
[슬레자]

여 눈물

слепой
[슬레뽀이]

형 눈이 먼, 보지 못하는

словарь
[슬라바리]
[루스꺼-까레이스끼이 슬라바리]

남 사전
ру́сско-коре́йский ~ 러한사전

сло́во
[슬로버]

중 단어, 말, 언어

сло́жный
[슬로즈느이]

형 합성의, 복합의, 복잡한, 착잡한

слой
[슬로이]

남 층, 계층, 사회층

слон
[슬론]

남 코끼리

слу́жба
[슬루쥐바]

여 복무, 근무, 일, 일터, 직무

служи́ть
[슬루쥐찌]

불완 근무하다, 역할을 하다, 봉사하다

слух
[슬루흐]

남 청각, 소문

слу́чай
[슬루차이]
[프 따꼼 슬루차에]

남 경우, 기회, 일, 사건
в тако́м ~е 그렇다면

случа́йный
[슬루차이느이]

형 우연한, 우연적인

случа́ться-случи́ться
[슬루찻쨔—슬루칠짜]
[쉬또 슬루칠로시]

불완–완 일어나다, 발생하다
что ~лось? 무슨 일 인가?

слу́шатель
[슬루샤쩰]

남 청취자, 듣는사람, 청강생

слу́шать
[슬루샤찌]

불완 듣다, 청취하다, 강의를 듣다

слы́шать-услы́шать
[슬릐샤찌-우슬릐샤찌]

불완-완 들리다, 듣다

сме́лый
[스벨르이]

형 용감한, 대담한

сме́на
[스메나]

여 교체, 바꾸는것, 교대

сме́ртность
[스메르뜨너스찌]

여 사망률

смерть
[스메르찌]

여 죽음, 사망

сме́та
[스메따]

여 예산, 견적

смех
[스메흐]

남 웃음, 웃음소리

сме́шивать-смеша́ть
[스메쉬바찌-스메샤찌]

불완-완 섞다, 혼합하다, 혼란시키다

смешно́й
[스메쉬노이]

형 우스운, 가소로운

смея́ться
[스메얏짜]

불완 웃다, над кем-чем 조롱하다, 비웃다

смотре́ть-посмотре́ть
[스마뜨레찌-빠스마뜨레찌]

불완-완 보다, 쳐다보다, 구경하다

смысл
[스믜슬]

남 뜻, 의미, 내용

смягче́ние
[스먀흐체니에]

중 완화, 경감

снабжа́ть-снабди́ть
[스나브좌찌-스나브지찌]

불완-완 공급하다, 보급하다

снабже́ние
[스나브줴니에]

중 공급, 보급

снег
[스녝]
[스녝 이죳]

남 눈
~ идёт 눈이 내린다

сне́жный
[스녜쥬느이]

형 눈의
~ые хло́пья 함박눈

снижа́ть-сни́зить
[스니좌찌-스니지찌]

불완-완 내리다, 낮추다, 줄이다
~ це́ны 값을 내리다

снима́ть-снять
[스니마찌-스냐찌]

불완-완 벗다, 해명하다, 제명하다, (사진을) 찍다, 촬영하다

сно́ва
[스노바]

부 다시, 또 다시, 재차, 새로

сноха́
[스나하]

여 며느리

соба́ка
[사바까]

여 개

соблюде́ние
[사블류제니에]

중 준수

собра́ние
[사브라니에]

중 회의, 모임, 집회

со́бственный
[솝스뜨벤느이]

형 자기소유의, 자기의, 자신의

собы́тие
[사븨찌에]

중 일, 사건

совершáть-совершить
[사베르샤찌-사베르쉬찌]

불완-완 수행하다, 실현하다, 완수하다

совершéние
[사베르쉐니에]

중 수행, 집행, 실현

совершéнный
[사베르쉔느이]

형 완벽한, 완전무결한, 절대적인

совершéнствовать-усовершéнствовать
[사베르쉔스뜨버바찌-우사베르쉔스뜨버바찌]

불완-완 완성하다

совéт
[사볫]

남 권고, 조언, 충고

совéтник
[사볫뜨닉]

남 조언자, 충고자, 고문관, 고문

совéтовать-посовéтовать
[사볘떠바찌-빠싸볫떠바찌]

불완-완 кому 조언하다, 충고하다, 권하다

совéтский
[사볫스끼이]

형 소련의

совещáние
[사볘샤니에]

중 협의회, 회의

совмéстный
[사프몌스뜨느이]

형 공동의

совокýпность
[사바꾸쁘너스찌]

여 전체, 총체

совпадáть-совпáсть
[삽프빠다찌-삽프빠스찌]

불완-완 일치하다, 부합하다

совпадéние
[사빠제니에]

중 일치, 합치, 부합

совремéнный
[사브레멘느이]

형 현대의, 현대적인

совсéм
[사셈]

부 전혀, 완전히, 전적으로

соглáсие
[사글라씨에]

중 동의, 승낙, 합의, 의견일치

соглáсный
[사글라스느이]

형 на что 찬성하는, 동의하는 с кем-чем 의견을 같이하는, 견해가 일치하는

согласовáние
[사글라싸바니에]

중 합의, 일치, 조화

соглашéние
[사글라쉐니에]

중 협정, 합의

содéйствие
[사제이스뜨비에]

중 협력, 협조

содержáние
[사제르좌니에]

중 내용, 함유량, (서적, 잡지 등의) 차례

содержáть
[사제르좌찌]

불완 함유하다, 내용으로 지니다, 경영하다, 유지하다

содрýжество
[사드루줴스뜨버]

중 단합, 우의, 동맹, 우호관계

соединéние
[사에지네니에]

중 결합, 합동, 연합, 연결(점)

Соединённые Штáты Амéрики (США)
[사에지뇬늬에 쉬따뜨 아메리끼]

복 미국, 미합중국

соединя́ть-соедини́ть
[사에지냐찌~사에지니찌]

불완-완 연결하다, 결합하다, 잇다

сожале́ние
[사좔레니에]

중 о ком-чём 유감, 애석함
к кому-чему 동정, 연민

созна́ние
[사즈나니에]

중 의식, 자각, 정신

созна́тельный
[사즈나쩰느이]

형 의식적인, 자각적인, 고의적인

созрева́ние
[사즈레바니에]

중 익는것, 성숙

созы́в
[사지프]

남 (회의, 대회 등의) 소집

сок
[속]

남 즙, 액, 주스

сокраща́ть-сократи́ть
[사끄라샤찌~사끄라찌찌]

불완-완 단축하다, 생략하다, 줄이다

сокраще́ние
[사끄라쉐니에]

중 단축, 축소, 삭감, 줄임, 생략

сокращённый
[사끄라숀느이]
[사끄라숀너에 쓸로버]

형 줄인, 단축한, 생략한
~ое сло́во 약어

солда́т
[살다트]

남 병사

солёный
[살룐느이]

형 짠, 소금에 절인, 염분이 있는

солида́рный
[살리다르느이]

형 공동의, 일치한, 연대의

соли́дный
[살리드느이]

형 듬직한, 권위있는, (크기가) 상당한

соли́ст, ~ка
[솔리스트, 솔리스뜨까]

남 여 독주가, 독주가, 솔리스트

со́лнце
[손쩨]
[바스호트 손짜]

중 태양, 해
восхо́д ~а 해돋이

со́ло
[솔러]

중 독창(곡), 독주(곡)

соль
[솔]

여 소금

сомне́ние
[삼네니에]

중 의심, 의혹

сон
[손]
[비제찌 손]

남 잠, 수면, 꿈
ви́деть ~ 꿈을 꾸다

со́ня
[소냐]

남 여 잠꾸러기

соображе́ние
[사아브라줴니에]

중 이해력, 의견, 생각

**сообща́ть-
сообщи́ть**
[사압샤찌–사압쉬찌]

불완–완 전하다, 알리다, 통지하다, 보도하다

сообще́ние
[사압쉐니에]

중 ①보도, 통신, 통지 ②교통, 운수, 연락

соо́бщество
[사옵쉐스뜨버]

중 집단, 공동체, 조합

сооруже́ние
[사루줴니에]

중 건설, 건축 복 건축물, 구조물, 시설물

соотве́тствие
[사앗뼷스뜨비에]

중 일치, 적응, 상응

соотве́тствовать
[사앗스뜨볫쓰드버바찌]

불완 кому-чему 일치하다, 부합하다, 맞다

соотéчественник, ~ца
[사앗체스뜨벤닉, 사앗체스뜨벤니짜]

남 여 동포

сопéрник, ~ца
[사뻬르닉, 사뻬르니짜]

남 여 적수, 경쟁자

сопоставлéние
[사빠스따블레니에]

중 비교, 대비, 대조

сопоставля́ть-сопоста́вить
[사빠스따블랴찌-사빠스따비찌]

불완-완 비교하다, 대조하다, 견주다

сопровождéние
[사브라바줴니에]

중 동행, 동반, 수반

соревнова́ние
[사레브나바니에]

중 경쟁 복 경기, 시합

со́рок
[소럭]

수 40

сорт
[소르트]

남 품질, 품종, 종류

сосéд
[사세트]

남 이웃, 이웃사람

сосéдний
[사세드니이]
[사세드니에 스뜨라니]

형 이웃의, 옆에 있는, 인접한
~ие стра́ны 주변국가, 인접국가

соси́ска
[사시스까]

여 소시지

сосна́
[사스나]

여 소나무

сосредото́чение
[사스레다또체니에]

중 집중

соста́в
[사쓰따프]

남 구성, 조성, 성원, 성분

составля́ть-соста́вить
[사스따블랴찌-사스따비찌]

불완–완 조립하다, 만들다, 조성하다, 구성하다, 작성하다

состоя́ние
[사스따야니에]

중 상태, 정세, 형편, 기분, 정신상태

состоя́ть
[사쓰따야찌]

불완 из кого-чего …으로 구성되어있다, 성립되다, в чём …에 있다, 존재하다

сосу́д
[사쑤트]

남 그릇, 용기

сотру́дник
[사뜨루드닉]

남 직원, 일꾼, 근무자, 동료

сотру́дничать
[사뜨루드니차찌]

불완 с кем 협력하다, 협조하다

сотру́дничество
[사뜨루드니체스뜨버]

중 협조, 협력

со́ус
[소우스]
[소이브이 소우스]

남 소스
со́евый ~ 간장

сохране́ние
[사흐라네니에]

중 보존, 보관, 유지

социа́льный
[사찌알느이]
[사찌알너에 빨라줴니에]

형 사회의, 사회적
~ое положе́ние 사회적 지위

сочета́ние [사체따니에]	중 결합, 배합, 조화
сочине́ние [사치네니에]	중 저서, 작품, 작문, 글짓기
сочу́вствие [사츕스뜨비에]	중 동정심
сою́з [사유스]	남 동맹, 연맹
спад [스빠트]	남 저하, 약화, 감소
спада́ть-спасть [스빠다찌-스빠스찌]	불완-완 떨어지다, 줄다, 낮아지다, 감소하다
спа́льня [스빨냐]	여 침실
спаса́ть-спасти́ [스빠싸찌-스빠스찌]	불완-완 살려주다, 구출하다
спасе́ние [스빠세니에]	중 구원, 구조, 구출
спаси́бо [스빠씨버] [발쇼에 스빠씨버]	술어 감사합니다, 고맙습니다 большо́е ~ 대단히 감사합니다
спать [스빠찌]	불완 자다, 잠자다
спекта́кль [스뻭따끌]	남 연극, 공연
спекуля́ция [스뻬꿀랴찌야]	여 투기
специализа́ция [스뻬찌알리자찌야]	여 전문화, 학과, 전공과목

| **специализи́рованный** [스뻬찌알리지로반느이] | 형 전문화된, 전문적인 |

| **специа́льный** [스뻬찌알느이] | 형 전문의, 특별한, 특수한 |

| **специ́фика** [스뻬찌피까] | 여 특성, 특수성, 특징 |

| **спеши́ть** [스뻬쉬찌] | 불완 서두르다, 서둘러 하다 |

| **спе́шный** [스뻬쉬느이] | 형 급한 |

| **спина́** [스삐나] | 여 등록, 등기, 기입 |

| **спирт** [스삐르뜨] | 남 알코올 |

| **спи́сок** [스삐썩] | 남 명단, 명부, 목록 |

| **споко́йный** [스빠꼬인느이] | 형 고요한, 조용한, 잔잔한, 평안한 |

| **споко́йствие** [스빠꼬이스뜨비에] | 중 안심, 안녕, 침착, 고요한 마음 |

| **спор** [스뽀르] | 남 논쟁, 말다툼, 분쟁, 싸움 |

| **спо́рить** [스뽀리찌] | 불완 о ком-чём 논쟁하다, 말다툼하다, 경쟁하다 |

| **спорт** [스뽀르뜨] | 남 체육 |

спорти́вный
[스빠르찌브느이]
[스빠르찌브느에 사레브너바니에]

형 체육의
~ые соревнова́ние 체육경기
адка 운동장

спортсме́н, ~ка
[스빠르츠멘, 스빠르츠멘까]

남여 선수, 스포츠맨

спо́соб
[스뽀서쁘]

남 방법, 방식, 수단

спосо́бность
[스빠소브너스찌]

여 보통 복 재능, 능력, 힘

спосо́бный
[스빠소브느이]

형 재능있는, 재주있는, 유능한

спосо́бствовать
[스빠솝스뜨버바찌]

불완–완 돕다, 협조하다, 촉진시키다

спра́ва
[스쁘라바]

부 오른쪽에, 오른쪽으로부터

справедли́вый
[스쁘라베들리브이]

형 정당한, 공정한

спра́вник
[스쁘라프닉]

남 증명서

спра́шивать-спроси́ть
[스쁘라쉬바찌–스쁘라시찌]

불완–완 묻다, 질문하다, 문의하다

спрос
[스쁘로스]
[스쁘로스 이 쁘레들라줴니에]

남 수요, 요구
~ и предложе́ние 수요와 공급

спуска́ть-спусти́ть
[스뿌스까찌–스뿌스찌찌]

불완–완 내리다, 내려놓다, 놓아주다

спустя́
[스뿌스쨔]
[스뿌스쨔 고트]

전 지나서, 후에
~ год 1년 지나서

спу́тник
[스뿌뜨닉]
[이스꾸스뜨볜느이 스뿌뜨닉]

남 길동무, 동행자, 〈천문〉 위성
иску́сственный ~ 인공위성

сравне́ние
[스라브녜니에]
[빠 스라브녜니유 스

중 비교, 대비
по ~ю с кем-чем …와 비교하여

сра́внивать-сравни́ть
[스라브니바찌-스라브니찌]

불완-완 с кем-чем 비교하다, 대조하다

сраже́ние
[스라줴니에]

중 싸움, 전투

сра́зу
[사라주]

부 단번에, 한꺼번에, 즉시, 곧

среда́
[스례다]

여 ①수요일 ②환경, 계층

среди́
[스례지]

전 한가운데, 중간에

сре́дний
[스례드니이]
[스례드니이 우라볜]

형 가운데의, 중간의, 보통의, 평균의
~ у́ровень 평균수준

сре́дство
[스례쯔스뜨버]

중 수단, 방법, 방책, 약, 약품
복 돈, 자금

срок
[스록]

남 기간, 기한

сро́чный
[스로츠느이]

형 급한, 긴급한

ссо́ра
[소라]

여 다툼, 싸움, 불화

ссо́риться-поссо́риться [소릿짜-빠소릿짜]	불완-완 с кем 다투다, 싸우다, 불화를 일으키다
ссу́да [수다]	여 대부, 대여, 대출
ссы́лка [쉴까]	여 ①유형, 추방 ②인용, 인용문구
стаби́льный [스따빌느이]	형 안정된, 고착된
ста́вить-поста́вить [스따비찌-빠스따비찌]	불완-완 세우다, 세워놓다, 놓다, 두다, 조직하다, 실시하다
стадио́н [스따지온]	남 경기장
ста́дия [스따지야]	여 단계
стажёр [스따죠르]	남 견습생, 실습생
стака́н [스따깐]	남 컵
ста́лкивать-столкну́ть [스딸끼바찌-스딸끄누찌]	불완-완 떠밀다, 밀어넣다, 밀어버리다, 충돌시키다
сталь [스딸]	남 강철
станда́рт [스딴다르트]	남 규격, 기준, 표준
ста́нция [스딴찌야]	여 역, 정거장, 정류소

стара́ние
[스따라니에]

중 노력, 열심, 열성

стара́ться-постара́ться
[스따랏짜–빠스따랏짜]

불완–완 노력하다, 하려고 애쓰다

старе́ние
[스따레니에]

중 노년이 되는것, 노쇠, 노화

стари́к
[스따릭]

남 노인

ста́рость
[스따러스찌]

여 노년, 노령, 노화

старт
[스따르트]

남 출발선, 출발점

ста́рший
[스따르쉬이]
[스따르샤야 시스뜨라]
[스따르쉬이 브랏]

형 연장의, 지위가 위인, 최상급의
남 어른, 책임자, 상급
~ая сестра́ 누나, 언니
~ий брат 형, 오빠

ста́рый
[스따로이]
[스따로이 칠라벡]
[츠따로이 쌀다트]
[스따로이 돔]

형 늙은, 오랜, 낡은, 헌,
~ый челове́к 노인
~ый солда́т 노병
~ый дом 낡은 집

стати́стика
[스따찌스찌까]

여 통계학

стать
[스따찌]
[스딸러 홀러드너]
[스따찌 지쁠라마쩜]

완 되다, 일어나다, 시작하다,
(일 따위에) 착수하다
ста́ло хо́лодно 추워졌다
~ диплома́том 외교관이 되다

стекло́
[스쩨끌로]

중 유리, 유리제품

стена́
[스쩨나]

여 벽

стенд
[스뗀트]
남 전시대, 진열대, 시험대, 조립대

сте́пень
[스쩨뻰]
여 정도, 한도, 급, 등급, 학위

стесне́ние
[스쩨스네니에]
중 부끄러움

стесня́ть-стесни́ть
[스쩨스냐찌-스쩨스니찌]
불완-완 구속하다, 압박하다, 누르다, 짓누르다

стесня́ться-стесни́ться
[스쩨스냣짜-스쩨스닛짜]
[니 스쩨스냐이쩨스]
불완-완 망설이다, 사양하다
не ~йтесь! 사양하지 마십시오!

стиль
[스찔]
[아르히쩩뚜르느이 스찔]
남 양식, 방식, 문체
архитекту́рный ~ 건축양식

сти́мул
[스찌물]
남 자극, 동기

стипе́ндия
[스찌뻰지야]
여 장학금

стира́ть-вы́стирать
[스찌라찌-븨스찌라찌]
불완-완 세탁하다, 빨래하다

стира́ть-стере́ть
[스찌라찌-스쩨레찌]
[스찌라찌 즈 다스끼]
불완-완 씻다, 훔치다, 닦아내다, 지워버리다
~ с доски́ 칠판을 지우다

сти́рка
[스찌르까]
여 빨래, 세탁

стих
[스찌흐]
남 시, 시구

стихийный
[스찌히느이]
[스찌히너에 벳스뜨비에]

형 자연의, 자연발생적인
~ое бедствие 자연재해

сто
[스또]

수 100

стоить
[스또이찌]

불완 …의 값이다, 가치가 있다,
…을 요구하다
сколько ~? 값이 얼마입니까?
~ит большого труда
많은 노력을 요구하다

стол
[스똘]

남 상, 책상, 식사, 요리, 음식

столб
[스똘프]

남 기둥

столица
[스딸리짜]

여 수도

столкновение
[스딸끄나베니에]

중 충돌

столовая
[스딸로바야]

여 식당

столько
[스똘까]

부 그만큼, 그렇게까지

стоп
[스똡]

남 스톱, 정지

сторона
[스따라나]

여 쪽, 방향, 편, 면, 관점, 견지

стоянка
[스따얀까]

여 정지, 정박, 정차장, 주차장

стоять
[스따야찌]

불완 서있다, 있다, 위치하다

страда́ть
[스뜨라다찌]
[스뜨라다찌 앗 볼리]

불완 고통을 겪다, 고민하다, 앓다, 괴로워하다, 손해를 입다
~ от бо́ли 아파서 고통을 겪다

страна́
[스뜨라나]

여 국가, 나라

страсть
[스뜨라스찌]

여 열정, 열망

страх
[스뜨라흐]

남 공포, 무서움

страхова́ние
[스뜨라하바니에]

중 보험
~ жи́зни 생명보험

стра́шный
[스뜨라쉬느이]
[스따르쉬느이 나스마르크]

형 무서운, 무시무시한, 지독한
~ый на́сморк 지독한 감기

стрекоза́
[스뜨레까자]

여 잠자리

стрела́
[스뜨렐라]
[뿌스찌찌 스뜰렐루]

여 화살
пусти́ть ~у́ 활을 쏘다

стре́лка
[스뜨렐까]
[스뜨렐까 치소프]

여 바늘, 지침
~а часо́в 시계바늘

стреля́ть
[스뜨렐랴찌]

불완 쏘다, 사격하다

стреми́ться
[스뜨레밋짜]

불완 노력하다, 애쓰다, 지향하다, 갈망하다

стремле́ние
[스뜨레믈레니에]

중 지향, 갈망

стресс
[스뜨레스]

남 스트레스, 긴장

строгий [스뜨로기이]	형 엄격한, 엄한, 엄밀한, 정확한, 단정한
строение [스뜨라예니에]	중 건축물, 건물, 구조, 구성, 조직
строитель [스뜨라이뗄]	남 건축가
строительство [스뜨라이뗄스뜨바]	중 건설, 건축
строить-построить [스뜨로이찌-빠스뜨로이찌]	불완-완 짓다, 세우다, 건설하다, 건축하다
строй [스뜨로이]	남 제도, 구조, 구성, 체계
стройка [스뜨로이까]	여 건설, 건축
структура [스뜨룩뚜라]	여 구조, 구성, 기구
студент, ~ка [스뚜젠트, 스뚜젠트까]	남 여 (대)학생
студенческий [스뚜젠체스끼이] [스뚜젠체스끼이 빌롓]	형 (대)학생의 ~ билет 학생증
стук [스뚝]	남 두드리는 소리, 똑똑, 쿵쿵
стул [스뚤]	남 ①의자, 걸상 ②대변
ступень [스뚜뻰]	남 단계

стуча́ть
[스뚜차찌]
[스뚜차찌 브 드베리]

불완 두드리다
~ в дверь 문을 두드리다

стыд
[스띄트]

남 부끄러움, 수치, 창피

стыди́ть
[스띄지찌]

불완 창피를 주다, 수치를 느끼게하다, 비난하다

сты́дно
[스띄드너]

술어 부끄럽다

суббо́та
[수보따]

여 토요일

субси́дия
[숩시지야]

여 보조금

субти́тр
[숩찌뜨르]

남 자막

субъе́кт
[수비엑트]

남 주체, 주관

субъекти́вный
[수비엑찌브느이]

형 주관적인, 주관의

сувени́р
[수비니르]

남 기념품

суверените́т
[수베레니쩻]

남 주권, 자주권

суд
[수트]

남 재판, 재판소, 법정

суди́ть
[수지찌]

불완 재판하다, 판단하다, 단정하다

су́дно
[수드너]

중 선박, 배

судостроéние [수더스뜨러예니에]	중 조선, 선박건조
судьбá [수지바]	여 운명, 숙명
судья́ [수지야]	여 판사, 〈체육〉 심판
сýка [수까]	여 암캐
сýмка [숨까]	여 가방, 손가방, 주머니
сýмма [숨마]	여 총액, 총계
суп [숲]	남 국, 수프
супрýг [수쁘루크]	남 남편 복 부부
супрýга [수쁘루가]	여 부인, 처
сустáв [수스따프]	남 뼈마디, 관절
сýтки [수뜨끼]	복 하루, 24시간
суть [수찌]	여 본질, 요점
сухóй [수호이]	형 마른, 건조한, 여윈, 파리한, 냉담한
сýша [수샤]	여 육지

сушённый
[수숀느이]
[수숀나야 리바]

형 말린, 건조시킨
~ая рыба 건어, 말린 물고기

существо́
[수쉐스뜨버]

중 존재, 인간, 본질

существова́ние
[수쉐스뜨바바니에]

중 존재, 생존

существова́ть
[수쉐스뜨바바찌]

불완 있다, 생존하다, 살아가다

сфе́ра
[스페라]

여 영역, 범위

сформирова́ть
[스파르미라바찌]

→ формирова́ть

схе́ма
[스헤마]

여 도표, 도형, 도식

сходи́ть-сойти́
[스하지찌-사이찌]
[스하지찌 스 뽀에즈다]

불완 내리다, 내려가다
~ с по́езда 기차에서 내리다

схо́дный
[스호드느이]

형 유사한, 비슷한, (가격 등이) 적당한

схо́дство
[스호뜨스뜨버]

중 유사성, 비슷한 것, 일치

сце́на
[스쩨나]

여 무대, 장면, 광경

сцена́рий
[스쩨나리이]

남 시나리오, 연출대본

счасли́вый
[샤슬리브이]

형 행복한, 운이 좋은, 성공적인

сча́стье
[샤스찌에]

중 행복, 행운, 성공

счёт [숏]	남 셈, 계산, 계산서
счётчик [숏칙]	남 계산원, 통계원
считáть [쉬따찌]	불완 세다, 계산하다
съезд [스예스트]	남 대회
съезжáть-съехáть [스예좌찌-스예하찌]	불완 (타고) 내려가다(오다), 떠나다, 옮기다, 이사하다
съёмка [스욤까]	여 촬영, 측량
сыр [싀르]	남 치즈
сырóй [싀로이]	형 축축한, 습기있는
сырьё [싀리요]	중 원료
сэконóмить [스에까노미찌]	→ эконóмить
сюдá [슈다]	부 여기로, 이리로
сюжéт [슈젯]	남 줄거리
сюрприз [슈르쁘리스]	남 뜻밖의 일, 생각하지도 않던 일, 뜻밖의 선물, 서프라이즈

T

т.е. (тó есть)
[또 예스찌]
접 즉, 다시말하면

табáк
[따박]
남 담배

таблéтка
[빠블레뜨까]
여 알약

таблúца
[따블리짜]
여 표, 일람표

Таджúкистан
[탓쥐끼스딴]
남 타지키스탄

тáйна
[따이나]
여 비밀, 기밀

тайфýн
[따이푼]
남 태풍

так
[딱]
부 그렇게, 이렇게, 이와 같이, 그만큼, …할 정도로

такóй
[따꼬이]
대 그러한, 이러한, 그토록

таксú
[딱시]
중 택시

таксúст
[딱시스트]
남 택시기사

талáнт
[딸란트]
남 재능, 능력

талóн
[딸론]
남 표, 전표

там
[땀]
부 거기에, 저기에, 그곳에, 후에, 다음에

тамо́жня
[따모쥐냐]
여 세관

та́нец
[따녜쯔]
남 춤, 무용

танцева́ть
[딴쩨바찌]
불완 춤추다

та́почки
[따빠츠끼]
복 단화, 운동화, 슬리퍼

таре́лка
[따롈까]
여 접시

тари́ф
[따리프]
남 세율, 요금

та́ять-раста́ять
[따야찌-라스따야찌]
불완-완 (눈, 얼음이) 녹다, 점차 사라지다, 줄어들다

твёрдый
[뜨뵤르드이]
형 굳은, 단단한, 견고한, 확고한, 부동의

твой
[뜨보이]
[뜨바야, 뜨바요, 뜨바이]
대 (여 твоя́, 중 твоё, 복 твои́) 너의, 당신의, 그대의

тво́рчество
[뜨보르체스뜨버]
중 창조, 창작, 창작활동, 작품

теа́тр
[찌아뜨르]
남 극장

текст
[쪡스뜨]
남 텍스트, 본문, 원문

тексти́ль
[쪡스찔]
남 직물, 천

текýщий
[쩨꾸쉬이]
[쩨구쉬이 고트; 쩨구쉬에 자다치]

형 현재의, 당면한
~ий год 올해;
~ие задáчи 당면한 과제

телевúдение
[쩰리비제니에]

중 텔레비전 방송

телевúзор
[쩰리비조르]

남 텔레비전

телéжка
[쩰리쉬까]

여 손수레

телезрúтель
[쩰리즈리쩰]

남 (텔레비전) 시청자

телесериáл
[쩰리시리알]

남 TV 드라마

телефóн
[쩰리폰]

남 전화, 전화기

тéло
[쩰러]

중 몸, 신체, 물체

тёмный
[쫌느이]

형 어두운, 캄캄한, 검은, 음울한

темп
[쩸프]

남 속도

температýра
[쩸뻬라뚜라]

여 기온, 온도

тéннис
[테니스]

남 테니스

тень
[쩬]

남 그늘, 그림자

теóрия
[쩨오리야]

여 이론, 학설

тепе́рь
[찌뼤리]

부 지금, 현재, 이제부터

тепло́
[찌쁠로]

부 따뜻하게 술어 따뜻하다

теплово́й
[찌쁠라보이]
[찌쁠라바야 일렉뜨라스딴찌야]

형 열의
~а́я электроста́нция
화력발전소

тёплый
[쬬쁠르이]

형 따뜻한, 따끈따끈한

те́рмин
[쩨르민]

남 전문용어, 학술용어

терпе́ть-вы́терпеть
[쩨르뻬찌-브쩨르뻬찌]

불완-완 참다, 견디다, 당하다
~ уще́рб 손해를 입다,
피해를 보다

терро́р
[떼로르]

남 테러

террори́ст
[떼라리스뜨]

남 테러리스트

теря́ть-потеря́ть
[쩨랴찌-빠쩨랴찌]
[쩨랴찌 브레먀]

불완-완 잃다, 상실하다, 줄다, 허비하다
~ вре́мя 시간을 허비하다

те́сный
[쩨스느이]

형 좁은, 비좁은, 협소한, 밀집한

тест
[떼스트]

남 시험, 검사, 검정

тесть
[쩨스찌]

남 장인

тетра́дь
[찌뜨라지]

여 노트, 수첩

тётя
[쪼쨔]

여 고모, 이모, 아주머니

те́хника
[쩨흐니까]

여 기술

техни́ческий
[쩨흐니체스끼이]
[쩨흐니체스꺼에
아브라자바니에]

형 기술의, 기술적인
~ое образова́ние 기술교육

техноло́гия
[쩨흐날로기야]

여 공학, 기술

тече́ние
[쩨체니에]
[마르스꼬에 쩨체니에]

중 (물, 세월의) 흐름, (시간, 사건, 병 등의) 경과 морско́е ~ 해류

течь
[쩨치]

불완 흐르다, 새다

тигр
[찌그르]

남 호랑이

тип
[찝]

남 형, 유형, 식, 양식

типи́чный
[찌삐츠느이]

형 전형적인, 틀림없는, 흔히 볼 수 있는

тире́
[찌레]

중 횡선, 대시(-)

ти́хий
[찌히이]

형 고요한, 조용한, 온순한, 얌전한

тишина́
[찌쉬나]

여 고요함, 정숙, 정막, 정적

ткань
[뜨깐]

여 천, 직물

то
[또 예스찌]

접 그때는, 그러면

товáр
[따바르]

남 상품, 물품

товáрищ
[따바리쉬]

남 친구, 동무, 동지

тогдá
[따그다]

부 ①그때에, 당시
②그러면, 그런 경우에는

тóже
[또줴]

부 역시, …도

ток
[똑]

남 전류
~ высóкого напряжéния
고압전류

толковáние
[딸까바니에]

중 풀이, 해석, 해설

толкóвый
[딸꼬브이]

형 이해력이 빠른, 알기 쉬운
~ый словáрь 해석사전"

толпá
[딸빠]

여 군중, 대중

тóлстый
[똘스뜨이]

형 굵은, 두꺼운, 두터운, 살찐, 뚱뚱한

тóлько
[똘까]

조 다만, 오직
не ~, но и … …뿐만 아니라 …도

том
[똠]

남 권, 분책

тон
[똔]

남 음, 음향, 음색, 어조

тóнкий
[똔끼이]

형 가는, 얇은, 섬세한, 예민한, 민감한

тóнна
[또나]

여 톤(1,000킬로그램)

то́пливо
[또블리바]

중 연료
жи́дкое(твёрое) ~ 액체(고체)연료

топо́р
[따뽀르]

남 도끼

торгова́ть
[따르가바찌]

불완 чем 장사하다, 판매하다, 매매하다

торго́вля
[따르고블랴]
[브녜쉬냐야 따르고블랴]

여 상업, 장사, 무역
вне́шняя ~ 대외무역

торжество́
[따르줴스뜨버]

중 승리, 개선, (승리의) 기쁨, 환희

то́рмоз
[또르마스]

남 제동장치, 브레이크

тост
[또스트]

남 축배, 축배를 들다

тот
[또트]

대 (여 та, 중 то, 복 те) 그, 저

то́тчас
[똣차스]

부 곧, 즉시, 금방, 당장

то́чка
[또츠까]

여 점, 지점, 구두점(.)

то́чный
[또츠느이]
[또츠느이 뻬레보트]

형 정확한, 정밀한, 깐깐한
~ый перево́д 정확한 번역

тошнота́
[따쉬나따]

여 메스꺼움, 구역질

трава́
[뜨라바]
[리까르스뜨벤나야 뜨라바]

여 풀
лека́рственная ~ 약초

тра́вма
[뜨라브마]
여 〈의학〉 외상, 손상, 트라우마

траге́дия
[뜨라게디야]
여 비극

тради́ция
[뜨라지찌야]
여 전통

транзи́т
[뜨란지트]
남 (제3국을 경유하는) 통과, 운송

тра́нспорт
[뜨란스뽀르트]
질리즈너다로쥐느이
(보드느이, 바즈두쉬느이)
뜨란스뽀르트
남 운수, 수송(수단), 수송차
железнодоро́жный
(во́дный, возду́шный) ~
철도(수상,항공)운수"

тре́бование
[뜨레버바니에]
중 요구, 청구 [복] 수요
по ~ю 요구에 따라

трево́га
[뜨레보가]
여 불안, 소동, 경보

тре́нер
[트레이네르]
남 트레이너

трениро́вка
[뜨레니로프까]
여 연습, 훈련, 단련

тре́тий
[뜨레찌이]
형 세번째의, 셋째의, 제3의

треть
[뜨레찌]
여 3분의 1

три
[뜨리]
수 3

трибу́на
[뜨리부나]
여 연단, 관람석

три́дцать
[뜨릿짜찌]
수 30

трина́дцать
[뜨리낫짜찌]
수 13

три́ста
[뜨리스따]
수 300

триу́мф
[뜨리움프]
남 개선, 대승리

труба́
[뜨루바]
[바다쁘라보드나야 뜨루바]
여 관, 통, 파이프
водопрово́дная ~ 수도관

труд
[뜨루트]
남 노동, 근로, 일, 직업

труди́ться
[뜨루짓짜]
불완 일하다, 근무하다,
над чем 노력하다

труп
[뜨룹]
남 주검, 시체, 송장

тря́пка
[뜨랍까]
여 헝겊, 걸레

туале́т
[뚜알롓]
남 화장실

туда́
[뚜다]
부 거기로, 저기로

тума́н
[뚜만]
남 안개, 애매모호한 것

туне́ц
[뚜녜쯔]
남 참치

тупо́й
[뚜뽀이]
형 무딘, 뭉툭한, 둔한

туризм
[뚜리즘]
- 남 여행, 관광

турист, ~ка
[뚜리스뜨, 뚜리스뜨까]
- 남 여행객, 관광객

Туркменистан
[뚜르끄메니스딴]
- 남 투르크메니스탄

турнир
[뚜르니르]
- 남 시합, 경기, 경쟁

тут
[뚜트]
- 부 여기에, 여기서, 이때, 그때, 이런 경우에

туфли
[뚜플리]
- 복 구두, 단화

туча
[뚜차]
- 여 ①먹구름, 비구름 ②다수, 무리

тщательный
[뜨샤쩰느이]
- 형 면밀한, 꼼꼼한

ты
[띄]
- 대 (생 대 тебя, 여 тебе, тобой 또는 조 тобою, 전 тебе) 너, 자네, 그대, 당신

тыква
[띄끄바]
- 여 호박

тысяча
[띄샤치]
- 수 1000

тюрьма
[쮸리마]
- 여 감옥

тяжёлый
[찌죨르이]
- 형 무거운, 어려운, 힘든

тяжесть
[쨔줴스찌]
[씰라 쨔줴스찌]
- 여 무게, 중량
  сила ~и 인력, 중력

тянýть
[짜누찌]

불완 끌다, 잡아당기다, 늘이다, 늘어놓다

У

у
[우]
전 곁에, 가까이에, (대상을 표시) …에게

убива́ть-уби́ть
[우비바찌-우비찌]
불완-완 죽이다, 살해하다

уби́йство
[우비이스뜨버]
중 살인, 살해

уби́йца
[우비이짜]
남여 살인자, 살해자

убо́рка
[우보르까]
여 청소, 정돈

убыва́ть-убы́ть
[우비바찌-우비찌]
불완-완 줄다, 작아지다

убы́ток
[우비떡]
[쩨르뻬찌(녜스찌) 우브뜨끼]
남 손실, 손해
терпе́ть(нести́) ~ки 손해를 보다

уваже́ние
[우바줴니에]
[뽈저밧짜 우바줴니엠]
중 존경, 존중
по́льзоваться ~м 존경을 받다

увеличе́ние
[우벨리체니에]
중 증가, 확대, 증가량

уве́ренный
[우볘롄느이]
형 자신있는

уви́деть
[우비졔찌]
→ви́деть

увлека́ться-увле́чься
[우블레깟짜-우블레칫짜]
불완-완 кем-чем 열중하다, 몰두하다

увлече́ние
[우블레체니에]

중 열중, 몰두

увольне́ние
[우발네니에]

중 해고, 해임, 퇴직

углеро́д
[우글레로트]

남 탄소

углубля́ть-углеби́ть
[우글루블랴찌-우글레비찌]

불완-완 깊게하다, 심화시키다, 넓히다

уго́дно
[우고드너]

술어 필요하다

у́гол
[우꼴]

남 각, 각도, 구석

уголо́вный
[우갈로브느이]

형 형사의, 형법의

у́голь
[우꼴]

남 석탄

угоще́ние
[우가쉐니에]

중 대접, 환대

угро́за
[우그로자]

여 위협, 협박

удаля́ть-удали́ть
[우달랴찌-우달리찌]
[우달랴찌 주쁘]

불완-완 멀리하다, 추방하다, 제거하다, 없애다 ~ зуб 이를 뽑다

уда́р
[우다르]

남 타격, 공격, 습격

ударе́ние
[우다레니에]

중 악센트, 역점

уда́ча
[우다차]

여 성공, 행운

удержа́ние
[우제르좌니에]

중 보전, 유지, 공제

удиви́тельный
[우지비쩰느이]

형 놀라운, 이상한, 아주 훌륭한

удивле́ние
[우지블레니에]

중 놀라움, 경탄

удивля́ться-удиви́ться
[우지블럇짜-우지빗짜]

불완-완 чему 놀라다, 깜짝 놀라다, 경탄하다

удлиня́ть-удлини́ть
[우들리냐찌-우들리니찌]

불완-완 길게하다, 연장하다, 늘이다

удо́бный
[우돕느이]

형 편리한, 편안한

удо́бство
[우돕스뜨버]

중 편리, 편의

удовлетворе́ние
[우다블레뜨바례니에]

중 충족시키는 것, 만족, 만족감

удово́льствие
[우다볼스뜨비에]

중 즐거움, 기쁨, 만족
с ~м 기꺼이

у́жас
[우좌스]

남 무서움, 공포

ужа́сный
[우좌스느이]

형 무서운, 심한

уже́
[우줴]

부 이미, 벌써

у́жин
[우쥔]

남 저녁(식사), 만찬

ýжинать-поýжинать
[우쥐나찌-빠우쥐나찌]

불완–완 저녁식사를 하다

Узбекистáн
[우즈베끼스딴]

남 우즈베키스탄

ýзкий
[우스끼이]

형 좁은, 협소한

узнавáть-узнáть
[우즈나바찌-우즈나찌]

불완–완 알아보다, 알다

укáз
[우까스]

남 지령, 명령

указáние
[우까자니에]

중 교시, 가르침, 지시

указáтель
[우까자쪨]

남 표식, 색인

укóл
[우꼴]

남 주사

Украи́на
[우끄라이나]

여 우크라이나

украшéние
[우끄라쉐니에]

중 장식, 꾸밈, 장식품

укреплéние
[우끄레쁠레니에]

중 강화, 공고화

ули́тка
[울리뜨까]

여 달팽이

ýлица
[울리짜]

여 거리

улóвка
[울로프까]

여 속임수, 꾀

улучше́ние [울루쉐니에]	여중 개선, 개량
улы́бка [울릐쁘까]	여 미소, 웃음
ум [움]	남 지혜, 지능, 이성, 두뇌, 상식, 사고력
уме́ние [우메니에]	중 솜씨, 수완, 능력
уменьше́ние [우멘쉐니에]	중 감소, 축소, 감소량
уме́ть [우메찌] [우메찌 리사바찌]	불완 …할줄 알다 ~ рисова́ть 그림그릴줄 알다
умира́ть [우미라찌]	불완 죽다, 사망하다, 사라지다
умноже́ние [움나줴니에]	중 곱하기
у́мный [움느이]	형 영리한, 지혜로운
умыва́ние [우믜바니에]	중 세수
универма́г [우니베르마크]	남 백화점
универса́льный [우니베르살느이] [우니베르살느이 마가진] [우니베르살녀에 스레쯔뜨버]	형 만능의, 보편적인 ~ магази́н 백화점 ~ое сре́дство 만능약
университе́т [우니베르시쩨트]	남 종합대학, 대학교

уникáльный
[우니깔느이]

형 희귀한, 독특한

уноси́ть-унести́
[우나시찌-우네스찌]

불완-완 가지고가다, 몰래 가져가다, 빼앗아가다

уны́лый
[우늴느이]

형 침울한, 우울한

упакóвка
[우빠꼬프까]

여 포장, 짐을 꾸리는 것

уплáта
[우쁠라따]

여 지불, 납부

уполномóчивать-уполномóчить
[우빨나모치바찌-우빨나모치찌]

불완-완 전권을 위임하다

упóрный
[우뽀르느이]

형 꾸준한, 확고한, 완강한

употреблéние
[우빠뜨레블레니에]
[스뽀서프 우빠뜨레블레니야]

중 사용, 이용
спóсоб ~я 사용법

употребля́ть-употреби́ть
[우빠뜨레블랴찌-우빠뜨레비찌]

불완-완 사용하다, 이용하다, 쓰다

управлéние
[우쁘라블레니에]

중 운전, 조종, 관리, 지휘

управля́ть-упрáвить
[우쁘라블랴찌-우쁘라비찌]

불완-완 кем-чем 운전하다, 조종하다, 관리하다, 지휘하다

управля́ющий
[우쁘라블랴유쉬이]

남 관리인, 지배인, 주임

упражнéние
[우쁘라쥐네니에]

중 연습, 훈련, 연습문제, 과제

упрощéние
[우쁘라쉐니에]

중 간소화, 단순화

упущéние
[우뿌쉐니에]

중 잘못, 실수

урá
[우라]

감 만세

уравнéние
[우라브네니에]

중 균일화, 평등하게 하는 것

урагáн
[우라간]

남 폭풍, 태풍

урбанизáция
[우르바니자찌야]

여 도시화

ýровень
[우라벤]

남 수준, 수위

урожáй
[우라좌이]

남 수확, 풍작

урóк
[우록]
[뻬르브이 우록]
[우로끼 이스또리이]

남 (수업)시간, 숙제, 과, 교훈
пéрвый ~ 제1과
~и истóрии 역사의 교훈

усéрдие
[우세르지에]

중 열성, 열심

усилéние
[우실레니에]

중 강화, 확대

усúленный
[우실렌느이]
[우실렌느에 삐따니에]

형 강화된
~ое питáние 영양가 높은 식사

усиливать-усилить [우실리바찌-우실리찌] [우실리바찌 삐따니에]	불완-완 강화하다, 강하게 하다, 확대하다 ~ питáние 식사영양가를 높이다
усилие [우실리에] [쁘릴라가찌 우실리야]	중 노력 прилагáть ~я 노력하다, 노력을 기울이다
ускорéние [우스까례니에]	중 촉진
услóвие [우슬로비에]	중 조건, 상태
услýга [우슬루가]	여 봉사, 서비스
услы́шать [우슬리샤찌]	→слы́шать
усовершéнствование [우사베르쉔스트버바니에]	중 개선, 개령, 완성
успéх [우스뻬흐]	남 성공, 성과
успéшный [우스뻬쉬느이]	형 성과적인, 좋은 결과의
успокáивать-успокóить [우스빠까이바찌-우스빠꼬이찌]	불완-완 진정시키다, 안심시키다, 달래다
устá [우스따]	복 입, 입술
устáв [우스따프]	남 규칙, 규정, 규약, 정관

уста́лый
[우스딸르이]

형 피곤한, 피로한, 지친

устана́вливать-установи́ть
[우스따나블리바찌-우스따나비찌]

불완-완 놓다, 세우다, 배치하다, 설치하다, 정하다, 제정하다

устано́вка
[우스따노프까]

여 설치, 설비, 장치, 시설, 지시, 명령

у́стный
[우스느이]
[우스느이 에그자멘]

형 구두의, 구술의
~ый экза́мен 구술시험

усто́йчивость
[우스또이치버스찌]

여 안정성, 견고성, 불변성

устро́йство
[우스뜨로이스뜨버]
[가수다르스트벤너에 우스뜨로이스뜨버]

중 기구, 구조, 장치, 설비
госуда́рственное ~ 국가기구

усту́пка
[우스뚭까]

여 양보

усы́
[우싀]

복 콧수염

утверди́тельный
[우뜨베르지쩰느이]

형 긍정적인

утвержде́ние
[우뜨베르줴니에]

중 확립, 승인, 비준

утилиза́ция
[우찔리자찌야]

여 이용, 활용, 재활용

у́тка
[우트까]

여 오리

уточнять-уточнить
[우따츠냐찌-우짜츠니찌]
불완-완 보다 정확하게 하다, 수정하다

утра́та
[우뜨라따]
여 상실, 손실

у́тро
[우뜨러]
중 아침

у́тром
[우뜨럼]
부 아침에

утю́г
[우쮸크]
[글라지찌 우쮸곰]
남 다리미
гла́дить ~о́м 다림질 하다

у́хо
[우허]
중 귀

ухо́д
[우호트]
남 출발, 떠나는것

уча́ствовать
[우차스뜨버바찌]
불완 в чём 참가하다, 참석하다

уча́стие
[우차스찌에]
중 참가, 참석, 참여

уча́стник, ~ка
[우차스뜨닉, 우차스뜨니짜]
남 여 참가자

уча́сток
[우차스떡]
[이즈비라쪨느이 우차스떡]
남 분구, 지역, 분야, 부문
избира́тельный ~ 선거구

учёба
[우쵸바]
여 공부, 학습

уче́бник
[우체브닉]
남 교과서

уче́бный
[우체브느이]

형 학습의, 교육의

учени́к, ~ца
[우체닉, 우체니짜]

남 여 학생, 제자

учёный
[우쵼느이]

형 학술의, 박식한 [남] 학자

учёт
[우촛]
[수촛떰 압스따야젤스뜨프]

남 계산, 실사, 고려하는것
с ~ом обстоя́тельств
사정을 고려하여"

учи́лище
[우칠리쉐]

중 (초등 및 중등) 전문학교

учи́тель
[우치쩰]

남 선생, 스승

**учи́тывать-
уче́сть**
[우치띄바찌-우체스찌]

불완-완 계산하다, 고려하다

учи́ть
[우치찌]

불완 배워주다, 가르치다, 익히다, 습득하다

учрежде́ние
[우츠레줴니에]

중 창립, 창설, 제정, 기관, 공공시설

у́ши
[우쉬]

복 → у́хо

уще́рб
[우쉐르프]

남 손실, 손해

Ф

фа́брика
[파브리까]
— 여 공장

фа́за
[파자]
— 여 단계, 〈물리,화학〉 상, 모습, 상태

файл
[파일]
— 남 파일(전산)

факс
[팍스]
— 남 팩스

факт
[팍트]
[이스따리체스끼이 팍트]
— 남 사실
истори́ческий ~ 역사적 사실

фа́ктор
[팍떠르]
— 남 요인, 요소

факульте́т
[파꿀뗏]
— 남 학부

фами́лия
[파밀리야]
[이먀 이 파밀리야]
— 여 성
и́мя и ~ 성명

фанта́зия
[판따지야]
— 여 환상, 공상, 몽상

фармаце́вт
[파르마쩨프뜨]
— 남 약사

фа́ртук
[파르뚝]
— 남 앞치마

фасо́ль
[파쏠]
— 여 강낭콩

февра́ль
[페브랄]
— 남 2월

федерáция [폐제라찌야]	여 연방, 연합, 연맹
фéрма [폐르마]	여 농장, 목장
фермéнт [폐르몐트]	남 효소
фестивáль [폐스찌발]	남 축제, 페스티벌
фигýра [피구라]	여 몸매, 체격
фигури́ст, ~ка [피구리스트, 피구리스뜨까]	남여 피겨선수
фи́зик [피직]	남 물리학자
фи́зика [피지까]	여 물리학
физи́ческий [피지체스끼이] [피지체스끼이 파꿀뗏]	형 물리의 ~ий факультéт 물리학부
физкультýра [피스꿀뚜라] [자니맛짜 피스꿀뚜라이]	여 운동, 체육 занимáться ~ой 운동하다
фикси́рованный [픽시로반느이]	형 고정된
филиáл [필리알]	남 지부, 분원
филолóгия [필랄로기야]	여 어문학
филосóфия [필라소피야]	여 철학

Ф

фильм
[필름]
남 영화

фильтр
[필뜨르]
남 필터, 여과기

финал
[피날]
남 결승전, 결승경기, 끝, 결말

финансирование
[피난시러바니에]
중 자금공급, 융자

финансовый
[피난서브이]
[피난서바야 빨리찌까]
형 재정의, 금융의
~ая политика 재정정책

финансы
[피난싀]
복 재정, 금융

фирма
[피르마]
여 회사

флаг
[플라크]
남 기, 깃발

флейта
[플레이따]
여 피리, 플루트

флешка
[플레쉬까]
여 USB

флот
[플로트]
[바옌너-마르스꼬이 플로트]
[찌허아께안스끼이 플로트]
남 함대, 해군
военно-морской ~ 해군
тихоокеанский ~ 태평양함대

фокус
[포쿠스]
남 초점

фон
[폰]
남 배경, 바탕

фонарь
[파나리]
[울리치나야 파나리]

남 등, 등불
у́личный ~ 가로등

фонд
[폰트]

남 기금, 펀드, 자금, 준비금

фо́рма
[포르마]

여 형식, 양식

форма́льный
[파르말느이]

형 공식적인, 형식상의, 형식적인

форма́т
[파르마트]

남 크기, 규격

формирова́ть-сформирова́ть
[파르미라바찌-
스파르미라바찌]

불완–완 형성하다, 편성하다, 조직하다

фортепиа́но
[파르테삐아너]

중 피아노

фотоаппара́т
[파따아빠라트]

남 사진기, 카메라

фотогра́фия
[파따그라피야]
[시메인나야 파따그라피야]

여 사진
семе́йная ~ 가족사진

фра́за
[프라자]

여 구, 문구

Фра́нция
[프란찌야]

여 프랑스

фрукт
[프룩트]

남 과일

фунда́мент
[푼다몐트]

남 토대, 기초

фу́нкция
[푼찌야]

여 기능, 작용, 임무, 직무

футбо́л
[풋볼]

남 축구

футболи́ст
[풋발리스트]

남 축구선수

X

хара́ктер
[하락쩨르]

🟦남 성격, 성질, 본성, 특성

характери́стика
[하락쩨리스찌까]

🟦여 특징묘사, 성격묘사, 특성, 성능, 특징

хвали́ть-похвали́ть
[흐발리찌-빠흐발리찌]

🟦불완-완 칭찬하다, 찬양하다

хвата́ть-хвати́ть
[흐바따찌-흐바찌찌]

🟦불완-완 잡다, 붙잡다, 체포하다
🟦무인칭 충분하다, 넉넉하다

хи́мик
[히미크]

🟦남 화학자

хи́мия
[히미야]

🟦여 화학

хи́трый
[히뜨르이]

🟦형 꾀를 부리는, 교활한, 간교한

хлеб
[흘레쁘]

🟦남 빵

хло́пать-похлопа́ть
[흘로빠찌-빠흘러빠찌]

🟦불완-완 소리나게 두드리다, 치다

ход
[호트]

🟦남 움직임, 걸음, 운행, 속도

хода́тайство
[하다따이스뜨버]

🟦중 알선, 주선, 청원(서)

ходи́ть-идти́
[하지찌-잇찌]

🟦불완-완 걷다, 다니다, 갔다오다

хозя́ин
[하쟈인]

🟦남 주인

хозя́йка
[하쟈이까]

여 여자주인

хозя́йство
[하쟈이스뜨버]
[가수다르스뜨벤너에 하쟈이스뜨버] [셸스꺼에 하쟈이스뜨버]
[다마쉬네에 하쟈이스뜨버]

중 경제, 살림, 농장
госуда́рственное ~ 국가경제
се́льское ~ 농업
дома́шнее ~ 집안살림

холе́ра
[할레라]

여 콜레라

хо́лод
[홀러트]

남 추위

холо́дный
[할로드느이]

형 추운, 찬, 냉정한, 쌀쌀한

хор
[호르]

남 합창, 합창단

хоро́ший
[하로쉬이]
[하로샤야 빠고다]

형 좋은, 훌륭한
~ая пого́да 좋은 날씨

хоте́ть-захоте́ть
[하쪠찌-자하쪠찌]

불완-완 원하다, 바라다, …을 하고 싶어하다

хотя́
[하쨔]

접 비록 …지만

хране́ние
[흐라네니에]

중 보관, 저장

хризанте́ма
[흐리잔쪠마]

여 국화

христиа́нин, ~ка, ~е
[흐리스찌아닌, 흐리스찌안까, 흐리스지아네]

남 여 복 기독교인

христиа́нство
[흐리스찌안스뜨버]

중 기독교

хро́ника
[흐로니까]

여 연대기, (신문의) 소식란

худо́жественный
[후도줴스뜨벤느이]
[후도줴스뜨벤나야 븨스따프까]
[후도줴스뜨벤나야 리쩨라뚜라]

형 예술의, 미술의, 예술적인
~ая вы́ставка 미술전
~ая литерату́ра 문학

худо́жник, ~ца
[후도쥐닉, 후도쥐니짜]

남 여 화가

худо́й
[후도이]

형 마른, 살빠진

ху́дший
[후드쉬이]

형 열악한

хурма́
[후르마]

여 감, 감나무

Ц

царь
[짜리]
남 황제

цвет
[쯔벳]
남 색, 색깔

цвете́ние
[쯔베쩨니에]
중 개화, 꽃 피는 것

цветно́й
[쯔베뜨노이]
형 색의, 색깔이 있는

цвето́к
[쯔베똑]
남 꽃

цвето́чный
[쯔베또치느이]
형 꽃의

целесообра́зный
[쩰레사아브라즈니이]
형 합리적인, 타당한

целико́м
[쩰리꼼]
부 전부, 통째로

це́лое
[쩰러에]
중 전체

це́лый
[쩰르이]
형 전부의, 완전한

цель
[쩰]
여 목적, 목표

цеме́нт
[찌멘트]
남 시멘트

цена́
[쩨나]
여 가격, 값

цени́ть
[쩨니찌]
불완 평가하다, 값을 정하다

це́нность [쩬너스찌]	여 가격, 가치
це́нный [쩬느이]	형 가치있는, 귀중한, 중요한
це́нтр [쩬뜨르]	남 중앙, 중심지, 센터
центра́льный [쩬뜨랄느이]	형 중앙의, 중심의
цепо́чка [찌뽀츠까]	여 (가늘고 작은) 쇠사슬
цепь [쩹]	여 쇠사슬
церемо́ния [쩨레모니야]	여 식, 의식
це́рковь [쩨르꼬피]	여 교회, 예배당
цивилиза́ция [찌빌리자찌야]	여 문명
цика́да [찌까다]	여 매미
цикл [찌끌]	남 순환기, 주기, 순환, 과정
цирк [찌르크]	남 서커스
циркуля́ция [찌르꿀랴찌야] [찌르꿀랴찌야 끄로피]	여 순환 ~ кро́ви 혈액순환
цита́та [찌따따] [쁘라바지찌 찌따띄]	여 인용문, 인용구 проводи́ть ~ы 인용하다

цифра
[찌프라]

여 숫자, 수

цыга́н, ~ка, ~е
[찍간, 찍간까, 찍가네]

남 여 복 집시

цыплёнок
[찍블료넉]

남 병아리

Ч

чай
[차이]
📘 남 차
zelёный ~ 녹차

ча́йка
[차이까]
📘 여 갈매기

час
[차스]
[제비찌 치소프 우뜨라]
📘 남 시, 시간
9 ~óв утра́ 오전9시

части́ца
[치스찌짜]
📘 여 작은 부분

ча́стный
[차스느이]
📘 형 개인적인, 사적인

ча́сто
[차스떠]
📘 부 자주, 종종, 빈번히

ча́стый
[차스뜨이]
📘 형 빈번한, 잦은

часть
[차스찌]
📘 여 부분, 일부, 몫

часы́
[치싀]
[루츠니에 치싀]
[스뻰느에 치싀]
📘 복 시계
ручны́е ~ 손목시계
стенны́е ~ 벽시계

ча́шка
[차쉬까]
📘 여 사발, 공기, 접시

чей
[체이]
[치야], [치요], [치이]
📘 대 (여 чья, 중 чьё, 복 чьи) 누구의

чек
[첵]
📘 남 수표, 전표

челове́к [칠라볙]	남 사람, 인간
челове́чество [칠라베체스뜨버]	중 인류
че́люсть [첼류츠찌]	여 턱
чемода́н [치마단]	남 트렁크, 여행용 가방
чемпио́н, ~ка [쳄삐온, 침삐온까]	남 여 챔피언, 선수권보유자
чемпиона́т [쳄삐아나트]	남 선수권대회
чередова́ние [체레다바니에]	중 바꿈, 교체
че́рез [체레스]	전 넘어서, 건너서, 지나서, 후에
черепа́ха [체레빠하]	여 거북이
черни́ла [체르닐라]	복 잉크
чёрный [쵸르느이]	형 검은색의
чёрт [쵸르뜨]	남 귀신, 도깨비, 악마
черта́ [체르따]	여 선, 경계, 한계, 특성, 특징
чертёж [체르쬬쉬]	남 도면, 도안

чеса́ть-почеса́ть
[체사찌-빠체사찌]
[체사찌 스삐누]
[체사찌 볼러싀]

불완-완 긁다, 빗다
~ спи́ну 등을 긁다
~ во́лосы 머리를 빗다

чесно́к
[치스녹]

남 마늘

че́стный
[체스느이]

형 정직한, 성실한, 순결한

честь
[체스찌]

여 명예, 영예, 경의, 존경

четве́рг
[치뜨베르크]

남 목요일

че́тверть
[체뜨베르찌]

여 4분의 1

чёткий
[춋뜨끼이]

형 명확한, 정확한

четы́ре
[치띠리]

수 4

четы́реста
[치띠리스따]

수 400

четы́рнадцать
[치띠낫짜찌]

수 14

чини́ть-почини́ть
[치니찌-빠치니찌]

불완-완 수리하다, 수선하다

чи́сленность
[치슬렌너스찌]

여 수, 인원수, 수량

число́
[치슬로]

중 수, 수량, 날, 날짜

чи́стка
[치스뜨까]

여 청소

чи́стый
[치스뜨이]

형 깨끗한, 정결한, 순결한, 결백한

чита́тель
[치따쪨]

남 독자

чита́ть-прочита́ть
[치따찌-쁘라치따찌]
[치따찌 렉찌이]

불완-완 읽다, 낭독하다, 강의하다
~ ле́кции 강의를 하다

член
[츨롄]

남 회원, 일원

чрезвыча́йный
[츠레즈븨차이느이]

형 비상한, 예외적인, 긴급한, 특별한

чте́ние
[츠쩨니에]

중 읽기, 낭독

что
[쉬또]

대 무엇, 왜

чу́вственность
[춥스뜨벤너스찌]

여 감각, 감성

чу́вство
[춥스뜨버]

중 감각, 마음, 느낌, 정, 감정

чу́до
[추다]

중 기적

чудо́вище
[추다비쉐]

중 괴물

чу́дом
[추덤]

부 기적적으로

чужо́й
[추조이]

형 남의, 타인의

чу́ткий
[추뜨끼이]

형 민감한, 예민한

чуть
[춧찌]

부 아주 조금, 겨우

Ш

шаг
[샤크]
남 한걸음, 발걸음, 행동

шампа́нское
[샴빤스꺼에]
중 샴페인

шампу́нь
[샴뿐]
남 샴푸

шанс
[샨스]
남 기회

ша́пка
[샵까]
여 모자

шар
[샤르]
남 공, 구

ша́рик
[샤릭]
남 고무풍선

шарф
[샤르프]
남 목도리, 스카프

шатёр
[샤쬬르]
남 큰 천막

ша́хматы
[샤흐마띄]
복 체스

ша́хта
[샤흐따]
여 탄광

шахтёр
[샤흐쬬르]
남 광부

шёлк
[숄까]
남 실크

шестна́дцать
[쉐스낫짜찌]
수 16

шесть [쉐스찌]	수 6
шестьдеся́т [쉐스찌샷]	수 60
шестьсо́т [쉐스찌솟]	수 600
шеф [쉐프]	남 요리사, 주방장
ше́я [쉐야]	여 목적, 목표
ширина́ [쉬리나]	여 너비, 폭
широ́кий [쉬로끼이]	형 폭이 넓은, 헐렁헐렁한, 넓은, 광범위한
широта́ [쉬라따] [유즈나야(쎄베르나야) 쉬라따]	여 위도 ю́жная (се́верная) ~ 남(북)위
шить-сшить [쉬찌-스쉬찌]	불완-완 바느질하다, 꿰매다, 깁다
шифр [쉬프르]	남 암호
шкаф [쉬까프] [끄니쥐느이 쉬까프]	남 장 кни́жный ~ 책장
шко́ла [쉬꼴라]	여 (초중고등)학교
шко́льник, ~ца [쉬꼴닉, 쉬꼴니짜]	남 여 (초중고등)학생
шля́па [쉴랴빠]	여 모자, 중절모

шок
[쑥]
남 충격, 쇼크

шокола́д
[셔껄라트]
남 초콜릿

шофёр
[샤표르]
남 운전수

шпина́т
[쉬삐나트]
남 시금치

шпио́н
[쉬삐온]
남 간첩, 스파이

шрифт
[쉬르프뜨]
남 활자

штаб
[쉬따프]
[게네랄느이 쉬따프]
남 참모부, 본부
генера́льный ~ 총참모부

штамп
[쉬땀프]
남 스탬프

штат
[쉬따뜨]
남 (행정단위) 주

штраф
[쉬뜨라프]
남 벌금

шту́ка
[쉬뚜까]
여 한 개(한마리, 한알, 한자루 등)

шум
[슘]
남 소음, 잡음

шуме́ть-
прошуме́ть
[슈몌찌-쁘라슈몌찌]
불완-완 소음을 일으키다, 떠들썩거리다

шу́мный
[슘느이]
형 요란한, 소란한, 떠들썩한

**шути́ть-
пошути́ть**
[슈찌찌-빠슈찌찌]

불완-완 농담하다, 장난치다

шу́тка
[슈트까]

여 농담, 장난

Щ

щéдрость
[쉐드로스찌]

명 후함, 대범함

щéдрый
[쉐드르이]

형 너그러운, 후한, 아낌없는

щека́
[셰까]

여 뺨, 볼

щено́к
[쉬녹]

남 (개, 늑대, 여우 등의) 새끼, 강아지

щётка
[슛까]
[주브나야 슛까]

여 솔
зубна́я ~ 칫솔

щи
[쉬]

명 양배추 스프

щит
[쉿]

남 방패, 게시판

щу́риться
[쉬릿쨔]

동 눈을 가늘게 뜨다

Э

эволю́ция
[에발류찌야]

여 진화, 발전

эгои́ст
[에가이스뜨]

남 이기주의자

экза́мен
[에그자멘]
[브스뚜삐젤느에 에그자멘니]
[삐시멘느이(우스느이)
에그자멘]

남 시험
вступи́тельные ~ы 입학시험
пи́сьменный(у́стный) ~
필기(구술)시험

экзаменацио́нный
[에그자멘나찌온느이]
[에그멘나찌온나야 세시야]

형 시험의
~ая се́ссия 시험기간"

экземпля́р
[에그젬쁠랴르]
[다가보르 브 드부흐
에그젬쁠랴라호]

남 책, 부, 통
догово́р в двух ~ах
2통씩 작성된 조약문"

экипа́ж
[에끼빠쉬]

남 승무원

эколо́гия
[에깔로기야]

여 생태학, 환경

эконо́мика
[에까노미까]

여 경제

экономи́ст
[에까나미스뜨]

남 경제학자

эконо́мить-сэконо́мить
[에까나미찌-세까나미찌]
[에까나미찌 브레먀]

불완-완 절약하다, 아끼다, 아껴쓰다
~ вре́мя 시간을 아끼다

экономи́ческий
[에까나미체스끼이]
[에까나미체스까야 빨리찌까]
[에까나미체스까야 뽀머쉬]

형 경제의, 경제적인
~ая поли́тика 경제정책
~ая по́мощь 경제적 원조

эконо́мия
[에까노미야]

여 절약

экра́н
[에끄란]

남 스크린, 화면, 영화

экскурсио́нный
[엑스꾸르시온느이]
[엑스꾸르시온느이 빠라호트]

형 견학의, 답사의, 관광의
~ый парохо́д 유람선

экску́рсия
[엑스꾸르시야]

여 참관, 견학, 답사, 관광, 견학단, 답사단

экспериме́нт
[엑스뻬리멘뜨]

남 시험, 실험

эксперти́за
[엑스뻬르찌자]

여 감정, 심사

эксплуата́ция
[엑스쁠루아따찌야]

여 착취, 채취, 개발, 경영, 운영

э́кспрт
[엑스뽀르트]

남 수출

экспортёр
[엑스빠르쬬르]

남 수출업자

элега́нтный
[엘레간뜨노이]

형 우아한, 맵시있는

электри́ческий
[엘렉뜨리체스끼이]
[엘렉뜨리체스끼이 똑]

형 전기의, 전력의
~ий ток 전류

электри́чество
[엘렉뜨리체스뜨버]

중 전기

электропро́вод [엘렉뜨라쁘라보트]	남 전선
электроэне́рния [엘렉뜨라에네르기야]	여 전력
элеме́нт [엘레멘트]	남 요소, (구성) 성분 복 기초, 기본, 원리
эмигра́ция [에미그라찌야]	여 망명, 해외이주
эми́ссия [에미씨야]	여 발행
эмо́ция [에모찌야]	여 정서, 감정
энерге́тика [에네르게찌까]	여 동력
эне́ргия [에네르기야]	여 에너지, 힘
эпиде́мия [에삐데미야]	여 전염병
эпизо́д [에삐조트]	남 에피소드
э́ра [에라] [다 나쉐이 에릐]	여 기원 до на́шей э́ры 기원전
эскала́тор [에스깔라떠르]	남 에스컬레이터
эсте́тика [에스쩨찌까]	여 미학, 아름다움, 미
эта́ж [에따쉬]	남 층, 계층, 사회층

этáп
[에따쁘]

🔵 단계

этикéт
[에찌꼐트]

🔵 예의, 예절

этóт
[에떠트]
[에따, 에떠, 에찌]

🔵 (여 эта, 중 это, 복 эти) 이, 그, 이번, 이것, 그것

эффéкт
[에펙트]

🔵 효과, 효력

э́хо
[에허]

🔵 메아림, 산울림

Ю

юбиле́й
[유빌레이]
남 기념일, 기념행사

ю́бка
[유쁘까]
여 치마

юг
[유크]
남 남, 남쪽

ю́жный
[유쥐느이]
형 남쪽의

ю́мор
[유머르]
남 유머

ЮНЕСКО
[유네스꼬]
중 유네스코

юне́ц
[유녜쯔]
남 소년, 젊은이

ю́ность
[유너스찌]
여 젊은이, 청년시절, 청춘

ю́ноша
[유너샤]
여 청년, 젊은이

ю́ный
[유느이]
형 나이어린, 젊은

юриди́ческий
[유리지체스끼이]
형 법률의, 법의

юри́ст
[유리스트]
남 법률가

юсти́ция
[유스찌찌야]
여 사법기관, 사법제도

Я

я
[야]
[미냐, 므녜, 므노이, 므노유, 아바 므녜]

대 (생대 меня́, 여 мне, мной, 조 мно́ю, 전 обо мне) 나, 저

я́блоко
[야블러꺼]

중 사과

явле́ние
[이블례니에]

중 현상, 일
~ приро́ды 자연현상

явля́ться-яви́ться
[이블럇짜-이빗짜]

불완-완 кем-чем …이다, …으로 되다

я́вный
[야브느이]

형 명백한, 뚜렷한

я́года
[야거다]

여 딸기, 산딸기

я́годицы
[야거지찌]

복 엉덩이

я́дерный
[야제르느이]
[야제르너에 아루쥐에]
[야제르나야 리악찌야]

형 핵의
~ое ору́жие 핵무기
~ая реа́кция 핵반응

ядро́
[이드로]
[아똠너에 이드로]

중 핵, 핵심, 중심
а́томное ~ 원자핵

язы́к
[이직]
[라드노이 이직]
[이너스뜨란느이 이직]

남 혀, 말, 언어
родно́й ~ 모국어
иностра́нный ~ 외국어

языкозна́ние
[이지까즈나니에]

중 언어학

яйцо́
[이이쪼]

중 달걀

янва́рь
[인바리]

남 1월

Япо́ния
[이뽀니야]
[이뽀네쯔, 이뽄까]

여 일본
남 япо́нец
여 япо́нка

я́ркий
[야르끼이]

형 빛나는, 밝은, 눈부신, 선명한

я́рмарка
[야르마르까]

여 시장

я́сный
[야스느이]
[야스나야 빠고다]
[야스느이 앗베뜨]

형 밝은, 맑은, 명백한, 명확한
~ая пого́да 맑은 날씨
~ый отве́т 명확한 대답

ячме́нь
[이츠멘]

남 보리

я́щик
[야쉭]
[무서르느이 야쉭]

남 상자, 함
му́сорный ~ 쓰레기통

Я

КОРЕЙСКО-РУССКИЙ
СЛОВАРЬ

한국어-러시아어
입문소사전

전혜진 저

외국어도서전문
1945
문예림

머리말

　모든 외국어 학습은 단어에서 시작됩니다. 하나의 단어에서 외국어 학습의 길이 열립니다. 외국어 초급 학습자에게 단어는 집을 짓기 위해 벽돌 한 장 한 장을 쌓아 올리는 것과 같습니다. 특히 러시아어 초급 학습자에게 러시아어 단어는 의미 파악하기 어렵고, 암기하기 어렵고, 사용하기 어려운 넘지 못할 산처럼 보입니다. 러시아어 단어와 관련된 이러한 학습의 문제점을 해결하기 위해 러시아어 학습 초보자의 입장을 고려하여 「초보자를 위한 한국어-러시아어 단어장」을 엮었습니다.

　「한국어-러시아어 단어장」은 학습자가 원하는 단어를 즉석에서 찾아 볼 수 있도록 우리말의 가나다 순으로 구성하였습니다. 러시아어의 자유로운 의사소통을 위하여 주로 일상생활에서 사용되는 빈도수 높은 어휘와 표현을 담고 있습니다. 또한 초급 러시아어 단계에서 반드시 알아 두어야 할 필수문장, 러시아어 기본 회화 패턴도 소개하고 있습니다. 그와 함께 「한국어-러시아어 단어장」은 단순히 단어를 나열한 것이 아니라, 단어를 결합하는 능력, 단어를 능동적으로 사용하는 능력을 배양하는 것에 초점을 맞추었습니다. 러시아어를 모르더라도 누구나 한글만 알면 이 책을 활용하여 현지에서 러시아어 의사소통에 지장이 없도록 표제어 단어 모두 원어 발음에 가깝게 한글로 표기하였습니다.

　「초보자를 위한 한국어-러시아어 단어장」이 단순히 러시아어 단어만 암기하는 것이 아니라, 단어라는 기초 단위에서 시작해서 문장을 생성하는 능력을 학습하기 위해 필요한 여러분의 러시아어 학습 길잡이가 되길 바랍니다.

2012년 9월
전 혜 진

차례

머리말 ·············· 3

ㄱ ················ 5
ㄴ ················ 60
ㄷ ················ 77
ㄹ ················ 103
ㅁ ················ 105
ㅂ ················ 135
ㅅ ················ 158
ㅇ ················ 197
ㅈ ················ 273
ㅊ ················ 316
ㅋ ················ 330
ㅌ ················ 335
ㅍ ················ 341
ㅎ ················ 349

부록 ·············· 371

한국어	러시아어	발음
가.(명령)	Иди! Идите!	이지 이지쩨
가게	магазин	마가진
가게주인	хозяин магазина	하쟈인 마가지나
가격	цена	쩨나
가격표	прейскурант	쁘레이스꾸란뜨
가곡	песня	뻬스냐
가구	мебель	몌빌
가기 싫어.	не хочу пойти.	니 하추 빠이찌
가까운	близкий	블리스끼
가까워?	близко?	블리스꺼

가격이 절반이다.   Цена является половиной.
쩨나 이블랴엣짜 빨라비너이

가격차가 크다.   Разрыв в ценах большой.
라즈르이프 프쩨나흐 발쇼이

가고 싶지만, 갈 수 있을지 모르겠어요.
    Я хочу пойти, но не знаю что я смогу.
야 하추 빠이찌 노 니 즈나유 쉬또 야 스마구

가기 전에 작별인사를 드리고 싶습니다.
    Я хочу прощаться перед отъездом.
야 하추 쁘라샤짜 뻬레드 아찌에즈덤

가끔 시장가다   иногда идти на рынок
이나그다 이찌 나 르이넉

가끔	иногда́ 이나그다	가능성	возмо́жность 바즈모쥐너스찌
가난한	бе́дный 베드느이	가다	идти́; е́хать 이찌 예하찌
가늘다	то́нкий 똔끼	가도 되나요?	могу́ идти́? 마구 이찌
가능성	возмо́жность 바즈모쥐너스찌	가련한	бе́дный 베드느이

가끔은 무섭고, 가끔은 그렇지 않아.
Иногда́ стра́шно, иногда́ не так.
이나그다 스뜨라쉬너 이나그다 니 딱

가는 길이야.
Я иду́ по доро́ге
야 이두 빠 다로게

가는 집마다
по ка́ждым до́мам
빠 까쥐드임 도맘

가능하시면
е́сли возмо́жно
예슬리 바즈모쥐너

가득 따라 주세요.
Напо́лните до краёв.
나뽈니쩨 다 끄라요프

가득 차다
наполня́ть-напо́лнить
나빨냐찌   나뽈니찌

가라앉다
тону́ть-потону́ть; утону́ть
따누찌   뻐따누찌,   우따누찌

가루	мука́; порошо́к 무까 빠라쇽	가벼운	лёгкий 료흐끼
가르치다	учи́ть 우치찌	가벼운 사고	лёгкая ава́рия 료흐까야 아바리야
가마(머리)	завито́к; вихо́р 자비똑 비호르	가사도우미	домрабо́тница 담라보뜨니짜
가면	ма́ска 마스까	가수	певе́ц(남); певи́ца(여) 삐베쯔 삐비짜
가뭄	за́суха 자수하	가스	газ 가스
가방	мешо́к; су́мка 미쇽 숨까	가슴	грудь 그루찌

가려고 하다	собира́ться идти́ 싸비라찌샤 이찌
가렵다	зуде́ть; чеса́ться-почеса́ться 주제찌 치삿짜 뻐치삿짜
가로질러 가다	пересека́ть-пересе́чь 삐리씨까찌 삐리쎄치
가리다(숨기다)	пря́тать-спря́тать; скрыва́ть-скрыть 쁘랴따찌 스쁘랴따찌 스끄르이바찌 스끄르이찌
가볍게 생각하다	слегка́ ду́мать-поду́мать 슬리흐까 두마찌 빠두마찌

가시거리	зо́на ви́димости
	조나 비지머스찌

가야한다	до́лжен идти́
	돌젠 이찌

가여워라.	Кака́я жа́лость!
	깍까야 좔러스지

가엾다	жале́ть-пожале́ть
	좔례찌 빠좔례찌

가운데	середи́на; центр
	시리지나 쩬뜨르

가위	но́жницы
	노쉬니쯔이

가을	о́сень
	오센

가자.	пойдём
	빠이죰

가장자리	край
	끄라이

가정	семья́
	시미야

가스레인지	бытова́я га́зовая плита́
	브이따바야 가자바야 쁠리따

가스를 잠그다	закрыва́ть-закры́ть газ
	자끄르이바찌 자끄르이찌 가스

가스계량기	га́зовый счётчцц
	가조브이 숏치고

가시는 길에 평안하세요.	сча́стливого пу́ти
	사슬리버버 뿌찌

가요 쇼 프로그램	музыка́льный шо́у
	무즈이깔느이 쇼우

가입하다	вступа́ть-вступи́ть
	프스뚜빠지 프스뚜삐찌

가장 좋아하는 시간	са́мое люби́мое вре́мя
	사머예 류비머예 브레며

가지 않다	не идти́ 녜 이찌	가지다	име́ть 이메찌
가지(야채)	бакклажа́н 바끌라쟌	가지세요.	Возьми́те. 바지미쩨.

가장 친한 친구　　　са́мый бли́зкий прия́тель
　　　　　　　　　사므이　빌리스끼　쁘리야찔

가장(지위)　　　　　глава́ семьи́; патриа́рх
　　　　　　　　　글라바　시미이　뻐뜨리아르흐

가재(家財)　　　　　дома́шнее(семе́йное) иму́щество
　　　　　　　　　다마쉬녜예　시메이너예　이무쉐스또버

가정환경　　　　　　дома́шнее окруже́ние
　　　　　　　　　다마쉬네에　아끄루줴니에

가져오다　　　　　　приноси́ть-принести́
　　　　　　　　　쁘리나시찌　쁘리네스찌

가족 모두 함께 즐겁게.(카피문구)

　　　　　Прия́тно со всей семьёй!
　　　　　쁘리야뜨노 사프세이 시메에이

가족관계　　　　　　семе́йные отноше́ния
　　　　　　　　　시메이느이에　아뜨나쉐니야

가족들에게 저를 대신해서 안부 전해주세요.

　　Передайте семье мой приве?т, пожалуйста.
　　쁘리다이쩨　시미에　모이　쁘리벳　빠잘루이스따

가족이 어떻게 되세요?

　　　　　Каковы́ ва́ши семе́йные отноше́ния?
　　　　　깍까브이　바쉬　시메이느이에　아뜨나쉐니야

9

각본	пье́са 삐에사	간격	расстоя́ние 라스따야니에
각자의	ка́ждый 까쥐드이	간단한	просто́й 쁘라스또이

가족이 일보다 더 중요하다.
    Семья́ бо́лее ва́жное де́ло чем рабо́та.
    시미야 볼례에 바주너예 젤라 첌 라보따

가지고 다녀야하다.   Ну́жно взять с собо́й.
    누즈너 브쟈찌 사- 보이

가지고 있다 име́ть; держа́ть-подержа́ть (в рука́х)
    이메찌 제르좌찌 빠레르좌찌 브루까흐

가지고 있어.   Держи́ у себя́.
    지르쥐 우시뱌

가축   дома́шние живо́тные
    다마쉬니에 쥐보뜨느이

가치   це́нность; досто́инство; сто́имость
    쩬너스찌 다스또인스뜨버; 스또이머스찌

가치가 없다   Нет це́нности
    니에뜨 쩬너스찌

가치가 오르다
    Сто́имость (це́нность) повыша́ется
    스또이머스찌 쩬너스찌 빠브이샤에짜

간다. 어~ 가.(헤어질 때)   Я уйду́. Пока́!
    야 우이두 빠까

간장	со́евый со́ус 소이브이 소우스	간호사	медсестра́ 미드시스뜨라
간접적으로	ко́свенно 꼬스벤너	갈 것이다.	Я пойду́. 야 빠이두
간판	вы́веска 브이베스까	갈망하다	жа́ждать 좌즈더찌

간부 высокопоста́вленные ли́ца
브이사까빠스따블렌느이에 리짜

간섭하다 вме́шиваться-вмеша́ться
브몌쉬바쨔 브미솨쨔

간식을 먹다 переку́сывать-перекуси́ть (ме́жду за́втраком и обе́дом, обе́дом и у́жином)
뻬리꾸스이바찌–뻬리꾸시찌(메주두 자프뜨라껌 이 아볘덤, 아볘덤 이 우쥐넘)

간염예방주사 приви́вка против гепате́та
쁘리비프까 쁘로찌프 게빠쩨따

간이 적당하다 быть по вку́су несолённым
브이찌 빠 프꾸수 니살룐느임

간청하다 убеди́тельно проси́ть-попроси́ть; упра́шивать-упроси́ть
우볘지쩰너 쁘라시찌 빠쁘라시찌; 우쁘라쉬바찌 우쁘라시찌

간주하다 счита́ть-сосчита́ть
쉬따찌 사쉬따찌

간통 адюльте́р; прелюбодея́ние
아듈떼르; 쁘리류발제야니여

갈색	коричневый цвет 까리치니브이 쯔베뜨	감독(스포츠)	главный тренер 글라브느이 뜨레네르
감	хурма 후르마	감사합니다.	Спасибо. 스빠시버
감기	простуда 쁘라스뚜다	감자(야채)	картофель 까르또펠

갈 길이 멀어.   Перед нами далёкий путь.
　　　　　　　　　　빼레드　나미　달료끼이　뿌찌

갈아타다   пересаживаться-пересесть
　　　　　　　　　뻬레사쥐바짜　　　뻬레셰스찌

갈증을 풀다   устолить жажду
　　　　　　　　우스딸리찌　좌즈두

감기약   лекарство от простуды
　　　　　　　리까르스뜨버 아뜨 쁘라스뚜드이

감기에 걸렸을 땐   Когда вы простудились.
　　　　　　　　까그다 브이　　쁘라스뚜질리스

감기에 걸리다   простужаться-простудиться
　　　　　　　　쁘라스뚜좌찌쨔　　　쁘라스뚜지짜

감독하다   смотреть-посмотреть; наблюдать
　　　　　　스마뜨례찌　빠스마뜨례찌　　나블류다찌

감동이야.   Прихожу в восторг.
　　　　　　　　쁘리하쥬　바- 스또르끄

감동하다 быть тронутым; быть под впечатлением
　　　　브이찌 뜨로누뜨임;　브이찌 빠드 프뻬치뜰례님

감전당하다	уда́рцть то́ком 우다리찌 또꼼
감정	чу́вство 추스뜨버
감탄	восхище́ние 바스히셰니에
감명	глубо́кое впечатле́ние 글루보까에 프뻬치뜰례니에
감사하게 여기다	благодари́ть-поблагодари́ть 블라거다리찌 빠블러거다리찌
감소되다	уменьша́ться-уме́ньшиться; сокраща́ться-сократи́ться; снижа́ться-сни́зиться 우멘샤쨔 우멘쉬쨔; 사끄라샤쨔 싸끄라찌쌰; 스니좌쨔 스니지쨔
감시하다	следи́ть (за + чем кем):наблюда́ть 슬레지찌: 나블류다찌
감염되다	заража́ться-зарази́ться 자라좌쨔 자라지쨔
감자튀김	жа́реный карто́фель 좌린느이 까르또펠
갑자기 말하다	вдруг говори́ть-сказа́ть 브드루크 가바리찌 스까자찌
갑자기 울다	вдруг пла́кать 브드루크 쁠라까찌
갑옷	бро́ня; па́нцырь 브로냐; 빤쯔이리
갑자기	внеза́пно; вдруг 브니자쁘너; 브드루크
값이 비싼	дорого́й 다라고이

값이 싼	дешёвый 지쇼브이	강력한	крéпкий 끄레쁘끼
강	рекá 리까	강변	бéрег 베레크
강간	изнаси́лование 니즈너씰라버니이	강아지	щинóк 쉬녹

갑작스럽게   внезáпно; вдруг
               브니자쁘너; 브드루크

값을 깎다   снижáть-снизи́ть цéну
               스니좌찌   스니지찌   쩨누

값이 내리다.   Ценá снижáется.
               쩨나   스니좌엣쨔

값이 오르다.   Ценá повышáетсзс
               쩨나   빠브이샤엣쨔

갔다 오는데 한 시간 안에 될까?
               Мóжно на час тудá и обрáтно?
               모쥐너 나 차스 뚜다 이 아브라뜨너

강도   граби́тель; разбóйник
         그라비쩰;   라즈보이니크

강사(대학)   лéктор; преподавáтель
         렉떠르;   쁘리빠다바쩰

강의하다   вести́ лéкцию; читáть лéкцию
         베스찌 렉찌유;   치따찌   렉찌유

갖다	иметь; владеть 이몌찌; 블라졔찌	개구리	лягушка 리구쉬까
같이 가다	пойти вместе 빠이찌 브몌스쩨	개띠	земная ветвь Собаки 젬나야 베뜨피 사바끼
같이 가자.	Пойдём вместе. 빠이죰 브몌스쩨	개막	открытие 아뜨끄르이찌에
개	собака 사바까	개미	муравей 무라베이

강조하다   подчёркивать-подчеркнуть
　　　　　　빠드쵸르끼버찌　　빠드치르끄누찌

강하게 누르다   сильно нажимать-нажать
　　　　　　　　실너　　나쥐마찌　　나좌찌

갖다 주다   приносить-принести
　　　　　　쁘리너씨찌　　쁘리니스찌

같이 가고 싶다.   Хочу пойти вместе.
　　　　　　　　　하추　빠이찌　브몌스쩨

같이 나가 놀다   играть вместе
　　　　　　　　이그라찌　브몌스쩨

개강하다   начинать-начать курс лекций
　　　　　나치나찌　　나차찌　꾸르스　렉찌이

개선하다
улучшать-улучшить;　исправлять-исправить
울루샤찌　울루쉬찌;　이스쁘라블랴찌　이스쁘라비찌

개인적으로는	ли́чно 리츠너	거기	там 땀
개혁하다	реформи́ровать 리파르미러바찌	거래소	би́ржа 비르좌
객체(전산)	объе́кт 아비옉뜨	거래하다	торгова́ть 따르가바찌

개업   созда́ние предприя́тия
            사즈다니에   쁘레뜨쁘리야찌야

개이다(날씨)   проясне́ть(СВ)
          쁘라이스녜찌

개인   индиви́дуум; ли́чность; ча́стное лицо́
     인지비두움;   리츠너스찌;   차스너여   리쪼

개인수표   персона́льный чек
         뻬르사날느이   첵

개인재산 ча́сіное иму́щество; ли́чное иму́щество
      차스너에   이무쉐스뜨바; 리츠너에   이무쉐스뜨바

개척하다   осва́ивать-освои́ть
         아스바이바찌 아스바이찌

개최하다   устра́ивать-устро́ить
         우스뜨라이버찌 우스뜨로이찌

거기 재미있는 것 없어?   Там не́чего интере́сного?
                땀   녜치보   인쩨레스너버

거기엔 상점이 많아.   Там есть мно́го магази́нов.
              땀 예스찌 므노거   마가지너프

16

거리(도로)	у́лица 울리짜	거울	зе́ркало 제르깔러
거미집	паути́на 빠우찌나	거위	гусь(남); гусы́ня(여) 구시 구스이니
거북이	черепа́ха 치리빠하	거의	почти́ 빠츠찌
거실	гости́ная 가스찌나야	거의 없는	почти́ нет 빠츠찌 넷

거긴 앉지 마.	Там нельзя́ сиде́ть 땀 닐쟈 시졔찌
거대하다	огро́мный; колосса́льный 아그롬느이; 깔라살느이
거리(멀기)	диста́нция; расстоя́ние 디스딴찌야; 라스따야니에
거스름돈 주세요.	да́йте сда́чу 다이쩨 즈다추
거스름돈이 틀려요.	вы оши́блись сда́чи 브이 아쉬블리시 즈다치
거의 매일	почти́ ка́ждый день 빠츠찌 까쥐드이 젠
거의 먹지 않다.	почти́ не ел 빠츠찌 녜 옐
거의 모든 회사에서	почти́ ка́ждая компа́ния 빠츠찌 까쥐다야 깜빠니야

한국어	러시아어	한국어	러시아어
거주	прожива́ние 쁘라쥐바니에	걱정스러운	беспоко́йный 비스빠꼬이느이
거주자	жи́тель 쥐쩰	건강	здоро́вье 즈다로비이
거품	пе́на; пузы́рь 뻬나; 뿌즈이리	건강한	здоро́вый 즈다로브이
걱정	беспоко́йство 비스빠꼬이스뜨바	건기(乾期)	сухо́й кли́мат 수호이 끌리마트

거의 속을 뻔했어.	Я чуть не обману́лех(-лась). 야 추찌 녜 아브마눌샤 (-라시)
거의 완벽했는데	был почти́ соверше́н. 브일 빠츠찌 사베르숀
거절하다	отка́зывать-отказа́ть 앗까즈이바찌 앗까자찌
거주연장기간	срок продле́ния прожива́ния 스로크 쁘라들레니야 쁘러쥐바니에
거짓말하다	лгать-солга́ть; врать 르가찌 살르가찌; 브라찌
걱정하다	беспоко́иться-обеспоко́иться 비스빠꼬이짜 어비스빠꼬이짜
걱정하지 마.	Не беспоко́йся! 녜 비스빠꼬이샤
건강은 어떠세요?	Как ва́ше здоро́вье? 깍 바쉐 즈다로비에

건물	зда́ние; строе́ние	건전지	батаре́я
	즈다니에; 스뜨라예니에		바따례야

건강을 되찾다   вы́здороветь
                          브이즈다라볘찌

건강을 빨리 회복하시길 바랍니다.
         Жела́ю вам скоре́йшего выздоровле́ния
         젤라유   밤   스까례이쉐버   브이즈더라블레니야

건강을 유지하다   сохраня́ть-сохрани́ть здоро́вье
                   사흐라냐찌   사흐라니찌   즈다로비에

건강이 안 좋아 보이네요.
               Вы вы́глядите нездоро́выми
               브이 브이글리지쩨   니즈다로브이미

건강증명서   медици́нская сертифика́ция
              메지찐스까야   시르찌피까찌야

건강진단   медици́нский осмо́тр; медосмо́тр
           메지찐스끼   아스모뜨르; 메다스모뜨르

건강하세요.(어른에게)
       Жела́ю вам здоро́вья; Бу́дьте здоро́вым.
       젤라유   밤   즈다로비야; 부찌쩨   즈다로브임

건강해지다   станови́ться здоро́вым
               스따나비짜   즈다로브임

건국하다   осно́вывать-основа́ть госуда́рство
          아스노브이바찌   아스나바찌   가수다르스뜨바

걸다	ве́шать-пове́сить 베샤찌 빠베시찌	걸어가면서	ходя́-идя́ 하쟈 이쟈
걸레	тря́пка 뜨랍까	검(무기)	меч 메치

건너가다   переходи́ть-перейти́
                뻬리하지찌   뻬리이찌

건너편   друга́я/противополо́жная сторона́
           드루가야   쁘라찌바빨로쥐나야   스따라나

건배(건강을 위하여)   тост! За здоро́вье!
                         또스뜨 자   즈다로비에

건설하다   стро́ить-постро́ить
            스뜨로이찌   빠스뜨로이찌

건전지 다 됐어.   Батаре́я ко́нчилась.
                바따례야   꼰칠라시

건축가   архите́ктор; строи́тель
        아르히쩩떠르;   스뜨라이쩰

걸다 / 한국 팀에 돈을 걸다
ста́вить-поста́вить де́ньги/Ста́вить де́ньги за коре́йскую кома́нду.
스따비찌-빠스따비찌 젱기 스따비찌 젱기 자 까례이스꾸유 까만두

걸리다(종이가 기계에)   застря́ть
                   자스뜨랴찌

걸어가다   ходи́ть-идти́ пешко́м
            하지찌   이찌 뻬쉬꼼

검역소	каранти́н 까란찐	겉표지	суперобло́жка 수뻬라블로쉬까
검열	цензу́ра 찐주라	게	краб 끄랍
검은색	чёрный цвет 쵸르느이 쯔벳	게이	гомосексуали́ст 가마쎅수알리스뜨

걸어서 갈 수 있어요?	Вы мо́жете ходи́ть пешко́м? 브이 모쥐쩨 하지찌 뻬쉬꼼
걸어서 약 10분 걸려요.	10 мину́т ходьбы́. 제시찌 미눗 하지브이
걸을 수는 없다.	Я не могу́ ходи́ть пешко́м. 야 니 마구 하지찌 뻬쉬꼼
검게 타다	горе́ть и черне́ть 가례찌 이 체르녜찌
검사하다	проверя́ть-прове́рить 쁘라베랴찌 쁘라베리찌
검색하다	разы́скивать-разыска́ть 라즈이스끼바찌 라즈이스까찌
검열(검토)하다	подверга́ть-подве́ргнуть цензу́ре 빠드비르가찌 빠드베르그누찌 찐주레
게다가	к тому́ же; бо́лее того́; вдоба́вок 끄 따무 쥐; 볼리이 따보; 브다바벅
게스트 하우스	дом приёмов 돔 쁘리요머프

21

게임	игра́ 이그라	견인	буксиро́вка 북씨로브꺼
겨냥하다	взять на прице́л 브쟈찌 나 쁘리쩰	견적가격	инво́йская цена́ 인보이스까야 쩨나
겨루다	состяза́ться 사스찌자쩨쌰	견적서	инво́йс 인보이스
겨울	зима́ 지마	결과	результа́т 리줄파프
겨울에	зимо́й 지모이	결론	вы́вод; заключе́ние 브이버트; 자끌류체니에
격차	ра́зрыв 라즈르이프	결말	коне́ц; оконча́ние 까녜쯔; 아깐차니에

게으른 / 정말 게으르다.
    лени́вый; неради́вый/ о́чень лени́вый
    레니브이;   니라지브이   오친   레니브이

게임에서 이기다   выи́грывать-вы́играть игру́
    브이이그르이버찌 브이이그러찌 이그루

겨울엔 밖에 나가기가 싫다.
    Я не хочу́ вы́йти на у́лицу зимо́й.
    야 니   하추 브이이찌 나 울리쭈 지모이

겨울이 점점 짧아지다.   зима́ стано́вится коро́че.
    지마   스따노빗짜   까로체

격려하다   одобря́ть-одобри́ть
    아다브랴찌 아다브리찌

결승	фина́л 피날	결합	связь; соедине́ние 스뱌지; 사이지녜니에
결점	недоста́ток; поро́к 니다스따떡; 빠록	결핵	туберкулез 뚜베르꿀료스
결정적인	реши́тельный 리쉬찔느이이	결혼	брак 브라크
결정짓다	реша́ть-реши́ть 리샤찌 리쉬찌	결혼식	сва́дьба 스바지버
결정하다	реша́ть-реши́ть 리샤찌 리쉬찌	경기장	стадио́н 스따지온

결국   в коне́чном счёте; в конце́ концо́в
프까녜치넘 쇼쩨; 프깐쩨 깐쪼프

결심하다   реша́ть(ся)-реши́ть(ся)
리샤찌(샤) 리쉬찌(샤)

결합시키다   сочета́ть; соедини́ть
사치따찌; 사에지니찌

결혼 하셨어요?
Вы жена́ты?(남성에게); Вы за́мужем?(여성에게)
브이 줴나뜨이; 브이 자무젬

결혼피로연   сваде́бный пир
스바제브느이 삐르

결혼하다   выходи́ть-вы́йти за́муж(여성);
жени́ться-пожени́ться(남성)
브이하지찌 브이이찌 자무쉬; 제니찌쨔 빠제니쨔

경련(의학)	сýдорога 수다라가	경사진	склóнный 스끌론느이

결혼한 지 3년 됐어요.
> Мы женѝлись три гóда назáд.
> 므이 줴닐리시 뜨리 고다 나자트.

결혼했습니다.
> Мы женѝлись.
> 므이 줴닐리시

겸손한
> скрóмный; устýпчивый
> 스끄롬느이; 우스뚭치브이

경감하다
> уменьшáть-умéньшить
> 우민샤찌 우몐쉬찌

경계(한계)
> гранѝца; предéл
> 그라니짜; 쁘레젤

경공업
> лёгкая промы́шленность
> 료흐까야 쁘라므이실렌느스찌

경과하다
> проходѝть-пройтѝ
> 쁘라하지찌 쁘라이찌

경기(競技)
> соревновáние; матч
> 사레브나바니에; 마치

경기가 싱겁다.
> Матч неинтерéсный.
> 마치 니인쩨례스느이

경기결과
> результáт соревновáния
> 리줄따뜨 사레브나바니야

경연대회	олимпиáда 알림삐아다	경제	эконóмика 에까노미까
경영하다	руководи́ть 루까바지찌	경제학	эконóмика 에까노미까
경우(때)	слу́чай 슬루차이	경제학자	экономи́ст 에까나미스트
경우에 따라서	при слу́чае 쁘리 슬루차에	경찰	поли́ция 빨리찌야
경작	обрабóтка 아브라보뜨까	경찰관	полицéйский 빨리쩨이스끼

경매하다   продавáть-продáть с аукциóна
　　　　　쁘라다바찌　쁘라다찌　사욱찌오나

경비실 　　　　кабинéт дежу́рного
　　　　　　　까비네트　　제주르너버

경비원을 부르세요.　　вы́зовите дежу́рного
　　　　　　　　　　브이자비쩨　　제주르너버

경영범위　　　　　сфéры управлéния
　　　　　　　　스페르이 우쁘라블레니야

경영범위를 소개하다
　　　　　знакóмить сфéры управлéния
　　　　　즈나꼬미찌　스페르이 우쁘라블레니야

경쟁하다　　　состязáться; соревновáться;
　　　　　　　사스찌자짜;　　사리브노바짜

경축일	пра́здник 쁘라즈드니크	계란	яйцо́ 이이쪼
경험	о́пыт 오쁘이뜨	계산기	калькуля́тор 껄리꿀랴떠르
경험 많다.	мно́го о́пытов. 므노거 오쁘이떠프	계산대	ка́сса 까사
경험이 없는	нео́пытный 니오쁘이뜨느이	계속	продолже́ние 쁘라달줴니에
계단	ле́стница 레스니쩌	계속 가.	Да́льше иди́. 달쉐 이지

경찰에 신고하다　сообща́ть-сообщи́ть в поли́цию
　　　　　　　사압샤찌　사압씨찌　프　빨리찌유

경치(=scenery)　　　　　　　　　 вид; пейза́ж
　　　　　　　　　　　　　　　　비뜨;　뻬이자쉬

경험이 없어서요. 당신이 고르세요.
　　　　　У меня́ нет о́пыта. Вы выбира́йте.
　　　　　우 미냐　녯 오쁘이따 브이 브이비라이쩨

계급　　　　　　　　　класс(신분); зва́ние(지위)
　　　　　　　　　　　끌라스;　　　즈바니에

계산서 주세요.　　　Да́йте, пожа́луйста, счёт.
　　　　　　　　　　다이쩨　빠좔루이스따　숏

계산을 잘못했네.　　　Я оши́блась в расчёте.
　　　　　　　　　　야　아쉬블리스 브 라스쇼쩨

계속 말해.	да́льше скажи́ 달쉐 스까쥐	계약서	контра́кт 깐뜨락뜨
계승하다	насле́довать 나슬레다바찌	계절	вре́мя го́да 브레먀 고다
계약	догово́р 다가보르	계정(전산)	счёт 숏

계산을 지금하나요?　Сейча́с ну́жно рассчита́ть?
　　　　　　　　시이차스   누쥐너   라쉬따찌

계산이 잘못됐어요.　Вы оши́блись в расчёте.
　　　　　　　브이 아쉬블리시 브 라스쇼쩨

계산하다　　　　　вычисля́ть-вы́числить;
рассчи́тывать-рассчита́ть
　　브이치슬랴찌 브이치슬리찌; 라스쉬뜨이바찌 라스쉬따찌

계산해 주세요.　　　　　Рассчи́тывайте.
　　　　　　　　　　라스쉬뜨이바이쩨

계속하다　　　　　продолжа́ть-продо́лжить
　　　　　　쁘라달좌찌　　쁘라돌쥐찌

계속해서 가세요.　　　　Да́льше иди́те.
　　　　　　　　　달쉐　이지쩨

계약기간은 5년 입니다.
　　　　　Срок контра́кта рассчи́тан на 5 лет.
　　　　스록   깐뜨락따   라스쉬딴 나 빠찌 롓

계약을 체결할 필요가 있습니다.
　　　　　Нам ну́жно заключи́ть контра́кт.
　　　　　남   누쥐너   자끌류치찌   깐뜨락뜨

한국어	러시아어	한국어	러시아어
계좌	счёт 숏	고귀한	благоро́дный 블라가로드느이
계좌잔액	оста́ток в счёте 아스따떡 프쇼쩨	고급스런	дорого́й 다라고이
계획	план; прое́кт 쁠란; 쁘라옉뜨	고급의	высокостепе́нный 브이사까스찌뻰느이
계획적으로	наме́ренно 나메렌너	고기	мя́со 먀사
고고학	археоло́гия 아르히알로기야	고대의	дре́вний 드례브니이
고구마	бата́т 바따트	고도	высота́ 브이사따

계약하다 заключа́ть-заключи́ть догово́р
자끌류차찌 자끌류치찌 다가보르

계좌를 열다 открыва́ть-откры́ть счёт
아뜨끄르이바찌 아뜨끄르이찌 숏

계획대로 как заплани́ровано
깍 저쁠라니라반너

계획이 다 틀어졌어. План не реализо́ван.
쁠란 니 레알리조반

고갈되다
пересыха́ть-пересо́хнуть; иссяка́ть-исся́кнуть
뻬레스이하찌 뻬레소흐누찌; 이샤까찌 이샤끄누찌

고등학교	высшая школа 브이샤야 쉬꼴라	고사 성어	поговорка 빠가보르까
고맙습니다.	Спасибо! 스빠시버	고속도로	автострада 아프다스따르다
고무	резина 레지나	고아	сирота 사라따
고무줄	резинка 레진까	고양이	кошка(여); кот(남) 꼬쉬까; 꼬뜨

고려하다   учитывать-учесть
                      우치뜨이바찌 우체스찌

고르다   выбирать-выбрать
                 브이비라찌 브이브라찌

고마운   благодарный; признательный
                 블라가다르느이이; 쁘리즈나찔느이

고막   барабанная перепонка
                 바라반나야 뻬레뽄까

고무줄로 묶다(머리)   привязать волосы резинкой
                 쁘리쟈자찌 볼러스이 레진꺼이

고발하다   доносить-донести
                 다나씨찌 다니스찌

고상한   грациозный; утончённый; благородный
             그라찌오즈느이; 우딴쵼느이; 블라가로드느이

고아원   приют; детдом; сиротский дом
             쁘리윳; 젯돔; 시롯스끼 돔

고운피부	мягкая кóжа 먀흐까야 꼬좌	고정된	фикси́рованный 픽시라반느이
고원	наго́рье 나고리에	고추(야채)	пе́рец 뻬레쯔
고전의	класси́ческий 끌라시치스끼	고층의	высо́тный 브이소뜨느이

고요한 ти́хий; споко́йный
　　　　찌히;　스빠꼬인느이

고용하다 нанима́ть-наня́ть
　　　　나니마찌　나냐찌

고위계층 вы́сший у́ровень
　　　　브이쉬　　우라빈

고의적으로 наме́ренно; умы́шленно
　　　　　나몌렌너;　우므이쉴렌너

고장 나다 лома́ть-слома́ть
　　　　　라마찌　슬라마찌

고쳐줄 수 있어요? Вы мо́жете исправля́ть?
　　　　　　　　브이 모줴쩨　이스쁘라블랴찌

고추장

со́евая па́ста с мо́лотым кра́сным пе́рецем
소이바야 빠스따 스 몰라뜨임 끄라스느임 뻬레쩸

고층빌딩 высо́тное зда́ние
　　　　빅소뜨노에 즈다니에

고향	ро́дина	곧바로	сра́зу (же)
	로지나		스라주 (줴)
곧	сра́зу же; ско́ро	골(스포츠)	гол
	스라주 줴; 스꼬러		골

고통을 겪다 испы́тывать-испыта́ть боль; терза́ться; му́читься
이스쁘이뜨이바찌 이스쁘이따찌 볼; 쩨르쟛짜; 무치짜

고향에 돌아가다 верну́ть в ро́дину
베르누찌 브 로지누

고향이 어디세요?
Где ва́ше родно́е ме́сто(родно́й го́род)?
그졔 바쉐 라드노에 메스따 라드노이 고라트

고혈압 повы́шенное кровяно́е давле́ние
빠브이셴너에 끄러반너에 다블례니에

곧 ~되다 Ско́ро исполони́тся.
스꼬러 이스빨닛짜

곧 도착 할 거야. Ско́ро придёт.
스꼬러 쁘리죳

곧 볼 수 있으실 거예요. Ско́ро уви́дите.
스꼬러 우비지쩨

곧 시험이야. Ско́ро бу́дет экза́мен.
스꼬러 부짓 에그자멘

곧장 집에 가다 сра́зу верну́ться домо́й
스라주 베르누짜 다모이

골목	переу́лок 뻬레울럭	공격하다	атакова́ть 아딱까바찌
곰	медве́дь 미드베찌	공기	во́здух 바즈두흐
곰팡이가 난	за́тхлый 자흘르이	공기(밥)	ми́ска для риса́ 미스까 들랴 리사
곳(장소)	ме́сто 메스떠	공상	фанта́зия 판따지여
공	мяч 먀치	공식(수학, 의식)	фо́рмула 포르물라

골라주세요.(잘 모를 때)   вы́берите, пожа́уйста.
브이비리쩨 빠좔루이스따

골키퍼   врата́рь; голки́пер
브라따리; 갈끼뻬르

공간   простра́нство; ме́сто
쁘라스뜨란스뜨바; 메스따

공개적인   откры́тый; публи́чный
아뜨끄르이뜨이; 뿌블리츠느이

공공의   обще́ственный; публи́чный
압쉐스뜨빈느이; 뿌블리츠느이

공공재산   обще́ственное достоя́ние
압쉐스뜨벤너에 다스따야니에

공급하다   снабжа́ть-снабди́ть
스납좌찌 스납지찌

공식에 따라	по фо́рмуле	공식적인	официа́льный
	빠 포르물레		아피찌알느이

공동의   о́бщий; совме́стный
             옵쉬이; 삽몌스느이

공립학교   публи́чная шко́ла
             뿌블리츠나야 쉬꼴라

공무 официа́льное де́ло; госуда́рственное де́ло
     아피찌알너여 젤러; 가수다르스뜨빈너여 젤러

공무원   госуда́рственный слу́жащий
            가수다르스뜨빈느이 슬루자쉬이

공백   пусто́е ме́сто; пустота́
            뿌스떠여 몌스떠; 뿌스따따

공부 하나도 안했어.   Я не учи́лся(-лась).
            야 녜 우칠쌰 (우칠라시)

공부를 열심히 하지 않았어요. Я не усе́рдно учи́лся(-лась).
            야 녜 우쎄르드너 우칠쌰 (우칠라시)

공부를 잘하다   хорошо́ учи́ться
            하라쇼 우칫짜

공부하다   учи́ться-научи́ться
            우칫짜 나우칫짜

공사장   строи́тельная площа́дка
            스뜨라이찔나야 쁠라쇼뜨까

공/상업세 промы́шленный/комме́рческий нало́г
     쁘라브이쉴롄느이 까몌르체스끼 날로크

공연	представле́ние 쁘레뜨스따블례니에	공자(인물)	Конфу́ций 깐푸찌
공원	парк 빠르크	공장	фа́брика; заво́д 파브리까; 자보트

공식적으로 알다 официа́льно заявля́ть-заяви́ть
아피찌알너   자야블랴찌   자야비찌

공식적으로 인정하다
официа́льно признава́ть-призна́ть
아피찌알너   쁘리즈나바찌   쁘리즈나찌

공약 официа́льное обяза́тельство; официа́льное обеща́ние
아피찌알너에 아비자찔스뜨바; 아피찌알너에 아비샤니에

공업 промы́шленность; инду́стрия
쁘라므이쉴린너스찌;   인두스뜨리야

공업지역 промы́шленная зо́на
쁘라므이쉴린나야   조나

공업화 индустриализа́ция
인두스뜨리알리자찌야

공연하다 дава́ть-дать представле́ние
다바찌 다찌 쁘레뜨스따블례니에

공예 иску́сство изготовле́ния
이스꾸스뜨바   이즈가따블례니야

공유하다 совме́стно владе́ть
삽몌스너   블라졔찌

공장 노동자	рабо́чий 라보치이	공평하게	справедли́во 스쁘라베들리보
공정	справедли́вость 스쁘라베들리버스찌	공항	аэропо́рт 아에라뽀르뜨
공증인	нота́риус 나따리우스	공화(국)	респу́блика 리스뿌블리까
공평	справедли́вость 스쁘라비들리버스찌	공황	па́ника; кри́зис 빠니까; 끄리지스
공포영화	фильм у́жасов 필름 우좌서프	과(책)	уро́к 우로크

공작(동물)   павли́н(남); па́ва(여)
  빠블린;   빠바

공적이 있다   Есть по́двиги.
  예스찌 뽀드비기

공제하다   вычита́ть-вы́честь
  브이치따찌 브이치스찌

공지사항 잠깐 들으세요.   Внима́ние! Слуша́йте официа́льное сообще́ние.
  브니마니에 슬루샤이쩨 아삐찌알느너 사업쉐니에

공채(증권)   госуда́рственный заём
  가수다르스뜨벤느이 자욤

공항에 가서 배웅해 드릴게요.
  Провожу́ вас на аэропо́рте.
  쁘라바주 바스 나 아에라뽀르쩨

35

과거	про́шлое 쁘로쉴러에	과학	нау́ка 나우까
과녁	цель; мише́нь 쩰; 미센	과학자	учёный 우쵼느이
과일	фру́кты 프룩뜨이	관객	зри́тель 즈리쩰
과정	курс; ход; проце́сс 꾸르스; 호트; 쁘라쩨스	관계	отноше́ния 아뜨나쉐니야

공항에 어떻게 가실 건가요?
 Как вы дое́дете до аэропо́рта?
 깍 브이 다예지쩨 다 아에라쁘르따

공항으로 친구를 마중가려고해.
 Я собира́юсь встреча́ть друга на аэропо́рте.
 야 사비라유스 프스뜨리차찌 드루크 나 아에라쁘로쩨

공헌하다   де́лать/вноси́ть вклад
                         젤라찌   브나시찌 프끌라트

공휴일   пра́здник; выходно́й день
                         쁘라즈드니크; 브이하드노이   젠

과속하다   е́хать с превыше́нием ско́рости
             예하찌 스   쁘레브이쉐니엄   스꼬러스찌

과일 먹어.   Ку́шай фру́кты!
                                      꾸샤이 프룩뜨이

과자   конди́терские ифде́лия
                          깐지쩨르스끼에   이즈젤리야

36

관리자	администра́тор 아드미니스뜨라떠르	관점	то́чка зре́ния 또츠까 즈레니야
관세	тамо́женая по́шлина 따모줸나야 뽀실리너	관찰하다	наблюда́ть 나블류다찌
관세 세관	тамо́жня 따모쥐냐	광견병	бе́шенство 베쉔스뜨버
관절부위	суста́в 수스따프	광고	рекла́ма 리끌라마
관절염	артри́т 아르뜨리트	광물	минера́л 미네랄

관계를 맺다.(사업)
　　　　установи́ть отноше́ния; вести́ конта́кты
　　　　우스따나비찌 아뜨나쉐니야; 베스찌 깐딱뜨이

관리하다　　　　　　　　　　управля́ть-упра́вить
　　　　　　　　　　　　　　우쁘라블랴찌 우쁘라비찌

관세를 납부해야 하나요?
　　　　Ну́жно заплати́ть по́шлину?
　　　　누쥐너 자쁠라찌찌 뽀실리누

관세를 내다　　　　　　　　　плати́ть по́шлину
　　　　　　　　　　　　　　쁠라찌찌 뽀실리누

관심을 갖다　　　　　　　　　интересова́ться (+чем)
　　　　　　　　　　　　　　인쩨레사바짜

관중석　　　　　　　　　　　ме́сто для зри́телей
　　　　　　　　　　　　　　메스떠 들랴 즈리쩰레이

광장	пло́щадь 쁠로샤찌	교실	аудито́рия 아우지또리야
광주리	корзи́на 까르지나	교외	при́город 쁘리가라트
교과서	уче́бник 우쳬브니크	교육	образова́ние 아브라자바니에
교단에 서다	преподава́ть 쁘레빠다바찌	교제하다	обща́ться 압샤짜
교류	обме́н 아브멘	교통	тра́нспорт 뜨란스뽀르뜨
교사	учи́тель 우치쩰	교회	це́рковь 쩨르꺼피
교수(사람)	профе́ссор 쁘라페서르	구(숫자)	де́вять 제비찌

괜찮습니다.   Пустяки́; Ничего.
                         뿌스쨔끼; 니치보

교육부   министе́рство образова́ния
                미니스쩨르스뜨바 아브라자바니야

교통경찰   доро́жный патру́ль
                다로쥐느이 빠드룰

교통법규를 어기다. наруша́ть-нару́шить пра́вила у́личного движе́ния
     나루샤찌 나루시찌 쁘라빌러 울리치너버 드비줴니야

구멍	отве́рстие	구역	райо́н; зо́на
	앗볘르시에		라이온; 조나

교통사고 доро́жно-тра́нспортное происше́ствие; автомоби́льная катастро́фа; автромоби́льная ава́рия
다로쥐너 뜨란스빠르뜨너예 쁘라이스쉐스뜨비에 아프따마빌나야 까따스뜨로파; 아프따마빌나야 아바리야

교통사고 당하다 попа́сть в автомоби́льную катастро́фу
빠빠스찌 바프따마빌누유 까따스트로푸

교통사고가 나다 возника́ет автомоби́льная ава́рия
바즈니까에트 아프따마빌나야 아바리야

교통수단 сре́дства сообще́ния
스레트스뜨버 삽쒜니야

교환대(전화) распредели́тельный щит
라스쁘레젤리쩰느이 쉿

교환되나요? Мо́жно ли э́то обменя́ть?
모쥐너 리 에떠 아브메냐찌

교환하다 обме́нивать-обменя́ть
아브메니바찌 아브미냐찌

구경하다 осма́тривать-осмотре́ть
아스마뜨리바찌 아스마뜨레찌

구두 한 켤레 па́ра боти́нок
빠라 바찌넉

구월	сентя́брь 신쨔브리	구조(전산)	структу́ра 스뜨룩뚜라
구절(문장)	фра́за 프라자	구좌	теку́щий счёт 쩨꾸시이이 숏
구조	спасе́ние 스빠쎼니에	구체적인	конкре́тный 깐끄레뜨느이

구두(가죽)   ко́жанная о́бувь
　　　　　　　　　　　　　　　　꼬쟌나야　오부피

구레나룻 　　　　　　　　　　　　бакенба́рды; ба́ки; ба́чки
　　　　　　　　　　　　　　바긴바르드이;　바끼;　바츠끼

구멍을 뚫다　прола́мывать-пролома́ть отве́рсие
　　　　　　　쁘랄라므이바찌　쁘랄라마찌　앗베르시에

구비하다

подготовля́ть(ся)-подгото́вить(ся) по́лностью
빠드가따블랴찌 (쨔)　빠드가또비찌　(쨔)　뽈너스찌유

구성(전산) 　　　　　　　　　　　　　соста́в; структу́ра
　　　　　　　　　　　　　　　　사스따프;　스뜨룩뚜라

구성하다 　　　　　　　　　　　　составля́ть-соста́вить
　　　　　　　　　　　　　　사스따블랴찌　사스따비찌

구어 　　　　　　　　　　　　разгово́рная(у́стная) речь
　　　　　　　　　　　　라스가보르나야　우스나야　례치

구조하다.(응급) 　　　　　　　　　　спаса́ть-спасти́
　　　　　　　　　　　　　　　스빠사찌　스빠스찌

국(음식)	суп 쑵	국내	вну́тренний 브누뜨렌니

구좌기록(은행)   счётная за́пись
                            숏나야   자삐시

구체적으로 협상합시다.
         Конкре́тно ведём перегово́ры.
         깐끄례뜨너   베죰   뻬레가보로이

구충제를 먹다   принима́ть-приня́ть противогли́стное сре́дство
       쁘리니마찌–쁘리냐찌 쁘라찌바글리스노에 스례뜨스뜨바

국가를 부르다
         петь-спеть госуда́рственный гимн
         뻬찌   스뻬찌   가수다르스뜨벤느이   김

국경   госуда́рственная грани́ца
               가수다르스또벤나야   그라니짜

국경을 통과하다   проходи́ть-пройти́ грани́цу
                 쁘라하지찌   쁘라이찌   그라니쭈

국경통과비자   транзи́тная ви́за
                 뜨란지뜨나야   비자

국고채 신용장
       аккредити́в казначе́йских облига́ций
       악꼐레지찌프   까즈나체이스끼흐   아블리가찌이

국고채권   казначе́йские облига́ции
             까즈나체이스끼에   아블리가찌이

| 국립 | госуда́рственный
가수다르스뜨벤느이 | 국제 | междунаро́дный
미주두나로드느이 |

| 국민 | наро́д
나로트 | 국화(꽃) | хризанте́та
흐리잔쩨따 |

| 국영 | госуда́рственный
가수다르스뜨벤느이 | 군대 | а́рмия; во́йска
아르미야; 보이스까 |

국기를 게양하다.
 поднима́ть-подня́ть госуда́рственный флаг
 빠드니마찌 빠드냐찌 가수다르스뜨벤느이 플라크

국내공항   вну́тренний аэропо́рт
                 브누뜨렌니   아에라뽀르뜨

국빈   госуда́рственный гость
                가수다르스뜨벤느이   고스찌

국을 드시겠어요?   Вы хоти́те пое́сть суп?
                브이 하찌쩨 빠예스찌 수쁘

국적   по́дданство; национа́льность
                뽀단스뜨바;   나찌아날너스찌

국제공항   междунаро́дный аэропо́рт
                미주두나로드느이   아에라뽀르뜨

국제전화   междунаро́дный телефо́н
                미주두나로드느이   찔리폰

국회 ду́ма(러시아); национа́льное собра́ние(한국)
    두마;   나찌아날너에   사브라니에

굴(해산물)	у́стрица 우스뜨리짜	권력	власть 블라스찌
굵다	то́лстый 똘스뜨이	권리	пра́во 쁘라버
궁(건물)	дворе́ц 드바례쯔	귀(복수)	у́хо; у́ши 우허; 우쉬

군고구마 / 고구마튀김
 жа́ренный бата́т / бата́т зажа́ренный в тесте
  좌렌늬이 바따뜨   바따뜨 자좌렌늬이 프 쩨스쩨

군대에서 제대하다
         вы́ходить из а́рмии в отста́вку.
          브이하지찌 이자르미이 밧스따프꾸

굽다   печь; жа́рить-зажа́рить/изжа́рить
      뻬치; 좌리찌 자좌리찌   이즈좌리찌

궁금하다   любопы́тствовать
                  류바쁴뜨스뜨바바찌

궁금한 건 못 참아. Я не могу́ терпе́ть когда́ я
хочу́ любопы́тно узна́ть.
 야 니 마구 쩨르뻬찌 까그다 야 하추 류바쁘이뜨너 우즈나찌

궁금해 죽겠네. Я умира́ю из любопы́тстыва.
         야 우미라유 이즈 류바쁴뜨스뜨이바

권 / 세권   сфе́ра; сфе́ра влия́ния
              스페라; 스페라 블리야니야

권리를 박탈하다   лиша́ть-лиши́ть прав
              리샤찌   리시찌   쁘라브

귀머거리의	глухо́й 글루호이	귀찮아.	Надое́ло. 나다옐러
귀빈	высо́кий гость 브이소끼이 고스찌	규정	акт; уста́в 악뜨; 우스따프
귀신	чёрт 죠르뜨	균형	равнове́сие 라브나볘시에
귀여운	ми́лый 밀르이	귤	мандари́н 만다린
귀중품	це́нные ве́щи 쩬느이에 베쉬	그 밖에	кро́ме того́ 끄로메 따보

귀 기울이다   нава́стривать-навостри́ть у́ши
               나바스뜨리바찌   나바스뜨리찌   우쉬

귀국준비   подгото́вка к возвраще́нию на ро́дину
          빠드가또프까 끄 바즈브라쉐니유 나   로지누

귀국하다   возвраща́ться-верну́ться на ро́дину
          바즈브라샤짜   비르누짜   나   로지누

귀여워요.(아기나 애인)   ми́лый
                                              밀르이

귀중품보관함   хране́ние для це́нных ве́щей
             흐라녜니에 들랴 쩬느이흐 베쉐이

규정을 초과하다   превыша́ть-превы́сить акт
                쁘리브이샤찌   쁘리브이시찌 악뜨

규정하다   устана́вливать-установи́ть
          우스따나블리바찌   우스따나비찌

그 부인	та жена́ 따 줴나
그 후에	по́сле того́ 뽀슬리 따보
그건 그렇고	Так и быть! 딱 이 브이찌
그것	э́то 에떠
그 남자(연장자)	э́тот мужчи́на 에떠트 무쉬나
그 동안	тем вре́менем; за то вре́мя 쩸 브레미님; 자떠 브레먀
그 소식을 들었어요?	Вы слы́шали те но́вости? 브이 슬르이샬리 쩨 노버스찌
그거 필요 없어.	Э́то не ну́жно. 에떠 녜 누즈노
그걸로 됐습니다.(주문)	Э́то всё. 에떠 프쇼
그게 내 전문인걸요.	Э́то моя́ специа́льность. 에떠 마야 스뻬찌알너스찌
그냥 구경하는 거예요.	Я про́сто смотрю́. 야 쁘로스또 스마뜨류
그냥 날 좀 내버려 둬.	Не тро́гай. 녜 뜨로가이
그것뿐이야?	Э́то всё? 에떠 프쇼
그게 바로 나야.	Вот э́то я. 봇 에떠 야
그날	тот день 똣 젠
그네	каче́ли 까첼리

그녀(연장자)	она́ 아나	그때	в то вре́мя 프 또 브례먀
그동안	за то вре́мя 자 또 브례먀	그래?	Да? 다
그들	они́ 아니	그래서	поэ́тому 빠에떠무

그냥 모른 척 하는 게 좋아.
Лу́чше бы де́лать вид не знать.
룩쉐 브이 젤라찌 비트 니 즈나찌

그냥 보통이지.
Про́сто обы́чно.
쁘로스또 아브이츠노

그냥 운동중인데요.
Про́сто я занима́юсь спо́ртом.
쁘로스또 야 자니마유스 스뽀르떰

그들이 몇 시에 도착하지요? Когда́ они́ приду́т?
까그다 아니 쁘리둣

그때 오토바이 타고 있었어.
В то вре́мя я на мотоци́кле.
브 또 브례먀 야 나 마따찌끌레

그래 뭔가 이상해.
Да, что-то необы́чайное; немно́жко стра́нно.
다 쉬또 또 니아브이차이너노에; 니므노쉬꼬 스뜨란노

그래도 안 되면 항의하자.
Éсли не де́лается так, то зая́вим проте́ст.
예슬리 니 젤라에짜 딱 또 자야빔 쁘라쩨스뜨

한국어	러시아어
그래프	гра́фик 그라피크
그러나	но; а; одна́ко 노; 아; 아드나꼬
그러는 바람에	так что 딱 쉬또
그러면	в тако́м слу́чае 프 따꼼 슬루치에
그러지마.	Не де́лай так. 니 젤라이 딱
그런 후에	по́сле того́ 뽀슬레 따보
그런데	одна́ко 아드나꼬
그럼	тогда́ 따그다
그렇게	таки́м о́бразом 따낌 오브라좀
그렇게 하자.	Так и быть! 딱 이 브이찌
그렇군요.	Так и есть! 딱 이 예스찌
그룹(가수)	гру́ппа 그룹빠

그래도 정말 다행이야.
Ну, сла́ва бо́гу.
누 슬라바 보구

그러려고 한건 아녜요.
Я не наме́рен(-а) так.
야 니 나메렌(나) 딱

그런데 전화를 꺼버리고 받질 않아.
А он вы́ключил моби́льник и не отвеча́ет.
아 온 브이끌류칠 마빌닉 이 네 앗뜨베차옛

그런데요, 전 지금 가봐야 할 것 같아요.
А мне на́до идти́.
아 므녜 나다 잇찌

그럼, 모레는 어때?
Тогда́, как за́втра?
따그다 깍 자프뜨라

그릇	посу́да 빠수다	그물	сеть; се́тка; нево́д 세찌; 세뜨까; 네보트
그림	карти́на; рису́нок 까르찌나; 리수너크	그저께	позавчера́ 뻐자브체라
그만 가자.	Ну, пойдём. 누 빠이죰	극(연극)	пье́са; дра́ма 삐예사 드라마
그만 하자.	хва́тит. 흐바찟	극장	теа́тр 찌아뜨르

그렇게는 안 돼.　　　　Э́та не так де́лается.
　　　　　　　　　　　에따 니 딱　젤라엣자

그렇다면 좋아요.　　　　Так и быть!
　　　　　　　　　　　딱 이 브이찌

그룹 등이 해체되다.　　　дегруппирова́ться
　　　　　　　　　　　데그루삐라바짜

그릇 / 쌀국수 3그릇
　　　ча́шка/три ча́шки рисово́й ла́пши
　　　차쉬까　뜨리 차쉬끼　리사보이　라쁘쉬

그리다(그림)　　　　　　рисова́ть-нарисова́ть
　　　　　　　　　　　리사바찌　　나리사바찌

그만, 그만(말릴 때)　　　доста́точно!; хва́тит!
　　　　　　　　　　　다스따떠츠노;　흐바찟

그을리다(햇빛에)　　　　копти́ть-закопти́ть
　　　　　　　　　　　깝찌찌　　자깝찌찌

그처럼　　　　　　　　 так; таки́м о́бразом
　　　　　　　　　　　딱;　따낌　오브라좀

근본	осно́ва; ко́рень	근처에	побли́зости
	아스노바; 꼬렌		빠블리저스씨
근접한	бли́зкий	금	зо́лото
	블리스끼		졸러떠

그치다(비)	перестава́ть-переста́ть
	뻬레스따바찌 뻬레스따찌

극복하다	преодолева́ть-преодоле́ть
	쁘레아달리바찌 쁘레아달례찌

극히	кра́йне; си́льно; абсолю́тно
	끄라이녜; 실노; 압살류뜨노

근거하다	осно́вывать-основа́ть
	아스노브이바찌 아스나바찌

근로자	тру́женик; трудя́щийся
	뜨루쥐닉; 뜨루쟈쉬이샤

근면한	приле́жный; стара́тельный
	쁘릴례쥐느이; 스따라쩰느이

근심	забо́та; беспоко́йство
	자보따; 베스빠꼬이스뜨바

근원	происхожде́ние; исто́чник
	쁘라이스하줴니에; 이스또츠니크

금강산도식후경

Осмотре́ть го́ры Кымган лу́чше по́сле еды́.
아스마뜨례찌 고르이 금간 루치쉐 뽀슬레 에드이

금메달	золота́я меда́ль 잘라따야 메달	기(국기)	флаг 플라크
금붕어	золота́я ры́бка 잘라따야 르이쁘까	기간	пери́од; срок 삐리어트; 스로크
금요일	пя́тница 뺘니짜	기계	маши́на 마쉬나

금고　　　　　　　　　　сейф; де́нежный я́щик
　　　　　　　　　　　　세이프; 제니쥐느이 야쉭

금방 그 칠거야.　　　　　Ско́ро переста́нет.
　　　　　　　　　　　　스꼬로　뻬레스따넷

금지표지판　　　　　　　доска́ запреще́ния
　　　　　　　　　　　　다스까　자쁘레쉐니에

금지품을 소지하고 있습니까?
　　　　　　　　　　Вы носи́ли к собо́й запрещённые ве́щи?
　　　　　　　　　　브이 나실리　끄 사보이　자쁘레숀느이에　베쉬

금지하다　　　　　　　　запреща́ть-запрети́ть
　　　　　　　　　　　　자쁘레쌰찌　자쁘레찌찌

급료를 깎다　　　　　　снижа́ть-сни́зить за́работок
　　　　　　　　　　　스니좌찌　스니지찌　자러버떡

급하다 / 나 지금 급해.
　　　　　　　　　　Спеши́ть; Мне ну́жно поспеши́ть.
　　　　　　　　　　스뻬쉬찌;　므녜 누쥐너　빠스뻬쉬찌

급한 성질　　　　　　　невы́держанный хара́ктер
　　　　　　　　　　　니브이제르잔느이　하락쩨르

기관지	бро́нхи 브론히	기대하다	ожида́ть 아쥐다찌
기능	фу́нкция 푼끄찌야	기둥	коло́нна; столб 깔로나; 스똘프
기다리다	ждать 쥐다찌	기록(성적)	реко́рд 레꼬르트

급한 일이 생겼어. У меня́ неотло́жное де́ло.
우 미냐 니앗뜰로쥐너에 젤라

긍정하다 утвержда́ть-утверди́ть
우뜨비르쥐다찌 우뜨비르지찌

기계 고장 난 것 같아요. 한번 봐주실래요?
Маши́на не рабо́тает Мо́жно её прове́рить?
마쉬나 니 라보따엣 모쥐너 이요 쁘라베리찌

기관 мото́р; дви́гатель(기계); аппара́т(조직상의)
마또르; 드비가찔; 아빠라드

기념으로 하다
ознаменова́ть; сохрани́ть на па́мять
아즈나메나바찌; 사흐라니찌 나 빠먀찌

기념하다 отмеча́ть-отме́тить
아뜨메차찌 아뜨메찌찌

기능하다
функциони́ровать-пофункциони́ровать
푼끄지아니라바찌 빠푼끄지아니라바찌

기름	ма́сло 마슬러	기쁘다	рад 라트
기름기가 많은	жи́рный 쥐르느이	기쁨	ра́дость 라도스찌
기본요금	тари́фная пла́та 따리프나야 쁠라따	기사(신문)	статья́ 스따찌야
기본적인	основно́й 아스나브노이	기숙사	общежи́тие 압쉬쥐찌에
기분	настрое́ние 나스뜨라예니에	기술	те́хника 쩨흐니까

기록하다	запи́сывать-записа́ть 자삐스이바찌 자삐사찌
기르다(아이, 동물)	воспи́тывать-воспита́ть 바스삐뜨이바찌 바스삐따찌
기반을 잡다	созда́ть осно́ву 사즈다찌 아스노부
기분이 더 좋아지다.	Настрое́ние улучша́етеся 나스뜨로예니에 울루사엣짜
기분이 어때?	Как вы себя́ чу́вствуете? 깍 브이 시뱌 춥스뜨부이쩨
기분이 좋은	хоро́шее настрое́ние 하로셰에 나스뜨로예니에
기사 다 읽었어요?	Вы прочита́ли статью́? 브이 쁘라치딸리 스따찌유

52

한국어	러시아어
기술자	**механик** 메하닉
기어오르다	**лезть** 레스찌
기억	**память** 빠먀찌
기억해내다	**вспомнить** 프스뽐니찌
기원	**происхождение** 쁘라이스하즈줴니에
기일	**срок** 스록
기질	**темперамент; нрав** 쩸뻬라멘드; 느라프
기차	**поезд** 뽀애스트
기차역	**станция** 스딴찌야
기찻길	**железная дорога** 젤레즈나야 다로가

기억이 나지 않다 **не помнить** 니 뽐니찌

기억이 잘 안나요. **Я плохо помню.** 야 쁠로허 뽐뉴

기여하다 **делать/вносить вклад** 젤라찌 브나시찌 프끌라트

기입하다 **вписывать-вписать** 프삐스이바찌 프삐사찌

기자 **журналист; корреспондент** 주르날리스뜨; 까리스빤젠트

기자회견하다 **делать пресс-конференцию** 젤라찌 쁘레스 깐페렌찌유

기준가격 **стандартная цена** 스딴다르뜨나야 쩨나

기체	газ 가스	기호	знак 즈낙
기초	оснóва 아스노바	기호(취미)	вкус 프꾸스
기초적인	основнóй 아스나브노이	기회	слýчай 슬루차이
기침	кáшель 까쉘	기후	клúмат 끌리마트
기타(악기)	гитáр 기따르	긴 머리	длúнные вóлосы 들린느이에 볼로스이

기차가 더 싸겠지만 더 느릴 것이다.
На пóезде подешéвле, но бóлее мéдленно.
나 뽀에즈제   빠제쉐블레   노 볼레에   메들린너

기한을 늘리다   **продлúть срок**
                                쁘라들리찌 스로크

기회가 되면 또 뵙길 바랍니다. **Я надéюсь что у нас бýдет шанс ещё увúдеться.**
야 나제유시 쉬또 우나스 부짓 샨스 잇쇼 우비지짜

기회가 있었다.   **Был слýчай/шанс**
                           블   슬루차이   샨스

기회를 놓치다   **упускáть-упустúть возмóжность**
                  우뿌스까찌   우뿌스찌찌   바즈모쥐너스찌

기회를 잡다
           пóльзоваться шансом/возмóжностью
           뽈자바짜   샨솜   바즈모쥐너스찌유

긴급한	срóчный 스로츠느이	길어지다(시간)	дли́ться 들리짜
길	дорóга 다로가	깃대	флагштóк 플락쉬똑
길다	дли́нный 들린느이	깃발	флаг 플라크

긴 생머리 дли́нные натурáльные вóлосы
들린느이에 나뚜랄느이에 볼라스이

긴장을 풀다
разряжáть-разряди́ть напряжённости
라즈리자찌 라즈리지찌 나쁘리죤너스찌

긴장하지 않았다. Я не напрягáюсь.
야 녜 나쁘리가유시

길 건너편 че́рез дорóгу; на противополóжной сторонé дорóги
체리즈 다로구 나 쁘라찌바빨로쥐너이 스따라네 다로기

길 끝 사거리까지 가세요.
Поезжáйте до перекрёстка концá дорóги.
빠에좌이쩨 다 뻬레끄료스뜨까 깐짜 다로기

길 좀 비켜주세요. Уступáйте дорóгу.
우스뚜빠이쩨 다로구

길을 건너다 переходи́ть-перейти́ дорóгу
뻬레하지찌 뻬레이찌 다로구

길을 떠나다 отправля́ться-отпрáвиться в путь
앗쁘라블랴짜 앗쁘라비짜 프 뿌찌

한국어	러시아어	한국어	러시아어
깊이	глубина́ 글루비나	깔때기	воро́нка 바론까
까마귀	воро́на 바로나	깜박했다	забы́л 자브일

길을 안내하다 — сопровожда́ть доро́гу
사쁘라바줴다찌 다로구

길을 잃다 — теря́ть-потеря́ть доро́гу
쩨랴찌 빠쩨랴찌 다로구

길이 막히다 — Есть про́бка.
예스찌 쁘롭까

길이(크기) — длина́
들린나

김치 만들어 줄께. — Я гото́влю Кимчхи
야 가또블류 킴치

김치 먹어본 적 있어요? — Вы попро́бовали Кимчхи?
브이 빠쁘로바발리 킴치

김치는 발효 식품이다. — Кимчи - пи́ща броже́ния.
킴치 삐샤 브라줴니야

김치를 만들다 — гото́вить Кимчхи
가또비찌 킴치

깎아 주세요. — Сокраша́йте цену́; де́лайте ски́дку.
사끄라샤이쩨 쩨누; 젤라이쩨 스끼드꾸

깎아주세요. 아줌마. — Тётя, сокраша́йте цену́.
쪼쨔 사끄라샤이쩨 쩨누

한국어	러시아어	한국어	러시아어
깜짝 놀란	испу́ганный 이스뿌간느이	껌	жва́чка 쥐바치까
깨(곡물)	кунжу́т 꾼주뜨	껍질	кора́; ко́рка 까라; 꼬르까
깨끗이	на́чисто 나치스떠	껴안다	обнима́ть-обня́ть 아브니마찌 아브냐찌
깨닫다	понима́ть-поня́ть 빠니마찌 빠냐찌	꼭 끼는(옷)	жа́тый 좌뜨이
깨지기 쉽다	хру́пкий 흐룹끼	꽂아.(플러그)	Включа́й! 프클류차이

깜짝 놀라다　　удивля́ться-удиви́ться
　　　　　　　우지블랴짜　　우지비짜

깨뜨리다　　разбива́ть-разби́ть
　　　　　　라즈비바찌　라즈비찌

깨워주세요　　Разбуди́те меня́.
　　　　　　　라즈부지쩨　미냐

꺾어지다(방향)　сгиба́ться-согну́ться
　　　　　　　　즈기바짜　　사그누짜

껍질을 깎다.(사과)　обдира́ть ко́ру
　　　　　　　　　아브지라찌　꼬루

꼭 일찍 일어나셔야 해요.　Вы должны́ ра́но встать.
　　　　　　　　　　　　브이 달즈느이 라너 프스따찌

꼭 한번 봐요.　Обяза́тельно уви́димся.
　　　　　　　아뱌자쩰너　　우비짐쌰

꽃	цветóк 쯔비똑	꿀	мёд 묘트
꽃가루	пыльцá 쁘일리짜	꿈	сон 손
꽃무늬	цветóчный узóр 쯔비또치느이이 우조르	끄덕이다	кивáть-кивнýть 끼바찌 낍누찌
꽃병	вáза 바자	끈	верёвка 비룝까
꽃이 피다	цвестú 쯔비스찌	끓는 물	кипятóк 끼삐똑

꽃다(플러그) включáть-включúть
프끌류차찌 프끌류치찌

꽃가게 цветóчный магазúн
쯔비또츠느이 마가진

꽃을 따다 собирáть-собрáть цветы
사비라찌 사브라찌 쯔비드이

꽃이 그려져 있다. Нарисóван цветóк.
나리소반 쯔베똑

꾸짖다 бранúть-побранúть; ругáть
브라니찌 빠브라니찌 루가찌

꿈꾸다 вúдеть сон; мечтáть
비제찌 손; 메츠따찌

꿈에서 미리 알려주다. Во сне зарáнее предскáзал.
바스녜 자라녜에 쁘레드스까잘

끝	конец 까녜쯔	끝없는	бесконечный 비스까녜츠느이

끄다(기계)   выключать-выключить
                           브이끌류차찌   브이끌류치찌

끈적거리지 않는   не липкий
                         니 립끼

끊다(술, 담배)   бросать-бросить
                     브라사찌   브로시찌

끊지 말고 잠깐 기다려봐.
Не положи трубку и подожди минуточку.
니 빨라쥐 뜨룹꾸 이 빠다쥐지 미누떠치꾸

끓이다   кипятить-вскипятить
            끼삐찌찌   프스끼삐찌찌

끓이다 / 여덟 시간 동안 끓이다.
кипятить-вскипятить за восемь часов
끼삐찌찌   프스끼삐찌찌   자   보심   치소프

끝나다 / 다 끝났어
кончаться-кончиться / Всё кончилось
깐차짜   깐치짜   프쇼   꼰칠로시

끼다(반지, 안경)   носить/надевать-надеть
                 나시찌   나지바찌   나제찌

ㄴ

나	я 야
나 어때?	Как я? 깍 야
나대신	вместо меня 브메스떠 미냐

나도 기뻐.	Я тоже рад. 야 또줴 라트
나라	страна́ 스뜨라나
나로서는	мне 므녜
나르다	возить 바지찌
나무	де́рево 제레바

나날이   ка́ждый день; ежедне́вно
     까쥐드이 젠; 에지드녜브너

나누다   дели́ть-раздели́ть подели́ть
     젤리찌   라즈젤리찌   빠젤리찌

나대신 대답하다. отвеча́ть-отве́тить вме́сто меня́
     아뜨베챠찌   아뜨베찌찌   브메스떠   미냐

나도 그렇게 생각해.   Я то́же так ду́маю.
     야 또줴 딱 두마유

나도 그렇기를 바랍니다.   Я то́же так жела́ю.
     야 또줴 딱 줼라유

나라를 세우다   основа́ть страну́.
     아스나바찌 스뜨라누

나라에서 배분하다   прави́тельство распредля́еіт.
     쁘라비쩰스뜨보   라스쁘레들랴찌에트

나뭇가지	прут 쁘루트	나이	во́зраст 보즈라스뜨
나뭇잎(複)	лист, ли́стья 리스뜨 리스찌야	나이프	нож 노쉬
나쁘다	плохо́й 쁠라호이	나중에	пото́м 빠똠
나오다	выходи́ть-вы́йти 브이하지찌 브이이찌	나침반	ко́мпас 꼼빠스

나만 빼놓고 간 거예요?   Ушли́ кро́ме меня́
  우실리 끄로메 미냐

나무 밑에 숨다   кра́сться-укра́сться под де́ревом
  끄라스찌짜 두끄라스찌짜 빠드 제레밤

나무에 새기다   выре́зывать-вы́резать по де́реву
  브이레즈이바찌 브이레자찌 빠 제레부

나서다   бра́ться-взя́ться(사업); выступа́ть-вы́ступить(앞으로)
  브라짜 브쨔짜 브이스뚜빠찌; 브이스뚜삐찌

나았어요.(질병)   Я вы́лечился.
  야 브이 레칠샤

나에게 무슨 의미인지   Како́е значе́ние для меня́?
  까꼬에 즈나체니에 들랴 미냐

나이가 많은 사람들이 그녀를 좋아해.
  Пожилы́е лю́бят её.
  빠질르이에 류뱟 이요

나팔	труба́ 뜨루바	날 믿어.	Ве́ри меня́. 베리 미냐
낙타	верблю́д 비르블류트	날다	лета́ть; лете́ть 레따찌; 레찌찌
낙후된	отста́лый 앗스딸르이	날씨	пого́да 빠고다

나중에 다시 전화하다.
пото́м ещё звони́ть-позвони́ть
빠똠 잇쇼 즈바니찌 빠즈바니찌

나타나다
появля́ться-появи́ться
빠야블랴짜 빠야삐짜

낙관하다
смотре́ть оптимисти́чески
스마뜨레찌 압찌미스찌체스끼

낙담하다
отча́иваться-отча́яться
앗차이바짜 앗차야짜

낙선하다 **прова́ливаться-провали́ться на вы́борах**
쁘라발리바짜 쁘라발리짜 나 브이보라흐

낙제하다 **прова́ливаться-провали́ться на экза́мене**
쁘라발리바짜 쁘라발리짜 나 에그자메네

낙태하다 **выки́дывать-вы́кинуть; де́лать або́рт**
브이끼드이바찌 브이끼누찌; 젤라찌 아보르뜨

낚시하다 **уди́ть рыбу; лови́ть-пойма́ть ры́бу**
우지찌 르이부; 로비찌 빠이마찌 르이부

난 항상 혼자야. **Я всегда́ оди́н.**
야 프시그다 아진

날씨가 답답하다	ду́шно 두쉬너	날씬하다	стро́йный 스뜨로이느이
날씨가 덥다	жа́рко 좌르꺼	날씬한	стро́йный 스뜨로이느이
날씨가 따뜻하다	тёпло 쪼쁠러	날아가다	лета́ть; лете́ть 레따찌; 레찌찌
날씨가 맑은	прозра́чно 쁘라즈라츠너	날짜	да́та; число́ 다따; 치슬로
날씨가 시원하다	све́жий 스베쥐이	낡은	ста́рый; ве́тхий 스따르이; 베뜨히이

날씨 좋네요.   Хоро́шая пого́да.
하로샤야 빠고다

날씨 좋다.   Хоро́шая пого́да.
하로샤야 빠고다

날씨가 따뜻하고 햇살이 좋다.   Тёпло и со́лнечно.
쪼쁠러 이 솔네치너

날씨가 좋은   хоро́шая пого́да
하로샤야 빠고다

날씨가 춥다.   Хо́лодно.
할로드노

날씬해 보여요.   Вы вы́глядите стро́йными.
브이 브이글쥐쩨 스뜨로인느이미

날이 갈수록   с тече́нием вре́мени
스 쩨체니엠 브레미니

남(성)	мужчи́на 무쉬나	남(南)부	юг 유크
남극	ю́жный по́люс 유즈느이 뽈류스	남부지역	ю́жный райо́н 유즈느이 라이온
남다.	остава́ться-оста́ться 아스따바짜 아스따짜	남북	юг и се́вер 유크 이 세베르
남동생	мла́дший брат 믈라드쉬이 브랏	남자	мужчи́на 무쉬나

날이 갈수록 발전하다
с тече́нием вре́мени развива́ться
스 쩨체니엠 브례미니 라즈비바짜

날이 갈수록 좋아지다
с тече́нием вре́мени стать лу́чше
스 쩨체니임 브례미니 스따찌 루치쉐

날조하다
фабрикова́ть-сфабриковать
파브리꼬바찌 스파브리꼬바찌

남기다
оставля́ть-оста́вить
아스따블랴찌 아스따비찌

남녀
мужчи́на и же́нщина
무쉬나 이 젠쉬나

남부사람의 말을 하나도 이해 못하겠어.
Я ничего́ не понима́ю ю́жный диале́кт.
야 니치보 니 빠니마유 유즈느이 지알렉트

남의 충고를 듣다
слу́шать сове́т
슬루샤찌 사볘트

남쪽	ю́жная сторона́ 유즈나야 스따라나	낮은	ни́зкий 니스끼
남편	муж 무쉬	낮잠 자다.	вздремну́ть 브즈드레므누씨
낭비야.	Расточи́тельно. 라스따치쩰너	낳다.	роди́ть; рожда́ть 라지씨; 라쥐다씨
낮	день 젠	내구력이 있는	про́чный 쁘로츠느이

남자친구 / 그녀의 남자친구는 어떤 일을 해?
па́рень/ чем занима́ется её па́рень?
빠린   쳄   자니마엣짜   이요   빠린

납세하다   плати́ть-заплати́ть нало́г
          쁠라찌찌   자쁠라찌찌   날록

낭만적인   романти́чный; романти́ческий
          라만찌치느이;   라만찌체스끼

낭비하다   расточа́ть-расточи́ть
          라스따차찌   라스따치찌

내 생각에 러시아는 …   По-мо́ему, Росси́я…
                     빠모에무   라시야

내 소개가 늦었네.   Извини́те за то, что я ещё не предста́вил(-а) себя́.
이즈비니쩨 자 또 쉬또 야 이쇼 니 쁘레뜨스따빌(라) 시뱌

내가 말하려는 건 …   Я хочу́ сказа́ть, что…
                    야 하추   스까자찌   쉬또

내기 할래요?	Поспо́рим? 빠스뽀림	내년	сле́дующий год 슬례두유쉬이 고트
내내	всё вре́мя 프쇼 브레먀	내부의	вну́тренний 브누뜨레니

내가 말했잖아.   Я же сказа́л(-а).
                       야 줴 스까잘 (라)

내가 뭐라고 말했어?   Что я сказа́л(-а)?
                       쉬또 야 스까잘 (라)

내가 뭘 잘못 했어요?   Что-то я ошиба́лся(-лась)?
                       쉬또 또 야 아쉬발샤 블라시

내가 알기로는   мне изве́стно
                       므녜 이즈베스너

내가 알았을 때   Когда́ я зна́л(-а)
                       까그다 야 즈날 (라)

내가 이상한 거예요?   Мне стра́нно?
                       므녜 스뜨란너

내건 내가 고를 거야.   Я сам(-а́) вы́беру моё.
                       야 삼(사마) 브이비루 마요

내기하다   спо́рить-поспо́рить
                       스뽀리찌 빠스뽀리찌

내려가다(아래층)   спуска́ться-спусти́ться
                       스뿌스까짜 스뿌스찌짜

내리다(자동차)   сходи́ть-сойти́
                       스하지찌 사이찌

내 생각엔	мне ка́жется 므네 까줫샤	내일 아침	за́втра у́тром 자프뜨라 우뜨럼
내용	содержа́ние 사제르좌니에	내일 오후	за́втра днём 자프뜨라 드뇸
내일	за́втра 자프뜨라	냄비	кастрю́ля 까스뜨률리

내수 진작(경제용어)
увеличе́ние вну́треннего спро́са
우벨리체니에 브누뜨렌네보 스쁘로사

내일 보는 거다. 응?   Мы встре́тимся за́втра Да?
므이 프스뜨리찜샤 자프뜨라 다

내일 이 시간에 다시 올게요.
Я приду́ за́втра в то вре́мя.
야 쁘리두 자프뜨라 프 또 브레먀

내조하다   помога́ть-помо́чь му́жу
                   빠마가찌   빠모치 무주

냄새 맡다   ню́хать-поню́хать; обоня́ть
                   뉴하찌   빠뉴하찌   아바냐찌

냄새가 안 좋은   плохо́й за́пах
                               쁠라호이 자빠흐

냄새를 제거하다   удаля́ть-удали́ть за́пах
                           우달랴찌 우달리찌 자뻬흐

냄새를 풍기다   издава́ть-изда́ть за́пах
                         이즈다바찌 이즈다찌 자파흐

냉수	холо́дная вода́ 할로드나야 바다	넓다.	широ́кий 쉬로끼
냉장고	холоди́льник 흘라질닉	넣다.	класть-положи́ть 끌라스찌 빨라쥐찌
너(친한 사이)	ты 뜨이	네 번째	четвёртый 치뜨뵤르뜨이
너무 예쁜	о́чень ми́лый 오친 밀르이	네(대답)	да 다

너무 애쓰지 마.   Не тру́дись тяке́ло.
                         네 뚜루지시 찌죨로

너무 적게 먹네.   Ты ку́шал(-а) о́чень ма́ло.
                         뜨이 꾸샬(라) 오친 말러

넘다.

              переходи́ть-перейти́; превыша́ть-превы́сить
              뻬레하지찌   뻬레이찌;   쁘리브이샤찌   쁘리브이시찌

넘어지다.   па́дать-упа́сть
                                빠다찌 우빠스찌

넘치다.   перелива́ться-перели́ться
                     뻬렐리바짜   뻬렐리짜

네, 그렇게 해주세요.   Да, так де́лайте.
                            다   딱   젤라이쩨

네, 제가 박민수입니다.   Да, я Пак Мин Су.
                             다 야 빡   민   수

네모진	квадра́тный 끄바드라뜨느이	노동	труд 뜨루트
네트워크	сеть 세찌	노동력	рабо́чая си́ла 라보차야 실라
넥타이	га́лстук 갈수뚝	노동시간	рабо́чее вре́мя 라보체에 브례먀
넷(숫자)	четы́ре 치뜨이레	노란색	жёлтый 죨뜨이
년 / 5년	год / пять лет 고트 빠찌 렛	노래	пе́сня 뻬스냐

네가 원하는 대로
Как ты хо́чешь.
깍 뜨이 호치쉬

네덜란드
Нидерла́нды; Голла́ндия
니지르란드이; 갈란지야

년전 / 일년전
(оди́н) год наза́д
아진 고트 나자트

년후 / 일년후
че́рез (оди́н) год
체리즈 (아진) 고트

노동력을 낭비하다.
растра́чивать-растра́тить рабо́чую си́лу
라스뜨라치바찌 라스뜨라찌찌 라보추유 실루

노동자
рабо́тник; рабо́чий
라보뜨닉; 라보치

노래 잘하다.	хорошо́ петь 하라쇼 뻬찌	노름하다.	игра́ть в аза́рт 이그라찌 바자르뜨
노래방	сало́н для пе́ния 살론 들랴 뻬니야	노선	маршру́т 마르쉬루뜨
노력	уси́лие; стара́ие 우실리에; 스따라니에	노트	тетра́дь 찌뜨라찌

노래 좀 그만 불러.　　　Прекраща́й петь (пе́сню).
　　　　　　　　　　쁘레끄라샤이　뻬찌　뻬스뉴

노래도 좋지요.　　　　　　　　　Петь хорошо́.
　　　　　　　　　　　　　뻬찌　하라쇼

노래방에서 노래하다　　петь в сало́не для пе́ния
　　　　　　　　뻬찌 프 살로녜 들랴 뻬니야

노래방을 싫어하다　не люби́ть сало́н для пе́ния
　　　　　　　녜　류비찌　　살론　들랴　뻬니야

노래와 음악　　　　　　　　пе́сня и му́зыка
　　　　　　　　　　뻬스냐 이　무지까

노래하다　　　　　　　　петь-пропе́ть/спеть
　　　　　　　　뻬찌　쁘라뻬찌　스뻬찌

노력하다　　　　　　стара́ться-постара́ться
　　　　　　　스따라짜　　　빠스따라짜

노를 젓다　　　　　　　　грести́-гребну́ть
　　　　　　　　그레스찌　그레브누찌

노벨문학상　Но́белевская пре́мия по литерату́ре
　　　　노빌립스까야　쁘레미야　빠　리쩨라뚜레

70

노트북	ноутбук 노우뜨북	논문	статья́ 스따찌야
노파	стару́ха 스따루허	놀다	игра́ть 이그라찌
녹두콩	маш 마쉬	놀러 나가다	вы́йти игра́ть 브이이찌 이그라찌
녹차	зелённый чай 젤룐느이 차이	농구	баскетбо́л 바스껫볼

노인	стари́к; ста́рый челове́к 스따릭; 스따르이이 첼라벡
노크하다	стуча́ть-постуча́ть в дверь 스뚜차찌 빠스뚜차찌 브 드베리
노트북은 누구 거예요?	Чей э́тот но́утбук? 체이 에떳 노우뜨북
녹음하다	запи́сывать-записа́ть 자삐스이바찌 자삐사찌
논쟁하지 말자.	Дава́й не спо́рим. 다바이 녜 스뽀림
놀라다	пуга́ться-испуга́ть 뿌가찌 이스뿌가찌
놀랄까봐 걱정하다.	Баю́сь, что ты испуга́ешь. 바유스 쉬또 뜨이 이스뿌가에쉬
놀러오다	прийти́ в го́сти (к кому́) 쁘리이찌 브 고스찌

농담이야.	Это в шу́тку. 에따 프 슈뜨꾸	높은 가격	высо́кая цена́? 브이소까야 쩨나
농민	крестья́нин 끄레스찌야닌	높은 위치	высо́кий пост 브이소끼 뽀스뜨
농업	се́льское хозя́йство 셀스꺼에 하쟈이스뜨버	높이	высота́ 브이사따
농촌	дере́вня 제레브냐	놓다.	класть-положи́ть 끌라스찌 빨라쥐찌
높은	высо́кий 브이소끼	누구	кто 끄또

농담하다   шути́ть-пошути́ть
                   슈찌찌   빠슈찌찌

농림부
Министе́рство се́льского и лесно́го хозя́йства
미니스쩨르스뜨바   셀스꺼버 이 리스노버 하쟈이스뜨바

농업세   нало́г на се́льское хозя́йство
            날록 나 셀스꺼에 하쟈인스뜨버

높은 성적을 거두다.   доби́ться хоро́ших успе́хов
                     다비쨔   하로쉬흐   우스뻬허프

누가 더 나이가 많아요?   Кто ста́рше?
                           끄또 볼례에 스따르쉐

누가 시켰어? Кто веле́л?(행동)/Кто заказа́л?(음식)
                끄또 벨렐   끄또   자까잘

누구나	кто-нибудь 끄또 니부찌	눈(기후)	снег 스녜크
누구세요?	Кто вы? 끄또 브이	눈(신체)	глаз 클라스

누구를 알고 싶은데? Кого хочешь знать?
까보 호치쉬 즈나찌

누구 배고파? Кто голодный?
끄또 갈로드느이이

누구 차례예요? За кого очередь?
자 까보 오체레찌

누구를 찾으세요? Кто вы ищете?
끄또 브이 이쉬쩨

누군가와 통화하다. разговаривать-разговорить по телефону с кем-то.
라즈가바리바찌 라즈가바리찌 빠 찔리포누 스 켐 떠

누구의 집에 가시는데요? К кому заходить?
까무 자하지찌

누군데? Кто он?/ Кто она?
끄또 온 끄또 아나

누룽지 пригорелый рис на дне котла
쁘리가렐르이이 리스 나 드녜 까플라

누르다 нажимать-нажать
나쥐마찌 나좌찌

눈동자	зрачо́к 즈라촉	눈앞	перед глаза́ми 뻬레드 글라자미
눈물	слёзы 슬료직	눈이 내리다	снег пада́ет 스네크 빠다옛
눈병이 나다	боля́т гла́за 발랴뜨 글라자	눈이 부시다	блестя́щий 블레스쨔쉬이
눈보라	мете́ль 메쩰	눈이 아프다	боля́т гла́за 발랴뜨 글라자
눈사람	сне́жная ба́ба 스녜쥐나야 바바	눈이 오다	идёт снег 이죳 스네크
눈썹	бровь 브로피	뉘앙스	отте́нок 아쩨녁

누설하다.   разглаша́ть-разгласи́ть
             라즈글라샤찌   라즈글라시찌

눅눅해지다.   станови́ться мо́крым
               스따나비짜   모끄르임

눈사람을 만들다.   де́лать сне́жную ба́бу
               젤라찌   스녜쉬누유   바부

눈싸움하다.   игра́ть в снежки́
               이그라찌 프 스니쉬끼

눈에 거슬리는   быть неприя́тным
               브이찌   니쁘랴야뜨느임

눈을 뜨다.   открыва́ть-откры́ть глаза́
               앗끄르이바찌   앗끄르이찌   글라자

뉴스	но́вость 노바스찌	늙은	ста́рый 스따르이
느긋한	ме́дленный 메들린느이	능(왕의 무덤)	мавзоле́й 마브잘레이
느끼한(맛)	жи́рный 쥐르느이	능동적인	акти́вный 악찌브느이
느리다.	ме́дленный 메들린느이	능력	спосо́бность 스빠소브너스찌
늙었어.	Старе́л. 스따렐	능숙한	иску́сный 이수꾸스느이

눈이 나빠서 안경을 써야해.
У меня́ плохо́е зре́ние, и ну́жно носи́ть очки́.
우 미냐 쁠라호에 즈레니에 이 누쥐너 나씨찌 아츠끼

눈치보다
де́лать с огля́дкой.
젤라찌 사글랴드꺼이

뉴스를 듣다
слу́шать-послу́шать но́вости
슬루샤찌 빠슬루샤찌 노바스찌

느끼다
чу́вствовать-почу́вствовать
춥스뜨바바찌 빠춥스뜨바바찌

늘어나다
увели́чиваться-увели́читься
우벨리치바찌샤 우벨리치찌샤

늙은 여성
ста́рая же́нщина
스따라야 젠쉬너

늦었다.	Опозда́л.	늦은	по́здний
	아빠즈달		뽀즈니이

능숙해지다   быть иску́сным
브이찌 이수꾸스느임

늦게 도착하다   по́здно прибыва́ть-прибы́ть
뽀즈드너 쁘리브이바찌 쁘리브이찌

늦게 와서 미안해요.   Извини́те за опозда́ние.
이즈비니쩨 자 아빠즈다니에

늦게 일어나다   по́здно вставать-встать с посте́ли.
뽀즈너 프스따바찌 프스따찌스 빠스쩰리

늦게 잠자리에 들다   по́здно ложи́ться спать.
뽀즈너 라쥣쨔 스빠찌

늦잠을 자주 자요.   Я ча́сто сплю до по́зднего у́тра.
야 차스떠 스쁠류 다 뽀즈너버 우뜨라

늦잠자다   спать до по́зднего у́тра
스빠찌 다 뽀즈너버 우뜨라

		다 팔렸어.	Распро́дан.
			라스쁘로단
		다른	друго́й
			드루고이
다 알아.	Всё зна́ю.	다른 것들	други́е
	프쇼 즈나유		드루기에

다 먹다 / 다 먹었어요.　доеда́ть-дое́сть / Дое́л(-а).
　　　　　　　　　　다에다찌　다예스찌　　다옐 (라)

다 알아듣다　　　　　всё понима́ть-поня́ть
　　　　　　　　　　프쇼　빠니마찌　빠냐찌

다가가다　　　　　　подходи́ть-подойти́
　　　　　　　　　　빠뜨하지찌　　빠다이찌

다가오다(시기)　приближа́ться-прибли́зиться
　　　　　　　　쁘리블리좌짜　　쁘리블리지짜

다른 것 좀 보여 주세요.
　　　Покажи́те, пожа́луйста, друго́е.
　　　빠까쥐쩨　　빠좔루이스따　드루고에

다른 것으로 바꾸다
　　　изменя́ть-измени́ть на друго́е
　　　이즈미냐찌　이즈미니찌　나 드루고에

다른 도시보다 오토바이가 많다.
　　　Бо́льше мотоци́лев, чем в друго́м го́роде.
　　　볼쉐　마따찌글레프　쳄 브 드구곰　고라제

다른 말은 안 해?　　Что ещё говори́л(-а)?
　　　　　　　　　　쉬또　잇쇼　가바릴(라)

다른 면	другáя сторонá 드루가야 스따라나	다리미	утю́г 우쮸크
다른 방법	другóй мéтод 드루고이 메또트	다림질	утю́жка 우쮸쉬까
다리(건축)	мост 모스뜨	다만	прóсто; тóлько 쁘로스떠; 똘꺼

다른 방법으로 해야겠어요.
                Найдý другóй мéтод(путь).
                나이두 드루고이 메또트 (뿌찌)

다른 사람으로 착각했어요.
                Я перепýтал(-а).
                야 뻬레뿌딸(-라)

다른 색도 있어요?
                У вас есть другóй цвет?
                우 바스예스찌 드루고이 쯔벳

다른 선택권이 없어.
                Нет вы́бора.
                니에뜨 브이보라

다른 음식으로 바꿔도 되요?
                Могý я изменúть меню́?
                마구 야 이즈메니찌 메뉴

다른 일을 없습니까?
                У вас нет другóго дéла?
                우 바스니에뜨 드루고보 젤라

다리를 다치다
                ушибáть-ушибúть нóгу
                우쉬바찌 우쉬비찌 노구

다리와 도로
                мост и дорóга
                모스뜨 이 다로가

다섯 번째	пя́тый 빠뜨이	다소간	не́которые 녜까떠르에
다섯(숫자)	пять 빠찌	다수의	мно́жественный 므노줴스또벤느이

다발 / 꽃 한 다발   пучо́к/ пучо́к цвето́в
                       뿌촉   뿌촉 쯔비또프

다사다난한   по́лно мно́гих дел и собы́тий
                뽈너 므노기흐 젤 이 사브이찌이

다시 가져가다   сно́ва уноси́ть-унести́
                스노바 우나시찌-우니스찌

다시 개최하다   сно́ва открыва́ть-откры́ть
                스노바 앗끄르이바찌 앗끄르이찌

다시 느려지다   сно́ва стать ме́дленным
                스노바 스따찌 메들린느임

다시 돌려줘야해.   Я до́лжен сно́ва возвра́щать.
                야 돌젠 스노바 바즈브라샤찌

다시 말씀해 주세요.   Ещё раз скажи́те пожа́луйста.
                잇쇼 라스 스까쥐쩨 빠좔루이스따

다시 오셨으면 좋겠네요.   Хорошо́ бы ещё раз посети́ть.
                하라쇼 브이 잇쇼 라스 빠세찌찌

다시 전화하다   опя́ть звони́ть-позвони́ть
                아뺘찌 즈바니찌 빠즈바니찌

다시 한 번	ещё раз 잇쇼 라스	다음날	следующий день 슬례두유쉬이 젠
다운되다(전산)	сеть упа́ла 세찌 우빨라	다음번	следующий раз 슬례두유쉬이 라스

다시 전화할게.   Ещё раз позвоню́.
잇쇼 라스 빠즈바뉴

다시 한 번 잘 찾아봐.   Ещё раз ищи́.
잇쇼 라스 이쉬

다시 한번하다   ещё раз пыта́ться
잇쇼 라스 쁘이따짜

다음 아시아게임은 어디서 열려?   Где состо́ются/откро́ются сле́дующие азиа́тские и́гры?
그제 사스또윳짜 아뜨끄로윳짜 슬례두유쉬에 아지앗스끼에 이그르이

다음 아시안게임   сле́дующие азиа́тские и́гры
슬례두유쉬에 아지앗스끼에 이그르이

다음 역에 내리다
выходи́ть-вы́йти на сле́дующей ста́нции
브이하지찌 브이이찌 나 슬례두유쉐이 스딴찌이

다음 일요일은 괜찮아?
Тебя устроит в сле́дующее воскресе́нье?
찌뱌 우스뜨로잇 프 슬례두유쉐에 바스끄리셰니에

다음달   сле́дующий ме́сяц
슬례두유쉬이 메샤쯔

다음부터는   в сле́дующий раз
프 슬례두유쉬이 라스

다음으로	затéм; дáлее 자쩸 달례에	다행이다.	Слáва Бóгу. 슬라바 보구
다지다.(요리)	рубить 루비찌	닦다	стирáть-стирéть 스찌라찌 스찌례찌

다음에 다시 전화할게. Потóм я позвоню́.
빠똠 야 빠즈바뉴

다음에 무슨 일이 생겼는데요?
Что случи́лось в слéдующий раз?
쉬또 슬루칠러시 프 슬레두유쉬이 라스

다음에 사용하다 потóм испóльзовать
빠똠 이스뽈자바찌

다음에 얘기해 줄게요. Потóм расскажу́.
빠똠 라스까주

다음에 올게요. Потóм зайду́.
빠똠 자이두

다음주 слéдующая недéля
슬레두유샤야 니젤랴

다이어트하다 сесть на диéту
세스찌 나 지에뚜

다치다 ушибáться-ушиби́ться; ранéться
우쉬바찌샤 우쉬비찌샤; 라넷쨔

다큐멘터리 документáльный фильм
다꾸민딸느이 필름

다하면 3000동 맞죠? Всегó три ты́сячи домóв?
프시보 뜨리 뜨이샤치 다모프

단계	ступе́нь; эта́п
	스뚜뻰; 에땁

단백질	бело́к
	빌록

단식하다	голода́ть
	갈라다찌

단어	сло́во
	슬로바

단어 넣기	вста́вить сло́во
	프스따비찌 슬로바

단위	едини́ца
	에지니짜

단지1	ба́нка
	반까

단지2	то́лько
	똘까

단거 많이 먹지 마. Мно́го не ку́шай сла́дкое.
므노거 니 꾸샤이 슬라뜨꺼에

단결하다 держа́ться вме́сте; объединя́ться
제르자찌샤 브메스찌; 아베에지냐짜

단독의 отде́льный; самостоя́тельный
앗젤느이; 싸마스따야쩰느이

단발머리 коро́ткие во́лосы
까롯뜨끼에 볼러스이

단식투쟁하다 вступа́ть-вступи́ть в голодо́вку
프스뚜빠찌 프스뚜삐찌 브 갈라도프꾸

단언하다 утвержда́ть-утверди́ть
우뜨베르쥐다찌 우뜨베르지찌

단장(우두머리) глава́ делега́ции
글라바 젤레가찌

단체 гру́ппа; организа́ция
그룹빠; 아르가니자찌야

단체손님	гру́ппа госте́й 그룹빠 고스쩨이	달다.(맛)	сла́дкий 슬라프끼
단추	пу́говица 뿌가비짜	달러	до́ллар 돌라르
달(시간)	ме́сяц 메시쯔	달려! 달려!	Беги́! Беги́! 비기 비기
달(천체)	луна́ 루나	달력	календа́рь 깔린다리

단체 여행객　туристи́ческая гру́ппа
뚜리스찌치스까야　그룹빠

단팥죽　жи́дкая сла́дкая ка́ша из красно́й фа́соли
쥐드까야 슬라드까야 까샤 이스 끄라스너이 파솔리

닫다(뚜껑)　закрыва́ть-закры́ть
자끄르이바찌 자끄르이찌

달라붙다　слипа́ться-слипну́ться
슬리빠쨔　슬리쁘누쨔

달라붙다(옷이 젖어서)　прилипа́ть-прили́пнуть
쁘릴리빠찌　쁘릴립누찌

달리기 경주를 하다　соревнова́ться в бе́ге
사레브나바쨔　브 베게

달면서 맛있다　сла́дкий и вку́сный
슬라뜨끼 이 프꾸스느이

달성하다　достига́ть-дости́гнуть
다스찌가찌　다스찌그누찌

달아나다	бежа́ть 베좌찌	닮은	похо́жий 빠호쥐이이
달아요.(맛)	сла́дкий 슬라드끼	담당하다	ве́дать 베다찌
달팽이	ули́тка 울리뜨까	담배	сигаре́та 시가례따
닭	пету́х; ку́рица 뻬뚜흐; 꾸리짜	담배를 피우다	кури́ть 꾸리찌
닭고기	ку́рица 꾸리짜	담배피우지마.	Не кури́ть. 니 꾸리찌
닭날개	крыло́ ку́рицы 크르일라 꾸리쯔이	담보	зало́г 잘로크

달팽이처럼 느린   ме́дленный как ули́тка
                                    메들린느이이 깍 울리뜨까

닭 머리랑 다리 좀 잘라주세요.
                    Разреза́йте го́лову и но́ги ку́рицы.
                    라즈레자이쩨 갈라부 이 노기 꾸리쯔이

닭띠   земна́я ветвь Ку́рицы
                               젬나야 볘드피 꾸리쯔이

담배를 끊다   броса́ть кури́ть
                               브라사찌 꾸리찌

담배를 피워도 될까요?
                    Вы не возража́ете, е́сли я закурю́?
                    브이 녜 바즈라좌이쩨 예슬리 야 자꾸류

담요	одея́ло	당근	морко́вь
	아제알러		마르꼬피

담보대출   гаранти́рованный креди́т
가란찌라반느이이   끄레짓

담임하다   заве́довать кла́ссом
자베다바찌   끌라섬

답례하다   приве́тствовать в отве́т
쁘리볫스뜨바바찌   바뜨베뜨

답변하다   отвеча́ть-отве́тить
아뜨베차찌   아뜨베찌찌

당부하다   обраща́ться-обрати́ться с про́сьбой
아브라샤쨔   아브라찌쨔 스 쁘로즈버이

당신 뜻대로 하세요.   Как вы хоти́те.
깍 브이 하찌쩨

당신 말씀이 맞아요.   Вы пра́вы.
브이 쁘라브이

당신께 행운이 있기를 빕니다.
Я жела́ю вам сча́стья.
야 라유 밤 샤스찌야

당신도 그녀를 아세요?   Вы то́же знако́мы с ней?
브이 또줴 즈나꼬므이 스네이

당신말을 못 알아듣겠어요.
Я не понима́ю ва́ши слова́.
야 니 빠니마유 바쉬 슬라바

당연하다	коне́чно 까녜쉬너	대규모의	кру́пный 끄루쁘느이
당황했어.	Смуща́лся. 스무샬샤	대극장	большо́й теа́тр 발쇼이 찌아뜨르
대(나무)	бамбу́к 밤북	대기(권)	атмосфе́ра 아뜨마스페라

당신을 알게 되어서 매우 기뻐요.
                О́чень прия́тно познако́миться с ва́ми.
                오친   쁘리야뜨너   빠즈나꼬밋쨔   스 바미

당신을 위한 거예요.   Для Вас.
                                              들랴 바스

당신이 승자예요.   Вы вы́играли.
                                        브이 브이이그랄리

당신이 원하는 대로요.   Как Вы хоти́те.
                                      깍 브이 하찌쩨

당신이 이바노프씨 이신가요?   Вы господи́н Ивано́в?
                                  브이 가스빠진   이바노프

대 / 선풍기 3대   / три вентиля́тора
                                    뜨리 빈찔랴또라

대 / 택시 1대   / оди́н такси́
                                      아진   딱시

대강 얼마나 걸려?   Ско́лько вре́мени,
приме́рно, тре́буется(занима́ет)?
     스꼴꺼 브례미니 쁘리메르너 뜨례부옛샤(자니마옛)

대단한	великий 벨리끼	대변	испражнéния 이스쁘라쥐녜니에
대량의	мáссовый 마사브이	대본	сценáрий 스쩨나리이
대륙	континéнт 깐찌녠뜨	대사	посóл 빠솔
대명사	местоимéние 메스따이메니에	대사관	посóльство 빠솔스뜨바

대단하시군요.(재주)   Молодéц!
                    말라제쯔

대담하게 말을 하다   говорúть смéло.
                   가바리찌 스몔러

대답하다   отвечáть-отвéтить
               아뜨베차찌 아뜨베찌찌

대령
полкóвник(육, 공군); капитáн пéрвого рáнга(해군)
 빨꼬브닉;   까삐딴   뻬르버버 란가

대리점   агéнство; представúтельство
          아겐스뜨바;   쁘레쯔스따비쩰스뜨바

대변보다   испражня́ться-испражни́ться
         이스쁘라쥐냐찌샤   이스쁘라쥐니찌샤

대부분 너무 놀라한다.
   Большинствó людéй óчень удивля́ется.
      발쉰스뜨보   류제이   오친   우지블랴엣짜

| 대중 | пу́блика
뿌블리까 | 대체로 | в це́лом
프 쩰럼 |

대사관 가는 길이에요. Я по доро́ге к посо́льству.
야 빠 다로게 끄 빠솔스뜨부

대신하다 заменя́ть-замени́ть
자미냐찌 자미니찌

대우호텔 건너편

друга́я сторона́ гости́ницы Дэ-у
드루가야 스따라나 가스찌니쯔이 대우

대우호텔은 어디에 있어요?

Где нахо́дится гости́ница Дэ-у?
그제 나호짓샤 가스찌니짜 대우

대의(원대한 뜻) о́бщий смысл
옵쉬이 스므이슬

대접하다.

принима́ть-приня́ть; угоща́ть-угости́ть
쁘리니마찌 쁘리냐찌; 우가샤찌 우가스찌찌

대중교통 обще́ственный тра́нспорт
압쉐스뜨벤느이 뜨란스뻐르뜨

대중식당 обще́ственная столо́вая
압쉐스뜨벤나야 스딸로바야

대처하다 принима́ть-приня́ть ме́ры
쁘리니마찌 쁘리냐찌 메르이

대통령	президе́нт 쁘레지젠뜨	대학교	университе́т 우니베르시쩨트
대표(회사)	представи́тель 쁘레뜨스따비쩰	대학원	аспиранту́ра 아스삐란뚜라
대표단	делега́ция 젤레가찌야	대합실	зал ожида́ния 잘 아쥐다니야
대표자	делега́т 젤레갓	대항하다.	сопротивля́ться 사쁘라찌블랴짜

대체하다   заменя́ть-замени́ть
           자미냐찌   자미니찌

대출기한은 얼마인가요?
     На како́й срок (рассчи́тан) креди́т?
     나 까꼬이 스록   라쉬딴   끄레지트

대출하다   ссужа́ть-ссуди́ть
        수자찌   수지찌

대통령을 뽑다   выбира́ть-вы́брать президе́нта
     브이비라찌-브이브라찌 쁘레지젠따

대표팀   представи́тельская кома́нда
     쁘레뜨스따비쩰스까야 까만다

대학에서 강의를 맞고 있습니다.
     Чита́ю ле́кцию в университе́те.
     치따유 렉찌유   부니베르시쩨쩨

대학원에서 공부중인   Я учу́сь в аспиранту́ре.
     야 우추스   바스삐란뚜레

대화	диало́г 지알록	더 높은	бо́лее высо́кий 볼례에 브이소끼
대회	съезд; конгре́сс 스예스트; 깐그레스	더 늦다.	бо́лее по́здний 볼례에 뽀즈니
댄스	та́нец 따녜쯔	더 많이	бо́лее мно́го 볼례에 므노거
더	ещё; бо́лее 잇쇼; 볼례에	더 있어.	Ещё есть. 잇쇼 예스찌
더 쉽다	бо́лее лёгкий 볼례에 료흐끼	더 큰	бо́лее большо́й 볼례에 발쇼이

대화상자(전산)
         диало́говой я́щик
         지알로가버이 야쉭

더 나가서는
         в дальне́йшем
         브 달녜이쉠

더 드시겠어요?
         Ещё хоти́те?
         잇쇼 하찌쩨

더 많이 있다
         есть бо́лее мно́го
         예스찌 볼례에 므노거

더 빨리 해볼까요?
        Сде́лаю ещё быстре́е?
        즈젤라유 잇쇼 브이스뜨례에

더 작은 것은 없나요?
      Нет ли у вас чего́-нибудь ме́ньше?
      니에트 리 우 바스 치보 니부지 몐쉐

더럽히다	мазать-мазнуть 마자찌 마즈누찌	더운	жаркий 좌르끼
더불어	вместе 브몌스쩨	덕	нравственность 느랍스뜨벤너스찌
더블룸	номер на двоих 노메르 나 드바이흐	덕담	доброе пожелание 도브로에 빠젤라니에
더빙하다	дублировать 두블리라바찌	덫	капкан 깝깐

더 큰 것은 없나요?
Нет ли у вас чего-нибудь побольше?
니에트 리 우 바스 치보 니부지 빠볼쉐

더 필요한 거 없어요. 충분해요. Не нужно. Хватит.
네 누즈노 흐바짜트

더럽군. 정말. Очень грязный
오친 그랴즈느이

더치페이하다 посчитать отдельно
빠쉬따찌 앗젤너

더치페이해도 될까요? Нам можно посчитать отдельно?
남 모쥐너 빠쉬따찌 앗젤너

던져버리다 бросать-бросить
브라사찌 브로시찌

덜 심심하게 하다 делать нескучными
젤라찌 네스꾸츠느이미

데이트	свида́ние 스비다니에	도구	инструме́нт 인스뜨루몐뜨

덮다(담요)   покрыва́ть-покры́ть
　　　　　　빠끄르이바찌　빠끄르이찌

덮다(책)   закрыва́ть-закры́ть кни́гу
　　　　자끄르이바찌 자끄르이찌 끄니구

데다(불에)   обжига́ть-обже́чь
　　　　　압쥐가찌　압제치

데리고 오다   приводи́ть-привести́
　　　　　　쁘리바지찌　쁘레베스찌

데스크톱
насто́льный ПК(персона́льный компью́тер)
나스똘느이이　　뻬르사날느이　　깜뾰쩨르

데이터베이스(전산)   ба́за да́нных
　　　　　　　　바자　단느이흐

데이트를 약속하다.
догова́риваться-договори́ться о встре́че
다가바리바쨔　　다가바리쨔　아 프스뜨례체

데치다   обва́ривать-обвари́ть
　　　　압바리바찌　압바리찌

도 / 40도   гра́дус/ со́рок гра́дусов
　　　　　그라두스　쏘럭　그라두서프

도달하다.   достига́ть-дости́гнуть
　　　　　다스찌가찌　다스찌그누찌

도기	глинная посуда 글린나야 빠수더	도매가	оптовая цена 압또바야 쩨나
도덕	мораль 마랄	도서관	библиотека 비블리아쩨까
도둑	вор 보르	도시	город 고라트
도마뱀	ящерица 야쉐리짜	도움이 되는	полезный 빨레즈느이

도를 넘다　　　　　　　　　　превышать предел
　　　　　　　　　　　　　　쁘레브이샤찌　쁘레젤

도망가다　　　　　　　　　　убегать-убежать
　　　　　　　　　　　　　　우비가찌　우비좌찌

도매로 팔다　　　　　　　　　продовать-продать оптом
　　　　　　　　　　　　　　쁘라다바찌　쁘라다찌　옵땀

도와줄 수 있어요?　　　　　　Вы можете помогать?
　　　　　　　　　　　　　　브이　모줴쩨　빠마가찌

도움이 필요한 일이 있으면, 말씀만 해주세요.
Если нужна помощь, не стесняйтесь, скажите, пожалуйста.
　예슬리 누쥐너 뽀머쉬 니 스쩨스냐이쩨스 스까쥐쩨 빠촤루이스따

도착하다　　　　　　　　　　приходить-прийти
　　　　　　　　　　　　　　쁘리하지찌　쁘리이찌

독립하다　　　　　　　　　　быть независимым
　　　　　　　　　　　　　　브이찌　니자비시므임

도자기류	керámика 께라미까	독일	Гермáния 게르마니야
도착할거야.	Мы приéдем. 므이 쁘리예짐	독자(구독)	читáтель 치따쩰
독수리	орёл 아룔	독창적	оригинáльный 아리기날느이
독신	безбрáчие 베즈브라치에	독특한	своеобрáзный 스바에아브라즈느이

독자(가족)   едíнственный сын
             이진스뜨벤느이   쉰

카드를 충전해주세요. Заряжáйте карточкч, пожáлуйтста.
             자랴좌이쩨 까르또츠꾸   빠좔루이스따

돈을 계산하다   рассчи́тывать-рассчитáть дéньги
           라스쉬뜨이바찌   라스쉬따찌   졘기

돈을 많이 쓰지 않다.   Не трáтить мнóго дéнег.
                니   뜨라찌찌   므노거   졔넉

돈을 모으다 / 오토바이를 사기 위해 돈을 모으다.
скопи́ть дéнег/ скопи́ть дéнег за покýпки
мотоцы́кла
     스까삐찌 졔네크/ 스까삐찌 졔네크 자 빠꿉끼 마따찌끌라

돈을 받다   получáть-получи́ть дéньги
                빨루차찌   빨루치찌   졘기

돈을 벌다   зарабáтывать-зарабóтать (дéньги)
           자라바뜨이바찌   자라보따찌   졘기

돈	де́ньги 젠기	돌연히	внеза́пно 브네자쁘너
돌다(방향)	кружи́ться 크루짓쨔	돕다	помога́ть-помо́чь 빠마가찌 빠모치
돌려주다	отдава́ть-отда́ть 앗다바찌 앗다찌	동(방향)	восто́к 바스똑
돌보다	уха́живать 우하쥐바찌	동갑인	рове́сник 라볘스닉

돈을 빌려주실 수 있으세요?
Вы мо́жете дава́ть взаймы́?
브이 모줴쩨 다바찌 브자이므이

돈을 송금하다 переводи́ть-перевести́ де́ньги;
посыла́ть-посла́ть де́ньги
뻬레바지찌 뻬레비스찌 젠기; 빠스일라찌 빠슬라찌 젠기

돈을 인출하다   брать де́ньги
                    브라찌 젠기

돈을 절약하다   эконо́мить де́ньги
                    에까노미찌   젠기

돌려드리러 왔어요. Я пришёл(-шла́) э́то отда́ть.
                  야 쁘리숄 (쁘리쉴라) 에따 앗다찌

돌아오다   возвраща́ться-верну́ться
                    바즈브라샤짜   베르누짜

동갑 맞아요.   Пра́вда, мы рове́сники.
                    쁘라브다 므이 라볘스니끼

한국어	러시아어	한국어	러시아어
동굴	пещéра 삐쉐라	동사(문법)	глагóл 글라골
동료	сотрýдник; коллéга 사뜨루드닉; 깔례가	동생(남)	млáдший брат 믈라드쉬이 브라트
동메달	брóнза 브론자	동생(여)	мла́дшая сестрá 믈라드샤야 시스뜨라
동물	живóтное 쥐보뜨너에	동시에	одноврéменно 아드나브례민너
동물원	зоопáрк 자빠르크	동업자	партнёр 빠르뜨뇨르
동반자	спýтник 스뿌뜨니크	동유럽	Востóчная Еврóпа 바스또츠나야 이브로빠

동남아 Юго-Востóчная Áзия
유가   바스또츠나야 아지야

동료의 집을 방문하다
насещáть-насетúть коллéгу
나세샤찌   나세찌찌   깔례구

동반자 관계 партнёрские отношéния
빠르뜨뇨르스끼에   아드나셰니야

동반하다 сопровождáть-сопроводúть
사쁘라바쥐다찌   사쁘라바지찌

동안 / 8시간 동안
в течéние/ в течéние вóсемь часóв
프 쩨체니에   프쩨체니에   보심   치소프

동포	соотéчественник 사앗쩨치스트빈니크	되나요?	Рабóтает? 라보따엣
돼지	свинья́ 스비니야	되다(기계 등이)	рабóтает 라보따엣

동의하다   соглашáться-согласи́ться
                       사글라샤쨔   사글라시쨔

돛을 달다   поднимáть-подня́ть пáруса
                       빠드니마찌   빠드냐찌   빠루사

돼지띠   земнáя ветвь Свиньи́
                       젬나야   볘드피   스비니이

됐다 안됐다 해요. (기계등)
       Иногдá рабóтает, иногдá не рабóтает.
       이나그다   라보따엣   이나그다   니   라보따엣

되풀이하다   повторя́ть-повтори́ть
                       빠프따랴찌   빠프따리찌

두 번 했어.   Я дéлал два разá.
                       야   젤랄   드바   라자

두 팀이 비겼어.   Две комáнды сыгрáли вничью́.
                       드베   까만드이   스이그랄리   브니치유

두개로 자르다   разрéзать на две чáсти
                       라즈례자찌 나 드베 차스찌

두고 가다   оставля́ть-остáвить
                       아스따블랴찌   아스따비찌

두 번째	второ́й 프따로이	두부	со́евый творо́г 소예브이 뜨바로크
두근거리다.	би́ться 비짜	둑	плоти́на 쁠라찌나
두꺼비	жа́ба 좌바	둘 다	о́ба / о́бе 오바 오베
두다	храни́ть-сохрани́ть 흐라니찌 사흐라니찌	둘(숫자)	два / две 드바 드베
두려운	стра́шный 스뜨라쉬느이	둘레(원주)	обхва́т 압흐바트
두려워하다	боя́ться 바얏짜	둥근	кру́глый 끄루글르이

두고 잊어버리다   оставля́ть-оста́вить
아스따블랴찌 아스따비찌

두통이 있는   У меня́ боли́т голова́.
우 미냐 발릿 갈라바

둔화(경제용어)   замедле́ние
자미들레니에

둘러보다   огля́дываться-огляну́ться вокру́г
아글랴드이바짜 아글리누짜 바끄루크

둘러싸다   окружа́ть-окружи́ть
아끄루좌찌 아끄루쥐찌

둥근 광주리   кру́глая плетёная корзи́на
끄루글라야 쁠리쬬나야 까르지나

뒤꿈치	пя́тка 삐뜨까
뒤쪽	за́дняя сторона́ 자드냐야 스따라나
뒤쫓다.	пресле́довать 쁘리슬례다바찌
뒷담화	за́дняя мысль 자드냐야 므이슬
뒷면	оборо́тная сторона́ 아바로뜨나야 스따라나
드라이어	суши́лка 수쉴까
드럼(악기)	бараба́н 바라반
드리다	дава́ть-дать 다바찌 다찌

뒤에 있는 사람들 лю́ди, стоя́щие в за́дней стороне́
류지 스따야쉬에 브자드네이 스따라네

뒤죽박죽인 беспоря́дочный
비스빠랴더츠느이

뒤집다(안을 밖으로) перевора́чивать-переверну́ть
삐리바라치바찌   삐리비르누찌

드라이브하다 прока́тываться-прокати́ться
쁘라까뜨이바짜   쁘라까짜

드라이하다(머리) де́лать укла́дку фе́ном
젤라찌 우끌라드꾸   페넘

드세요.(어른에게) Попро́буйте.
빠쁘로부이쩨

득점이 나질 않았어요. Не заби́ть го́ла.
니   자비찌 골라

듣기로는 поско́льку я слы́шал(-а)
빠스꼴꾸 야 슬르이샬(라)

듣기 좋은	звучит хорошо́	들어가도 돼?	Мне войти?
	즈부칫 하라쇼		므녜 바이찌

들다.(손에)   брать-взять   들판   по́ле
              브라찌 브쟈찌   뽈레

들르다   заходи́ть-зайти́   등(인체)   спина́
          자하지찌 자이찌   스삐나

들어가다   входи́ть-войти́   등급   класс; сте́пень
            프하지찌 바이찌   끌라스; 스쩨뻰

듣다   слу́шать-послу́шать
                             슬루샤찌   빠슬루샤찌

들다(역기를)   поднима́ть-подня́ть шта́нгу
                 빠드니마찌   빠드냐찌   쉬딴구

등급에 도달하다   дости́гнуть (како́й-то) сте́пени
                  다스찌그누찌   까꼬이떠   스쩨뻬니

등기우편   заказно́е письмо́
                           자까즈노예   삐시모

등기우편으로 보내려고요.   Я хочу́ посыла́ть э́то письмо́ заказно́й по́чтой.
                야 하추 빠쉴라찌 에따 삐시모 자까즈노이 뽀츠떠이

등록증   свиде́тельство о регистра́ции
               스비제쩰스뜨바   아   레기스뜨라찌이

등록하다
      регистри́роваться-зарегистри́роваться
         레기스뜨리라바짜   자레기스뜨리라바짜

한국어	러시아어	한국어	러시아어
등대	маяк 마약	따뜻하다	тёплый 쵸쁠르이
디스크(전산)	диск 디스크	따로	отдельно 앗젤너
디자인하다	делать дизайн 젤라찌 디자인	딱딱한	твёрдый 뜨뵤르드이
디지털	цифровой 찌프라보이	딸	дочь 도치

디지털카메라	цифровой фотоаппарат 찌프라보이 파따아빠라트
따다(과일)	срывать-сорвать 스르이바찌 사르바찌
따뜻하게 하다(난방)	натапливать-натопить 나따쁠리바찌 나따삐찌
따라가다	следовать-последовать 슬례다바찌 빠슬례다바찌
따르다(명령)	следовать-последовать 슬례다바찌 빠슬례다바찌
따르다(액체)	наливать-налить 날리바찌 날리찌
따르지 않다	не следовать-последовать 니 슬례다바찌 빠슬례다바찌
따지다	придираться-придраться 쁘리지라쨔 쁘리드라쨔

| 딸기 | клубника
클루브니까 | 때때로 | иногда
이나그다 |
|---|---|---|---|
| 딸꾹질 | икота
이꼬따 | 때려! | Бей!
베이 |
| 땅 | земля
지믈랴 | 때리다 | бить-побить
비찌   빠비찌 |
| 땅콩 | земляной орех
지믈리노이 아레흐 | | |

땀을 흘리다　　　　　　　потеть-вспотеть
　　　　　　　　　　　　빠쩨찌　 스빠쩨찌

땅을 갈다　　　возделывать-возделать землю
　　　　　　바즈젤르이바찌　 바즈젤라찌　 지믈류

땅을 밟다　　　　　ступать-ступить землю
　　　　　　　　스뚜빠찌　 스뚜삐찌　 지믈류

때문에 / 나 때문이라고 생각해.
　　　　　　по причине; из-за/ из-за меня
　　　　　　빠　쁘리치네　이자　이자　미냐

ㄹ

한국어	러시아어	발음
라디오	ра́дио	라지오
라오스(나라)	Лао́с	라오스
라이터	зажига́лка	자쥐갈까
라임	лайм	라임
러시아	Росси́я	라시야
러시아어	ру́сский язы́к	루스끼 이즤크
러시아워	час пик	차스삑
레몬주스	лимо́ный сок	리몬느이 속
레벨	ярлы́к	야르릐크
레스토랑	рестора́н	리스따란

라디오 방송국   радиоста́нция
라지오스딴찌야

라면   рамён
(коре́йская ла́пша бы́строго приготовле́ния)
라몬

라이스페이퍼   ри́совая бума́га
리사바야 부마가

랍스터   мя́со ракообра́зных/ома́р
먀사 라까아브라즈늬흐/ 아마르

레드카드   кра́сная карто́чка
끄라스나야 까르또츠까

렌터카회사   компа́ния взя́того напрока́та
깜빠니야 브쟈따버 나쁘라까따

103

로그인(전산)	ло́гин 로긴	리더	ли́дер 리제르
로맨틱한	романти́ческий 라만찌체스끼	리듬	ритм 리듬
로비	вестибю́ль 베스띠뷸	리셉션	приём 쁘리욤
루마니아	Румы́ния 루믜니야	리스트	лист/спи́сок 리스트/ 스삐석
루비	руби́н 루빈	립스틱	губная пома́да 구브나야 빠마더

로딩 용량(전산) погру́зочная ёмкость
빠그루조츠나야 욤꺼스찌

로마에 가면 로마법을 따라야지.
В Ри́ме поступа́йте так, как римля́нне/
Не перевози́ть самова́р в Ту́лу.
브 리메 빠스뚜빠이쩨 딱, 깍 림랴녜/니 뻬리바지찌 사마바르 프 뚤루.

롤 / 휴지 3롤 ро́лик/3 ро́лика туале́тных бума́г
롤리끄/ 뜨리 롤리까 뚜알렛드늬흐 부마크

룸서비스 обслу́живание но́мера
압슬루쥐바니예 노메라

리모컨 дистанцио́нное управле́ние
디스딴찌온나예 우쁘라블레니예

리터/물 1리터 литер/1 литер
리쩨르

마시다.	пить 삐찌
마실 것	напи́ток 나삐떡
마늘	чесно́к 치스녹
마땅히 ~해야 한다.	до́лжен 돌젠
마약	нарко́тик 나르꼬찍
마르다.	со́хнуть 소흐누찌
마우스(전산)	мы́шка 믜쉬까
마을 입구	вход в дере́вню 프호트 드 제레브뉴
마른(건조)	сухо́й 수호이
마을	дере́вня 제레브냐
마술	колдовство́ 깔돕스뜨보
마음	се́рдце 세르쩨
마스크	ма́ска 마스까
마음에 드는	нра́виться 느라빗차

마리 / 닭 3마리   не́сколько живо́тных
　　　　　　　　 니스꼴리꺼   쥐보뜨늬흐

마우스 오른쪽 클릭하다.(전산)
　　кликова́ть пра́вую сторону́ мы́шки.
　　끌리까바찌   쁘라부유   스따라누   믜쉬끼.

마음대로　　по всему́ жела́нию
　　　　　　 빠 프시무   젤라니유

마음이 아파.	горею́ю 가레유	마찬가지로	всё равно́ 프쇼 라브노
마음이 아픈	горева́ть 가리바찌	마천루	набоскрёб 나바스끄료프
마지막	коне́ц 까녜쯔	마치다	конча́ть 깐치바찌

마음에 드는 물건	люби́мый предме́т 류비므이 쁘리드메뜨
마음에 드십니까?	Вам нра́вится? 밤 느라빗짜
마음에 안 들어요.	Мне не нра́вится. 브녜 니 느라빗짜
마음을 다해서	по всей ду́ше 빠 프세이 두셰
마음이 따뜻한	доброду́шный 다브라두쉬느이
마음이 평온한	споко́йно се́рце 스빠꼬이너 세르쩨
마이너스의	мину́совый 미누사브이
마중 나가다	идти встреча́ть 이찌 프스뜨레차찌
마취하다	подверну́ть нарко́зу 빠드베르그누찌 나르꼬주

막(연극)	пала́тка 빨라뜨까	만나다	встре́титься 프스뜨레찌짜
막내	после́дний 빠슬레드니	만두	пельме́ни 뻴메니
막다	закрыва́ть 자끄릐바찌	만들다	де́лать 젤라찌
만(바다)	зали́в 잘리프	만들어 내다	производи́ть 쁘라이즈바지찌
만기가 되다	истека́ть 이스찌까찌	만약	е́сли 예슬리

마침표를 찍다　　　　　　　поста́вить то́чку
　　　　　　　　　　　　빠스따비찌　또츠꾸

막 ~하려하다　　　　то́лько что собира́ться.
　　　　　　　　　똘꺼　쉬떠　사비랏짜

막 2년 되었어요. то́лько что испо́лнилось 2 го́да.
　　　　　　　　똘꺼　쉬떠　이스뽈닐라씨 드바 고다

막 뛰어가다　　　　то́лько что поднима́ться
　　　　　　　　똘꺼　쉬떠　빠드니맛짜

막 일어났어요.　　　то́лько что пры́гать
　　　　　　　　똘꺼　쉬떠　쁘릐가찌

만나고 싶다. / 이반씨를 만나고 싶어요.
　　　　　　хочу́ встреча́ться с Ива́ном.
　　　　　　하츄　프스뜨레찻짜　식바남

107

만약 그렇다면	Если бы 예슬리 븨	많은 곳	многие места 므노기에 메스따
만족해요.	довольный 다볼느이	많은 사람	многие люди 므노기에 류지
많은	много 므노거	많이	много 므노거

만약 그렇지 않다면   Если нет так
                              예슬리 니옛 따끄

"만약 바쁘지 않으시면, 같이 가요."
    "Если вы не занята, вместе пойдём."
    "예슬리 브이 니 자니따, 브메스쩨 빠이죰."

만약 필요하다면 ~   Если нужно -
                                          예슬리 누즈너

만족스러워.   кажется довольным
                                      까젯짜   다볼늼

만족시키다   удоволетворять
                                            우다발레뜨바랴찌

만족하는   удоволетворённый
                                          우다발레뜨바료느이

만화영화   мультипликационный фильм
                                    물띠쁠리까찌온느이   필름

많이 돌봐주시기 바랍니다.
           Прошу вас любить и жаловать.
           쁘라슈 바스   류비찌 이   좔로바찌

많이 먹다.	мно́го ку́шать. 므노거 꾸샤찌	말(동물)	лоша́ть 로샤찌
맏아들	пе́рвый сын 뻬르브이 쉰	말도 안돼.	Э́то не пра́вда. 에떠 니 쁘라브다.
말(언어)	язы́к 이즤고	말레이시아	Мала́зия 말라지야
말 자르지마.	не перебива́й 니 뻬리비바이	말리다(건조)	суши́ть 수쉬찌

많이 들어도 하나도 이해하지 못하다.
　　　Слу́шал мно́го, но ничего́ не понима́ет.
　　　슬루샬　므노거,　노　니치보　니　빠니마옛

많이 먹고 많이 커라.(어린이에게 덕담)
　　　Ку́шай мно́го и ра́сти кре́пко.
　　　꾸샤이　므노거 이 라스찌　끄레쁘꺼

많이 먹었어.　　　　　　　мно́го ку́шал(-а).
　　　　　　　　　　　　　모노거　꾸샬(라)

많이 바쁘지 않아.　　　　　не о́чень за́нят(-а).
　　　　　　　　　　　　　니　오친　자냣(자니따).

말띠　　　　　　　　зе́мная ветвь Ло́шади
　　　　　　　　　　젬나야　베뜨비　로샤피

말라보여요.　　　　　　вы́глядит то́нким
　　　　　　　　　　　븨이글랴짓　똔낌

말라지다.(체중)　　　　осу́нуться/худе́ть
　　　　　　　　　　　아수눗짜/　후제찌

말씀	слóво 슬로버	말하다.	говори́ть 가바리찌
말을 자르다.	перебива́ть 삐리비바찌	말해봐.	говори́те 가바리쩨
말자하면	Éсли отме́чу 예슬리 아뜨메추	맛	вкус 프꾸스
말하기를	По слова́м 빠 슬라밤	맛보다.	пробовать 쁘로바바찌

"말씀하실 것이 있으면, 제가 전해 드릴게요."
"Éсли у вас есть сло́во, я могу́ переда́ть."
"예슬리 우 바스 예스찌 슬로버, 야 마구 삐리다찌"

말씀해 주실 수 있나요?
　　　　　　　　　Вы мо́жете переда́ть сло́во?
　　　　　　　　　븨　모제쩨　삐리다찌　슬로버?

말을 타다. 　　　　　　　сесть на ло́шадь
　　　　　　　　　　　　세스찌 나　로샤찌

말하고 싶은 기분이 아니야. 　Я не хочу́ говори́ть.
　　　　　　　　　　　　야 니　하츄　가바리찌

말할 필요가 없다. 　　　　не ну́жно говори́ть.
　　　　　　　　　　　　니　누즈너　가바리찌

말했잖아요. 　　　　　　　уже́ говори́л(-а)
　　　　　　　　　　　　우제　가바릴(라)

맑은(날씨) 　　　　　　　хоро́шая пого́да
　　　　　　　　　　　　하로쇠야　빠고더

맛보세요.	попро́буйте 빠쁘로부이쩨	망고	ма́нго 만고
맛이 좋은	хоро́ший вкус 하로쉬 프꾸스	망고스틴	мангоста́н 만가스딴
맛있어?	Вку́сно? 프꾸스너	맞나요?	пра́вильно? 쁘라빌너
망가뜨리다	лома́ть 라마찌	맞추다.	прила́живать 쁘릴라쥐바찌

맛없다. невку́сный : безвку́сный
니프꾸스느이 : 베스프꾸스느이

맛없어 보여. вы́глядит невку́сно
븨글랴짓 니프꾸스너

맛있게 먹어. Прия́тного аппети́та.
쁘리야뜨너버 아뻬찌따

맛있겠다. Вы́глядит вку́сно.
븨글랴짓 프꾸스너

망치다. / 다 망쳐 버렸잖아. губи́ть
구비찌

맞는 길로 가고 있나요? Сейча́с пра́вильно я иду́?
시차스 쁘라빌너 야 이두

맞는지 보려고 입어봤어. Я приме́рил(-а).
야 쁘리메릴(라).

맞은편 противополо́жная сторона́
쁘라찌바빨로즈나야 스따라나

맡기다	возложи́ть 바즐라쥐찌	매력	очарова́ние 아치라바니예
매너	мане́ры 마네릐	매우	о́чень 오친
매년	ка́ждый год 까즈드이 고트	매우 조금	о́чень ма́ло 오친 말러
매니큐어	маникю́р 마니뀨르	매일	ка́ждый день 까즈드이 젠

맡아서 해나가다. нести́ отве́тственность.
   니스찌   아뜨베스뜨벤너스찌.

매다.(넥타이) носи́ть ѓалстук
   나시찌 갈스뚜크

매력 있는 очарова́тельный
   아치라바쩰느이

매우 당황하다 о́чень смуща́ться
   오친 스무샷짜

매일 2알씩 ка́ждый день 2 табле́тки
   까즈드이 젠 드베 따블례뜨끼

매일 몇 시부터 몇 시까지 일해요?
  С како́го до како́го вре́мени вы рабо́таете?
  스 까꼬버 도 까꼬버 브레메니 븨 라보따이쩨?

매진 по́лностью распро́дано
  뽈너스찌유   라스쁘라단너

112

| 매트 | матра́с
마뜨라스 | 맥주 | пи́во
삐버 |
|---|---|---|---|
| 매트리스 | матра́с
마뜨라스 | 맥주 4병 | 4 буты́ки пи́ва
취띄레 부띨끼 삐버 |
| 매표소 | прода́жа биле́та
쁘라다좌 빌례따 | 맵다. | о́стрый
오스뜨르이 |
| 매혹시키다. | увлека́ться
우블레깟짜 | 맺다.(약혼등) | заключа́ть
자글류차찌 |
| 매화 | цветы́ сли́вы
쯔비띄 슬리븨 | 머리 | голова́
갈라바 |
| 맥박 | пульс
뿔스 | 머리가 나쁜 | плоха́я голова́
쁠로하야 갈라바 |

맥주 많이 마시면 배 나올 거야.
Е́сли пьёте пи́во мно́го, живо́т у тебя́ бу́дет больши́м.
예슬리 삐요쩨 삐버 므노거, 쥐보뜨 우 찌뱌 부젯 발쉼

맥주나 술을 드시겠어요?　Вы хоти́те пить пи́во?
　　　　　　　　　　　브이 하찌쩨　삐찌　삐버

머리가 아프다　　　　　　голова́ заболе́ет
　　　　　　　　　　　　갈라바　자발레옛뜨

머리가 좋다　　　　　　　хоро́шая голова́
　　　　　　　　　　　　하로샤야　갈라바

머리를 가로 젓다.(거절)　отка́зываться
　　　　　　　　　　　　아뜨까즤밧짜

머리가 벗겨지다	лысе́ть 릐쎼찌	머물다(숙박)	ночева́ть 나체바찌
머리를 감다	мыть го́лову 므이찌 갈라부	먹다	есть 예스찌
머리카락	во́лосы 볼러싀	먼(거리)	далеко́ 달레꼬

머리를 기르다	отра́щивать во́лосы 아뜨라쉬바찌 볼러싀
머리를 묶다	привя́зывать во́лосы 쁘리바즤바찌 볼러싀
머리를 숙이다	пону́рить го́лову 빠누리찌 갈라부
머리를 스타일링하다	причёсывать 쁘리쵸씌바찌
머리를 풀다	распуска́ть во́лосы 라스뿌스까찌 볼러싀
먹고 마시다	ку́шать и пить 꾸샤찌 이 삐찌
먹어봐도 되요?	мо́жно ку́шать? 모즈너 꾸샤찌?
먼가요?	Далеко́ ли отсю́да? 달레꼬 리 앗슈다?

먼저	сначáла 스나찰라	멀지.	так далекó 딱크 달레꼬
먼지	пыль 쁄	멈추다.	прекращáть 쁘레끄라샤찌
멀리뛰기	пры́жки в длину́ 쁘릐스끼 브 들린누	멋진	прекрáсный 쁘렉끄라스느이

먼저 가도 되지?   могу́ ли я пéрвый пойти́?
마구 리 야 뻬르브이 빠이찌?

먼저 가도 될까요?   могу́ ли я пéрвый пойти́?
마구 리 야 뻬르브이 빠이찌?

먼저 간다   вперёд я пойду́.
프뻬료트 야 빠이두

먼저 도착하다   пришёл пéрвым
쁘리숄 뻬르븸

멀미를 멈추게 하다   вы́лечить морску́ю болéзнь
븨레치찌 마르스꾸유 발레즌

멀미하다.   заболéть морскóй болéзнью
자발레찌 마르스꼬이 발레즈뉴

멈칫하다.   вдруг останови́ться
브드루크 아스따나빗짜

멍청하지 않다.   не ратéрянный
니 라쩨란느이

115

한국어	러시아어	한국어	러시아어
메뉴판	меню́ 메뉴	메모	запи́ска 자삐스까
메다.	брать 브라찌	메모리(전산)	па́мять 빠먀찌
메달	меда́ль 미달	메스꺼운	тошнота́ 따쉬나따
메뚜기	кузне́чик 꾸즈네칙	멜로디	мело́дия 밀로지야
메론	тантье́ма 딴찌예마	멤버	член 츨렌

메뉴판을 보여주세요.
"Покажи́те, пожа́луйста меню́."
"빠까쥐쩨, 빠촬루이스따 메뉴"

메달을 따다 получа́ть меда́ль
빨루차찌 미달

메달을 수여하다 присужда́ть меда́ль
쁘리수즈다찌 미달

메모를 남기다 оставля́ть запи́ску
아스따블랴찌 자삐스꾸

메시지를 보내다 отправля́ть посла́ние
아뜨쁘라블랴찌 빠슬라니예

멜로영화 мелодрамати́ческий фильм
멜러드라마찌체스끼 필름

며느리	снохá 스나하	면적	плóщадь 쁠로샤찌
며칠	скóлько дней 스껄꺼 드녜이	면접	интервью́ 인쩨르뷰
며칠에?	На какóе число́? 나 까꼬예 치슬러	명 / 10명	10 людéй 지시찌 류제이
면도기	брúтва 브리뜨바	명령	прикáз 쁘리까스
면도칼	лéзвие брúтвы 레드비예 브리뜨븨	명령체계	режúм прикáза 리짐 쁘리까자
면도하다.	брúться 브릿짜	명성	извéстность 이즈베스너스찌

며칠 표를 사려고 하나요?
На какóе число́ вы хотúте купúть билéт?
나 까꼬예 치슬러 븨 하찌쩨 꾸삐찌 빌롓

면도용 크림
крем по брúтве
끄림 빠 브리뜨베

면밀히 검토하다.
детáльно рассмáтривать
제딸너 라스마뜨리바찌

면세점
беспóшлинный магазúн
베스뽀쉴린늬이 마가진

명부
спúсок имён и фамúлий
스삐썩 이묜 이 파밀리이

명사
úмя существúтельное
이먀 수쉐스뜨비쩰너예

명예와 지위	честь и статус 체스찌 이 스따뚜스	명확한	ясный 야스느이
명절	праздник 쁘라즈니끄	몇 가지	несколько 네스껄꺼

명중하다. попадать в цель
　　　　　　빠빠다찌　프쩰

명승고적

　　замечательные исторические памятники
　　자미차쩰늬예　　이스따리체스끼예　　빠먀뜨니끼

명승지　　　　　　　　достопримечательность
　　　　　　　　　　　다스따쁘리미차쩰너스찌

명절에 가족모두 모여서 즐겁게 보낸다.
　　На празднике собирается вся семья и
　　나　쁘라즈니께　　사비라옛짜　프샤　시먀 이
　　　　　　отмечает праздник приятно.
　　　　　아뜨미차옛　쁘라즈니크 쁘리야뜨너

명절에 러시아사람들은 전통음식을 먹는다.
　На празднике русские едят традиционные еды.
　나　쁘라즈니께　루스끼예　이쨧　뜨라지찌오느예　이듸

명절을 쇠다　　　　　　отмечать праздник
　　　　　　　　　　　아뜨메차찌　쁘라즈니크

명함이 있다　　　　есть визитная карточка
　　　　　　　　　예스찌　비찌뜨나야　까르또츠꾸

몇 가지 소개 좀 해주세요.
　　　Покажите, пожалуйста, несколько.
　　　빠까쥐쩨　　빠좔루이스따　　네스껄꺼

몇 년	несколько лет 네스껄꺼 렛	몇 년도에?	В каком году? 프 까꼼 가두

몇 가지 의견   несколько мнений
                       네스껄꺼 므녜니

몇 개 있는   есть несколько
                   예스찌 네스껄꺼

몇 곳을 소개해 주세요.   "Познакомьте меня с
несколькими местами, пожалуйста."
"빠즈나꼬미쩨 미냐 스 네스껄끼미 메스따미, 빠좔루이스따."

몇 년 후 다시 열려요?
     Через несколько лет вновь откроется?
     체레즈 네스껄꺼 렛 브노피 아뜨그로잇짜

몇 년 후에   Через несколько лет?
                  체레즈 네스껄꺼 렛

몇 번   Какой номер? : Сколько раз?
              까고이 노메르 : 스꼴꺼 라스

몇 살이세요?   Сколько вам лет?
                스꼴꺼 밤 렛

몇 살이야?   Сколько тебе лет?
               스꼴꺼 찌베 렛

몇 시 비행기 인데?   На какое время самолёт?
                      나 까꼬예 브레먀 사말룟뜨

몇 시에 도착해요?   Когда приезжает?
                    까그다 쁘리예자옛

몇 시에?	Ско́лько часо́в? 스꼴꺼 치솝	몇몇의	не́сколько 네스껄꺼
몇 층?	Како́й эта́ж? 까꼬이 에따쉬?		

몇 시에 떠나요? Когда́ уезжа́ет?
까그다 우예자옛

몇 시에 시작하나요? Когда́ начнётся?
까그다 나츠놋짜

몇 시에 우리 가요? В кото́ром часу́ мы уе́дем?
프 까또럼 치수 믜 우예짐

몇 시에 일어나요? Когда́ встаём?
까그다 프스따욤

몇 일전에 не́сколько дней наза́д
네스껄꺼 드녜이 나자트

몇 장씩 현상하시겠어요?
Ско́лько сни́мков вы хоти́те прояви́ть?
스꼴꺼 스님꺼프 븨 하찌쩨 쁘라야비찌

몇 주(동안) не́сколько неде́ль
네스껄꺼 니젤

몇 컵 не́сколько стака́нов
네스껄꺼 스따까너프

모기장	сétка от комáров	모델	модéль
	세뜨까 아뜨 까마러프		마델
모니터	контролёр	모두	все
	껀뜨랄료르		프세

모계제도   систéма матери́нской ли́нии
시스쩨마   마쩨린스꺼이   리니이

모기가 물다   комáры кусáют.
까마릐   꾸샤윳

모기에 물리다   комáры кусáли.
까마릐   꾸샬리

모기에 물린 자국   комари́ный уку́с.
까마리느이   우꾸스

모니터하다   дéлать контролёр
젤라찌   껀뜨랄료르

모두 당신을 위한 거라고요.   Все для вас
프쇼 들랴 바스

모두 뜻대로 이루어지길 바랍니다.

Желáю вам успéхов
젤라유   밤 우스뻬허프

모두 앉으세요.   "Все сади́тесь, пожáлуйста."
"프세 사지쩨시,   빠좔루이스따"

모두 같다.	все равно́ 프쇼 라브노	모레	послеза́втра 뽀슬레자프뜨라
모두들 가요.	Поидём 빠이죰	모방하다.	подража́ть 빠드라좌찌
모래	песо́к 삐속	모으다.	собира́ть 사비라찌

모두 얼마예요?   Ско́лько сто́ит всё?
  스꼴꺼 스또잇 프쇼?

모든 가게가 문을 닫다.
  Все магази́ны закрыва́ются.
  프세 마가지늬이 자끄릐바윳짜

모든 것을 포함하다.   Все содержа́ются.
  프세 사제르좌윳짜

모든 여자들은 흰 피부를 가지고 싶어 한다.
  Все же́щины хотя́т име́ть бе́лые ко́жи.
  프세 젠쉬늬 하쨧 이메찌 벨릐예 꼬쥐

"모르겠는데, 거기까지는 생각해보질 않았어."
  "не зна́ю, еще я не поду́мал(-а) об этом."
  "니 즈나유 잇쇼 야 니 빠두말(라) 아브 에떰."

모르는 사람   незнако́мный челове́к
  니즈나꼼느이 칠라벡

모르다 / 잘 모르다   не знать/нехорошо́ знать
  니 즈나찌 / 니하라쇼 즈나찌

모를 심다   выса́живать ри́совую расса́ду
  븨사쥐바찌 리사부유 라사두

모이다	собира́ться 사비랏짜	목(구멍)	го́рло 고를러
모자	шля́па, ке́ьпка "쉴랴빠, 께쁘까"	목걸이	бу́сы 부씌
모자라는	недоста́точный 니다스따떠츠느이	목격자	свиде́тель 스비제쩰
모조품	имита́ция 이미따찌야	목도리	шарф 샤르프
모퉁이	у́гол (у́лицы) 우골 (울리쯰)	목록	спи́сок 스삐석

모자 쓰세요. надева́йте шля́пу
나제바이쩨 쉴랴뿌

모자가 끼다 Э́то шля́па теснова́то.
에떠 쉴랴파 쩨스나바떠

모자가 좀 커야 할 것 같아요
Мне побо́льше разме́ра.
므녜 빠볼쉐 라즈메라

모자를 쓰다 надева́ть шля́пу
나제바찌 쉴랴뿌

목걸이를 차다 носи́ть бу́сы
나시찌 부싀

목격하다 ви́деть свои́ми глаза́ми
비쩨찌 스바이미 글라자미

목소리	го́лос 골러스	목재	лесоматериа́лы 리사마쩨리알릐
목수	столя́р 스딸랴르	목적	цель 쩰
목요일	четве́рг 치뜨베르크	목표	цель 쩰
목욕하다	купа́ться 꾸빳짜	몰두하다	увлека́ться 우블레갓쨔
목욕하다	мы́ться 믓짜	몰라.	не зна́ю 니 즈나유
목이 쉬다	хри́плый 흘리쁠로이	몰래	незаме́тно 니자메뜨너
목이버섯	у́хо де́рева 우허 제레버	몰래 먹다	незаме́тно есть 니자메뜨너 예스찌

목마른	испы́тывать жа́жку/хоте́ть пить 이스쁴띄바찌 좌쉬꾸/ 하쩨찌 삐찌
목소리가 왜 그래요?	Почему́ ваш го́лос тако́й? 빠치무 바쉬 골러스 따꼬이
목의 염증	отвраще́ние го́рла 아뜨브라쉐니예 고를러
목적을 달성하다	дости́гнуть це́ли 다스띠그누찌 쩰리
몰래 도망 오다	незаме́тно избегать 니자메뜨너 이즈베가찌

몸	тéло 쩰러	못생긴(여자)	некраси́вая 니끄라시바야
몸매	фигýра 피구라	묘비	моги́льная плита́ 마기길나야 쁠리따
못(도구)	гвоздь 그보쉬	묘사하다.	опи́сывать 아삐싁바찌
못생겼어.	некраси́во 니끄라시버	무거워.	тежёлый 찌죨르이
못생긴	некраси́вый 니끄라시브이	무겁다.	тежёлый 찌죨르이
못생긴(남자)	некраси́вый 니끄라시브이	무게가 나가다.	вéсить 베시찌

몰래 훔치다.   незамéтно красть
                 니자메뜨너 끄라스찌

몸무게가 얼마야?   Скóлько ты вéсишь?
                  스껄꺼 띄 베시쉬?

못 참겠어.   не могý терпéть
                  니 마구 쩨르뻬찌

무관심하다.   равнодýшный, невнимáтельный
                  "라브너두쉬느이, 니브니마쩰느이"

무너지다.   рýшиться, обвáливаться
                  "루쉿짜, 아브발리밧짜"

무대(연극)	спекта́кль 스뻭따끌	무선의	беспроволо́чная 베스쁘라발로츠나야
무덤	моги́ла 마길라	무설탕	без са́хара 베스 사하라
무력한	бесси́льный 베스실느이	무슨 일	В чём де́ло? 프 촘 젤러
무료	беспла́тный 베스쁠라뜨느이		

무단횡단하다.　　　перейти́ у́лицу незако́нно.
　　　　　　　　　　뻬레이찌　울리추　　니자꼰너

무슨 급한 일이 있어요?　　У вас спе́шные дела́?
　　　　　　　　　　　　우 바스　스뻬쉬늬예　젤라

무슨 노랜지 아세요?　　Вы зна́ете, кака́я э́то пе́сня?
　　　　　　　　　　　비 즈나이쩨,　까까야 에떠 뻬스냐

무슨 말인지 모르겠어.　　Я не понима́ю.
　　　　　　　　　　　야 니　　빠니마유

무슨 얘기 중이야?　　О чём ты расска́зываешь?
　　　　　　　　　　아 촘 뜨이　라스까쥐바예쉬

무슨 얘기를 하시는 거예요?
　　　　　　　　　　О чём вы расска́зываете?
　　　　　　　　　　아 촘 브이　라스까쥐바이쩨

무슨 언어로?　　На како́м языке́?
　　　　　　　　나　까꼼　이즤께

무엇	что 쉬떠	무한한	безграни́чный 베스그라니츠늬이
무역	торго́вля 따르고블랴	묵다(숙박)	начева́ть 나체바찌
무역하다	весть торго́влю 베스찌 따르고블류	묶다	навяза́ть 나뱌자찌
무죄	невино́вность 니비노브너스찌	문	дверь 드베리

무슨 일로 오셨어요?   Заче́м вы пришли́?
자쳄 븨 쁘리쉴리

무슨 일이건   не́смотря ни на что
네스마뜨랴 니 나 쉬또

무슨 일이야?   Что случи́лось?
쉬떠 슬루칠라시

무슨 책 출판해요?   Каки́е кни́ги издаю́т?
까끼에 끄니기 이즈다윳

무엇을 드시고 싶으세요?   Что вы хоти́те есть?
시떠 븨 하찌쩨 예스찌

무역법   зако́н по торго́вли
자꼰 빠 따르고블리

무역부   Торго́вое представи́тельство
따르고버예 쁘리드스따비쩰스뜨버

무협영화   ры́царский фильм
릐짜르스끼 필름

문맹의	безгра́мотность 베즈그라모뜨너스찌	문서	докуме́нт 다꾸멘뜨
문명	цивилиза́ция 찌빌리자찌야	문자	пи́сьменный знак 삐스멘느이 즈낙
문묘(유적)	оста́тки 아스따뜨끼	문장	предложе́ние 쁘리들라줴니예
문법	грамма́тика 그라마찌까	문제	вопро́с 바쁘로스

문 좀 열어줘요.   Открыва́й дверь.
아뜨끄릐바이 드베리

문을 닫다   закрыва́ть дверь
자끄릐바찌 드베리

문을 두드리다   стуча́ть в дверь
스뚜차찌 브 드베리

문을 열다   открыва́ть дверь
아뜨끄릐바찌 드베리

문을 잠갔어요?   закры́л дверь?
자끄릴 드베리

문자 보내줘.   отправля́й пи́сьменный знак
아뜨쁘라블랴이 삐스멘느이 즈낙

문자를 보내다.   отправля́ть пи́сьменный знак
아뜨쁘라블랴찌 삐스멘느이 즈낙

문제가 되질 않다.   Э́то не пробле́ма.
에떠 니 쁘라블레마

문제가 있다	есть лробпре́ма 예스찌 쁘라블레마	묻다.(땅에)	погреба́ть 빠그레바찌
문학	литерату́ра 리쩨라뚜라	묻다.(질문)	спра́шивать 스쁘라쉬바찌
문화	культу́ра 꿀뚜라	물	вода́ 바다
문화원	Дом культу́ры 돔 꿀뚜릐	물가	це́ны 쩨늬

문제를 풀다   реша́ть вопро́с
리샤찌 바쁘로스

문화유산   культу́рное насле́дие
꿀뚜르나예 나슬레지예

물 더 주세요.   Пожа́луйста, ещё воды
빠좔루이스따 잇쇼 바듸

물가가 갑자기 올랐어.   вдруг повы́сились це́ны.
브두르크 빠븨실리시 쩨늬

물가가 많이 오르다   значи́тельно повыша́ются це́ны.
즈나치쩰너 빠븨사윳짜 쩨늬.

물가도 올랐으니 수고비도 올라야죠.   По ме́ре
повыше́ния цен ну́жно повы́сить зарпла́ту.
빠 메레 빠븨쉐니야 첸 누즈너 빠븨시찌 자르쁠라뚜

물가를 모르니 비싸게 사게 돼.
То́чно не зна́ю сто́имость, и покупа́ю доро́же.
또츠너 니 즈나유 스또이머스찌 이 빠꾸빠유 다로줴

한국어	러시아어	한국어	러시아어
물고기	рыба 릐바	물소	буйвол 부이볼
물다(곤충)	жалить 잘리찌	물약	микстура 미끄스뚜라
물들이다.	красить 끄라시찌	물어볼 것이다	спрашить 스쁘라쉬찌
물러서!	отступи назад! 앗스뚜삐 나자트	물이 맑다.	чистая вода 치스따야 바다
물리	физика 피지까	물이 얼다.	Вода замерзла 바다 자메르즐라
물리다.(곤충)	искусать 이수꾸사찌	물질	вещество 비쉐스뜨보
물리학	физика 피지까	물체	предмет 쁘리드메드
물리학자	физик 피지크	물품	предмет 쁘리드메드

물건을 모두 정리하셨어요?
　　　　　　　　Все вещи упорядочивали?
　　　　　　　　프세　베쉬　우빠랴다치발리

물고기를 잡다.
　　　　　　　　ловить рыбу
　　　　　　　　라비찌　릐부

뭐 더 마실래?　Что вы хотите ещё пить?
　　　　　　　　쉬떠　븨　하찌쩨　잇쇼　삐찌

뭐 먹어요?	Что ты ешь? 쉬떠 띄 예쉬	뭐더라? 뭐지?	Что? Что? 쉬떠 쉬떠
뭐 좀 드셨어요?	Вы съéли? 븨 시옐리	뭐야?	Что? 쒸떠

뭐 드시겠어요?   Что вы хотúте есть?
                                 쉬떠 븨 하찌쩨 예스찌

뭐 이상한 거 못 느끼겠어?
                      Не замечáл(-а) что-то стрáнное?
                      니   자미찰(라)   쉬떠-떠   스뜨란나예

뭐 필요해?   Что тебé нýжно?
                                 쉬또 찌베 누즈너

뭐 하나만 도와 줬으면 좋겠어요.
                               Мне нýжна вáша пóмощь
                               므네 누즈나 바샤 뽀머쉬

뭐 하느라 신경도 안 쓴 거야?
                      Почемý не обратúл(-а) внимáния?
                      빠체무   니   아브라찔(라)   브니마니예

뭐 하려고?   Что ты бýдешь дéлать?
                               쉬떠 띄 부제쉬 젤라찌

뭐가 과학적 이예요.   Что наýчное?
                                 쉬떠 나우츠너예

뭐에 대해 말하지?   О чём я скажý?
                                 아   촘 야 스까주

뭐하고 계세요?   Что вы дéлаете?
                                 쉬떠 브이 젤라이쩨

뭐해?	Что ты де́лаешь?
	쉬떠 뜨이 젤라예쉬

뭘 먹어?	Что ты ешь?
	쉬떠 띄 예쉬

미국	США/Аме́рика
	쎄쉐아/아메리까

미국인	Америка́нец
	아메리까녜츠

미끄러지다	скользи́ть
	스깔지찌

미끄럼틀	де́тская го́рка
	젯스까야 고르까

미래	бу́дущее
	부두쉬예

미리 말하다	зара́нее говори́ть
	자라니예 가바리찌

뭐하느라 바빴어요?   Почему́ ты так за́нят(-а́)?
　　　　　　　　　빠치무　띄 따끄 자냣(자니따)

뭔가 수상해.　　　Как-то подозри́тельный
　　　　　　　　　깍끄-떠　빠다즈리쩰느이

뭘 먹는 것을 제일 좋아하세요?
　　　Что вы пре́жде всего́ хоти́те ку́шать?
　　　쉬떠 븨　쁘레줴 프세보　하찌쩨　꾸샤찌

뭘 타고 '후에'에 갈 거예요?　На чём вы пое́дете?
　　　　　　　　　　　　　나　춈 브이 빠예지쩨

뭘 탈건데?(교통편)　　　На чём ты пое́дешь?
　　　　　　　　　　　나　춈 뜨이 빠예지쉬

미남의	краси́вый мужчи́на/краса́вец
	끄라시브이　무쉬나/ 끄라사비츠

미대륙	америка́нский контине́нт
	아메리깐스끼　깐띠넨뜨

한국어	러시아어	한국어	러시아어
미리 말해.	Заранее говори. 자라니예 가바리	미친	сумасшедший 수마쉐드쉬이
미소	улыбка 울릐쁘까	미터/30 미터	метр 미뜨르
미술관	картинный музей 까르찌느이 무제이	믹서	мешалка/миксер 미샬까/ 믹세르
미스	госпожа : мисс 가스빠자 : 미스	민간	частный 차스느이
미식축구	футбол 풋볼	민요	народная песня 나로드나야 뻬스냐
미원(조미료)	МНГ 엠엔게	민족	народ 나로트
미지근한	теплова́тый 찌쁠라바뜨이	민주	демократия 디마끄라찌야

미술   изобразительное искусство
이자브라지쩰나예   이스꾸스뜨버

미안할 필요는 없어요.   Нечего извиниться.
니치보   이즈비닛짜

미용실   салон красоты: парикмахерская.
살론   끄라사띄: 빠리끄마헤르스까야

미원 넣지 마세요.   Мне без МНГ.
므네   베즈엠엔게

미치겠네.   Я с ума сошёл(-шла)
야 수마   사숄(사쉴라)

한국어	러시아어	한국어	러시아어
민중	нарóд 나로트	믿지 마.	не вери. 니 베리
믿다.	вéрить 베리찌	밀도(비중)	плóтность 쁠로뜨너스찌
믿어봐.	Вéри. 베리		

믿을 수 없어.   не могу́ вéрить
                           니 마구 베리찌

밀수하다   занимáться контрабáндой
                 자니맛짜   깐뜨라반다이

밉다   ненави́стный/отврати́тельный
           니나비스느이/   아뜨브라찌쩰느이

밑줄 긋다   проводи́ть ни́жнюю ли́нию
            쁘라바지찌   나즈누유   리니유

ㅂ

밝은	све́тлый 스베뜰르이
밝히다(밝게)	просня́ться 쁘라스냣짜
밝히다(입장)	разъясня́ть 라즈야스냐찌
밟다	ступа́ть 스뚜빠찌
밤(때)	ночь 노치
밤늦게	до по́здней но́чи 다 뽀즈드녜이 노치
밥	варёный рис 바룐느이 리스
밥 먹어.	Кушай. 꾸샤이
밥 먹었어요?	Вы ку́шали? 븨 꾸샬리
밥이 타다	Рис гори́т. 리스 가릿
밥하다	вари́ть рис 바리찌 리스
방	ко́мната 꼼나따

발휘하다　вы́явить : прояви́ть
　　　　　븨이비찌 : 쁘라야비찌

밤 새지마.　Не сиди́ всю но́чь.
　　　　　니　시지　프슈　노치

밥 사주고 싶어.　Я хочу́ угоща́ть тебя́ обе́дом.
　　　　　　　　야 하츄　우가샤찌　찌뱌　아베덤

밥이나 먹으러가자.　Пойдём закуси́ть
　　　　　　　　　빠이죰　자꾸시찌

방 번호가 어떻게 되는데?
　　　Како́й но́мер ва́шей ко́мнаты?
　　　까꼬이　노메르　바쉐이　꼼나띄

방 번호	но́мер ко́мнаты 노메르 꼼나띄	방문하다	посеща́ть 빠시샤찌
방귀뀌다	испуска́ть газы 이스뿌스까찌 가즤	방법	ме́тод 메떠트
방금 전	то́лько что 똘꺼 쉬떠	방송국	лерерадиоста́нция 뻬레라디오스딴치야

방문하다 / 이반 방문하러가.

насеща́ть / я бу́ду насеща́ть Ива́на.
나시샤찌 야 부두 나시샤찌 이바나

방부제 (의학)

антисепти́ческое сре́дство
안띠시쁘찌체스꺼예 스레드스뜨버

방송하다

передава́ть по телевизору
뻬레다찌 빠 쩰레비조루

방안에 에어컨이 있나요?

В ко́мнате есть кондиционе́р?
프 꼼나쩨 예스찌 깐디찌아네르

방영하다 передава́ть телевизио́нную програ́мму
뻬레다바찌 쩰레비지온누유 쁘라그라무

방을 빌리다

снять ко́мнату
스냐찌 꼼나뚜

방이 답답하다

В ко́мнате ду́шно.
프 꼼나쩨 두쉬너

방이 몇 개 있나요?

Ско́лько ко́мнат у вас?
스껄꺼 꼼나뜨 우 바스

방콕	Бангкок 반꼭	배(인체)	живо́т 쥐봇
방향	направле́ние 나쁘라블레니예	배고파.	Хочу́ есть. 하츄 예스찌
배(과일)	гру́ша 그루샤	배고프다	голо́дный 갈로드느이
배(교통)	кора́бль 까라블	배구	волейбо́л 발레이볼

방이 엉망이다	ко́мната в беспоря́дке 꼼나따 브 베스빠랴더께
배 나온	у́толщённый живо́т 우딸쉔느이 쥐봇
배가 고파지다	проголода́ться 쁘라갈라닷쨔
배가 아프다	живо́т боли́т. 쥐봇 발릿
배고파 죽겠다	голо́ден, как волк. 갈로젠 까끄 볼끄
배고픔을 참다	терпе́ть го́лод. 쩨르뻬찌 골러트
배구경기	соревнова́ние по волейбо́лу 싸레브너바니예 빠 발레이볼루
배달해주실수 있나요?	Мо́жно ли доставля́ть? 모즈너 리 다스따블랴찌

배낭	рюза́к 류작	배웅하다	провожа́ть 쁘라바자찌
배를 타다	сесть на су́дно 세스찌 나 수드너	배추	листо́вая капу́ста 리스또바야 까푸스따
배반자	преда́тель 쁘레다쩰	배터리	батаре́я 바따레야
배부르다	быть сы́тым 븨찌 싀띔	백(100)	сто 스또
배불러.	быть сы́тым 븨찌 싀띔	백금	пла́тина 쁠라찌나
배우	арти́ст / актёр 아르찌스뜨 악쬬르	백년	сто лет 스또 렛

배를 젓다　　　　　　　　　ката́ться на ло́дках
　　　　　　　　　　　　까땃짜　　나　로드까흐

배불러서 더 못 먹겠어요.
　　　　　Я сыт(-а), и не могу́ бо́льше ку́шать.
　　　　　야 싀뜨 싀따 이 니 마구　볼쉐　꾸샤찌

배영(수영법)　　　　　　　пла́вание на спине́
　　　　　　　　　　　　쁠라바니예 나 스삐네

배웅 나오지 마세요. 돌아가세요.
　　　　　　　не провожа́й. Возвра́шайся.
　　　　　　　니　쁘라바자이　　바즈브라샤이짜

배은망덕한 일이야.　　　　Э́то неблагода́рное.
　　　　　　　　　　　에따　네블라가다르노에

한국어	러시아어	한국어	러시아어
백만(숫자)	миллио́н 밀리온	뱀띠	зе́мная ветвь Змеи 젬나야 비뜨프 즈메이
백만장자	миллионе́р 밀리아네르	버려.	Броса́й! 브라사이
백조	ле́бедь 레베찌	버리다	броса́ть 브라사찌
백합	ли́лия 릴리야	버섯	грибы́ 그리븨
뱀	змея́ 즈메야	버스	авто́бус 아프또부스

백번은 얘기했겠다. Я уже́ не́сколько раз сказа́л.
야 우제 니스껄꺼 라스 스까잘

백혈구 бе́лые кровяны́е ша́рики
벨릐예 끄라뱌늬예 샤리끼

백화점 универса́льный магази́н; универма́г
우니베르살느이 마가진; 우니베르마크

버섯을 따다 собира́ть грибы́
사비라찌 그리븨

버스 39번 авто́бус но́мер 39
아프또부스 노메르 뜨리싸지찌 제빗

버스는 거의 타질 않아요.
Я почти́ не по́льзуюсь авто́бусом.
야 빠츠찌 니 뽈주유씨 아프떠부섬

번 / 세번째	тре́тий 뜨레찌
번 / 한번	раз 라스
번개	мо́лния 몰니야
번식하다	размножа́ться 라름나잣짜
번역하다	переводи́ть 뻬레바지찌
범위	сфе́ра / о́бласть 스페라 오블라스찌
범죄	преступле́ние 쁘레스뚜쁠레니예
법(방법)	спосо́б 스빠소프

버스를 타고 갈 수 있나요?
Мо́жно е́хать на авто́бусе?
모즈너 예하찌 나 아프또부쎄

버스를 타다
е́хать на авто́бусе
예하찌 나 아프또부쎄

버스정류장
авто́бусная остано́вка
아프또부스나야 아스따노브까

번 / 세 번 해야 해.
раз / На́до три ра́за
라스 나다 뜨리 라자

벌 / 양복 한벌
компле́кт: па́ра / компле́кт костю́ма
깜쁠렉트 빠라 깜쁠렉트 까스쮸마

벌 받다
подверну́ть наказа́нию
빠드베르그누찌 나까자니유

벌써 3월 말이다.
уже́ коне́ц ма́рта.
우제 까네쯔 마르따

법률	зако́н 자꼰
벗겨지다(머리)	лы́сеть 리세찌
베다	ре́зать 레자찌
베란다	вера́нда 베란다
벨소리	звоно́к 즈바노크
벨트	поясно́й реме́нь 빠이스노이 레멘
벽	стена́ 스찌나
벽(집)	стена́ 스찌나
벽돌	кирпи́ч 끼르삐치
벽시계	насте́нные часы́ 나스쩬늬예 치싁
변호사	адвока́т 아드보까뜨
변화하다.	изменя́ться 이즈미냣짜
별장	да́ча 다차
병(질병)	боле́знь 발레즌
법적공휴일	выходно́й день 븨하드노이 젠
벗기다(사과등)	снима́ть кожуру́ 스니마찌 까주루
벽에 걸다	висе́ть на стене́ 비세찌 나 스찌네
변색하다	обесцве́чивать(ся) 아베스쯔베치바찌(쨔)
별말씀을요.	не за что / пожа́луйста 니 자 쉬떠 빠좔루이스따

ㅂ

병마개(코르크)	пробка 쁘라쁘까	병에 걸리다	заболеть 자발레찌
병맥주	бутылка пива 부뜔까 삐버	보건소	медпункт 메드뿐끄뜨

병주고 약주고   Даёт лекарство больному, которого сам вогнал в болезнь
다요뜨 레까르스뜨보 발노무 까또로보 삼 바그날 브발레즌

병 / 맥주 3병	бутылка/ 3 бутылки пива 부뚤까 뜨리 부뚤끼 삐바
병원	госпиталь : больница 고스삐딸 : 발니짜
병원에 가야해.	Мне надо сходить в больницу. 므네 나다 스하지찌 브 발니쭈
병의 원인	причина болезни 쁘리치나 발레즈니
병이 차도가 있다	оправиться от болезни 아쁘라빗짜 오드 발레즈니

보고서 번역을 도와달라고 하려고요.   Я хочу попросить их помогать в переводе доклада.
야 하츄 빠쁘라시찌 이흐 빠마가찌 프 삐리보제 다끌라다

보고서를 작성하고 있어요.   Сейчас я пишу доклад.
시이차스 야 삐슈 다끌라트

보고서를 작성했어요?   Вы писали доклад?
븨 삐살리 다끌라트

보고하다	докла́дывать 다끌라듸바찌	보름달	по́лная луна́ 뽈나야 루나
보내다	посыла́ть 빠스일라찌	보리	ячме́ня 야츠메냐
보너스	бо́нус 보누스	보리밭	ячме́нное по́ле 야츠멘너예 뽈레
보너스를 주다	дать бо́нус 다찌 보누스	보살피다	присма́тривать 쁘리스마뜨리바찌
보다(비교)	посмотре́ть 빠스마뜨례찌	보상	компенса́ция 깜뻰사찌야
보다	смотре́ть 스마뜨레찌	보어	дополне́ние 다빨네니예
보라색	фиоле́товый цвет 피알레따브이 쯔벳	보여줘.	Покажи́! 빠까쥐

보관하다 / 잘 보관하다
сохраня́ть / сохраня́ть хорошо́
사흐라냐찌   사흐라냐찌   하라쇼

보관했다가 다음에 써요.
Сохраня́йте, пото́м испо́льзуете.
사흐라냐이쩨   빠똠   이스뽈주이쩨

보름동안 계속 비가 오지 않았어.
Дожди́ не шли 15 дней
다즈지 니 쉴리 뼛뜨나짜찌 드네이

보리차   отва́р поджа́ренного ячме́ня
아뜨바르   빠드자레나버   야츠메냐

보조개	ямочки(на щёках) 야마츠끼 (나 쇼까흐)	보조개	ямочки на щеках 야마츠끼 나 쉬까흐
보존하다	сохрани́ть 사흐라니찌	보존	сохране́ние 사흐라네니에
보여줘!	Покажи́! 빠까쥐	보지 않다	не смотре́ть 니 스마뜨레찌
보장하다	обеспе́чивать 아베스뻬치바찌	보충하다	пополня́ть 빠빨냐찌

보장하다 гаранти́ровать : обеспе́чивать
　　　　 가란찌러바찌 :　 아베스뻬치바찌

보조하다 ока́зывать по́мощь
　　　　 아까쥐바찌 뽀모쉬

보증　　 гара́нтия
　　　　 가란찌야

보증하다 гаранти́ровать : обеспе́чивать
　　　　 가란찌러바찌 :　 아베스뻬치바찌

보증금　 де́нежное обеспече́ние
　　　　 제네즈나예 　아베스뻬체니예

보통 9시 부터 6시 까지
　　　　 обы́чно с 9 часо́в до 6 часо́в
　　　　 아븨츠너 즈 제빗 치소프 다 쉐스찌 치소프

보통 말하다　　　　 обы́чио говори́ть
　　　　　　　　　 아븨츠너 가바라찌

144

보증기간	срок гарантии
	스록 가란찌이

보통 키	средний рост
	스레드니 로스트

보통이 아닌	необычный
	니아븨츠느이

보편적이다	повсеместный
	빠프세메스느이

보행자	странник
	스뜨라니크

보험	страхование
	스뜨라하바니예

보호하다	защищать
	자쉬샤찌

복권	лотерейный билет
	라떼레이느이 빌렛

복사	копирование
	까삐라바니예

복숭아(과일)	персик
	뻬르시크

복습하다	повторять
	빠브따랴찌

복싱	бокс
	복스

복잡한	сложный
	슬로즈느이

복잡한 일	сложное дело
	슬로즈노에 졜러

보통 것은 꽉 낀다고. Обычный размер тесноват.
아브이츠느이 라즈메르 쩨스너바뜨

보통의(불만족의 어감) кое-как
꼬예 까끄

복사할 줄 알아요? вы умеете делать копии?
브이 우메예쩨 졜라찌 꼬삐

복수(단위) множественное число
므노제스뜨벤너예 치슬러

복잡하게 얽힌 сложно связанный
슬로즈너 스뱌잔느이

한국어	러시아어	한국어	러시아어
복잡해	сло́жно 슬로즈너	봄	весна́ 비스나
복잡해지다	осложня́ться 아슬로즈냣짜	봉급	зарпла́та 자르쁠라따
복지	благополу́чие 블라가빨루치예	봉지 / 사탕 한봉지	паке́т 빠켓
본사	гла́вный офис 글라브느이 오피스	봉투	конве́рт 깐베르뜨
본질	су́щность 수쉬너스찌	봐주다	помага́ть 빠마가찌
볼펜	ру́чка 루츠까	봤어요?	Вы смотре́ли? 브이 스마뜨렐리

복잡한(교통)	си́льное движе́ние тра́нспорта 실너예 드비줴니예 뜨란스뽀르따
복통	желу́дочное заболева́ние 쥍루다츠너예 자발레즈바니예
본적은 없어.	никогда́ не ви́дел. 니까그다 니 비젤
볼륨을 줄이다	сни́зить гро́мкость. 스니지찌 그롬꺼스찌
봉하다	запеча́тывать - запеча́ть 자삐차띄바찌 자삐차찌
봉하다(편지)	запеча́тывать - запеча́ть 자삐차띄바찌 자삐차찌

| 부 | министерство 미니스쩨르스뜨보 | 부두 | пристань 쁘리스딴 |

| 부(재산) | богатство 바가뜨스뜨버 | 부드러운 | мягкий 먀흐끼 |

| 부끄러운 | стыдно 스띄드너 | 부드럽다 | мягкий 먀흐끼 |

봐주세요.(넘어가 주세요.)
Закройте глаза на это дело.
자끄로이쩨 글라자 나 에떠 젤러

부 / 정치부 отдел : департамент / политический департамент
앗젤 : 지빠르따멘뜨 빨리찌체스끼 지빠르따멘뜨

부가세 дополнительный налог
다빨니쩰느이 날로크

부계 отцовская линия родства
앗쫍스까야 리니야 로쯔스뜨바

부담스럽게 하고 싶지 않아.
не хотел чувствовать бремя
니 하쩰 춥스뜨바바찌 브레먀

부동산 недвижимое имущество
니드비지마예 이무쒜스트버

부드러운 피부 мягкая кожа
먀까야 꼬좌

부르다	звать 즈바찌	부상당한	ра́неный 라네느이
부모	роди́тели 라지쩰리	부어 오르다	пу́хнуть 뿌흐누찌
부문	о́бласть 오블라스찌	부엉이(새)	сова́ 사바
부부	супру́ги 수쁘루기	부엌	ку́хня 꾸흐냐
부분	часть 차스찌	부유한	бога́тый 바가뜨이
부사	наре́чие 나레치예	부인하다	отрица́ть 아뜨리짜찌

부르다 / 그녀를 불러 올게요.   звать / Вы́зову её
즈바찌   브이자부 이요

부모님과 살고 있어.
Живу́ с роди́телями
쥐부 스 라지쩰랴미

부인과 아이는 건강하시죠?
Как здоро́вье ва́шей же́ны и де́тей?
까크 즈다로이에 바쉐이 줴느이 이 젯쩨이

부자 / 그녀 집은 부자예요. бога́ч / Её дом бога́тый
바가치

부작용   побо́чное де́йствие
빠보츠너예 제이스뜨비예

부재중이다	отсу́тствует
	앗수스뜨부옛

부처	Бу́дда
	부다

부추기다	побужда́ть
	빠부즈다찌

부탁하려하다	поруча́ть
	빠루차찌

부합하다	совпада́ть
	삽빠다찌

북경(도시)	Пеки́н
	삐낀

북부지역	се́верная зо́на
	쎼비르나야 조나

북위선	се́верная широта́
	세비르나야 쉬라따

북쪽	се́верная сторона́
	세비르나야 스따라나

북한	Се́верная Коре́я
	세비르나야 까레야

분(시간)	мину́та
	미누따

분개하다	возмуща́ться
	바즈무샷짜

분석하다	анализи́ровать
	아날리지로바찌

분침	мину́тная стре́лка
	미누뜨나야 스또렐까

부족하다 нехвата́ть / недостава́ть
니흐바따찌   니다스따바찌

부주의한 невнима́тельный
니브니마쩰느이

부탁드릴 일이 있습니다. У меня́ про́сьба
우 미냐   쁘로즈바

북아메리카 Се́верная Аме́рика
세비르나야   아메리까

분별 있는 рассуди́тельный
라수지쩰느이

분홍색 ро́зовый цве́т
로자브이 쯔베트

불 ого́нь
아곤

불공평한 несправедли́вый
니스쁘라베들리브이

불구가 된 инвали́дный
인발리드느이

불다(바람) дуть
두찌

불면증 бессо́нница
베소니짜

불빛 отсве́т
앗스베뜨

불안한 беспоко́йный
베스빠꼬이느이

분필로 쓰다 писа́ть ме́лом
삐사찌 멜럼

분홍색이 더 좋아. Я люблю бо́льше ро́зовый цве́т.
야 류블류 볼세 로자브이 쯔베트

불륜의 남녀관계 амора́льные отноше́ния
아마랄리늬예 아뜨나쉐니야

불만족한 неудовлетвори́тельный
니우다블뜨바리쩰느이

불면증에 걸리다 страда́ть бессо́нницей
스뜨라다찌 베손쩨이

불안정한 неусто́йчивый : неста́бильный
니우스또치브이 : 니스따빌느이

불을 붙이다. разводи́ть ого́нь
라즈바지찌 아곤

불이 깜박깜박하다. Мелька́ют ого́ньки.
멜까윳 아곤끼

불운한	несча́стный 니샤스느이	불행하다	несча́стливый 니샤슬리브이
불쾌한	неприя́тный 니쁘리야뜨느이	붓	кисть 끼스찌
불편하다	неудо́бный 니우도브느이	붓다.(액체)	влива́ть 블리바찌
불평하다	ворча́ть 바르차찌	붕대	бинт 빈뜨
불필요한	нену́жный 니누즈느이	붙이다	накле́ивать 나끌레이바찌
불행	несча́стье 니샤스찌예	브라질	Брази́лия 브라질리야

불이 깜박깜박해야 충전이 되는 거예요. 아니면 문제 있는 건데요.
Когда́ пита́ется электри́чеством, мелька́ются огоньки. Е́сли не так, возника́ет пробле́ма.
까그다 삐따잇짜 일렉뜨리체스뜨범, 멜까웃 아곤끼. 예슬리 니딱, 바즈니까옛 쁘라블레마.

불합격하다	прова́ливаться 쁘라발리밧짜
불효	непочте́ние к роди́телям 니빠츠쩨니예 끄 라지쩰럄
붕대를 감다	перевя́зывать би́нтом 뻬레뱌즤바찌 빈땀

브래지어	бюстгáльтер	비가 오다.	Идёт дóждь.
	뷰스뜨갈쩨르		이죠뜨 도쉬

브랜드   торгóвая мáрка / бренд
따르고바야 마르까 브렌드

브로콜리   спáржевая капýста
스빠르제바야 까뿌스따

비 그쳤어?   Дождь перестáл?
도쉬 뻬레스딸

비가 갑자기 내리다.   Вдрýг пошёл дóждь.
브드루크 빠쇨 도쉬

비가 갑자기 퍼붓다. Дóждь вдрýг льёт как из ведрá.
도쉬 브드루크 리옷 깍 이즈 비드라

비가 그치다.   Дождь перестáл.
도쉬 뻬리스딸

비가 퍼붓다.   Дóжди льёт стенóй.
도쉬 리옷 스띠노이

비결이 뭐야?   Что твой секрéтный способ?
쉬떠 뜨보이 시끄레뜨느이 스빠소프

비공식적인   неофициáльный
니아피찌알느이

비공식휴일이라서 회사마다 달라.
Э́то неоффициáльный выходнóй день, поэ́тому каждая компáния отличáется. 에떠
니아피찌알느이 븨하느노이, 빠에따무 까즈다야 깜빠니야 아뜰리차읏짜.

비결	секре́тный спо́соб 시끄레뜨느이 스빠소프	비누	мы́ло 밀러
비관하다	разочарова́ться 라스차라밧짜	비듬	пе́рхоть 뻬르하찌
비교적	сравни́тельно 스라브니쩰너	비디오	ви́део 비데오
비교하다	сра́внивать 스라브니바찌	비범한	незауря́дный 니자우랴드느이
비기다	сыгра́ть вничью́ 싀그라찌 브니치유	비서	секрета́рь 시끄레따리

비교적 쉽다	сравни́тельно лёгко 스라브니쩰너 료흐꺼
비린내가 나다	па́хнет сыро́й ры́бы 빠흐넷 싀로이 릐이보이
비밀 / 이거 비밀이야.	та́йна, секре́т / Э́то секре́т. 따이나 시끄레뜨 에따 시끄레뜨
비밀스럽게	та́йно : секре́тно 따이너 : 시끄레뜨너
비밀을 지키다	храни́ть в та́йне 흐라니찌 프 따이네
비밀이야.	Сохрани́ в та́йне. 사흐라니 프 따이네
비빔밥	рис с овоща́ми 리스 사바샤미

비스킷	бискви́т 비스크빗	비용	расхо́ды 라스호듸
비슷하다.	похо́жий 빠호쥐	비우다(자리)	опорожня́ть 아빠라즈냐찌
비올거야.	Пойдёт дождь. 빠이죳 도쉬	비율	пропо́рция 쁘라뽀르찌야
비와.	Идёт дождь. 이둣 도쉬	비자	ви́за 비자

비서를 뽑다   принима́ть секретарём
           쁘리니마찌   시끄레따룜

비싸게 팔다   продава́ть до́рого
           쁘라다바찌   도러거

비싸요, 좀 깎아주세요.   Сли́шком до́рого,
не могли́ бы уступи́ть немно́го?
     슬리쉬껌 도러거 니 마글리 브이 우스뚜삐찌 님노거

비오는 날씨   дождева́я пого́да
           다즈제바야   빠고다

비자를 연장하다   продлева́ть визу
           쁘라들레바찌   비주

비즈니스 관계를 맺다

     заключа́ть деловые конта́кты
     자끌류차찌   젤로브이에   깐딱뜨이

비탈길   доро́га по круто́му скло́ну
           다로가   빠   끄루또무   스끌로누

한국어	러시아어	한국어	러시아어
비평하다	критиковáть 끄리찌까바찌	빌다	жéлать 젤라찌
비프스테이크	бибштéкс 비프쉬떽스	빌딩	здáние 즈나니예
비행기	самолёт 사말료트	빌리다	сдавать в арéнду 즈다바찌 바렌두
비행기 편	рейс самолёта 레이스 사말료따	빗	грéбень 그레빈
빈곤한	бéдный 베드느이	빗자루	вéник 베니크
빈혈(의학)	малокрóвие 말라끄로비예	빙하가 녹다	лéдник тáет 레드니크 따옛

비행기 표는 샀어요?
Вы купи́ли билéт на самолёт?
브이 꾸뻴리 빌레트 나 사말료트

비행기멀미(비행기 멀미하다) укачáть в самолёте
우까차찌 프 사말로쩨

빈 공간 пу́стое прострáнство
뿌스떠예 쁘라스뜨란스뜨버

빌려주다. давáть в долг / сдавáть в арéнду
다바찌 브 돌그 즈다바찌 바렌두

빌려주신다면 정말 좋겠어요. Мне бу́дет óчень
прия́тно, что вы сдади́те мне в арéнду.
므녜 부젯 오친 쁘리야뜨너 쉬떠 븨 즈다지쩨 므녜 바렌두

빛	свет 스베트	빠르게	быстрый 비스뜨르이
빛나는 눈	све́тлые глаза́ 스벳뜰릐예 글라자	빠지다(열정)	попа́сться 빠빳스짜

빛이 충만한   по́лный све́тами
                 뽈느이   스베따미

빠른 / 두 시간 빠른   быстрый / спеши́ть на 2 часа́
                 비스뜨르이   스뻬쉬찌   나 드바 치사

빠른 속도로   бы́стрыми те́мпами
                 비스뜨릐미   뗌빠미

빠를수록 좋다.   Чем бы́стрее, тем лу́чше.
                 쳄   비스뜨례   쩸   루취쉐

빨간 펜으로 밑줄 긋다
                подчёркивать кра́сным перо́м.
                빳쵸르끼바찌   끄라스늼   뻬롬

빨래가 안 말라요.   Бельё не со́хнет.
                 벨리요 니   소흐닛

빨래를 널다   разве́шивать бельё
                 라즈비쉬바찌   벨리요

빨래를 해서 널다   разве́шивать бельё
                 라즈비쉬바찌   벨리요

빨랫줄
   верёвка для разве́щивания и су́шки белья́
   비료프까   들랴   라즈베쉬바니야   이   수쉬끼   벨리야

빨간색	красный цвет 끄라스느이 쯔베트	빼앗아 차지하다	отнимать 아뜨니마찌
빨리	быстрый 비스뜨루이	뺨	щека 쉐까
빨리와.	Быстро иди. 비스뜨루 이지	뽑다	выбирать 븨비라찌
빵	хлеб 흘레쁘	뾰족한	острый 오스뜨루이
빼내다	вынимать 븨니마찌	삐다	вывихнуть ногу 븨비흐누찌 노구
빼앗다	отнимать 아뜨니마찌	삐졌어	подулся 빠둘샤

빨리 회복하기를 바랍니다.   выздоравливайте.
비즈다라블리바이쩨

빵 잘라주세요.   отрезайте кусок хлеба.
아뜨레자이쩨 꾸속 흘레바

	人	사과(과일)	**яблоко** 야블러꺼
		사귀다	**общаться** 압샤짜
사(숫자)	**четыре** 치띄레	사나운	**злой** 즐로이
사거리	**перекрёсток** 삐리끄료스떡	사는 방식	**образ жизни** 오브라스 지즈니
사건	**событие** 사븨찌예	사다	**покупать** 빠꾸빠찌
사격하다	**стрелять** 스뜨렐랴찌	사대양	**4 главных океана** 쵀띄레 글라브늬이흐 아께아나
사고	**происшествие** 쁘라이스쉐스뜨비예	사라지다	**исчезать** 이쉐자찌
사공	**лодочник** 로더츠니끄	사람	**человек** 칠라베크

4 년 후에 다시 개최돼.

Через 4 года вновь откроется.
체레즈 치띄레 고다 브노피 앗뜨끄로잇짜

사등(등수)   **четвёртое место**
                    치뜨뵤르따예 메스떠

사다 / 내가 이 식사 살께.

покупать / Я заплачу за этот обед.
빠꾸빠찌   야 자쁠라추 자 에떠트 아베트

사람들	лю́ди 류지	사랑하다	люби́ть 류비찌
사랑	любо́вь 류보피	사랑해요.	Люблю́. 류블류
사랑에 빠지다	влюби́ться 블류빗짜	사망	смерть 스메르찌

사람들이 그러는데 이 영화 재미있데. Все лю́ди говори́ли, что э́тот фильм о́чень интере́сный.
프쎄 류지 가바릴리 쉬떠 에떠뜨 필름 오친 인쩨레스느이

사람들이 말하기를 как говоря́т
까끄 가바랴뜨

사람들이 바글바글하네. Мно́го наро́ду.
므노거 나로두

사람마다 다르다.
Это отлича́ется от ка́ждого челове́ка.
에떠 아뜨리차옛짜 오뜨 까즈다바 칠라베까

사람마다 좋아하는 것은 다르다.
У ка́ждого челове́ка свой вкус.
우 까즈다버 칠라베까 스보이 프꾸스

사람이 만든 сде́ланный челове́ком
즈젤란느이 칠라베껌

사랑스러운(아기나 애인) ми́лый
밀르이

사랑스러운(어른에게) люби́мый
류비므이

사무실	óфис 오피스	사실	факт 팍뜨
사물	предмéт 쁘리드멧뜨	사십	сóрок 소록
사방	все стороны́ 프쎄 스따라늬	사업하다	вести́ би́знес 베스찌 비즈네스

사망하다   умирáть / погибáть
                       우미라찌   빠기바찌

사무실에서 그 문제에 대해 논의 하죠.
     Давáйте обсýдим тот вопрóс в óфисе.
     다바이쩨   압수짐   똣   바프로스   보피세

사별하다   смерть разлучи́ла.
                스메르찌   라즐루칠라

사생활을 존중하다
     уважáть чáстную(ли́чную) жи́знь
     우바좌찌   차스누유   리츠누유   지즌

사생활을 캐묻다
     вмéшиваться в чужýю(ли́чную) жизнь.
     브메쉬밧짜   프   추주유   리츠누유   쥐즌

사실을 말하다   говори́ть фáкты
                    가바리찌   팍띄

사실적인   действи́тельный
               제이스뜨비쩰늬이

사업이 번창하다.   Би́знес процветáет
                      비즈네스   쁘라츠비따옛

사와.	Покупáй. 빠꾸빠이	사이에	мéжду 메즈두
사용자	пóльзователь 뽈조바쩰	사이클 선수	велосипедúст 벨라씨뻬지스뜨
사월	апрéль 아쁘렐	사자(동물)	лев 레프
사위	зять 쟈찌	사장	президéнт 쁘레지젠뜨
사육하다	выкáрмливать 븨까르믈리바찌	사전	словáрь 슬라바리

사용법   мéтод испóльзования
메떠뜨   이스뽈자바니야

사용안내   сопровождéние пóльзования
사쁘라바즈제니예   뽈자바니예

사용하다
испóльзовать : пóльзоваться : употреблять
이스뽈조바찌 :   뽈조밧짜 :   우빠뜨레블랴찌

사용하지 않다   не испóльзовать
니   이스뽈자바찌

사원(사람)   слýжащие (фúрмы)
슬루자쉬예   (피르므이)

사원(절)   буддúйский храм
부지스끼   흐람

사진 한장	один снимок	사찰	буддийский храм
	아진 스니마끄		부지스끼 흐람

사장님 스트레스 받겠다.
  Может быть, директор получает стресс.
  모젯 비찌 지렉떠르 빨루차옛 스뜨레스

사장님께 허락받다
  получать разрешение от директора
  빨루차찌 라즈리쉐니예 아뜨 디렉떠라

사직하다
  выходить в отставку
  븨허지찌 밧스따프꾸

사진 3X4사이즈 한 장
  один снимок в размере 3X4
  아진 스니마끄 브 라즈메레 뜨리 치띄레

사진 한 장씩 인쇄해 주세요.
  Проявите, пожалуйста, снимок по одному.
  쁘라야비쩨 빠좔루이스따 스니마끄 빠 아드나무

사진기를 준비할게요. Приготовлю фотоаппарат
  쁘리가또블류 파따아빠라트

사진을 찍다 фотографировать
  파따그라피라바찌

사진을 찍어서 기념으로 남기자.
  Давай сфотографируем на память.
  다바이 스파따그라피루엠 나 빠먀찌

사진촬영금지 Запрещено фотографировать.
  자쁘레쉔너 파따그라피라바찌

162

사탕	конфéта 깐폐따	산 정상	вершина горы́ 베르슈나 가릐
사투리	диалéкт 디알렉뜨	산림	горá и лес 가라 이 레스
사학	истóрия 이스또리야	산맥	гóрный хребéт 고르느이 흐레베트
사학자	истóрик 이스또릭	산모	родившая ребёнка 라지브샤야 리뵨까
사회	óбщество 옵쉐스뜨버	산업	промы́шленность 쁘라믜쉴렌너스찌
삭제하다	исключáть 이스끌류차찌	산책하다	гуля́ть 굴랴찌
산	горá 가라	산파	акушёр 아꾸쇼르

사탕 드세요. Попрóбуйте конфéты, пожáлуйста.
　　　　　빠쁘로부이쩨　깐페띄　빠좔루이스따

사탕수수　　　　　　сáхарный тростни́к
　　　　　　　　　　사하르느이　뜨라스닉

사회경험이 없을 거예요.
По-мóему, у негó нет óпыта в общéственной жи́зни.
　　　　빠모예무 우 니보 니옛 오쁴따 압쉐스뜨벤노이 지즈니

산부인과　　　　акушéрство и гинеколóгия
　　　　　　　　아꾸쉐르스뜨바 이　기니깔로기야

살 / 30살	год, лет / 30 лет	삶은 계란	варёное яйцо́
	고트 레트 뜨리짯찌 레트		바룐나예 이쪼
살구	абрико́с	삼(숫자)	три
	아브리꼬스		뜨리
살다	жить	삼거리	трёхдоро́жный
	쥐찌		뜨료흐다로즈느이
살인	уби́йство	삼십	три́дцать
	우비스뜨버		뜨리짜찌
살찌다	полне́ть	삼월	март
	빨네찌		마르뜨
삶	жизнь	삼일	3 дня
	지즌		뜨리 드냐

산출량   объём произво́дства : объём вы́пуска
아비욤 쁘라이즈보쯔스뜨버 : 아비욤 븨뿌스까

살 / 두 살 난 아들   двухле́тний сын
　　　　　　　　　　　드부흐렛뜨니이 쉰

살이 많이 찐 것 같아.(혼잣말)
　　　　　　　　　Ка́жется, я пополне́л(-а).
　　　　까젯짜 야 빠빨넬(라)

삶은 고구마   варёный бата́т
　　　　　　　　　　　바룐느이 바따트

삶의태도   отноше́ние к жи́зни
　　　　　　　　　　　아뜨나쉐니예 끄 쥐즈니

삼촌	дя́дя 쟈쟈	상대적인	относи́тельный 아뜨나시쩰느이
상(우승)	пре́мия 쁘레미야	상품의(고급)	това́рный 따바르느이
상관없이	незави́симо от 니자비시마 오뜨	상사병	боле́знь от любви́ 발레즌 아뜨류브비
상담	консульта́ция 깐술따찌야	상상하다	вообража́ть 바브라자찌
상당히	дово́льно 다볼리너	상세히	подро́бный 빠드로브느이
상대선수	конкуре́нт 깐꾸렌뜨	상을 타다	получа́ть приз 빨루차찌 쁘리스

상담하다(업무)　　　　　консульти́роваться
　　　　　　　　　　　　깐술찌라밧짜

상당하는(금액)　　　изря́дная (су́мма де́ньги)
　　　　　　　　　이즈랴드나야　(수마　젠기)

상반신을 찍다.
　фотографи́ровать ве́рхнюю полови́ну те́ла.
　파따그라피라바찌　베르흐뉴유　빨라비누　쩰라

상업채권　　　　комме́рческая облига́ция
　　　　　　　　까메르체스까야　아블리가찌야

상영하다(영화, 드라마)　　идёт филь м(драма)
　　　　　　　　　　　　이죠뜨　필름　(드라마)

상응하다	соответствовать 사아뜨베스뜨바바찌	상태	состоя́ние 사스따야니예
상의(옷)	ве́рхняя оде́жда 베르흐냐야 아제즈다	상품	това́р 따바르
상처	ра́на 라나	상형문자	иеро́глиф 이에로글로프

상용하다　　　постоя́нно употребля́ть
　　　　　　빠스따얀나　우빠뜨레블랴찌

상자/ 맥주 1 상자

　　　　　　я́щик / оди́н я́щик пи́ва
　　　　　　야쉬끄　아진　야쉬끄　삐바

상자처럼 생겼어.　　Э́то вы́глядит я́щиком.
　　　　　　에떠　븨글랴짓　야쉬껌

상점은 아침 8시에 문을 연다.

Магази́н открыва́ется в 8 часо́в у́тром.
마가진　아뜨끄릐바옛짜 보심 치솝　우뜨럼

상점은 저녁 9시에 문을 닫는다.

Магази́н закрыва́ется в 9 часо́в ве́чера.
마가진　자끄릐바옛짜 브제빗 치솝　베체라

상징하다　　　　　　символизи́ровать
　　　　　　　　심발리지로바찌

상처를 받다(마음)　　　　　ушиба́ться
　　　　　　　　　　우쉬밧짜

상호간에	взаи́мно 브자임너	새롭다	но́вый 노브이
상황	ситуа́ция 시뚜아찌야	새벽	рассве́т 라스베트
새 단어	но́вое сло́во 노바예 슬로버	새우	креве́тки 끄레베뜨끼
새(동물)	пти́ца 쁘찌짜	새해	но́вый год 노브이 고트
새 것의	но́вый 노브이	색깔	цвет 쯔베트
새끼를 낳다	рожда́ть 라즈다찌	색소폰	саксофо́н 삭사폰

상품목록을 첨부하다　прилага́ть спи́сок това́ров.
　　　　　　　　　쁘릴라가찌　스삐석　따바로프

상품을 진열하다　выставля́ть това́ры на витри́не
　　　　　　　　비스따블랴찌　따바릐　나　비뜨리녜

상품을 팔다　　　　　　　продава́ть това́р
　　　　　　　　　　　　쁘라다바찌　따바르

새 집으로 이사하다
　　переехать на но́вую кварти́ру
　　뻬레예하찌　나　노부유　끄바르찌루

새콤달콤한　　　　　　　сла́дкий и ки́слый
　　　　　　　　　　　　슬라뜨끼　이　끼슬르이

색종이	цвéтная бумáга 쯔벳뜨나야 부마가	생각	мы́сль 믜슬
샐러드	салáт 살라트	생각나다.	вспоминáться 프스빠미낫짜
샘플(상품)	образéц 아브라제쯔	생각하다	дýмать 두마찌

새해 복 많이 받으세요.
       С нóвым гóдом.
       스 노븸 고덤

색은 예쁜데, 좀 크네요.
   Цвет красúвый, но мне э́то великó.
   쯔베트 끄라시븨이 노 므녜 에떠 벨리꺼

샘플을 보여주세요.
   Покажи́те образéц, пожáлуйста.
   빠까쥐쩨 아브라제쯔 빠좔루이스따

생각보다 무겁네요. Э́то тяжёлее, чем ожидáнное.
       에떠 찌죨리예 쳄 아지단나예

생각보다 비싸다고요? Э́то слúшком дóрого?
       에떠 슬리쉬껌 도러거

생각이 있어요? 없어요?
   Есть ли у вас мысль или нет?
   예스찌 리 우 바스 믜슬 일리 니옛

생각지도 않게   Об э́том я и не мы́слю.
      아브 에떰 야 이 니 믜슬류

생각해 볼게요.	Я поду́маю 야 빠두마유
생강	имби́рь 임비르
생맥주	разливно́е пи́во 라블리브노이 삐보
생물	живо́е существо́ 쥐보예 수쉐스뜨보
생산물	проду́кция 쁘라둑찌야
생산하다	производи́ть 쁘라이즈바지찌

생각할 시간이 필요해. Мне ну́жно вре́мя поду́мать.
므녜 누즈너 브레먀 빠두마찌

생계를 위해 일하다 рабо́тать на жизнь
라보따찌 나 쥐즌

생계비를 벌다 зараба́тывать на жизнь
자라바띄바찌 나 쥐즌

생과일주스 флукто́вый напи́ток
프룩또브이 나삐떠크

생리(여성) ме́сяцы: менструа́ция
메샤취 : 민스뜨루아찌야

생리용품 санита́рые изде́лия
사니따르늬에 이즈젤리야

생명을 구하다 спасти́ жизнь
스빠스찌 쥐즌

생방송 пряма́я трансля́ция
쁘랴마야 뜨란슬랴찌야

생방송하다 проводи́ть прямую трансля́цию
쁘라바지찌 쁘랴무유 뜨란슬랴찌유

생수	натура́льная вода́ 나뚜랄나야 바다	샤워기	душ 두쉬
생일	день рожде́ния 젠 라즈제니야	샴푸	шампу́нь 샴푼
생태계	экосисте́ма 에까시스쩨마	서기장	секрета́рь 시끄레따리
생활	жизнь 쥐즌	서늘한	прохла́дный 쁘라흘라드느이
생활(방식)	о́браз жи́зни 오브라스쥐즈니	서두르다	спеши́ть 스뻬쉬찌

생산성　　производи́тельность
　　　　　빠라이즈바지쩰너스찌

생일 케이크　　торт ко дню́ рожде́ния
　　　　　　　또르뜨 까 드뉴 라즈제니야

생일카드를 그녀에게 드리려고요.
　　Я дам ей откры́тку для́ дня рожде́ния.
　　야 담 예이 아뜨끄릐뜨꾸 들랴 드냐 라즈제니야

생활이 점점 우울해져요.
　　Жи́знь стано́вится ещё грустне́е.
　　쥐즌 스따노빗짜 잇쑈 그루스녜

서럽다　　печа́льный; огорчённбй
　　　　　뻬찰느이　　아가르촌느이

서로 같은　　одина́ковый : схо́дный
　　　　　　아지나까브이 : 스호드느이

서로	между собо́й 메즈두 사보이	서명	по́дпись 뽀드삐시
서로 서로	друг дру́га 드루크 드루가	서민	просто́й наро́д 쁘라스또이 나로트
서로 섞다	сме́шиваться 스메쉬밧짜	서술하다	излага́ть 이즐라가찌
서류	докуме́нт 다꾸멘뜨	서양의	за́падный 자빠드느이

서로 다른　　　разли́чный : несхо́дный
　　　　　　　라즐리츠느이 : 니스호드느이

서로 밀착된　　　те́сно свя́занный
　　　　　　　쩨스너 스뱌잔느이

서로 부딪히다　　ста́лкиваться
　　　　　　　스딸끼밧짜

서로 싸우다　　　сража́ться друг с дру́гом
　　　　　　　스라잣짜 드루크 즈드루감

서로 아세요?　　Вы уже́ зна́ли друг дру́га?
　　　　　　　븨 우제 즈날리 드룩 드루가

서비스(전자제품 등)
　　　　　　　се́рвис : услу́га : обслу́живание
　　　　　　　세르비스 : 우슬루가 : 압슬루쥐바니예

서비스가 엉망이다.　Обслу́живание по́ртилось.
　　　　　　　　압슬루쥐바니예 뽀르찔라시

서비스요금　　　пла́та за обслу́живание
　　　　　　　쁠라따 자 압슬루지바니예

서점	книжный магазин 끄니즈느이 마가진	선두에 선	стоять во главе 스따야찌 바 글라베
서커스	цирк 찌르크	선물	подарок 빠다록
서행	медленный ход 메들레느이 호드	선물하다	дарить подарок 다리찌 빠다록
석사	магистр 마기스뜨르	선반	полка 뽈까
석유	нефть 녜프찌	선수	спортсмен 스빠르뜨멘

서비스하다(전산)　　　обслуживать
　　　　　　　　　　압슬루쥐바찌

서빙하다　　　подать : обслуживать
　　　　　　빠다찌 :　압슬루쥐바찌

선글라스　　　солнцезащитые очки
　　　　　　손체자쉬뜨이에　아츠끼

선글라스를 쓰다　носить солнцезащитые очки.
　　　　　　　　나시찌　손체자쉬뜨이에　아츠끼

선물을 살 수가 없다　не мочь купить подарок
　　　　　　　　　　니 모치　꾸삐찌　빠다록

선물하고 싶었어요. Я хотел бы подарить в подарок
　　　　　　　　　야 하쩰 브이 다리찌 프 빠다록

선발팀　　　　отборная команда
　　　　　　앗보르나야　까만다

선조	пре́док 쁘레독	선택하다	выбира́ть 븨비라찌
선진적이다	передово́й 뻬레다보이	선풍기	вентиля́тор 벤찔랴떠르
선출하다	выбира́ть 브이비라찌	설립하다	осно́вывать 아스노브이바찌
선크림	крем от со́лнца 끄렘 아뜨 쏜짜	설명하다	объясня́ть 아비스냐찌

선생님(남자) преподава́тель : учи́тель
쁘리빠다바쩰 : 우치쩰

선생님(여자) преподава́тельница : учи́тельница
쁘리빠다바쩰니차   우치쩰니짜

선을 긋다   проводи́ть ли́нию
쁘라바지찌   리니유

선착순   в поря́дке о́череди : по о́череди
프 빠랴뜨께 오체레지 : 빠 오체레지

선착순으로 티셔츠를 주다
дать футбо́лку в поря́дке о́череди.
다찌 풋볼꾸 프 빠랴뜨께 오체레지

선크림을 계속 바르다 ма́заться кре́мом от со́лнца
마잣짜 끄리맘 아뜨 쏜짜

선사시대   Доистори́ческие времена́
다이스또리체스끼에   브레메나

설사	понос
	빠노스

설익은	недоваренный
	니다바렌늬이

설탕	сахар
	사하르

설탕이든	со сахаром
	사-하람

섬	остров
	오스뜨러프

성(이름)	фамилия
	파밀리야

설 쇠러 고향에 가? Вы вернётесь на родной город, чтобы отметить Новый год?
븨 베르뇨쩨씨 나 라드노이 고라트 쉬떠븨 아뜨메띠찌 노븨이 고트

설(음력)	новый год(по лунному календарю)
	노브이 고트 빠 룬노무 깔렌다류

설날음식	новогодние блюда
	노바고드니예 블류다

설명서	письменное объяснение
	삐스멘너예 아비스녜니예

설사약	слабительное средство
	슬라비쩰나예 스레드스뜨버

설사하다	страдать поносом
	스뜨라다찌 빠노섬

설을 재미있게 쇴어요? Вы приятно праздновали(отмечали) Новый год?
븨 쁘리야뜨너 쁘라즈나발리 (아뜨미찰리) 노브이 고트

설치하다(전산)	устанавливать
	우스따나블리바찌

174

성격	хара́ктер 하락쩨르	성장하다	расти́ 라스찌
성공하다	удава́ться 우다밧짜	성적	успева́емость 우스뻬바에모찌
성냥	спи́чки 스삐츠끼	성조	тон 똔
성립하다	образо́вывать 아브라조븨바찌	성질	хара́ктер 하락쩨르

성 잘 내는 раздражи́тельный
라즈드라쥐쩰느이

성가신 일 더는 없을 거예요.
Бо́льше не доставлю хлопоты́.
볼셰 니 다스따블류 흘라빠띄

성격이 발랄하고 좋은
весёлый и хоро́ший хара́ктер
비숄르이 이 하로쉬 하락쩨르

성공하시기를 바랄게요. Жела́ю вам успе́хов.
젤라유 밤 우스뻬호프

성교하다 име́ть полову́ю связь :
иметь половые отношения
이메찌 빨라부유 스뱌지 : 이메찌 빨라븨예 아뜨너쉐니야

성은 박 입니다. 이름은 박민수입니다.
Моя́ фами́лия Пак, и́мя Пак Мин Су.
마야 파밀리야 박 이먀 박 민 수

세 번째	третий 뜨레찌	세금	налог 날로크
세 시간	3 часа 뜨리 치사	세기(기간)	век 베끄
세게 때리다	бить сильно 비찌 실너	세다(숫자)	считать 쉬따찌
세계	мир 미르	세달	три месяца 뜨리 메샤짜
세계에서	в мире 브 미레	세대	поколение 빠깔레니예
세관	таможня 따모쥐냐	세미나	семинар 세미나르

성탄절　　Рождество (Христово)
　　　　　라즈줴스뜨보　(흐리스또버)

성함을 알려주시겠어요?　Могу ли узнать ваше имя?
　　　　　　　　　마구 리 우즈나찌 바쉐 이먀

성형수술　　пластическая операция
　　　　　쁠라스찌체스까야　아뻬라찌야

세관신고　　таможенная декларация
　　　　　따모줴나야　제끌라라찌야

세권 주세요.　Дайте, пожалуйста, три книги.
　　　　　다이쩨　빠좔루이스따　뜨리 끄니기

세금을 내다　　платить налог.
　　　　　　쁠라찌찌　날로크

176

세모	треуго́льник 뜨레우골니끄	세포	кле́тка 끌레뜨까
세면기	умыва́льник 우므이발니끄	셋(숫자)	три 뜨리
세탁소	химчи́стка 힘치스뜨까	소	коро́ва 까로바
세탁하다.	стира́ть 스찌라찌	소견	мне́ние 므녜니예

세를 주다   сдава́ть в аре́нду
즈다바찌 바렌두

세배   нового́дний покло́н
노바고드느이 빠끌론

세배하다 покло́ном поздравля́ть с Но́вым го́дом
빠끌로놈 빠즈드라블랴찌 스노브임 고돔

세일(할인판매)   прода́жа на ски́дки
쁘라다좌 나 스끼드끼

세탁기   стира́льная маши́на
스찌랄나야 마쉬나

세탁세제   стира́льный порошо́к
스찌랄느이 빠라속

소개하다   познако́мить кого́ с кем
빠즈나꼬미찌

소고기	говя́дина 가뱌지나	소리	звук 즈부크
소극적인	пасси́вный 빠시브느이	소리를 듣다	слу́шать звук 슬루샤찌 즈부크
소금	соль 솔	소멸하다	исчеза́ть 이스체자찌
소나기	ли́вень 리벤	소변	моча́ 마차
소득	при́бы́ль 쁘리빌	소변보다.	мочи́ться 마칫짜
소득세	подохо́дный нало́г 빠다호드느이 날로크	소비자	потреби́тель 빠뜨레비쩰

소개해 드릴게요.	Разреши́те предста́вить вам. 라즈리쉬쩨 쁘리뜨스따비찌 밤
소나기를 만나다	пасть под ли́венем 빠스찌 빠드 리베넴
소름끼치는	мура́шки бе́гают по спи́не 무라쉬끼 비가윳 빠 스삐녜
소리치다(도움을 구하러)	крича́ть 끄리차찌
소매치기	ме́лкое воровство́ 멜꺼예 바롭스뜨보
소매업하다	продава́ть в ро́зницу 쁘라다바찌 브 라즈니쭈

소비하다	потреблять 빠뜨레블랴찌	소유	собственность 솝스뜨벤너스찌
소설	роман 라만	소포	почтовая посылка 빠츠또바야 빠쓸까
소식	известия 이즈베스찌야	소화	пищеварение 삐셰바렌니예
소아마비	детский паралич 젯스끼 빠랄리치	소화불량	диспепсия 디스뻽시야
소원	желание 줼라니예	속눈썹	ресница 레스니짜

소송에서 이기다　　　выиграть на иске
　　　　　　　　　　븨이그라찌 나 이스께

소수민족　　　　　　расовые меньшинства
　　　　　　　　　　라서븨예　　멘쉰스뜨바

소식이 없는(사라진)　　　безвестный
　　　　　　　　　　　　베즈베스느이

소음이 조금 있네.　　Немношко шумно.
　　　　　　　　　　님노쉬까　　슘너

소파 어디에 둬요?　　Куда класть диван?
　　　　　　　　　　꾸다 끌라스찌 지반

소프트웨어(전산)　　программное обеспечение
　　　　　　　　　　쁘라그람너예　　아베스뻬체니예

소화에 좋다　　　Полезно для пищеварения.
　　　　　　　　빨레즈너 들랴　삐셰바레니야

속담	посло́вица 빠슬로비짜	손가방	портфе́ль 빠르뜨펠
속도	ско́рость 스꼬라스찌	손녀	вну́чка 브누츠까
속삭이다.	шепта́ть 쉬쁘따찌	손님	гость 고스찌
속이다.	обма́нывать 아브마늬바찌	손목시계	ру́чные часы́ 루츠늬예 치싀
속하다.	принадлежа́ть 쁘리나들레자찌	손수건	носово́й плато́к 나사보이 쁠라똑
손	рука́ 루까	손실	убы́ток 우븨떠크
손가락	па́лец 빨레쯔	손으로 누르다.	нажа́ть 나좌찌

속닥거리다 гро́мко шепта́ться
그롬꺼 쉬쁘땃짜

속도를 줄이다 уме́ньшить ско́рость
우멘쉬찌 스꼬라스찌

속성으로 ускóренными мéтодами
우스꼬렌늬미 메떠다미

속어 просторе́чие : вульгари́зм
쁘라스따레치예 : 불가리즘

속이려하지 마. Не обма́нывай!
니 아브마늬바이

손자	внук 브누크	손톱	но́готь 노가찌
손잡이	ру́чка 루츠까	손해	уще́рб 우셰르쁘
손전등	ру́чная ла́мпочка 루츠나야 람빠츠까	솔직한	открове́нный 아뜨끄로벤느이

손님에게 좋은 서비스를 제공하기 위해 우리 직원들은 노력하고 있다.
На́ши сотру́дники прилага́ют уси́лия для ока́зания клиентам хоро́ших се́рвисов.
나쉬이 사뜨루느리끼 쁘릴라가욧 우실리야 들랴 아까자니야 끌리엔땀 하로쉬흐 세르비소프

손등	ты́льная сторона́ дадо́ни 띌나야 스따라나 다도니
손을 올리다	поднима́ть руки́ 빠드니마찌 루끼

손을 흔들어 인사하다
приве́тствовать, маха́я рука́ми.
쁘리베스뜨보바찌 마하야 루까미

손재주가 있다	У него́ золоты́е руки́ 우 니보 잘라띄예 루끼
손톱깎이	маниќюрные но́жни́цы 마니뀨르늬예 나즈니쯔이
손해를 보다	тепе́ть уще́рб 쩨르뻬찌 우셰르쁘

한국어	러시아어	한국어	러시아어
솜씨 좋은	иску́сный 이스꾸스느이	수군	морско́й вое́нный 마르스꼬이 바옌느이
쇼윈도	витри́на 비뜨리나	수근거리다	болта́ть 발따찌
쇼핑	поку́пки 빠꾸쁘끼	수년(기간)	не́сколько лет 니스껄꺼 레트
수건	плато́к 쁠라똑	수다스러운	болтли́вый 발뜰리브이
수고비	пла́та за труд 쁠라따 자 뜨루트	수단	сре́дство 스레뜨스뜨버
수공의	рукоде́льный 루까젤느이	수도(도시)	столи́ца 스딸리짜

솔직히 말하자면,   говоря́ открове́нно
                               가바랴   아뜨끄로벤너

솔질을 하다   чи́стить щёткой.
                        치스찌찌   쇼뜨꺼이

송년회   про́воды Ста́рого го́да
               쁘로바디   스따로보   고다

송별회   проща́льный ве́чер
                 쁘라샬느이   베체르

송별회를 열다   провести́ проща́льный ве́чер
                쁘라베스찌   쁘라샬느이   베체르

송이 / 장미 3송이   голо́вка цветка́ ро́зы
                  갈로쁘까   쯔비뜨까   로즤

한국어	러시아어	한국어	러시아어
수동의	ру́чной 루츠노이	수백의	не́сколько сот 니스껄꺼 소트
수량	коли́чество 깔리체스뜨버	수상해	Сомни́тельно. 삼니쩰너
수련	трениро́вка 뜨레니로프까	수선하다	ремонти́ровать 레만찌로바찌
수류탄	ру́чная грана́та 루츠나야 그라나따	수송하다	перевози́ть 뻬레바지찌
수리하다	ремонти́ровать 리반찌로바찌	수수료	комиссио́нные 까미시온늬예
수박	арбу́з 아르부스	수술	опера́ция 아뻬라찌야

수도요금   пла́та за во́ду
쁠라따 자 보두

수력   гидравли́ческая си́ла
기드라블리체스까야 실라

수면(물)   пове́рхность воды́
빠베르흐너스찌 바듸

수산업   ры́бная промы́шленность
릐브나야 쁘라믜쉴렌너스찌

수상(직위)   премье́р-мини́стр
쁘리메르 미니스뜨르

수속절차   поря́док процеду́ры
빠랴덕 쁘라쩨두르이

183

수습하다	справляться 스쁘라블럇짜	숙박하다	ночевать 나체바찌
수신인	адресат 아드레사트	숙제	домашнее задание 다마쉬녜예 자다니예
수여하다	присуждать 쁘리수즈다찌	순서	порядок 빠랴덕
수영	плавание 쁠라바니예	순탄한	ровный 로브느이
수요(필요)	спрос 스쁘로스	숟가락	ложка 로쉬까
수요일	среда 스레다	술	спиртной напиток 스삐르뜨노이 나삐떡
숙모	тётя 쫘쨔	술 취한	пьяный 삐야느이

수십 여의   несколько десятков
           니스껄꺼 지샤뜨까프

수영장   бассейн для плавания
         바쎄인 들랴 쁠라바니야

수영할 줄 알아요?   Вы умеете плавать?
                    븨 우메이쩨 쁠라바찌

비행기 번호가 몇번입니까?   Какой номер рейса?
                            까꼬이 노메르 레이싸

순서대로(선착순)   по порядку
                   빠빠랴뜨꾸

술집	паб;бар 빱 ; 바르
숨기다	прятать 쁘랴따찌
숫자	цифра 찌프라
숲	лес 례스
쉬운	лёгкий 료흐끼이
쉽다	лёгко 료흐꺼
쉽죠?	лёгко? 료흐꺼
슈퍼마켓	супермаркет 수뻬르마르께뜨

순회하다
совершить турне
사베르쉬찌 뚜르녜

술 도수가 세요.
Это вино крепкое.
에떠 비노 끄례쁘까예

술 많이 마시지 마.
Не пей много.
니 뻬이 므노거

술 잘하시네요.
Вы хорошо пьёте.
븨 하라쇼 삐요쩨

술어
предикат : сказуемое
쁘례지까트 : 스까주에마에

술을 끊다
бросить пьянство
브라시찌 삐얀스뜨버

숨쉬기 어려운
тяжело дышащий
찌를로 드이샤쉬이

쉬다 / 잘 쉬었어?
отдыхать / Ты хорошо отдыхал(-а)?
앗드이하찌 띄 하라쇼 앗드이할(라)

185

스물(숫자)	двáдцать 드바짜찌	스타일(남성)	стиль 스찔
스스로에게	себé 시베	스탬플러	стáплер 스따쁠레르
스위치(남성)	выключáтель 브이끌류차쩰	스페인어	испáнский языḱк 이스빤스끼 이즤크
스케줄	расписáние 라스삐사니예	스포츠	спорт 스뽀르뜨
스키장	лы́жный курóрт 르이쥐느이 꾸로르뜨	스프	суп 수쁘
스타(인물)	звездá 즈비즈다	스프레이	водянáя пыль 바지나야 쁘일

쉽게 믿는	лёгко увéренный 료흐꺼 우베렌느이
쉽게 상하다	лёгко пóртиться 료흐꺼 뽀르찌짜
슈퍼마켓에 자주가.	Я чáсто хожу́ в супермáркет. 야 차스떠 하쥬 프수뻬르마르께트
스키를 타다	катáться на лы́жах 까따짜 나 르이좌흐
스트레스 받다	находи́ться под стрéссом 나호지짜 뽀드 스뜨레섬
스포츠 신문	спорти́вная газéта 스빠르찌브나야 가제따

스프링	пружи́на 쁘루쥐나	승리	побе́да 빠베다
스피커	громкоговори́тель 그롬꺼가바리쩰	승리하다	побежда́ть 빠베즈다찌
슬퍼하지 마.	Не печа́ли! 니 뻬찰리	승무원(여자)	стюарде́сса 스뜌아르데사
슬픈	печа́льный 뻬찰느이	승자(남성)	победи́тель 빠베지쩰
슬픔(여성)	печа́ль 뻬찰	시(도시)	го́род 고라트
습격당하다	напада́ться 나빠다짜	시(문학)	стихи́ 스찌히
습관	привы́чка 쁘리브이츠까	시(시간)	час 차스
습도(여성)	вла́жность 블라쥐너스찌	시간	вре́мя 브레먀
승객	пассажи́р 빠사쥐르	시간선	изохро́ны 이자흐로느이

습도가 높아서 힘들어.
О́чень вла́жно, и не прия́тно.
오친 블라쥐나 이 니 쁘리야뜨너

시간 / 한 시간   час / оди́н час
                     차스   아진 차스

시간당	за час 자 차스	시금치	шпинáт 쉬삐나트
시간이 되다	порá 빠라	시기	срок 스록
시계	часы́ 치스이	시끄러운	шýмный 슘느이
시계를 차다	носи́ть часы́ 나시찌 치스이	시끄러운걸.	Шýмно. 슘너

시간당 300km   три́ста киломе́тров за час
뜨리스따 낄라몌뜨러프 자 차스

시간도 없고 바빠.   У меня́ нет вре́мени и за́нят(занята́).
우 미냐 니엣 브례메니 이 자냐뜨 (자니따)

시간약속을 해 주세요.   Назнача́йте вре́мя встре́чи.
나즈나차이쩨 브례먀 프스뜨례치

시간을 낼 수가 없다.   У меня́ нет вре́мени.
우 미냐 니엣 브례메니

시간을 약속하다

договори́ться о вре́мени встре́чи
다가바리짜 아 브례메니 프스뜨례치

시간을 절약하다   эконо́мить вре́мя
이까노미찌 브례먀

시간이 걸리다   тре́боваться вре́мени
뜨례버바짜 브례메니

시내(도시)	це́нтр 쩬뜨르	시어머니	свекро́вь 스비끄로피
시내중심	це́нтр го́рода 쩬뜨르 고로다	시원하다	прохла́дно 쁘라흘라드너
시다(맛)	ки́слый 끼슬르이	시원한	прохла́дный 쁘라흘라드느이
시도	попы́тка 빠쁘이드까	시월(10월)	октя́брь 악쨔브리
시들다	вя́нуть 뱌누찌	시작하다	начина́ть 나치나찌
시민	граждани́н 그라쥐다닌	시장	ры́нок 르이너크
시샘하다	ревнова́ть кого́ 레브나바찌 까보	시점	то́чка вре́мени 또츠까 브레메니
시스템(전산)	систе́ма 시스쩨마	시청자(남성)	зри́тель 즈리쩰
시아버지	свёкор 스뵤까르	시체	труп 뜨루쁘

시간이 오래 걸리네.   Тре́бовалось мно́го вре́мени.
                        뜨레버발러시 므노거 브레메니

시간이 정말 빠르다.   Вре́мя идёт о́чень бы́стро.
                        브레먀 이죳 오친 브이스뜨러

시위하다   демонстри́ровать
             지만스뜨리라바찌

시행하다	исполнять 이스빨냐찌	식량	продовольствие 쁘라다볼스뜨비예
시험	экзамен 에그자멘	식사	еда; обéд 이다; 아볘트
시험지	лист экзамена 리스뜨 에그자메나	식사하다	обéдать 아볘다찌
식당	столовая;ресторан 스딸로바야; 레스따란	식용유	съедобное масло 스예도브나예 마슬러

시장에 자주가세요? Вы часто ходите на рынок?
브이 차스떠 하지쩨 나 르이너크

시키지 마세요. Не вручайте.
니 브루차이쩨

시험 문제 вопросы экзамена
바쁘로스이 에그자메나

시험 봤어요? Вы здавали экзамен?
브이 즈달리 에그자멘

시험결과가 어때요?
Какой результат экзамена вы получили?
깍이 리줄땃 에그자메나 브이 빨루칠리

시험삼아하다. делать на эксперимент
젤라찌 나 엑스뻬리몐뜨

시험에 떨어지다 провалиться на экзамене
쁘라발리짜 나 에그자메녜

식초	уксус 욱수스	신고	декларирование 제끌라리로바니에
식탁	стол 스똘	신고서	декларация 제끌라라찌야
신(종교)	бог 복	신랑	жених 쥐니흐
신경 쓰다	заботиться 자보찌짜	신랑 측	сторона жениха 스따라나 쥐니하

식당차(기차)   вагон-ресторан
바곤 레스따란

식이요법하다   сидеть на диете
시제찌 나 지엣쩨

식중독   пищевое отравление
삐셰보예 아뜨라블레니예

식품   пища; продовольственные продукты
삐샤; 쁘라다볼스뜨벤느이에 쁘라둑뜨이

신경 쓰지 않다   не заботиться
니 자보찌짜

신경써주시는군요.
Вы обращаете большое внимание на меня.
브이 아브라샤예쩨 발쇼예 브니마니예 나 미냐

신경쓰지 마.
Не обращай внимания.
니 아브라샤이 브니마니야

신뢰하다	ве́рить 베리찌	신비	таи́нственность 따인스뜨벤노스찌
신문	газе́та 가제따	신사(남자)	джентльме́н 젠뜰멘
신발(여성)	о́бувь 오부피	신선하다	све́жий 스베쥐이
신발을 신다	обува́ться 아부바짜	신앙	ве́ра 베라
신병	новичо́к 나비촉	신용	креди́т 끄레지트
신부 측	сторона́ неве́сты 스따라나 니베스뜨이	신중한	осторо́жный 아스따로쥐느이
신부(결혼)	неве́ста 니베스따	신청서	заявле́ние 자이블레니예

신고서를 작성하셨나요?
Вы запо́лнили деклара́цию?
브이 자뽈닐리 제끌라라찌유

신고서를 작성해 주세요.
Запо́лните, пожа́луйста, деклара́цию.
자뽈니쩨 빠좔이루스따 제끌라라찌유

신문을 보면 알게 될 거예요.
Если просма́триваете газе́ту, вы узнаёте.
예슬리 쁘라스마뜨리바예쩨 가제뚜 브이 우즈나요쩨

신물이 넘어오다
чу́вствовать отвраще́ние
춥스뜨버버찌 아뜨브라셰니예

신호	сигна́л
	시그날

신호등	светофо́р
	스비따포르

신혼	но́вый брак
	노브이 브라크

실(여성)	нить
	니찌

실망이다	Огорчён(-на́).
	아가르촌(아가르첸나)

실무자	рабо́чая гру́ппа
	라보차야 그루빠

실물	настоя́щий предме́т
	나스따야시이 쁘레드메트

실수	оши́бка
	아쉬쁘까

실수하다	ошиба́ться
	아쉬바짜

실습하다	практикова́ться
	쁘락찌까바짜

실시하다	выполня́ть
	브이빨냐찌

실장(지위)	заве́дующий
	자볘두유쉬이

실제가격	реа́льная цена́
	리알나야 쩨나

실제로	факти́чески
	팍찌체스끼

실제수입	реа́льный дохо́д
	레알느이 다호트

실제의	реа́льный
	레알느이

신용장	креди́тное письмо́
	끄레지뜨너예 삐시모

신용카드	креди́тная ка́рточка
	끄레지뜨나야 까르떠츠까

신하가 되다	стать чино́вником
	스따찌 치노브니껌

신형이다	Э́то но́вая моде́ль.
	에떠 노바야 마델

193

실크	шёлк 숄끄	심리학	психоло́гия 프씨할로기야
실패하다	прова́ливаться 쁘라발리바짜	심장	се́рдце 세르쩨
실행하다	исполня́ть 이스빨냐찌	심판(경기)	судья́ 수지야
싫어하다	не люби́ть 니 류비찌	십억(숫자)	миллиа́рд 밀리아르트
심다	сажа́ть 사자찌	십이(숫자)	двена́дцать 드비나짜찌
심리	пси́хика 프시히까	십이월(남성)	дека́брь 지까브리

실례합니다.	Извини́те. ; Прости́те. 이즈비니쩨. ; 쁘라스찌쩨
실제로 있었던 일	реа́льное собы́тие 리알나예 사브이찌예
실직하다	теря́ть рабо́ту; уйти́ с рабо́ты 쩨랴찌 라보뚜; 우이찌 스 라보뜨이
실크를 생산하다	производи́ть шёлк 쁘라이즈바지찌 숄끄
싫음 말고	Если не нра́вится, пуска́й. 예슬리 니 느라비짜 뿌스까이
심장병	заболева́ние се́рдца 자발레바니예 세르짜

십일(숫자)	оди́ннадцать 아진나짜찌
십일월(남성)	ноя́брь 나야브리
싱겁다	несолёный 니살룐느이
싱글룸	но́мер на одно́го 노메르 나 아드나보
싱싱한	све́жий 스베쥐이
싸 주세요.	Завёртывайте! 자뵤르뜨이바이쩨
싸다(커버)	завёртывать 자뵤르뜨이바찌
싸우다(논쟁)	спо́рить 스뽀리찌
싸우다(투쟁)	боро́ться 바롯쨔
쌀	рис 리스
쌀을 씻다.	мыть рисы́ 므이찌 리스이
싸우다(불화)	конфликтова́ть 깐플릭따바찌
쌍 / 완벽한 한 쌍	па́ра 빠라
쌍꺼풀	двойны́е ве́ки 드바이느이예 베끼
쌍둥이의	близнецы́ 블리즈네쯔이
썩다(이)	по́ртиться 뽀르찌짜
쏟다	пролива́ть 쁘랄리바찌
쓰다(글씨를 쓰다.)	писа́ть 삐사찌
쓰다(기록)	запи́сывать 자삐스이바찌
쓰다(맛)	го́рький 고리끼
쓰레기통	му́сорный я́щик 무사르느이 야식
쓸모없는	безполе́зный 베스빨례즈느이
씨름하다	боро́ться 바롯짜

씹다	жева́ть	씻다	мыть
	줴바찌		므이찌

씹을 수 없다　　　　　не возмо́жно жева́ть
　　　　　　　　　　 니　바즈모쥐너　줴바찌

ㅇ	아니(대답) — нет / 니엣
	아닐 거야. — Невозможно / 니바즈모쥐너
아, 그렇군요. — Ах, так. / 아흐 딱	아들 — сын / 스인
아가씨 — девушка / 제부쉬까	아래 — низ / 니스
아기 — малыш / 말르이쉬	아래층 — нижний этаж / 니쥐니 에따쉬
아내 — жена / 쥐나	아름다운 — красивый / 끄라시브이

아! 그리고 파란색도 있어. — Ах, и синий цвет есть.
아흐 이 시니이 쯔베트 예스찌

아깝잖아. 버리지 마. — Жалко. Не брось.
쫠꺼 니 브로시

아랑곳 하지 않고 — не обращая никакого внимания
니 아브라샤야 니까꼬바 브니마니야

아르바이트가다 — делать неполную работу
졜라찌 니뽈누유 라보뚜

아름다운 사람 — красивый человек
끄라시브이 칠라볙

아마 — может быть; наверно
모쥇 브이찌; 나베르너

아마 될 거야	Возмо́жно. 바즈모쥐너	아무 때나	когда́-нибу́дь 까그다 니부찌
아마추어(남성)	люби́тель 류비쩰	아무것도 아니야.	Ничего́. 니치보

아마 25살 일걸요?　　Наве́рно, два́дцать пять лет.
　　　　　　　　　　나베르너　드바짜찌　빠찌　렛

아마 그럴걸.　　　　　Вполне́ вероя́тно.
　　　　　　　　　　프빨녜　베라야뜨너

아마 전화했어도 통화 못했을 거야.
Хотя́ ты звони́л, но не мог бы соедини́ться с ним по телефо́ну.
하쨔 뜨이 즈바닐 노 니 모크 브이 사이에지닛쨔 스님 빠쩰레포누

아마도　　　　　　　мо́жет быть; наве́рно
　　　　　　　　　　모쮓　브이찌; 나베르너

아무 뜻 없이　　　　　без како́го значе́ния
　　　　　　　　　　베스　까꼬바　즈나체니야

아무 말도 하지 마.　　Не скажи́ каку́ю-нибу́дь.
　　　　　　　　　　니　스까쥐　까꾸유　니부찌

아무 맛이 없다.　　　Нет никако́го вку́са.
　　　　　　　　　　니엣　니깍꼬바　프꾸사

아무것도 몰라.　　　　Я совсе́м не зна́ю.
　　　　　　　　　　야　사브셈　니　즈나유

아무것도 변하지 않을 것이다.
Ничего́ не бу́дет изменя́ться.
니치보　니　부젯　이즈미냐짜

아빠	отéц 아쩨쯔	아이를 낳다	рождáть 라쥐다찌
아쉬워하다	жалéть 좔례찌	아이스크림	морóженое 마로줴나예
아시아	Áзия 아지야	아저씨	дя́дя 쟈쟈
아이	ребёнок 리뵤녁	아침에	у́тром 우뜨럼

아무데나 앉으세요.
Сади́тесь где-нибу́дь.
사지쩨씨 그제 니부찌

아이 돌보면서 일하는 건 너무 피곤하잖아.
Забо́тясь о ребёнке, о́чень тру́дно де́лать свою́ рабо́ту.
자보짜시 아 리본께 오친 뜨루드너 젤라찌 스바유 라보뚜

아이가 있어요?
У вас есть де́ти?
우 바스 예스찌 제찌

아이스녹차
зелёный чай со льдом
질룐느이 차이 살덤

아주 맑을 거예요.
Бу́дет о́чень светло́.
부젯 오친 스비뜰로

아줌마, 뭣 좀 물어 볼게요.
Тётя, у меня́ есть вопро́с.
쬬쨔 우 미냐 예스찌 바쁘로스

아직 길이 익숙지 않다.
> Я ещё не привы́к(-ла) к но́вой доро́ге.
> 야 잇쇼 니 쁘리브이끄(글라) 끄 노버이 다로게

아직 대화해 본적이 없다.   Я ещё не бесе́довал(-а).
야 잇쇼 니 비세다발(라)

아직 러시아에 대해 많이 이해하지 못해요.
> Я ещё не хорошо́ понима́ю о Росси́и.
> 야 잇쇼 니 하라쇼 빠니마유 아 라시이

아직 안 골랐어요.   Я ещё не вы́брал(-а).
야 잇쇼 니 브이브랄(라)

아직 안 먹다.   Ещё не ку́шал(-а).
잇쇼 니 꾸샬(라)

아직 익숙지 않다.   Ещё не могу́ привы́кнуть.
잇쇼 니 마구 쁘리브이끄누찌

아직도 배불러.   Ещё сыт (-а́).
잇쇼 스이뜨(스이따)

아직도 러시아어가 어려워서 우울해.   Мне тяжело́, что ещё не привы́к(-ла) к ру́сскому языку́.
므녜 찌첼로 쉬또 잇쇼 니 쁘리브이끄(글라) 끄 루스까무 이즈이꾸

아침 6시부터 아침식사가 가능합니다.
> Вы мо́жете за́втракать с 6 часо́в у́тра.
> 브이 모줴쩨 자프뜨라까찌 스쉐스찌 치솝 우뜨라

아침에 보통 뭘 먹어요?
> Обы́чно что вы за́втракаете?
> 아브이치너 쉬또 브이 자프뜨라까예쩨

아침을 먹다	за́втракать 자프뜨라까찌	아픔(여성)	боль 볼
아파.	У меня́ боли́т. 우 미냐 발릿	아홉 번째	девя́тый 지뱌뜨이
아프리카	А́фрика 아프리까	아홉(숫자)	де́вять 제비찌
아픈	боле́зненный 발레즈녠느이	악몽	кошма́р 까쉬마르

아침에 안개가 끼다. У́тром тума́нно.
우뜨럼   뚜만너

아파서 밥을 못 먹겠어. Я не могу́ есть и́з-за бо́ли.
야 니 마구 예스찌 이즈 자 볼리

아파서 일찍 집에 가야해.
Я до́лжен ра́но пойти́ домо́й и́з-за бо́ли.
야   돌첸   라너 빠이두 다모이 이즈 자 볼리

아파트   мно́гокварти́рный дом
므노거끄바르찌르느이   돔

아픈 게 나아졌나요?   Боль облегчи́лась?
볼   아블렉칠라시

아픈지 얼마나 됐어요?   Как до́лго вы боле́ли?
깍   돌거   븨 발렐리

악기   музыка́льный инструме́нт
무즈이깔느이   인스뜨루몐뜨

| 악수 | рукопожа́ние
루까빠좌찌예 | 안 어울려. | Не идёт тебе́.
니 이죠트 찌볘 |
|---|---|---|---|
| 악어 | крокоди́л
끄라까질 | 안개 | тума́н
뚜만 |

악기를 치다.
    игра́ть на музыка́льном инструме́нте
    이그라찌 나 　무즈이깔넘 　　인스뜨루몐쩨

악필이네요.   Плохо́й по́черк.
                                        쁠라호이 뽀치르그

안 나갔어요?   Не вы́шел(-шла)?
                                              니 　　브이쉘(쉴라)

안 돼. 비밀이야. 얘기해 줄 수 없어.
    Не могу́. Э́то секре́т. Я не могу́ сказа́ть вам.
    니 　마구　 에떠 시끄레트 야 니 　마구 　스까자찌 　밤

안 만나다 / 나 안본지 꽤 됐잖아요.
        не ви́деться / Мы давно́ не ви́делись.
        니 　비젯짜　　 믜 다브노 니 　비젤리시

안 먹으면 되지 뭐.   Не на́до есть.
                                              니 나더 예스찌

안 어울려. 사지마.   Не идёт тебе́. Не купи́.
                                          니 이죠트 찌볘 니 꾸삐

안 좋은 결과   плохо́й результа́т
                                        쁠라호이 　리줄따트

안(내부)   вну́тренняя сторона́
                                   브누뜨렌냐야 　　스따라나

안경을 쓰다	носи́ть очки́ 나시찌 아츠끼	안되다	не удава́ться 니 우다바짜
안내소	спра́вочное бюро́ 스쁘라바치너예 뷰로	안락하다	комфо́ртный 깜포르뜨느이
안내하다	пока́зывать 빠까즈이바찌	안심하다	успоко́иться 우스빠꼬이짜

안개가 짙다.　　　　　　　　　Тума́н густо́й.
　　　　　　　　　　　　　　　　뚜만　구스또이

안과에 가다　　　　　　　пойти́ в офтальмоло́гию
　　　　　　　　　　　빠이찌　　　바프딸마로기유

안내책자(남성)　　　　　　　　　путеводи́тель
　　　　　　　　　　　　　　　　뿌쩨바지쩰

안녕. 다시 만나.　　　　　　　Пока́. До встре́чи.
　　　　　　　　　　　　　　빠까　　다 프스트레치

안녕하세요.　　　　　　　　　　Здра́вствуйте.
　　　　　　　　　　　　　　　즈드라스프부이쩨

안녕히 계세요. 저는 가겠습니다.
　　　　　　　　　　　　　До свида́ния. Я уйду́.
　　　　　　　　　　　다　스비다니야　야 우이두

안녕히 계십시오.　　　　　　　До свида́ния.
　　　　　　　　　　　　　　다　스비다니야

안약을 넣다　　　　применя́ть гла́зное лека́рство
　　　　　　　　쁘리미냐찌　글라즈나예　리까르스바

한국어	러시아어	한국어	러시아어
안에	внутри́ 브누뜨리	알고 싶다.	Я хочу́ знать. 야 하츄 즈나찌
안전(여성)	безопа́сность 베즈아빠스너스찌	알레르기	аллерги́я 알레르기야
안정된	успоко́енный 우스빠꼬옌느이	알려주다	дава́ть знать 다바찌 즈나찌
안쪽의	вну́тренний 브누뜨렌니	알리다	сообща́ть 사압샤찌
앉다	сиде́ть 시제찌	알아들었어요.	По́нял. 뽀닐
앉을 자리	сиде́ние 시제니예	알약	табле́тка 따블레뜨까
알게 하다	знако́мить 즈나꼬미찌	알코올중독자	алкого́лик 알까골릭

안타요.   Я не сажу́сь.
         야 니 사쥬시

알 / 매일 2알씩   табле́тка / две табле́тки в день
                 따블레뜨까 드볘 따블례뜨끼 브 젠

알고 지내다   знако́миться с кем
              즈나꼬미짜 스 껨

알다 / 잘 알겠어.   поня́ть / Хорошо́ по́нял.
                    빠냐찌   하라쇼 뽀닐

알아 맞혀 보세요.   ДогаÂдывайтесь.
                    다가드이바이쩨시

204

암	рак
	라크

암산하다	вычислять в уме́
	브이치슬랴찌 부몌

암탉	ку́рица
	꾸리짜

앞 사무실	пере́дний о́фис
	뼤례드니 오피스

앞의	пере́дний
	뼤례드니

앞질러가다	опережа́ть
	아뼤례좌찌

앞쪽	пере́дняя сторона́
	뼤례드냐야 스따라나

앞치마	фа́ртук
	파르뚝

애니메이션	анима́ция
	아니마찌야

애무하다	ласка́ть
	라스까찌

애석하다	сожале́ть
	사좔례찌

애원하다	моли́ть
	말리찌

애인	люби́мый
	류비므이

애정(여성)	любо́вь
	류보피

알아보다 / 나 알아보시겠어요?
узнава́ть / Вы узнаёте меня́?
우즈나바찌 븨 우즈나요쩨 미냐

알았어. 알았어.(재촉당할때) Поня́тно, поня́тно.
빠냐뜨너 빠냐뜨너

알코올중독 алкого́льное отравле́ние
알까골나예 아뜨라블례니예

압력을 넣다 оказа́ть давле́ние на что
아까자찌 다블례니예 나 쉬또

애착을 가지다	привя́зывать 쁘리뱌즈이바찌
애호가(남성)	люби́тель 류비쪨
액션	де́йствие 제이스뜨비에
액션영화	боеви́к 바예비크
앵두	ви́шня 비쉬냐
앵무새	попуга́й 빠뿌가이
야구	бейсбо́л 베이스볼
야기하다	вызыва́ть 브이즈이바찌
야박하다	Чёрствый 쵸르스뜨브이
야생의	ди́кий 지끼
야참을 먹다	есть но́чью 예스찌 노치유
약	лека́рство 리까르스뜨바
약(대략)	приме́рно 쁘리메르너
약간	немно́го 니므노거
약국	апте́ка 압쩨까
약도	маршру́тная карта 마르쉬루뜨나야 까르따

애프터서비스　послепрода́жное обслу́живание
　　　　　뽀슬레쁘라다쥐나예　압슬루쥐바니예

야단맞다　получи́ть головомо́йку
　　　　빨루치찌　걸라바모이꾸

약30분 걸려요.　Приме́рно тре́буется полчаса́.
　　　　　　　쁘리메르너　뜨례부엣짜　빨치싸

약간만 할 줄 알아요.　Я могу́ немно́го де́лать.
　　　　　　　　　야 마구　니므노거　졜라찌

약사	фармацевт 파르마쩨프트	얇은	тонкий 똔끼
약속	обещание 아베샤니예	얇은 종이	тонкая бумага 똔까야 부마가
약속어음	простой вексель 쁘라스또이 벡셀	양념	приправа 쁘리쁘라바
약속하다.	обещать 아베샤찌	양념장	соус 소우스
얄미워	омерзительный 아메르지쩰느이	양말	носки 나스끼

약국에 가서 약을 가져가세요.
Возьмите лекарство в аптеке.
바지미쩨 리까르스뜨바 밥쩨께

약속을 지키다
исполнить обещание
이스빨니찌 아베샤니예

약속이 있어.
У меня встреча.
우 미냐 프스뜨레차

약을 먹다
принимать лекарство
쁘리니마찌 리까르스뜨바

약혼식을 하다
провести помолвку
쁘라베스찌 빠몰프꾸

양력
солнечный календарь
손네츠느이 깔렌다리

양배추	капуста 까뿌스따
양보하다	уступать 우스뚜빠찌
양복	костюм 까스쯈
양상추	салат 살라트
양식	форма 포르마
양식(식량)	провизия 쁘라비지야
양심(여성)	совесть 소베스찌
양쪽	обе стороны 오베 스또라느이
양초	свеча 스비차
양파	лук 루크
양해하다.	соглашаться 사글라샤짜
얘기해줘.	Скажи. 스까쥐
어!(감탄사)	Ой! 오이
어깨	плечо 쁠레초

양말을 신다   одевать носок
　　　　　　　아제바찌　나소크

양성하다   воспитать; подготовить; образовать
　　　　　바스삐따찌;　빠드가또비찌;　아브라자바찌

얘기 할게 있어요.   Мне надо говорить.
　　　　　　　　　므녜　나다　가바리찌

얘기해 줄 수 없어.   Я не могу говорить.
　　　　　　　　　야 니　마구　가바리찌

어감   оттенки значения слова
　　　아쩬끼　즈나체니야　슬로바

어느	какой 까꼬이	어느 곳이나	где-нибудь 그졔 니부찌
어느 것	какой-то 까꼬이 떠	어느 날	какой день 까꼬이 젠

어느 나라 사람입니까?   Вы откуда?
비 앗꾸다

어느 나라 제품 이예요   Какого производства?
까꼬바 쁘라이즈봇스뜨바

어느 나라에서   в какой стране
프 까꼬이 스뜨라녜

어느 언니요?   Какая сестра?
까까야 시스뜨라

어느 정도까지   до некоторой степени
다녜까떠러이 스쩨뻬니

어느 종목에서   в каком видах спорта
프까꼼 비다흐 스뽀르따

어느 종목에서 금메달을 땄어?
В каком виде спорта получил(-а) золотую медаль?

프까꼼 비제 스뽀르따 빨루칠 잘라뚜유 메달

어느 지역을 가면 좋은지 조언 좀 해 주세요.
Посоветуйте, какое место хорошо посещать.
빠사볘뚜이쩨   까꼬예 메스떠 하라쇼 빠쎄샤찌

어느 팀?	Кака́я кома́нда?	어디	где
	까까야 까만다		그졔
어두운	тёмный	어디 가다	пойти́ куда́
	쭘느이		빠이찌 꾸다

어느 지역을 방문하셨어요?
Како́й регио́н вы посеща́ли?
까꼬이 리기온 븨 빠세샬리

어느 팀이 이겼어?   Кака́я кома́нда вы́играла?
까까야 까만다 브이이그랄라

어느 호텔이 제일 커요?
Кака́я гости́ница са́мая больша́я?
까까야 가스찌니짜 사마야 발샤야

어디 둬요?   Где мо́жно положи́ть?
그졔 모쥐너 빨라쥐찌

어디 머물 거예요?   Где вы пробу́дете?
그졔 븨 쁘라부졔쩨

어디 약속 있어?   У вас есть встре́ча?
우 바스 예스찌 프스뜨례차

어디다 뒀더라. 잃어버렸나?
Я положи́л(-а) куда́-то, или потеря́л(а)?
야 빨라쥘(라) 꾸다 떠 일리 빠쪠랼(라)

어디를 가든지 비옷을 가지고 다녀야해요.
Куда́-нибудь вы идёте, ну́жно взять с собо́й дождеви́к.
꾸다 니부지 븨 이죠쩨, 누쥐너 브쟈찌 사보이 다쥐졔빅

210

어때?	Как ты думаешь?	어떤 것?	Какие товары?
	깍 뜨이 두마예쉬		까끼예 따바르이

어디서 배웠어요?   Где вы научились?
그제 븨 나우칠리시

어디서 사야하는지 모르겠어.   Я не знаю где можно купить.
야 니 즈나유, 그제 모쥐너 꾸삐찌

어디서 살 수 있어요?   Где можно купить?
그제 모쥐너 꾸삐찌

어디서 샀는지 물어볼게.   Я спрошу, где можно купить.
야 스쁘라슈 그제 모쥐너 꾸삐찌

어디서 일하세요?   Где вы работаете?
그제 븨 라보따예쩨

어디에 가세요?   Куда вы идёте?
꾸다 븨 이죠쩨

어디에 쓰는 거야?   На что это употребляют?
나 쉬또 우빠드레블랴윳

어디에서 돌아오는 거예요?   Откуда вы вернулись?
앗꾸다 븨 베르눌리시

어때? 예뻐?   Как ты думаешь? / Красива?
깍 띄 두마예쉬 끄라시바

어떤 것들이 면세가 되나요?   Какие товары не облагаются томоженной пошлиной?
까끼예 따바르이 니 아블라가유쨔 따모젠너이 뽀쉴리너이

어떤 게 더 키가 커요? Что вы́ше чем други́е?
쉬또 브이쉐 쳄 드루기예

어떤 게 더 편하게 갈까?
Како́й ви́дой тра́нспорта бу́дет удо́бным?
까꼬이 비도이 뜨란스뽀르따 부젯 우도브느임

어떤 운동을 하세요?
Каки́м ви́дом спо́рта вы занима́етесь?
까낌 비덤 스뽀르따 븨 자니마예쩨시

어떤 음악 좋아해요? Каку́ю му́зыку вы лю́бите?
까꾸유 무즈이꾸 븨 류비쩨

어떤 종류의 물건이 있는지 모릅니다.
Я не зна́ю, каки́е това́ры есть.
야 니 즈나유 까끼예 따바르이 예스찌

어떤 종류의 책이에요? Кака́я э́та кни́га?
까까야 에따 끄니가

어떤 호텔이 가장 화려한가요?
Кака́я гости́ница са́мая роско́шная?
까까야 가스찌니짜 사마야 라스꼬쉬나야

어떤지 좀 보다 посмотре́ть, как э́то
빠스마뜨레찌 깍 에떠

어떻게 как
깍

어떻게 구분해요? Как мо́жно разделя́ть?
깍 모쥐너 라즈젤랴찌

212

어떻게 하지?	Как де́лать?	어려운	тру́дный
	깍 젤라찌		뜨루드느이

어떻게 나를 속여?   Как ты обма́нываешь меня́?
                             깍 띄 아브마느이바예쉬 미냐

어떻게 된 거예요?   Что произошёл?
                           쉬또 쁘라이자쑬

어떻게 먹는 거예요?   Как ку́шать э́то?
                           깍 꾸샤찌 에떠

어떻게 생각해요?   Как вы ду́маете?
                           깍 븨 두마이쩨

어떻게 생겼어?   Как он(она́) вы́глядит?
                           깍 온(아나) 브이글리짓

어떻게 쓰는 거야?   Как мо́жно испо́льзовать?
                           깍 모쥐너 이스뽈자바찌

어떻게 알았어요?
         Как вы зна́ли? / Отку́да вы зна́ли?
            깍 븨 즈날리   앗꾸다 븨 즈날리

어떻게 '장동건'을 들어 본적이 없어요.
Как вы ни ра́зу не слы́шали об актёре Зан Дон Гон?
              깍 븨 니 라주 니 슬르이샬리 아박쬬레 장동건

어려운 시기   тру́дный перио́д
              뜨루드느이 뻬리오트

어르신	ста́ршие 스따르쉬예	어릿광대	кло́ун 끌로운
어른	взро́слый 브즈로슬르이	어선	рыболо́вное су́дно 르이발로브나예 수드너
어리둥절한	расте́рянный 라스쩨랸느이	어제	вчера́ 프치라
어리석은	глу́пый 글루쁘이	어제 저녁	вчера́ ве́чером 프치라 베체럼
어린	молодо́й 말라도이	어젯밤	вчера́ но́чью 프치라 노치유
어린이	ребёнок 리뵤넉	어찌됐건	всё же 프쑈 줴

어렵지 만은 않다. Не так тру́дно.
니 딱 뜨루드너

어리다 / 두 살 어리다.
молодо́й / моло́же на два года
말라도이   말로줴 나 드바 고다

어우. 너무 달아.   Ах! Сли́шком сла́дко.
아흐 슬리쉬껌 슬라드꺼

어울리다 подходи́ть к кому́-чему́ ; идти́ кому́
빠드하지찌 까-무–치무;   이찌 까무

어젯밤에 분명하게 말했잖아요.
Вчера́ но́чью я уже́ то́чно сказа́л(-ла).
프치라 노치유 야 우줴 또츠너 스까좔(라)

214

어휘	ле́ксика 렉시까	언어	язы́к 이즈익
언니, 누나	сестра́ 시스뜨라	언제	когда́ 까그다

어젯밤에 잘 잤어요?
Вчера́ но́чью хорошо́ спа́ли?
프치라 노치유 하라쇼 스빨리

어쨌든 젖었을 거야.
Всё же был мо́крым.
프쇼 줴 브일 모끄르임

어쩌다 그렇게 됐네. Всё же э́то произошло́ так.
프쇼 줴 에떠 쁘라이자실로 딱

어쩔 수 없이 ~ 하다
Не могу́ не…
니 마구 니

어쩔 수 없이 자다.
не могу́ не спать
니 마구 니 스빠찌

언니 집에 갈게요.
Я пойду́ домо́й сестры́.
야 빠이두 다모이 시스뜨르이

언니나 동생 있어요?
У вас есть сестра́ и́ли мла́дший брат?
우 바스 예스찌 시스뜨라 일리 믈랏쉬이 브라트

언제 납품합니까? Когда́ поставля́ют э́ти това́ры?
까그다 빠스따블랴윳 에찌 따바르이

언제 돌아가시나요?
Когда́ вы вернётесь?
까그다 븨 베르뇨쩨시

얻다.	получа́ть 빨루차찌	얼굴이 타다.	лицо́ гори́т 리쪼 가릿
얼굴	лицо́ 리쪼	얼다	замерза́ть 자메르자찌
얼굴에	на лице́ 나 리쩨	얼룩	пятно́ 삐뜨노

언제 우리 집에 오실 거예요?
Когда́ вы прихо́дите к нам в го́сти?
까그다 븨 쁘리호지쩨 끄남 브고스찌

언제 졸업했어요?
Когда́ вы око́нчили шко́лу/университе́т?
까그다 븨 아꼰칠리 쉬꼴루 우니베르시쩨트

언제 찾아 갈 수 있나요?
Когда́ мне мо́жно посети́ть?
까그다 므녜 모쥐너 빠쎄찌찌

언제부터	с каки́х времён; с каки́х пор 스 까끼흐 브레묜; 스 까끼흐 뽀르
언제요?(과거)	Когда́ бы́ло? 까그다 브일러
언제요?(미래)	Когда́ бу́дет? 까그다 부젯
얼굴을 가리다	закрыва́ть лицо́ 자끄르이바찌 리쪼
얼굴표정	выраже́ние лица́ 브이라줴니예 리짜

얼마	сколько 스꼴꺼	얼마나 오래	как до́лго 깍 돌거
얼마나 먼	как далеко́ 깍 달리꼬	얼마나?	Ско́лько? 스꼴꺼

얼마 전 남자친구와 헤어졌어.
Неда́вно я разошла́сь с дру́гом.
니다브너 야 라자쉴라시 즈드루검

얼마 전에 출장 갔다 왔다면서요?
Неда́вно вы верну́лись из командиро́вки?
니다브너 븨 베르눌리시 이스까만지로프끼

얼마 후에 че́рез не́сколько вре́мени
체레스 녜스꼴꺼 브레메니

얼마나 걸려? Ско́лько вре́мени тре́буется?
스꼴꺼 브레메니 뜨레부옛짜

얼마동안 러시아에 있을 건가요?
Ско́лько вре́мени вы прибу́дете в Росси́и?
스꼴꺼 브레메니 븨 쁘리부제쩨 브라시이

얼마를 투자 하실 건가요?
Каку́ю су́мму вы бу́дете вкла́дывать?
까꾸유 수무 븨 부제쩨 프끌라드이바찌

얼마예요? Ско́лько сто́ит?
스꼴꺼 스또잇

얼마정도 알고 있다. Немно́го зна́ет
니므노거 즈나옛

얼음	лёд 료트	업무	работа 라보따
엄격하군요.	Суровый. 수로브이	없어.	(У меня) нет. 우 미냐 니엣
엄금하다	строго запрещать 스또로고 짜쁘레샤찌	없어지다	исчезать 이셰자찌
엄마	мама; мать 마마; 마찌	엎지르다	расплёскивать 라스쁠레스끼바찌
엄중한	строгий 스뜨로기	에스컬레이터	эскалатор 에스깔라떠르
엄청나게	невероятно 니베라야뜨너	에어컨	кондиционер 깐지찌아녜르

엄마를 닮았네요.　　　　　　Похож(-жа) на маму.
　　　　　　　　　　　　　빠호쉬 (빠호좌) 나　마무

업데이트하다.(전산)　　　　　обновлять
　　　　　　　　　　　　　아브나블랴지

없네요. 그런데 파란색은 있어요.
　　　　　　　　　　　У нас нет. Но, синий есть.
　　　　　　　　　　　우 나쓰 니엣　노　시니이 예스찌

엉망진창으로　　　　　　　　беспорядочно
　　　　　　　　　　　　　베스빠랴더치너

에어컨 켜주세요.　　　　　Включите кондиционер.
　　　　　　　　　　　　프끌류치쩨　　깐지찌아녜르

엘리베이터	лифт 리프트	여기 돈이요.	Вот де́ньги. 보트 젱기
여권	па́спорт 빠쓰뽀르뜨	여기다.	Вот здесь. 보트 즈제시

에티켓을 지키다   соблюда́ть этике́т
                       사블류다찌   에찌께뜨

엑스레이를 찍다   сде́лать рентгеновский сни́мок
                      즈젤라찌   렌트게놉스끼   스니먹

여권 준비했어요?   Вы гото́вили па́спорт?
                       븨   가또빌리   빠스뻐르트

여기 금연지역이야.
           Здесь запрещено́ куре́ние / кури́ть.
           즈제시   자쁘리쉔노   꾸례니예   꾸리찌

여기 있어요.(돈 드릴 때)   Вот, пожа́луйста.
                           봇   빠좔루이스따

여기 혼자 왔어요?   Вы одни́ пришли́ сюда́?
                    븨   아드니   쁘리쉴리   슈다

여기가 어느 도로 인가요?   Кака́я доро́га здесь?
                            까까야   다로가   즈제시

여기근처에 버스정류장이 있어요?
       Где ближа́йшая остано́вка авто́буса?
       그제   블리좌이샤야   아스따높까   아프또부사

여기는 남편 분 회사예요?
       Ваш муж рабо́тает в э́той фи́рме?
       바쉬   무쉬   라보따옛   브에떠이   피르메

여기에	здесь 즈제시	여드름(남성)	у́горь 우거리
여덟 번째	восьмо́й 바시모이	여러 가지	разли́чный 라즐리츠느이
여덟(숫자)	во́семь 보심	여러 해	мно́го лет 므노거 레트
여동생	мла́дшая сестра́ 믈랏샤야 시스뜨라	여름	ле́то 례떠

여기서 멀어요?
Далеко́ ли отсю́да?
달리꼬 리 앗슈다

여기서 세워주세요.(택시)
Останови́те здесь.
아스따나비쩨 즈제시

여기에 버스정류장이 있어요?
Здесь есть остано́вка авто́буса?
즈제시 예스찌 아스따노프까 아프또부사

여기에 빈방 있어요?
У вас есть свобо́дный но́мер?
우 바스 예스찌 스바보드느이 노메르

여기에 재미있게 놀만한 곳이 있나요?
Есть ли здесь развлека́тельное ме́сто?
예스찌 리 즈제시 라즈블리까쩰너예 메스떠

여동생은 나보다 2살 어려.
Моя́ сестра́ моло́же меня́ на два го́да.
마야 시스뜨라 말로줴 미냐 나 드바 고다

여름에	ле́том
	례떰

여름휴가	ле́тний о́тпуск
	례뜨니이 옷뿌스크

여보세요.(전화)	Алло́.
	알로

여선생님	учи́тельница
	우치쩰니짜

여섯 번째	шесто́й
	쉐스또이

여섯(숫자)	шесть
	쉐스찌

여성	же́нский пол
	젠스끼 뽈

여왕	короле́ва
	까랄례바

여우	лиса́
	리사

여자	же́нщина
	젠쉬나

여자들	же́нщины
	젠시느이

여전히	по-пре́жнему
	빠 쁘례쥐네무

여러분 모두 즐거운 휴일 보내세요.
Проводи́те, пожа́луйста, выходны́е прия́тно.
쁘라보지쩨 빠좔루이스따 브이하드느이예 쁘리야뜨너

여론	обще́ственное мне́ние
	압셰스뜨벤나에 므녜니에

여름 방학	ле́тние кани́кулы
	례뜨니에 까니꿀르이

여전히 잘 지내.
По-пре́жнему я хорошо́ пожива́ю.
빠 쁘례쥐네무 야 하라쇼 빠쥐바유

여전히 잘 지내세요?
У вас всё по-пре́жнему хорошо́?
우 바스 프쇼 빠 쁘례쥐네무 하라쇼

여행	путеше́ствие 뿌쩨쉐스뜨비예	여행하다	путеше́ствовать 뿌쩨쉐스뜨바바찌
여행가방	чемода́н 치마단	역	ста́нция 스딴찌야
여행가이드	гид 기트	역량(여성)	спосо́бность 스빠소브너스찌
여행자	тури́ст 뚜리스뜨	역사	исто́рия 이스또리야

여행 비자   ви́за на путеше́ствие
비자 나   뿌쩨쉐스뜨비예

여행사   туристи́ческое бюро́
뚜리스찌체스꺼에   뷰로

여행사가 일체의 수속을 해 줄 것 입니다.
Тури́стическое бюро́ бу́дет оформля́ть все ну́жные процеду́ры.
뚜리스찌체스까예 뷰로 부젯 아파르믈랴찌 프세 누쥐느이예 쁘라쩨두르이

여행자를 위한   для тури́стов
들랴 뚜리스떠프

여행자수표   доро́жный чек
다로쥐느이   첵

여행팀과 함께 가는 것이 가장 좋아요.
Путеше́ствовать с гру́ппом хорошо́.
뿌쩨쉐스뜨바바찌 즈그루쁨 하랴쇼

역무원   станцио́нный слу́жащий
스딴찌온느이   슬루좌쉬

역할(여성)	роль 롤	연극(남성)	спекта́кль 스뻭따끌
연결	соедине́ние 사예지녜니예	연근	ко́рень ло́тоса 꼬렌 로따사
연계	конта́кт 깐딱뜨	연꽃	ло́тос 로따스
연관(여성)	связь 스뱌시	연료	то́пливо 또쁠리버
연구하다	иссле́довать 이슬례다바찌	연립의	кварти́рный 끄바르찌르느이

역사를 이해할수록 당신의 여행이 더 즐거워질 것입니다.
Чем бо́льше зна́ет исто́рию, тем бо́льше бу́дет интере́сным ва́ше путеше́ствие.
쳄 볼쉐 즈나옛 이스또리유, 쩸 볼쉐 부젯 인쩨례스느임 바쉐 뿌쩨쉐스 뜨비예.

연결하다	свя́зывать; соединя́ть 스뱌즈이바찌; 사예지냐찌
연기되다(시간)	откла́дываться - отложи́ться 앗끌라드이바짜 앗뜰라쥐짜
연기하다(공연)	откла́дываться - отложи́ться 앗끌라드이바짜 앗뜰라쥐짜
연기하다(영화)	откла́дываться - отложи́ться 앗끌라드이바짜 앗뜰라쥐짜
연락 가능한	мо́жно сообща́ть 모쥐너 삽샤찌

연말	конéц гóда 까녜쯔 고다
연못	пруд 쁘루트
연설	выступлéние 브이스뚜쁠례니예
연소자	малолéтний 말라례뜨니
연속하다	послéдовать 빠슬례다바찌
연애하다	влюбля́ться 블류블랴짜
연약하다	хрýпкий 흐루쁘끼
연어(남성)	лосóсь 라소시
연초(때)	начáло гóда 나찰라 고다
열 번째	деся́тый 지샤뜨이
열(숫자)	дéсять 제시찌
열개(가 한 묶음)	деся́ток 지샤떡

연봉이 정말 세다.
Годовóй оклáд явля́ется óчень большим.
가다보이 아끌라트 이블랴예짜 오친 발쉼

연습 많이 한 것 맞죠?
Мнóго ли вы практиковáлись?
므노거 리 븨 쁘락찌까발리시

연습하다　practикова́ться; упражня́ться
　　　　　쁘락찌까바짜;　　우쁘라쥐냐짜

연장하다　продлева́ть - продли́ть
　　　　　쁘라들리바찌　　쁘라들리찌

연회를 베풀다　дава́ть банке́т; устро́ить пир
　　　　　다바찌 반꼐트;　우스뜨로이찌 삐르

열다섯	пятна́дцать 삐뜨나짜찌	열심히	усе́рдно 우세르드너
열둘(숫자)	двена́дцать 드비나짜찌	열악한	ху́дший 훗쉬이
열쇠	ключ 끌류치	열악한 환경	ху́дшая среда́ 훗샤야 스리다

열거하다   перечисля́ть - перечисли́ть
           뻬레치슬랴찌   뻬레치슬리찌

열다   открыва́ть - откры́ть
       앗끄르이바찌   앗끄르이찌

열쇠 잃어버린 것 같아.
   Мне ка́жется, что я потеря́л(-ла) ключ.
   므녜   까줴짜   쉬또 야   빠쩨랼(라)   끌류치

열심히 설명하다   усе́рдно объясня́ть
                 우세르드너   아비스냐찌

열심히 하다   усе́рдно рабо́тать
              우세르드너   라보따찌

열심히 할게요.   Я бу́ду рабо́тать усе́рдно.
                 야 부두   라보따찌   우세르드너

열이 납니까?   У вас есть температу́ра?
               우 바스 예스찌   쪰뻬라뚜라

열이 내리다.   снижа́ется температу́ра
               스니좌엣짜   쪰뻬라뚜라

열정(여성)	страсть 스뜨라스찌	염증	воспале́ние 바스빨례니예
열차	по́езд 뽀예스트	엽서	откры́тка 앗끄르이뜨까
열하나(숫자)	оди́ннадцать 아진나짜찌	영광	сла́ва 슬라바
염소	коза́ 까자	영리한	у́мный 움느이
염전	солёное по́ле 살료나예 뽈례	영상	изображе́ние 이자브라줴니예

열이 있는   высокотемперату́рный
브이사까쩸뻬라뚜르느이

열이 있어서 일하러 가지 못했다.
Я не мог рабо́тать из-за температу́ры.
야 니 모크 라보따찌 이즈 자 쩸뻬라뚜르이

열이 조금 나다   температу́рить немно́го
쩸뻬라뚜리찌 니므노거

열중하다   увлека́ться - увле́чься
우블리까짜 우블례치샤

영문판 여행서적
кни́га путеше́ствия на англи́йском языке́
끄니가 뿌쩨쉐스뜨비야 나 안글리스껌 이즈이께

영문학   англи́йская литерату́ра
안글리스까야 리쩨라뚜라

영수증	квита́нция 끄비딴찌야	영업하다	торгова́ть 따르가바찌
영어	англи́йский язы́к 안글리스끼 이즈이크	영웅	геро́й 게로이
영어로?	По-англи́йски? 빠 안글리이스끼	영원히	ве́чно 베츠너

영수증 좀 주세요. Да́йте квита́нцию, пожа́луйста.
다이쩨 끄비딴찌유 빠좔루이스따

영양을 주다 снабжа́ть пита́нием
스나브좌찌 삐따니옘

영어 할 줄 아세요?
Вы мо́жете говори́ть по-англи́йски?
븨 모쮀쩨 가바리찌 빠안글리스끼

영어로 이야기하다 говори́ть по-англи́йски
가바리찌 빠안글리스끼

영어를 할 수 있어요?
Вы мо́жете говори́ть по-англи́йски?
븨 모쮀쩨 가바리찌 빠안글리스끼

영어학원비
пла́та за ча́стное обуче́ние англи́йскому языку́
쁠라따 자 차스너예 아부체니예 안글리스까무 이즈이꾸

영업 액에 따라 세금을 납부해야한다.
На́до заплати́ть нало́г за объём торго́вли.
나다 자쁠라찌찌 날로크 자 아비욤 따르고블리

영토 내	на территории 나 쩨리또리이
영향	влияние 블리야니예
영화	кино; фильм 끼노; 필름
영원히 떠나다	уехать вечно 우예하찌 베츠너
영하 / 영하 11도	минус / минус одиннадцать 미누스 / 미누스 아진나짜찌
영화가 싱겁다.	Это кино вздорное. 에떠 끼노 브즈도르나예
영화를 보다	смотреть фильм 스마뜨레찌 필름
영화를 촬영하다	снимать фильм 스니마찌 필름
영화제(남성)	кинофестиваль 끼노페스찌발
예(보기)	пример; в качестве примера 쁘리메르; 프까체스뜨베 쁘리메라
예금통장	сберегательная книжка 즈베레가쩰나야 끄니쉬까
예를 드세요.	Возьмите пример. 바지미쩨 쁘리메르
옆의	боковой 바까보이
예를 들자면	например 나쁘리메르
예물	свадебный подарок 스바제브느이 빠다러크

예쁘다	краси́вый	예술	иску́сство
	끄라시브이		이스꾸스뜨버
예산	бюдже́т	예술가	арти́ст
	뷰줴뜨		아르찌스뜨

예매권   предвари́тельно про́данный биле́т
       쁘레드바리쩰너   쁘라단느이   빌롓

예방 접종서   сертифика́ция о приви́вке
           쎄르찌피까찌야   아쁘리비프께

예방 주사를 맞다.   сде́лать приви́вку
           즈젤라찌   쁘리비프꾸

예방하다.   предотвраща́ть - предотврати́ть
           쁘리다뜨브라샤찌   쁘리다뜨브라찌찌

예배   богослуже́ние; це́рковная слу́жба
       바가슬루줴니예: 쩨르꼬브나야   슬루즈바

예보하다.(날씨)   предска́зывать - предсказа́ть пого́ду / прогно́з пого́ды
쁘레뜨스까즈이바찌   쁘레뜨스까자찌   빠고두   쁘라그노스   빠고드이

예뻐 보이네요.   Мне ка́жется, она́ краси́ва.
           므녜   까줫짜   아나   끄라시바

예쁜 사람이라고 들었어요.
           Я слы́шал(-ла), что она́ краси́вая.
           야   슬르이샬(라)   쉬또   아나   끄라시바야

예술가이실 것 같아요.   Ка́жется, что вы арти́ст.
           까줫짜   쉬또   븨   아르찌스뜨

예약하다	заказывать 자까즈이바찌	오(감탄)	ой 오이
예의 있게	вежливо 베쥘리버	오(숫자)	пять 빠찌
예의가 없는	невежливый 니베쥘리브이	오는(시기)	приходящий 쁘리하쟈쉬
예전에	раньше 란쉐	오늘	сегодня 시보드냐
옛날	прошлое 쁘로쉴러예	오늘날	настоящее время 나스따야셰예 브레먀

예의를 지키다   соблюдать этикет
사블류다찌 에찌께트

예의상 그런 거죠.   По вежливости так делал(-ла).
빠 베쥘리바스찌 딱 곌랄(라)

예측하다   предсказывать - предсказать
쁘레쯔스까즈이바찌 쁘레쯔스까자찌

옐로우 카드   жёлтая карточка
죨따야 까르또츠까

오는 길이 편했어요?   Как поездка?
깍 빠예스뜨까

오는 길에   по дороге домой
빠 다로게 다모이

오는 길에 계란 사와.   Купи яйцы по дороге домой.
꾸삐 이쯔이 빠 다로게 다모이

오늘 가시나요?	Сегодня вы уедете?
	시보드냐 븨 우예제쩨

오늘 고마웠어요.	Сегодня я вам благодарен.
	시보드냐 야 밤 블라가다렌

오늘 공기가 맑아요.	Сегодня воздух чистый.
	시보드냐 보즈두흐 치스뜨이

오늘 날씨가 나빠요	Сегодня плохая погода.
	시보드냐 쁠라하야 빠고다

오늘 날씨가 좋아요	Сегодня хорошая погода.
	시보드냐 하로샤야 빠고다

오늘 예뻐 보이네요.	Сегодня выглядит красиво.
	시보드냐 브이글리짓 끄라시버

오늘 오후는 쉬어. 집에 있을 거야.
Сегодня я буду отдыхать во второй половине дня. Я буду дома.
시보드냐 야 부두 앗드이하찌 바 프따로이 빨라비녜 드냐. 야 부두 도마

오늘 일을 끝냈어요?
Вы закончили сегодняшнюю работу?
븨 자꼰칠리 시보드냐쉬뉴유 라보뚜

오늘 재미없었어.	Сегодня было скучно.
	시보드냐 브일러 스꾸츠너

오늘 정말 재밌다.	Сегодня очень интересно.
	시보드냐 오친 인쩨례스너

오늘 즐거웠어요.	Сегодня мне было интересно.
	시보드냐 므녜 브일러 인쩨례스너

오늘밤에	сегóдня вéчером
	시보드냐 베체럼
오다	приходи́ть
	쁘리하지찌
오락(물)	развлечéние
	라즈블리체니예
오래	дóлго
	돌가

오래됐지.	Бы́ло давни́м.
	브일러 다브님
오래된 친구	ста́рый друг
	스따르이 드루크
오랫동안	в дóлгое врéмя
	브돌거예 브례먀
오렌지	апельси́н
	아뻴씬

오늘은 내가 한 턱 낼게요.
Сегóдня я хочу́ угоща́ть вас.
시보드냐 야 하추 우가샤찌 바스

오늘은 당신 뜻대로 하세요.
Сегóдня дéлайте, как вы хоти́те..
시보드냐 젤라이쩨 깍 브이 하찌쩨

오늘이 3번째야.
Сегóдня трéтье.
시보드냐 뜨례찌예

오래 가지 않다.
Не продолжа́ться дóлго
니 쁘라달좌짜 돌거

오래 기다리게 해서 미안합니다.
Извини́те, что заста́вил вас дóлго ждать.
이즈비니쩨 쉬또 자스따빌 바스 돌거 쥐다찌

오래간 만이예요. **Скóлько лет, скóлько зим.**
스꼴꺼 레트 스꼴꺼 짐

오렌지 주스 **апельси́новый сок**
아뻴시나브이 소크

232

오르다	подниматься 빠드니마쨔
오르다(가격)	повышаться 빠브이샤쨔
오른쪽	правая сторона 쁘라바야 스따라나
오른편	правая сторона 쁘라바야 스따라나
오리	утка 우뜨까
오만한	наглый 나글르이
오빠, 형	старший брат 스따르쉬이 브라트
오세요.	Приезжайте. 쁘리예자이쩨
오염	загрязнение 자그랴즈녜니예
오월	май 마이
오이	огурец 아구례쯔
오케스트라	оркестр 아르께스뜨르

오렌지 한쪽 кусок апельсина
꾸석   아뼬시나

오르다.(나무등) подниматься
빠드니마쨔

오른쪽으로 가야하는 거죠? Надо пойти направо?
나다 빠이찌 나쁘라바

오이로 팩을 하다
применять косметическую маску из огурца
쁘리미냐찌 까스메찌체스꾸유 마스꾸 이자구릇짜

오전 первая половина дня
뻬르바야 빨라비나 드냐

233

오타	ошибочный шрифт	옥(보석)	нефрит
	아쉬버츠느이 쉬리프트		네프릿
오토바이	мотоцикл	옥수수	кукуруза
	마따찌끌		꾸꾸루자

오지 않는다면   если не прийдёт
                          예슬리 니   쁘리죳

오토바이 좀 봐주세요.(자리비울동안)
                  Наблюдайте этот мотоцикл.
                  나블류다이쩨   에또뜨   마따찌끌

오토바이가 무서워.   Я боюсь мотоцикла.
                        야   바유시   마따찌끌라

오토바이로 여기에서 집까지 얼마나 걸려요?
Сколько времени занимает дорога отсюда до дома на мотоцикле? / Сколько времени езды на мотоцикле отсюда до дома?
스꼴꺼 브레메니 자니마옛 다로가 앗슈다 다 도마 나 마따찌끌레 스꼴꺼 브레메니 예즈드이 나 마따찌끌레 앗슈다 다 도마

오토바이와 차가 추돌하다.
                  Мотоцикл и машина столкнулись
                  마따찌끌 이   마쉬나   스딸끄눌리시

오해하다   неправильно понимать
                        니쁘라빌너   빠니마찌

오해하셨어요.   Вы неправильно поняли.
                        븨   니쁘라빌너   뽀닐리

온도	температу́ра 쩸뻬라뚜라	올해	в э́том году́ 베땀 가두
온도계	термо́метр 쩨르모메뜨르	옮기다	дви́гать 드비가찌
온라인	онла́йн 온라인	옳다	пра́вильный 쁘라빌느이
온화한	мя́гкий 먀흐끼	옷	оде́жда 아제쥐다
올 거죠?	Прие́здите? 쁘리예지쩨	옷가게	магази́н оде́жды 마가진 아제쥐드이
올가미	пе́тля 뻬뜰랴	옷감	мате́рия 마쩨리야

오후	втора́я полови́на дня 프따라야 빨라비나 드냐
온도를 재다	измеря́ть температу́ру 이즈메랴찌 쩸뻬라뚜루
온수기	горячево́дный кла́пан 가랴체보드느이 끌라빤
올림픽	олимпи́йские и́гры 알림삐이스끼에 이그르이
올해 몇 살이세요?	В этом году́ ско́лько вам лет? 베땀 가두 스꼴꺼 밤 레트
옷 따뜻하게 입어.	Одева́йсь потепле́е. 아제바이시 빠찌쁠례예

옷걸이	ве́шалка 베샬까	와인	вино́ 비노
옷을 벗다.	раздева́ться 라제바짜	완고한	упря́мый 우쁘랴므이
옷을 입다	одева́ться 아제바짜	완벽한	безупре́чный 베주쁘레치느이
옷이 끼다.	оде́жда жмёт 아제쥐다 쥐못	완성되다	заверша́ться 자베르샤짜

옷을 갈아입다	переодева́ться 뻬레아제바짜
옷을 다리다	гла́дить оде́жду 글라지찌 아제쥐두
옷을 맞추다	примеря́ть оде́жду 쁘리메랴찌 아제쥐두
옷을 빨고 있어요.	Я полоска́ю оде́жды. 야 빨라스까유 아제쥐드이
옷을 빨다	полоска́ть оде́жду 빨라스까찌 아제쥐두
옷을 짜다	выжима́ть бельё 브이쥐마찌 벨요
와이셔츠	ве́рхняя руба́шка 베르흐냐야 루바쉬까
완벽한 타이밍이네.	Как раз. 깍 라스

완전한	по́лный 뽈느이	왕자	принц 쁘린쯔
왕래하다.	ходи́ть 하지찌	왜	почему́ 빠치무
왕복의	туда́ и обра́тно 뚜다 이 아브라뜨너	왜 그렇지?	Почему́ так 빠치무 딱
왕의 무덤	моги́ла царя́ 마길라 짜랴	왜?	Почему́? 빠치무

왕복표	биле́т в о́ба конца́ 빌레트 보바 깐짜
왕에게 바치다	отдава́ть королю́ 앗다바찌 까롤류
왕위를 빼앗다	лиша́ть престо́л 리샤찌 쁘레스똘

왜 그렇게 늦게 돌아왔어요?
Почему́ так по́здно верну́лись?
빠치무 딱 뽀즈너 베르눌리시

왜 그렇게 서둘러요? Почему́ так торо́питесь?
빠치무 딱 따로삐쩨시

왜 그렇게 자꾸 재촉해. Почему́ так торо́пишь.
빠치무 딱 따로삐쉬

왜 무슨 일인데? Почему́ что случи́лось?
빠치무 쉬또 슬루칠러시

왜 미리 말을 안했어? Почему́ не сказа́л зара́нее?
빠치무 니 스까잘 자라네예

왜 안 돼? Почему́ не возмо́жно?
빠치무 니 바즈모쥐너

왜 어제 일을 쉬었어요?
Почему́ вчера́ вы не рабо́тали?
빠치무 프치라 븨 니 라보딸리

왜 이렇게 느린 거야. Почему́ так ме́дленно.
빠치무 딱 메들렌너

왜 이렇게 사람이 많은 거야.
Почему́ так мно́го люде́й?
빠치무 딱 므노거 류제이

왜 이렇게 오래 길이 막히는 거야.
Почему́ так до́лго прегра́ждает доро́гу?
빠치무 딱 돌거 쁘레그라쥐다옛 다로구

왜 저것도 좋은데. Ну, как, э́то то́же хорошо́.
누 깍 에떠 또줴 하라쇼

왜 절 따라 오시는 거예요?
Почему́ вы сле́дуете за мной?
빠치무 브이 슬례두예쩨 자므노이

왜 한숨 쉬고 있어? Почему́ глубоко́ вдыха́ешь?
빠치무 글루바꼬 브드이하예쉬

왜냐면 걸으려고 하지 않으니까.
Потому́ что не хо́чет ходи́ть.
빠따무 쉬또 니 호칫 하지찌

238

외교	диплома́тия 지쁠라마찌야	외국인	иностра́нец 이나스뜨라네쯔
외교관	диплома́т 지쁠라마드	외로이	одино́ко 아지노까
외국의	иностра́нный 이나스뜨란느이	외상	креди́т 끄레지트

왠지 알아요?	Вы зна́ете, почему́ так? 브이 즈나예쩨 빠치무 딱
외교단	дипломати́ческая делега́ция 지쁠라마찌체스까야 젤레가찌야
외국	инностранная страна́ 이나스뜨란나야 스뜨라나
외국어	иностра́нный язы́к 이나스뜨란느이 이즈이크
외국회사	зарубе́жная компа́ния 자루베쥐나야 깜빠니야
외모(여성)	вне́шность; вне́шний вид 브녜쉬노스찌; 브녜쉬니 비트
외무부	Министе́рство иностра́нных дел 미니스쩨르스뜨바 이나스뜨란느이흐 젤
외상 되요?	Мо́жно покупа́ть в креди́т? 모쥐너 빠꾸빠찌 프끄레지트
외식하다	обе́дать в рестора́не 아베다찌 브리스따라네

외진(벽촌)	глухо́й 글루호이	왼쪽	ле́вая сторона́ 례바야 스따라나
외침(침략)	нападе́ние 나빠졔니예	왼쪽으로	нале́во 날례버
외할머니	ба́бка 바프까	왼편	ле́вая сторона́ 례바야 스따라나
외할아버지	дед 졔트	요괴	домово́й 다마보이
외화	иностра́нная валю́та 이나스뜨란나야 발류따	요구르트	йо́гурт 이오구르뜨
왼손	ле́вая рука́ 례바야 루까	요구하다	тре́бовать 뜨례버바찌

외장하드(전산)
внеустро́енное техни́ческое обеспе́чение
브네우스뜨로옌너예 쩨흐니체스꺼예 아베스뻬체니예

외출중이다 выходи́ть из до́му
브이하지찌 이즈 도무

왼편에 있는 것이 находя́щийся в ле́вой стороне́
나하쟈쉬이샤 블례버이 스따라녜

요구를 만족시켜 드릴 수 있습니다.
Мо́жно удовлетворя́ть тре́бования.
모쥐너 우다블레뜨바랴찌 뜨례버바니야

요구를 만족시키다 удовлетворя́ть тре́бования
우다블레뜨바랴찌 뜨례버바니야

요금	плата 쁠라따	요리하다	готовить пишу 가또비찌 삐슈
요금을 내다	заплатить 자쁠라찌찌	요소	элемент 엘레몐뜨
요리	кухня 꾸흐냐	요술	колдовство 깔도프스뜨보
요리법	кулинария 꿀리나리야	욕실	ванная 반나야

요리 잘하세요?
Вы хорошо готовите?
븨 하라쇼 가또비쩨

요리하고 있어.
Я готовлю обед.
야 가또블류 아볘트

요약   резюме; краткое изложение
  레쥬몌; 끄라뜨꺼예 이즐라줴니예

요즘 다시 자전거를 타기 시작했다.
В последнее время я вновь начинал кататься на велосипеде.
프빠슬레드녜예 브레먀 야 브노피 나치날 까따짜 나 벨라시뻬제

요즘 살찌신 것 같아요.
В последнее время вы кажетесь полным.
프 빠슬레드녜예 브례먀 븨 까줴쩨시 뽈느임

요즘 어떻게 지내?
В последнее время как ты поживаешь?
프 빠슬레드녜예 브례먀 각 띄 빠쥐바예쉬

욕심(여성)	жа́дность 좌드너스찌	용돈	карма́нные де́ньги 까르만느이예 졘기
욕심이 많은	жа́дный 좌드느이	우(남성)	дождь 도쉬
용(동물)	драко́н 드라꼰	우기	сезо́н дожде́й 씨존 다줴이
용감하다	сме́лый 스멜르이	우동	лапша́ 랍샤

요즘 자연재해가 자주 일어난다.
В после́днее вре́мя ча́сто случа́ется стихи́йное бе́дствие.
프 빠슬레드녜예 브례먀 차스떠 슬루차예짜 스찌히이너예 볫스뜨비예

요즘　　　　　　　　　　В после́днее вре́мя; тепе́рь
　　　　　　　　　　　　프 빠슬레드녜예 브례먀; 찌뻬리

요즘은 정말 덥다.　　　В после́днее вре́мя о́чень жа́рко.
　　　　　　　　　　　프 빠슬레드녜예 브례먀 오친 좌르꺼

욕심도 많네.　　　　　　　　　　　　О́чень жа́дный.
　　　　　　　　　　　　　　　　　　오친 좌드느이

용띠　　　　　　　　　　земна́я ветвь Драко́на
　　　　　　　　　　　　젬나야 베뜨피 드라꼬나

용법　　　　　　　　　　спо́соб употребле́ния
　　　　　　　　　　　　스뽀서프 우빠드레블레니야

용서하다　　　　　　　　проща́ть - прости́ть
　　　　　　　　　　　　쁘라샤찌 　 쁘라스찌찌

| 우리 | мы
믜 | 우리끼리만? | Только мы?
똘까 믜 |

우리가격   привилегированная цена
                        쁘리빌레기로반나야 쩨나

우대하다   тепло относиться
                        찌쁠로 아뜨나싯쨔

우리 같이 놀러가자.   Давай сходим вместе.
                        다바이 스호짐 브메스쩨

우리 내기 했거든.   Мы поспорились.
                        믜 빠스뽀릴리시

우리 모두 그렇지.   Мы все так.
                        믜 프쎄 딱

우리 뭐 먼저 하지?   Сначала что мы делаем?
                        스나찰라 쉬또 믜 젤라옘

우리 어떻게 하지?   Как нам делать?
                        깍 남 젤라찌

우리 집에 놀러와.   Приезжай к нам в гости.
                        쁘리예즈좌이 끄남 브고스찌

우리 집에 올 거죠?
         Вы не могли бы приезжать к нам?
         브이 니 마글리 브이 쁘리예좌찌 끄남

우리 테니스 칠래요?   Не хотите играть в теннис?
                        니 하찌쩨 이그라찌 프쩨니스

우리보다	чем мы	우물	колодец
	чем мы 쳄 미		колодец 깔로졔쯔

우리 함께 배드민턴 치러 가요.
　　　Давайте вместе играть в теннис.
　　　다바이쩨 브몌스쩨 이그라찌 프뗴니스

우리가 친구가 된다면 좋을 거야.
　　Будет радостным, что мы станем друзьями.
　　부졧　 라도스느임　쉬또 미　스따녬　드루지야미

우리는 같이 일할 것이다.
　　　　　　　　　　Мы будем вместе работать.
　　　　　　　　　　미　부졤　브몌스쩨　라보따지

우리는 부부예요.　　　　　　　　　Мы супруги.
　　　　　　　　　　　　　　　　　미　수쁘루기

우리는 안 지 오래 됐어요.
　　　　　　　　　　　Мы давно познакомились.
　　　　　　　　　　　미　다브노　빠즈나꼬밀리시

우리의 협력관계가 발전하기를 기대합니다.
Надеюсь, что наши сотруднические
отношения будут развиваться.
나졔유시　쉬또 나쉬 사뜨루드니체스끼예 아뜨나쉐니야 부둣 라
즈비바쨔

우린 가지 않기로 결정했다.
　　　　　　　　　　　　Мы решили не поехать.
　　　　　　　　　　　　미　리쉴리　니　빠예하찌

우린 공통점이 많아.　　　　У нас много общего.
　　　　　　　　　　　　우 나스　므노거　옵셰버

244

우박	град 그라트	우아한	элегáнтный 엘레간뜨느이
우비	дождевѝк 다쥐제빅	우연(남성)	слýчай 슬루차이
우산	зóнтик 존찍	우연히	случáйно 슬루차이너
우선	приоритéт 쁘리아리쩨트	우울한	мрáчный 므라치느이
우선순위	приоритéт 쁘리아리쩨트	우울해.	Мне грýстно. 므네 그루스너
우스운	смешнóй 스메쉬노이	우월감	преимýщество 쁘레이무셰스뜨버
우승자(남성)	победѝтель 빠베지쩰	우유	молокó 멀라꼬
우아하다	элегáнтный 엘레간뜨느이	우정	дрýжба 드루쥐바

우산 가지고 가세요.	Несѝте зóнтик. 네씨쩨 존찍크
우승을 거머쥐다	побеждáть 빠베쥐다찌
우승팀	комáнда-победѝтельница 까만다 빠베지쩰니짜
우연의 일치네.	Случáйное совпадéние. 슬루차이너에 삽빠제니예

한국어	러시아어	한국어	러시아어
우주인	космона́вт 까스마나프뜨	운동종목	ви́ды спо́рта 비드이 스뽀르따
우체국	по́чта 뽀츠따	운동하다	дви́гаться 드비가짜
우체부	почтальо́н 빠츠딸온	운동화	спорти́вная о́бувь 스빠르찌브나야 오부피
우체통	почто́вый я́щик 빠츠또브이 야식	운반하다	носи́ть 나시찌
우표	ма́рка 마르까	운송하다	перевози́ть 뻬레바지찌
운동경기	соревнова́ния 사레브나바니야	운이 없는	злосча́стный 즐라샤스느이

우주선 — косми́ческий кора́бль
까스미체스끼 까라블

우표를 붙이다 — накле́ивать ма́рку
나끌레이바찌 마르꾸

우회전금지 — запрещено́ поверну́ться напра́во
자쁘레시노 빠베르누짜 나쁘라버

우회전하다 — поверну́ться напра́во
빠베르누짜 나쁘라버

운송비 — платёж за перево́зку
쁠라쬬쉬 자 뻬레보스꾸

운수 좋은 날이네 — Сего́дня повезло́.
시보드냐 빠비즐로

운이 좋다	счастли́вый 시슬리브이	웃기는(황당하게)	смешно́й 스메쉬노이
운전사	води́тель 바지쩰	웃기지?	Это сме́шно? 에떠 스메쉬너
운전하다	води́ть маши́ну 바지찌 마쉬누	웃다.	смея́ться 스미얏짜
운하	кана́л 까날	웅장하다	великоле́пный 벨리까례쁘느이
울다.	пла́кать 쁠라까찌	원	круг 끄룩
울지 마.	Не плачь. 니 쁠라치	원금	капита́л 까삐딸
움직이다	дви́гать 드비가찌	원료	сырьё 스이리요

운이 없는 날이네.   Сего́дня злосча́стно.
　　　　　　　　　시보드냐 즐라샤스너

운이 좋은데.   Мне повезло́.
　　　　　　　므녜 빠비즐로

운전면허증   води́тельские права́
　　　　　　바지쩰스끼예 쁘라바

운전을 위험하게 했어요.   Опа́сно води́л(-а).
　　　　　　　　　　　아빠스너 바질(라)

웃기는 농담   смешна́я шу́тка
　　　　　　스메쉬나야 슈뜨까

원샷	до дна 다드나	원조하다	подде́рживать 빳제르쥐바찌
원숭이	обезья́на 아베지야나	원천	исто́чник 이스또치니크
원시의	примити́вный 쁘리미찌브느이	원피스	пла́тье 쁠라찌예
원인	причи́на 쁘리치나	원하는 대로	как хо́чешь 깍 호치쉬
원장	гла́вная кни́га 글라브나야 끄니가	원형의	кру́глый 끄루글르이
원점	нача́льный пункт 나찰느이 뿐끄뜨	월급날	день зарпла́ты 젠 자르쁠라뜨이

원래계획은 이틀 밤이다.
Первонача́льный план был рассчи́тан на два дня.
  뻬르버나찰느이 쁠란 브일 라쉬딴 나 드바 드냐

원앙새	мандари́нская у́тка 만다린스까야 우뜨까
원주(둘레)(여성)	окру́жность 아끄루쥐너스찌
원하는 대로 잘되길 바랍니다.	Жела́ю вам успе́хов. 라유 밤 우스뻬허프
월권하다	злоупотребля́ть вла́стью 즐라우빠뜨레블랴찌 블라스찌유

월말	коне́ц ме́сяца 까녜쯔 메샤짜	위(방향)	верх 베르흐
월요일	понеде́льник 빠니젤닉	위(신체)	желу́док 쥌루덕
웨이터	официа́нт 아피찌안뜨	위대한	вели́кий 벨리끼
웨이트리스	официа́нтка 아피찌안뜨까	위로하다	утеша́ть 우쩨샤찌
웹디자이너	веб-диза́йнер 벱 디자이네르	위반하다	наруша́ть 나루샤찌

월경이 있다	менструи́ровать 멘스뜨루이라바찌
월급	ежеме́сячный за́работок 에쥐메샤츠느이 자라버떠크
월급날이 오다	прибли́зится день зарпла́ты 쁘리블리짓쨔 쩬 자르쁠라뜨이
월세를 내다	заплати́ть ме́сячную аре́нду 자쁠라찌찌 메샤츠누유 아롄두
웹디자인하다	испо́лнить веб-диза́йн 이스뽈니찌 벱 디자인
위가 아프다	боли́т желу́док 발릿 쥌루더크
위산(의학)	кисло́тность желу́дочного со́ка 끼슬로뜨너스찌 쥌루더츠나바 소까

위신	авторите́т 아프따리쩻	위치해 있다	располо́жен 라스빨로젠
위안하다	обнадёживать 아브나죠쥐바찌	위한	для + чего - кого 들랴 치보 까보
위원회	коми́ссия 까미씨야	위험한	опа́сный 아빠스느이
위층	ве́рхний эта́ж 베르흐니 에따쉬	위협하다	угрожа́ть 우그라좌찌
위치	пози́ция 빠지찌야	유격병	партиза́н 빠르찌잔
위치하다	располага́ть 라스빨라가찌	유교	конфуциа́нство 깐푸찌안스뜨버

위원장   председа́тель коми́ссии
　　　 쁘렛쎼다쩰　까미시이

위조하다   фальсифици́ровать
　　　 팔시피찌라바찌

유가 증권(양도할 수 있는)   це́нные бума́ги
　　　 쩬느이에 부마기

유감스럽다.   Мне о́чень жаль.
　　　 므녜 오친 좔

유교의 영향을 받다

подда́ться влия́ниям конфуциа́нства
빠다짜 블리야니얌 깐푸찌안스뜨바

유능한	спосо́бный 스빠소브느이
유니폼	мунди́р 문지르
유럽	Евро́па 에브로빠
유리	стекло́ 스찌끌로
유리한	вы́годный 브이거드느이
유명배우	изве́стный актёр 이즈베스느이 악쬬르
유명인사(여성)	изве́стность 이즈베스너스찌
유명한	изве́стный 이즈베스느이
유사한	аналоги́чный 아날라기츠느이
유산(재산)	насле́дие 나슬례지예
유언	завеща́ние 자비샤니예
유용한	поле́зный 빨례즈느이
유월	ию́нь 이윤
유익하다	блоготво́рный 블라가뜨보르느이
유일한	еди́нственный 예진스뜨벤느이
유적	след 슬롓
유명해지기 시작하다	стать изве́стным 스따찌 이즈베스느임
유사시	в чрезвыча́йном слу́чае 프츠레즈브이차이넘 슬루차예
유언으로 남겨주다	завеща́ть 자비샤찌
유적	истори́ческий па́мятник 이스따리체스끼이 빠먀뜨니크

유전의	наслéдственный 나슬롓스뜨벤느이	유행하는	мóдный 모드느이
유지하다.	сохранять 사흐라냐찌	유형	тип 찌쁘
유창한	плáвный 쁠라브느이	유혹하다	соблазнять 사블라즈냐찌
유치한	дéтский 졧스끼	육(숫자)	шесть 쉐스찌
유쾌한	весёлый 비숄르이	육교	путепровóд 뿌쩨쁘라보트
유통	оборóт 아바로트	육상	лёгкая атлéтика 료까흐야 아뜰례찌까
유한의	ограни́ченный 아그라니첸느이	육수	мяснóй бульóн 미스노이 불리온
유행성감기	инфлюэ́нца 인플류엔짜	육체노동	физи́ческий труд 피지체스끼 뜨루트

유학가다 учи́ться за грани́цей
우치짜 자 그라니쩨이

유행을 타지 않다 не входи́ть в мóду
니 브하지찌 브모두

육로 путь по сýше; земнóй путь
뿌찌 빠 수쉐; 짐노이 뿌찌

육상선수 спортсмéн лёгкой атлéтики
스빠르쯔멘 료흐꺼이 아뜰례찌끼

은(금속)	серебро́	음료수	напи́ток
	세레브로		나삐똑
은행	банк	음색	тон
	반끄		똔
음력	лу́нный календа́рь	음식	пи́ща; блю́до
	룬느이 깔렌다리		삐샤; 블류더

은근히 아프다 немно́го боли́т
니므노거 발릿

은메달 серебряная меда́ль
세례브랴나야 메달

은퇴하다 вы́йти в отста́вку
브이이찌 밧스따프꾸

은행 대출을 받는 것은 매우 어렵다.
О́чень тру́дно получи́ть ба́нковский креди́т.
오친 뜨루드너 빨루치찌 반껍스끼 끄레지트

음력날짜 день лу́нного календа́ря
젠 룬나바 깔렌다랴

음력은 모든 나라가 똑같은 줄 알았어.
Я знал, что по лу́нному календа́рю число́ во всех стра́нах то и же са́мое.
야 즈날 쉬또 빠 룬나무 깔렌다류 치슬로 바프쎼흐 스뜨라나흐 또 이 줴 사머예

음식 괜찮죠? Вам нра́вятся блю́да?
밤 느라뱟쨔 블류다

음식점	столо́вая 스딸로바야	음표	но́та 노따
음식점	рестора́н 리스따란	음향	аку́стика 아꾸스찌까
음식점에는	в рестора́не 브리스따라네	응(대답)	Да. 다
음악	му́зыка 무즈이까	의견	мне́ние 므녜니예
음악가	му́зыкант 무즈이깐트	의도	наме́рение 나메레니에
음절	слог 슬로크	의례	форма́льность 파르말너스찌

음식을 골라보세요.   Выбира́йте блю́да.
　　　　　　　　　브이비라이쩨　블류다

음식을 주문하다   зака́зывать блю́да
　　　　　　　자까즈이바찌　블류다

음악을 듣다   слу́шать му́зыку
　　　　　슬루샤찌　무즈이꾸

응급치료하다   ока́зывать ско́рую по́мощь
　　　　　　아까즈이바찌　스꼬루유　뽀머시

응원하다   ока́зывать подде́ржку
　　　　아까즈이바찌　빠제르쉬꾸

응용   практи́ческое приме́ние(приложе́ние)
　　　쁘락찌체스꼬에　쁘리메네니에　(쁘릴라줴니에)

254

의문	вопрóс 바쁘로스	의심하다	сомневáться 삼니바쨔
의미	значéние 즈나체니예	의자	стул 스뚤
의사	врач 브라치	의학	медицúна 메지찌나

의미가 있다. / 그녀에겐 의미 있는 건 아녜요.
имéть значéние(смысл) / Для неё не имéет ни какóго значéния.
이몌찌 즈나체니예(스므이슬) 들랴 니요 니 이몌옛 니까꼬바 즈나체니야

의욕상실이야.   Потерял(-а) желáние.
                         빠쪠랼(라)   쥘라니예

의지가 굳은   твёрдое стремлéние
                                   뜨뵤르더에 스뜨레믈례니에

의지하다   завúсеть ; опирáться
                                 자비세찌 ;   아삐라짜

이 근처에 어느 은행이 있습니까?
Какóй банк здесь поблúзости?
까꼬이 반끄 즈졔시 빠블리자스찌

이 길 따라   по э́той дорóге
                                    빠 에떠이 다로게

이 길 따라 쭉 가세요.
Идúте по э́той дорóге прямо.
이지쩨 빠 에떠이 다로게 쁘랴머

이 닦다	чистить зу́бы 치스찌찌 주브이	이(숫자)	два 드바
이 지역	э́тот регио́н 에떠트 리기온	이(치아)(복수)	зу́бы 주브이
이 지역에	в э́том регио́не 브에떰 리기오녜	이가 썩다.	по́ртиться зуб 뽀르찌쨔 주쁘

이 병에 담긴 것은 무슨 양념이에요?
  Кака́я припра́ва в э́той буты́лке?
  까까야 쁘리쁘라바 브에떠이 부뜨일께

이 열차는 언제 모스크바에 도착합니까?
  Когда́ э́тот по́езд прибу́дет в Москву́?
  까그다 에떳 뽀예스트 쁘리부젯 브마스꾸부

이 옷을 입으세요.   Надева́йте э́ту оде́жду.
  나제바이쩨 에뚜 아제쥐두

이 음식은 향채와 같이 먹어.
  Ку́шай э́то блю́до со спе́цией
  꾸샤이 에떠 블류더 사스뻬찌예이

이 회사 일은 내가 다 하는 거야?
  Мне на́до де́лать все дела́ э́той компа́нии?
  므녜 나다 젤라찌 프쎄 젤라 에떠이 깜빠니이

이거 내거야.   Э́то моя́ вещь.
  에떠 마야 베쉬

이거 어때요?   Как вы ду́маете об э́том?
  깍 븨 두마예쩨 아베떰

이것	э́то	이게 아니라	не э́того
	에떠		니 에떠버

이건 괜찮죠? Э́то хорошо́?
에떠 하라쇼

이건 내 짐작이니까 정확하진 않아.
Про́сто я догада́ю так, поэ́тому не то́чно.
쁘로스떠 야 다가다유 딱 빠에떠무 니 또츠너

이건 뭐로 만든 거예요? Из чего́ э́то сде́лано?
이스 치보 에떠 즈젤란너

이건 좀 크네. Э́то немно́жко большо́е.
에떠 니므노쉬꺼 발쇼예

이걸 뭐라고 불러요? Как э́то называ́ется?
깍 에떠 나즈이바엣쨔

이걸 러시아어로 뭐라고 불러요?
Как э́то называ́ется по-ру́сски?
깍 에떠 나즈이바엣쨔 빠 루스끼

이걸로 살게요. Я бу́ду покупа́ть э́то.
야 부두 빠꾸빠찌 에떠

이것은 무엇 이예요? Что э́то?
쉬또 에떠

이것이 당신의 노트북 이예요? Э́то ваш но́утбук
에떠 바쉬 노우뜨부크

이것저것 다 넣어주세요. Сме́шивайте всё
스몌쉬바이쩨 프쇼

이기적인	эгоисти́ческий 에가이스찌체스끼	이런 것	тако́й 따꼬이
이끌다	руководи́ть 루까바지찌	이렇게	так 딱
이라크	Ира́к 이라크	이륙하다	взлета́ть 브즐리따찌

이곳에서 송금이 가능하나요?
Здесь мо́жно ли перевести́ де́ньги?
즈졔시 모쥐너 리 뻬레베스찌 졩기

이런 건 처음 보는 건데, 어디에 쓰는 거야?
Я пе́рвый раз ви́дел(-а), за что э́то?
야 뻬르브이 라스 비졜(라) 자 쉬또 에떠

이러면 안 되잖아.
Э́то нельзя́.
에떠 닐쟈

이런 방은 하루에 얼마예요?
Ско́лько сто́ит така́я ко́мната за оди́н день?
스꼴꺼 스또잇 따까야 꼼나따 자 아진 졩

이런 조리 스타일을 뭐라고 부릅니까?
Как называ́ется тако́й стиль кулина́рии?
깍 나즈이바엣쨔 따꼬이 스찔 꿀리나리이

이런, 메스꺼워.
Ой, тошнотво́рно.
오이 따쉬너뜨보르너

이렇게 갑자기 얘기하면 어떻게 해?
Ты говори́л так неожи́данно, Как мне де́лать?
띄 가바릴 딱 니아쥐단너 깍 므녜 졜라찌

이를 뽑다	вы́рвать зуб 브이루바찌 주쁘	이름전체	по́лное и́мя 뽈나예 이먀
이름	и́мя 이먀	이마	лоб 로쁘
이름을 짓다	дава́ть и́мя 다바찌 이먀	이면	две стороны́ 드베 스따라느이

이렇게 작성하는 것이 맞습니까?
Пра́вильно ли заполня́ется?
쁘라빌너 리 자빨냐엣쨔

이렇게 하면 Е́сли де́лается так
예슬리 젤라엣쨔 딱

이를 닦고 자다 спать по́сле отчи́стки зу́бов
스빠찌 뽀슬레 앗치스뜨끼 주버프

이름은 모르겠어. А не зна́ю и́мя.
아 니 즈나유 이먀

이름을 적다 написа́ть и́мя
나삐싸찌 이먀

이리와 봐. 할 말이 있어.
Прийди́ сюда́. Я хочу́ что́-то говори́ть тебе́.
쁘리이지 슈다 야 하츄 쉬또 떠 가바리찌 찌베

이메일 쓰는 것을 부탁하다
проси́ть писа́ть электро́нную по́чту
쁘라시찌 삐사찌 일렉뜨론누유 뽀츠뚜

이모	тётя 쬬쨔	이발하다	постригаться 빠스뜨리가짜
이모작	два урожа́я в год 드바 우라좌야 브 고트	이번	э́тот раз 에떳 라스
이민	иммигра́нт 이미그란뜨	이불	одея́ло 아졔알러

이메일을 보내다   посыла́ть электро́нную по́чту
                      빠스일라찌   엘렉뜨론누유 뽀츠뚜

이목구비 반듯한   пра́вильные черты́ лица́
                  쁘라빌느이에 체르뜨이 리짜

이미 4달을 러시아에서 살았다.
    Уже́ четы́ре ме́сяца жил в Росси́и.
    우줴 치뜨이레 메샤짜 쥘 브 라시이

이번 여행이 성공하시길 빕니다.
    Жела́ю вам успе́хов на э́том путеше́ствии.
    웰라유 밤 우스뻬허프 나 에떰 뿌쩨쉐스뜨비이

이번 주말에 한국에 돌아가려고 해요.
    Я верну́сь в Коре́ю в конце́ э́той неде́ли.
    야 베르누시 프 까레유 프 깐쩨 에떠이 니젤리

이번에 와보니 러시아가 많이 현대화됐어요.
Во вре́мя э́того визи́та я ошути́л(-а), что в
Росси́и осуществи́лась модерниза́ция.
바 브레먀 에떠버 비지따 야 아슈찔(라) 쉬또 브 라시이 아수셰
스뜨빌라시 마졔르니자찌야

이번이 두 번째야.   Э́то второ́й раз.
                   에떠 프따로이 라스

이사하다	переселя́ться 뻬레쎌랴짜	이성	ра́зум 라줌
이상(소망)	идеа́л ; мечта́ 이제알 ; 미츠따	이슬람	исла́м 이슬람
이서하다	перепи́сывать 뻬레삐스이바찌	이쑤시개	зубочи́стка 주버치스뜨까

이번이 마지막이야.   Э́то после́дний раз.
에떠 빠슬레드니이 라스

이불을 깔다   постла́ть одея́ло
빠스뜰라찌 아제얄러

이사 들어가다   переселя́ться
뻬레셀랴짜

이상 / 이십 명 이상
бо́лее / бо́лее двадцати́ челове́к
볼례예   볼례예 드바짜찌   칠라볔

이상하게 운전하다
води́ть маши́ну ненорма́льно
바지찌   마쉬누   니나르말너

이상한 사람이네.   Ненорма́льный челове́к.
니나르말느이   칠라볔

이상한(사람에게)   ненорма́льный
니나르말느이

이슈   спо́рный вопро́с ; актуа́льный вопро́с
스뽀르느이 바쁘로스 ;   악뚜알느이   바쁘로스

이야기	расскáз 라스까스	이유	причи́на 쁘리치나
이와 동시에	вме́сте с э́тим 브메스쩨 스 에찜	이윤(여성)	при́быль 쁘리브일
이웃	сосе́д 사세트	이자	проце́нты 쁘라쩬뜨이
이월	февра́ль 피브랄	이전에	ра́ньше 란쉐

이야기를 하다   расскáзывать
라스까즈이바찌

이야기하다   разгова́ривать
라즈가바리바찌

이야기할 수 있도록 하다. / 이반과 통화할 수 있을까요?
разреша́ть разгова́ривать / Мне мо́жно говори́ть с Ива́ном?
라즈리샤찌 라즈가바리바찌 므녜 모쥐너 가바리찌 식바넘

이열치열   Чем уши́бся, тем и лечи́сь.
쳄 우쉬프샤 쩸 이 레치시

이윤 중 10%를 공제할 수 있습니다.
Мо́жно вычита́ть 10% из при́были.
모쥐너 브이치따찌 제시찌 쁘라쩬떠프 이스 쁘리브일리

이윤을 5% 나눠 줄 수도 있어요.
Мо́жно разделя́ть 5% из при́были.
모쥐너 라즈젤랴찌 빠찌 쁘라쩬떠프 이스 쁘리브일리

이주하다	переселя́ться	이해하다	понима́ть
	뻬레쎌랴짜		빠니마찌

이윤이 높지 않다.   При́быль не больша́я.
쁘리브일 니 발샤야

이율(저금)   проце́нтная ста́вка
쁘라쩬뜨나야 스따프까

이자가 얼마나 되나요?
Ско́лько составля́ют проце́нты?
스꼴꺼 사스따블랴윳 쁘라쩬뜨이

이전처럼 피곤하진 않아요.
Не так уста́л(-а), как ра́ньше.
니 딱 우스딸(라) 깍 란쉐

이제 그만 가야해.   Сейча́с мне на́до уйти́.
시차스 므녜 나더 우이찌

이제 그만 끊자.(전화)   Сейча́с поло́жим тру́бку.
시차스 빨라짐 뜨루쁘꾸

이제 어떻게 하지? Сейча́с что мы мо́жем д?е́лать?
시차스 쉬또 므이 모쥄 젤라찌

이제 충분해요.   Сейча́с хвати́т.
시차스 흐바찟

이제나 저제나 하고 기다렸다.   Ждал о́чень до́лго.
쥐달 오친 돌거

이제나 저제나 하고 기다리다.   ждать с терпе́нием
쥐다찌 스쩨르뻬니엠

한국어	러시아어	발음
이해하셨어요?	Вы поняли?	븨 빠닐리
이해했어?	Понял(-á)?	뽀닐(라)
이젠 익숙해요.	Сейчас привык.	시차스 쁘리브익
이쪽으로 이사 온 지 얼마나 되셨어요?	Когда вы переехали сюда?	까그다 븨 뻬레예할리 슈다
이체송금	пересылка денег ; перевод денег	뻬레스일까 제넥 ; 뻬레보트 제넥
이층버스	двухэтажный автобус	드부흐에따쥐느이 아프또부스
이치에 맞지 않는	неразумный	니라줌느이
이코노미 클래스	экономический класс	에까나미체스끼 끌라스
이하 / 30이하	меньше / меньше тридцати	몐쉐 / 몐쉐 뜨리짜찌
이하 / 6세 이하	меньше / меньше шести лет	몐쉐 / 몐쉐 쉐스찌 레트
이해가 안 되다.	не понятно	니 빠냐뜨너
이해하기 쉬운	лёгко понимать	료흐꺼 빠니마찌
이해하기 힘든	трудно понимать	뜨루드너 빠니마찌

이혼	развод 라즈보트	인구	население 나셸례니예
익명의	анонимный 아노님느이	인도	Индия 인지야
익살스러운	смешной 스몌쉬노이	인도(교통)	тротуар 뜨라뚜아르
익숙한(문화)	привычный 쁘리브이츠느이	인류	человечество 칠라볘체스뜨버
익숙해지다.	привыкнуть 쁘리브이끄누찌	인물	человек 첼라볘크

이해하다(어려운 상황을)	понимать 빠니마찌
이해해 주세요.	понимайте, пожалуйста. 빠니마이쪠 빠좔루이스따
익숙하지 않은	непривычный 니쁘리브이츠느이
익힌(완전히)	прожаренный 쁘라좌렌느이
인계하다(업무)	передавать 뻬레다바찌
인구수	численность населения 치슬롄너스찌 나셸례니야
인내심	выдержка ; терпение 브이졔르쉬까 ; 쪠르뼤니예

인부(남성)	рабо́чий 라보치	인정하다	признава́ть 쁘리즈나바찌
인사(만남)	приве́тствие 쁘리볫스뜨비예	인줄 알다	счита́ть 쉬따찌
인상	впечатле́ние 프삐차뜰레니에	인척 가장하다	де́лать вид 젤라찌 비트
인생(여성)	жизнь 쥐즌	인출하다	вынима́ть 브이니마찌
인쇄하다	печа́тать 뻬차따찌	인형	ку́кла 꾸끌라
인식하다	осознава́ть 아사즈나바찌	인화지	фотобума́га 파따부마가
인용	ссы́лка 스일까	일	рабо́та 라보따

인분 / 삼 인분　　　по́рция ; три по́рции
　　　　　　　　　뽀르찌야 ; 뜨리 뽀르찌이

인터넷이 죽었어.　　Интерне́т у́мер.
　　　　　　　　　인떼르네트 우메르

인파를 이루다　　　собира́ется толпа́
　　　　　　　　　사비라엣쨔　딸빠

인형극　　представле́ние ку́кольного теа́тра
　　　　쁘렛스따블레니예　꾸껄나바　찌아뜨라

일 권 있어요?(시리즈)　У вас есть пе́рвая кни́га?
　　　　　　　　　　우 바스 예스찌 뻬르바야 끄니가

일(숫자)	оди́н 아진
일곱 번째	седьмо́й 시지모이
일곱(숫자)	семь 셈
일깨우다	пробужда́ть 쁘라부쥐다찌
일등급	пе́рвый класс 뻬르브이 끌라스
일반적으로	обы́чно 아브이츠너
일본	Япо́ния 이뽀니야
일본어	япо́нский язы́к 이뽄스끼이 이즈이크
일상용품	бытовы́е това́ры 브이따브이예 따바르이
일생동안	на всю жизнь 나 프슈 쥐즌
일 때문에 오신건가요?	Вы ходи́ли за де́лами? 븨 하질리 자 젤라미
일 열심히 해.	Рабо́тай усе́рдно. 라보따이 우세르드너
일 잘됐죠?	Рабо́та хорошо́ зако́нчилась? 라보따 하라쇼 자꼰칠라시
일간신문	ежедне́вная газе́та 이줴드녜브나야 가졔따
일광욕하다	принима́ть со́лнечную ва́нну 쁘리니마찌 솔네츠누유 반누
일단 밥 드세요.	Снача́ла обе́дайте. 스나찰라 아베다이쩨
일렬로 만들다	составля́ть ряд ; ста́вить в ряд 사스따블랴찌 랴트; 스따비찌 브 랴트

일시적인	одновре́менный 아드나브레멘느이	일어서다	встава́ть 프스따바찌
일어나.	Встава́й. 프스따바이	일요일	воскресе́нье 바스끄레세니에
일어나다.(잠)	встава́ть 프스따바찌	일월	янва́рь 인바리

일어난 지 얼마나 되셨어요?
Когда́ вы вста́ли?
까그다 븨 프스딸리

일요일에 시간 있어?
У тебя́ есть свобо́дное вре́мя в воскресе́нье?
우 찌뱌 예스찌 스바보드나예 브레먀 바스끄레세니에

일은 넘치는데 일 할 사람이 없어.
Есть мно́го дел, но ма́ло люде́й рабо́тать.
예스찌 므노거 젤 노 말러 류제이 라보따찌

일을 그만두다	броса́ть рабо́ту 브라사찌 라보뚜
일을 끝까지 하다	заверши́ть рабо́ту 자베르쉬찌 라보뚜
일을 끝내다	зака́нчивать рабо́ту 자깐치바찌 라보뚜
일이 끝나고	по́сле рабо́ты 뽀슬레 라보뜨이
일이 너무 많아.	Сли́шком мно́го рабо́т. 슬리쉬껌 므노거 라보트

일이 바쁘세요?	Вы за́няты? 븨 자니뜨이	일하다	рабо́тать 라보따찌
일찍	ра́но 라너	잃다	теря́ть 쩨랴찌
일치하다	совпада́ть 삽빠다찌	잃어 버렸어?	Потеря́л(-а)? 빠쩨랼(라)

일이 다 해결되어 끝났지.
Рабо́та реши́лась и зако́нчилась.
라보따 리쉴라시 이 자꼰칠라시

일이 많이 남다.
Остаётся мно́го дел.
아스따욧쨔 므노거 젤

일이 있어서 가봐야겠어.
У меня́ есть дела́, и ну́жно пойти́.
우 미냐 예스찌 젤라 이 누쥐너 빠이찌

일일이 세다
подро́бно счита́ть
빠드로브너 쉬따찌

일자리를 구하다
иска́ть рабо́чие места́ ; иска́ть рабо́ту
이스까찌 라보치예 미스따 ; 이스까찌 라보뚜

일제히 발사하다   одновреме́нно выпуска́ть
아드너브레몐너 브이뿌스까찌

일주일에 한번   оди́н раз в неде́лю
아진 라스 브니젤류

일찍 일어나다   встава́ть ра́но
프스따바찌 라너

잃어버리다	теря́ть 쩨랴찌	임신	бере́менность 베례멘너스찌
임금	зарпла́та 자르쁠라따	임신하다	забере́менеть 자베레메네찌
임대료	аре́ндная пла́та 아렌드나야 쁠라따	임업	лесно́е хозя́йство 리스노예 하쟈이스뜨버
임대하다	сдава́ть в аре́нду 즈다바찌 바렌두	입	рот 로트
임명하다	назнача́ть 나즈나차찌	입구	вход 프호트
임무	ми́ссия 미시야	입국비자	въе́здная ви́за 브예즈드나야 비자
임시의	вре́менный 브레멘느이	입다.(옷)	одева́ться 아제바쨔

일하러 가다   вы́йти на рабо́ту
브이이찌 나 라보뚜

일회용밴드   однора́зовый банда́ж
아드나라자브이 반다쉬

읽다. / 이 책을 읽으세요.
чита́ть / Чита́йте э́ту кни́гу.
치따찌 치따이쩨 에뚜 끄니구

입 냄새나다   пло́хо па́хнуть из рта
쁠로허 빠흐누찌 이즈 르따

입어보다	одеваться 아제바쨔	잇따른	один за другим 아진 자 드루김
입을 벌리다	раскрыть рот 라스끄르이찌 로트	잉크	чернила 치르닐라
입장권	входной билет 브하드노이 빌레트	잊다	забывать 자브이바찌

입국하다　　вступать в пределы страны
　　　　　　프스뚜빠찌 프 쁘레젤르이 스뜨라느이

입맛에 맞다　　подходить вкусу
　　　　　　빠드하지찌　프꾸수

입맛에 맞으실지 모르겠어요.
Не знаю, это подходит вашему вкусу.
니 즈나유 에떠 빠드호짓 바쉐무 프꾸수

입으면 편하다.　　Удобно одеваться.
　　　　　　우도브너　아제바쨔

입이 가벼운　　разговорчивый
　　　　　　라즈가보르치브이

입이 무겁다　　неразговорчивый
　　　　　　니라즈가보르치브이

입장료　　вступительный взнос
　　　　　　프스뚜삐쩰느이 브즈노스

입찰하다　　принимать участие в конкурсе.
　　　　　　쁘리니마찌 우차스찌예 프 꼰꾸르쎄

잊어버려.	Забыва́й. 자브이바이	잎	лист 리스뜨

잊고 자버리다.   Забы́в де́лать э́то, я спал(-а).
　　　　　　　 자브이프 **젤**라찌　에떠 야　스빨(라)

잎으로 싸다   завёртывать в ли́стья
　　　　　　　자뵤르뜨이바찌 브 리스찌야

ㅈ

자(사무용품)	линéйка 리네이까
자기소개서	биогрáфия 비아그라피야
자다	спать 스빠찌
자동차	автомобúль 아프따마빌
자두	слúва 슬리바
자라다	растú 라스찌
자랑스럽다	гóрдый 고르드이
자료	дáнные 단느이예
자르다	разрéзывать 라즈레즈이바찌
자막	субтúтр 숩찌뜨르
자매	сестрá 시스뜨라
자몽	грéйпфрут 그레이프루트

자기소개를 하다   представля́ть себя́
쁘렛스따블랴찌   시뱌

자동   автомати́ческое движе́ние
아프따마찌체스꺼에 드비줴니에

자동차로 가다   éхать на автомоби́ле
예하찌 나 아프따마빌례

자루 / 펜 3자루   три ру́чки
뜨리 루치끼

자리로 돌아가.   Возвраща́йся на своё ме́сто.
바즈브라샤이샤 나 스바요 메스떠

자물쇠 잠그다	замыкать 자므이까찌	자손(복수)	потóмки 빠똠끼
자발적인	добровóльный 다브라볼느이	자식(복수)	дéти 졔찌
자백하다	признавáться 쁘리즈나바짜	자신의	свой 스보이
자본	капитáл 까삐딸	자연	прирóда 쁘리로다
자산	актúв 악찌프	자연스럽게	натурáльно 나뚜랄너
자세한	подрóбный 빠드로브느이	자원봉사자	добровóлец 다브라볼례쯔

자세히 이야기하다	подрóбно разговáривать 빠드로브너 라즈가바리바찌
자신감을 가져.	Будь увéренным. 부찌 우베렌느임
자신을 보호하다.	защищáть себя́ 자쉬샤찌 시뱌
자연재해	стихúйное бéдствие 스찌히너예 볫스뜨비예
자유저축예금	бессрóчный вклад 베스스로츠느이 프끌라트
자유형수영	вóльный стиль 볼느이 스찔

자유	свобо́да 스바보다	작년	про́шлый год 쁘로쉴르이 고트
자전거	велосипе́д 벨라시뼤트	작동하다	де́йствовать 제이스뜨바바찌
자존	самолю́бие 사마류비예	작문	сочине́ние 사치녜니예
자주	ча́сто 차스떠	작문하다	сочиня́ть 사치냐찌
자주 가다	ча́сто ходи́ть 차스떠 하지찌	작별하다	проща́ться 쁘라샤쨔
자주색	пурпу́ровый цвет 뿌르뿌라브이 쯔벳	작업	рабо́та 라보따
작가	писа́тель 삐싸쩰	작용	возде́йствие 바즈제이스뜨비예

자전거 타다가 넘어졌어.
Когда́ я ката́лся(-лась) на велосипе́де, я упа́л(-а).
까그다 야 까딸샤(라시) 나 벨라시뼤제 야 우빨(라)

자전거 타지 않아. Я не ката́юсь на велосипе́де
야 니 까따유시 나 벨라시뼤제

자주 발생하다 ча́сто происходи́ть
차스떠 쁘라이스하지찌

작별 인사하러 왔습니다.
Я пришёл(-шла́) проща́ться.
야 쁘리숄(쉴라) 쁘라샤쨔

작은	ма́ленький 말렌끼	잔고	оста́ток 아스따떡
작은 눈	ма́ленькие гла́зы 말렌끼예 글라즈이	잔디	дёрн 죠른
작품	произведе́ние 쁘라이즈비제니예	잔소리하다	руга́ть 루가찌

작은 길   ма́ленькая доро́га
말렌까야 다로가

작은 돈으로 바꾸다
обменя́ть на ме́лкие купю́ры
아브미냐찌 나 멜끼예 꾸뿌르이

작은 택시 하나 필요해요.
Мне ну́жно ма́ленькое такси́.
므녜 누쥐너 말렌꺼예 딱시

잔 / 우유 한잔   стака́н ; стака́н молока́
스따깐 ; 스따깐 멀라까

잔돈으로 바꿔주세요.   Разменя́йте на ме́лочь.
라즈미냐이쩨 나 멜러치

잔업   сверхуро́чная рабо́та
스베르후로치나야 라보따

잔잔한 음악(발라드)이 더 좋아요.
Я предпочита́ю ти́хую му́зыку.
야 쁘레드빠치따유 찌후유 무즈이꾸

잘 골라 와야해.   Вы́бери внима́тельно.
브이베리 브니마쩰너

| 잔치 | банке́т
반게트 | 잘 자. | Споко́йной но́чи.
스빠꼬이너이 노치 |
|---|---|---|---|
| 잘 먹다 | хорошо́ ку́шать
하라쇼 꾸샤찌 | 잘 자라다 | хорошо́ расти́
하라쇼 라스찌 |

잘 곳이 필요하다.   Ну́жно ме́сто спать
누쥐너 메스떠 스빠찌

잘 대해줘.   Уха́живай за ним.
우하쥐바이 자 님

잘 맞네요.   Хорошо́ идёт вам.
하라쇼 이죠트 밤

잘 맞다   хорошо́ подхо́дит
하라쇼 빠드호짓

잘 먹어라.   Прия́тного аппети́та.
쁘리야뜨나바 아뻬찌따

잘 사귀어놔야지.   Ну́жно дружи́ть с ни́ми.
누쥐너 드루쥐찌 스니미

잘 아는   хорошо́ зна́ющий
하라쇼 즈나유쉬이

잘 잤어?   Хорошо́ спал(-а)?
하라쇼 스빨(라)

잘 진행하고 있습니다.   Хорошо́ прово́дится.
하라쇼 쁘라보짓쨔

잘게 자르다   разре́зать на ме́лкие ча́сти
라즈레자찌 나 멜끼예 차스찌

잘라내다	вырезáть 브이레자찌	잠그다	запирáть 자삐라찌
잘생겼다(남자)	красѝвый 끄라시브이	잠깨다	пробуждáться 쁘라부쥐다쨔
잘하네.	Отлѝчно. 아뜰리츠너	잠시 동안	недóлго 니돌거

잘못 걸다	ошибáться нóмером 아쉬바쨔 노메럼
잘못 들었어.	Я непрáвильно слýшал(а). 야 니쁘라빌너 슬루샬(라)
잘못 생각하다	непрáвильно дýмать 니쁘라빌너 두마찌
잘못이해하다	плóхо понимáть 쁠로허 빠니마찌
잘못하다	дéлать непрáвильно 졜라찌 니쁘라빌너
잘하는	отлѝчно дéлающий 아뜰리츠너 졜라유쉬이
잠깐만 기다려줘.	Подождѝ минýтку. 빠다쥐지 미누뜨꾸
잠깐만요.	Однý минýточку. 아드누 미누또치꾸
잠시 나갔다 올게요.	Я вы́йду на минýту. 야 브이이두 나 미누뚜

278

잠이 안 오다	не спи́тся 니 스뼛짜		잡다	держа́ть 제르좌찌
잠자리	стрекоза́ 스뜨레까자		잡다한	пёстрый 뾰스뜨로이
잠자리(장소)	посте́ль 빠스쩰		잡아 빼다	выдёргивать 브이죠르기바찌
잠재력	потенциа́л 빠뗀찌알		잡음	шум 슘

잠에서 깨다　　пробу́диться ото сна
　　　　　　　쁘라부지쨔　아따 스나

잠을 잘 못자다　плохо́ спать
　　　　　　　뿔로허　스빠찌

잠자리에 들다　　лечь в посте́ль
　　　　　　　레치　프빠스쩰

장 / 벽돌 한 장　лист / лист кирпи́ча
　　　　　　　리스뜨 리스뜨 끼르삐차

장 / 종이 한 장　лист / лист бума́ги
　　　　　　　리스뜨 리스뜨 부마기

장 / 표 두 장　　биле́т / два биле́та
　　　　　　　빌레트 드바 빌례따

장갑을 끼다　　　надева́ть перча́тки
　　　　　　　나제바찌　뻬르차뜨끼

장갑이 끼다　　　перча́тки те́сны
　　　　　　　뻬르차뜨끼 쩨스느이

잡지	журна́л 주르날	장래에는	в бу́дущем 브 부두솀
장(신체)	кишка́ 끼쉬까	장려하다	поощря́ть 빠아쉬랴찌
장관	мини́стр 미니스뜨르	장롱	шкаф для оде́жды 쉬까프 들랴 아제쥐드이
장기(체스)	ша́хматы 샤흐마뜨이	장미	ро́за 로자
장난감	де́тская игру́шка 젯스까야 이그루쉬까	장소	ме́сто 메스떠
장래	бу́дущее 부두쉐예	장식품	украше́ние 우끄라쉐니예

장기를 두다　　игра́ть в ша́хматы
　　　　　　　이그라찌 프 샤흐마뜨이

장기의(기간)　　долгосро́чный
　　　　　　　돌거스로츠느이

장보러 가다　　Идти́ на ры́нок
　　　　　　　이찌 나 르이넉

장사하기가 쉽지 않다.　Не легко́ вести́ торго́влю.
　　　　　　　　　　니 리흐꼬 베스찌 따르고블류

장식하다　　декори́ровать : украша́ть
　　　　　　지꼬리라바찌 :　　우끄라샤찌

장점　　досто́инство : преиму́шество
　　　　다스또인스뜨버 :　쁘리이무셰스뜨버

장작	дрова́ 드러바	재떨이	пе́пельница 뻬뻴니짜
장치	обору́дование 아바루다바니예	재미없는	неинтере́сный 니인쩨례스느이
장학금	стипе́ндия 스찌뻰지야	재미있는	интере́сный 인쩨례스느이
재난	несча́стье 니샤스찌예	재미있어?	Интере́сно? 인쩨례스너
재능	тала́нт 딸란뜨	재밌다	интере́сно 인쩨례스너
재다	измеря́ть 이즈미랴찌	재발하다	сно́ва возника́ть 스노바 바즈니까찌

장티푸스(의학)   брюшно́й тиф
브류쉬노이 찌프

장학금이 취소되다.   Стипе́ндия отмени́лась.
스찌뻰지야   아뜨미닐라스

재검토하다   пересма́тривать
뻬리스마뜨리바찌

재미있어 보이지?   Ви́дно, интере́сно?
비드너   인쩨례스너

재미있을 것이다.   Мо́жет быть, бу́дет интере́сно.
모줫 브이찌   부젯   인쩨례스너

재밌겠지?   Нам интере́сно?
남   인쩨례스너

재산	иму́щество 이무쉐스뜨버	잼	джем 쥄
재정	фина́нсы 피난스이	쟁반	лату́нное блю́до 라뚠너예 블류더
재채기하다	чиха́ть 치하찌	쟁취하다	захва́тывать 자흐바뜨이바찌
재촉하다	тре́вовать 뜨례버바찌	저걸로 주세요.	Да́йте то. 다이쩨 또
재혼	второ́й брак 프따로이 브라크	저것	вот 보트

저것 봐.   Посмотри́ вот тут.
                       빠스마뜨리 보트 뚜트

저녁 먹는 거 말고 다른 것도 하나요?
             Что ещё сде́лаем кро́ме у́жина?
             쉬또 잇쇼 즈젤라옘 끄로메 우쥐나

저녁 산다고 했잖아요.
             Я сказа́л(-а), что я угоща́ю вас у́жином.
             야 스까잘(라) 쉬또 야 우가샤유 바스 우쥐넘

저녁을 먹고 텔레비전을 보다.
             У́жинаю, пото́м смотрю́ телеви́зор.
             우쥐나유 빠똠 스마뜨류 쩰레비자르

저녁을 준비하다   Гото́вить обе́д
                       가또비찌 아볫

저는 그렇게 보지 않는데요.   Я не ду́маю так.
                       야 니 두마유 딱

저금하다	копи́ть де́ньги 까삐찌 졘기	저미다(칼)	ме́лко ре́зать 멜꺼 레자찌
저녁	ве́чер 베체르	저분은 누구예요?	Кто э́то? 끄또 에떠
저녁마다	по вечера́м 빠 베체람	저에게 주세요.	Да́йте мне. 다이쩨 므녜
저녁식사	у́жин 우쥔	저자	а́втор 아프떠르
저렇게	так 따크	저작권	а́вторское пра́во 아프떠르스꼬예 쁘라바

저는 막 왔습니다.
Я то́лько что пришёл (пришла́).
야 똘꺼 쉬또 쁘리숄 (쁘리쉴라)

저는 아주 좋습니다. 당신은요?
Мне о́чень хорошо́. А у вас?
므녜 오친 하라쇼 아 우 바스

저라면 웃음이 안 나오시겠어요?
Е́сли бы вы бы́ли в мое́й ситуа́ции, вы не́ смо́жете смея́ться?
예슬리 브이 븨 브일리 브 마예이 시뚜아찌이 븨 네스모줴쩨 스미야짜

저를 따라 오세요. Иди́те (сле́дуйте) за мной.
이지쩨 슬레두이쩨 자 므노이

저에게 얘기하는 거예요? Вы говори́те мне?
븨 가바리쩨 므녜

한국어	러시아어	한국어	러시아어
저장소	храни́лище 흐라닐리셰	적용	примене́ние 쁘리미녜니예
저장하다(전산)	храни́ть 흐라니찌	적응된	адапти́рованный 아답찌로반느이
저항하다	сопротивля́ться 사쁘라찌블랴짜	적합한	адеква́тный 아쩩바뜨느이
적극	акти́вный 악찌브느이	전 세계	весь мир 베스 미르
적다.(기록)	записа́ть 자삐사찌	전국	вся страна́ 프샤 스뜨라나
적도	эква́тор 에끄바떠르	전극	электро́д 일렉뜨로트

저쪽에 사람들 정말 많다.   Там мно́го наро́ду.
땀 므노거 나로두

적다. / 내가 적을 게.   писа́ть / Я сам(-á) пишу́.
삐사찌 야 삼(사마) 삐슈

적용하다   применя́ть что к чему́
쁘리미냐찌 쉬또 끄 체무

적장   вра́жеский полково́дец
브라줴스끼 빨까보제쯔

적합하지 않은   не адеква́тный
니 아쩩바뜨느이

전 / 3시 10분전   наза́д / без десяти́ три часа́
나자트 베즈 제시찌 뜨리 치사

전기	электри́чество 일렉뜨리체스뜨버	전람회	вы́ставка 브이스따프까
전날	день накану́не чего 젠 나까누녜 치보	전면적인	по́лный 뽈느이
전단지	тира́ж 찌라쉬	전문(잘하는)	специа́льность 스뻬찌알너스찌
전당포	ломба́рд 람바르트	전문가	специали́ст 스뻬찌알리스트
전등	ла́мпа 람빠	전반적으로	вообще́ 밥쉐

전기를 끊다
  прекрати́ть снабже́ние электри́чеством
  쁘레끄라찌찌 스나브줴니예 일렉뜨리체스뜨범

전기주전자
  электри́ческий ча́йник
  일렉뜨리체스끼 차이니크

전기요
  электри́ческое одея́ло
  엘렉뜨리체스꼬에 아젤알로

전기콘센트
  патро́нный штéпсель
  빠뜨론느이 쉬쩹셀

전력을 다하다 прилага́ть все уси́лия для чего
  쁘릴라가찌 프세 우실리야 들랴 치보

전문분야
  специализи́рованная сфе́ра
  스뻬찌알리지러반나야 스페라

한국어	러시아어	한국어	러시아어
전부	все ; всё 프쎄 ; 프쇼	전쟁	война́ 바이나
전설	леге́нда 리곈다	전체	весь : вся ; всё ; все 베스 : 프샤 ; 프쇼 ; 프세
전시하다	выставля́ть 브이스따블랴찌	전체적인	всео́бщий 프쎼옵쉬이
전자(전기)	электро́н 일렉뜨론	전치사	предло́г 쁘레들로크

전반적으로 오늘 음식들이 달아요.
Вообще́ сего́дняшние блю́да сла́дкие.
밥쉐　　시보드냐쉬니예　블류다　슬라뜨끼예

전선을 뽑다　　вдёргивать электропро́вод
　　　　　　브죠르기바찌　　일렉뜨라쁘로버트

전설이 만들어지다　　создаётся леге́нда
　　　　　　　사즈다욧짜　　리곈다

전신을 찍다　фотографи́ровать во весь рост
　　　　　포터그라피러바찌　　바 베시 로스뜨

전에 / 3년 전에　наза́д / три го́да (тому́) наза́д
　　　　　　나자트　뜨리 고다　따무　나자트

전자레인지　　электро́нная волнова́я печь
　　　　　일렏뜨론나야　　발너바야　　뼤치

전자제품　　электро́нные изде́лия
　　　　일렉뜨론늬에　　이즈젤리야

전통음식　　традицио́нная ку́хня
　　　　뜨라지찌온나야　　꾸흐냐

전통	традиция 뜨라지찌야	전혀 다른	совсем другое 사브쎔 드루고예
전투	бой ; битва 보이 ; 비뜨바	전화	телефон 쩰레폰
전투하다	вести бой 베스찌 보이	전화 왔어요.	К телефону. 크 쩰레포누
전하다	передавать 뻬레다바찌	전화기	телефон 쩰레폰

전혀 폐가 되지 않아요.   Ничего не мешает.
니치보 니 미샤엣

전화 끊자.   Давай положим трубку.
다바이 빨로쥠 뜨루프꾸

전화기(핸드폰)를 잃어버리다
    терять мобильный телефон
    쩨랴찌 마빌느이 쩰레폰

전화로 주문하다   заказать по телефону
자까자찌 빠 쩰레포누

전화를 끊다   повесить трубку : положить трубку
빠볘시찌 뜨루쁘꾸 : 빨라쥐찌 뜨루쁘꾸

전화를 사용해도 될까요?
    Можно использовать телефон?
    모쥐너 이스뽈저바찌 쩰레폰

전화번호 / 이반 전화번호 아세요?   номер
телефона / Знаете номер телефона Ивана?
노메르 쩰레포나 / 즈나예쩨 노메르 쩰레포나 이바나

전화를 걸다	звони́ть 즈바니찌	절약	эконо́мия 에까노미야
전화를 바꾸다	звать (кого) 즈바찌 까보	절정	пик 삑
전화를 받다	брать тру́бку 브라찌 뜨루쁘꾸	절차(전산)	поря́док 빠랴덕
전화했었어요?	Звони́ли? 즈바닐리	젊은	молодо́й 말라도이
절대적인	абсолю́тный 압살류뜨느이	젊은이	молодо́й челове́к 말러도이 칠라볙
절반	полови́на 빨라비나	점 / 그림 1점	карти́на 까르찌나

전화번호를 좀 불러 주세요.
Скажи́те, пожа́луйста, ваш но́мер тетефо́на.
스까쥐쩨 빠좔루이스따 바쉬 노메르 쩰레포나

전화벨소리   телефо́нный звоно́к
                   쩰레폰느이 즈바녹

절(사찰)   будди́йский храм (монасты́рь)
           부지이스끼 흐람 마나스뜨이르

절교하다   прекраща́ть знако́мство
            쁘레끄라샤찌 즈나꼼스뜨바

점수를 유지하다   сохраня́ть балл
                    사흐라냐찌 발

점(얼룩)	пятно́ 삐뜨노	접속사	сою́з 사유스
점(점수)	балл 발	접수	приём 쁘리욤
점심(시기)	вре́мя обе́да 브례먀 아볘다	접시	таре́лка 따롈까
점점	постепе́нно 빠스찌뻰너	접촉하다	контакти́ровать 깐딱찌라바찌

점심 고마워.	Спаси́бо за обе́д. 스빠시버 자 아볘트
점심 식사시간	обе́денный переры́в 아볘젠느이 뻬례르이프
점심시간	обе́денный переры́в 아볘젠느이 뻬례르이프
점원	продаве́ц / продавщи́ца(여) 쁘라다볘쯔 쁘라답쉬짜
점점 짧아지다	стано́вится коро́че 스따나비짜 까로체
접대하다(손님)	принима́ть : угоща́ть 쁘리니마찌 : 우가샤찌
정각 / 정각 12시	ро́вно / ро́вно 12 часо́в 로브너 로브너 드비나짜찌 치소프
정각 12시야.	Ро́вно 12 часо́в 로브너 드비나찌찌 치소프

정가	цена́ 쩨나	정도	путь и́стинный 뿌찌 이스찐느이
정감	чу́вство 춥스뜨버	정돈된	упоря́доченный 우빠랴더첸느이
정규	регуля́рность 리굴랴르너스찌	정류소	ста́нция 스딴찌야

젓가락   па́лочки (для еды́)
             빨러츠끼 들랴에드이

정돈하다.   приводи́ть в поря́док
             쁘리바지찌 프 빠랴덕

정말 기뻐.   О́чень рад (ра́да).
             오친 라트 (라다)

정말 무서웠어.   О́чень стра́шно.
             오친 스뜨라쉬너

정말 미안합니다. 좀 늦었습니다.
         О́чень извиня́юсь за опозда́ние.
         오친 이즈비냐유스 자 아빠즈다니예

정말 어려워.   О́чень тру́дно.
             오친 뜨루드너

정말 완벽하군.   Соверше́нно ве́рно!
             사베르쉔너 베르너

정말 잘됐다.   О́чень хорошо́!
             오친 하라쇼

정리하다	упоря́дочивать 우빠랴더치바찌	정보	информа́ция 인퍼르마찌야
정말 잘하시네요.	Мо́лодец! 말라제쯔	정부	прави́тельство 쁘라비쩰스뜨버
정말로	в са́мом де́ле 프 사멈 젤레	정상(꼭대기)	верши́на 베르쉬나
정면에 있는	пере́дний 뻬레드니	정신	дух ; душа́ 두흐 ; 두샤

정말 좋다. О́чень хорошо́.
오친 하라쇼

정말 큰 도움을 주셨습니다.
Вы оказа́ли мне о́чень большу́ю по́мощь.
비 아까잘리 므녜 오친 발슈유 뽀모쉬

정말로 보지 못했다고요?
Действи́тельно вы не ви́дим?
제이스뜨비쩰너 비 니 비짐

정말이지 영광이군. Действи́тельно, у меня́ честь.
제이스뜨비쩰너 우 미냐 체스찌

정복하다   покоря́ть : завоева́ть
              빠까랴찌 :   자바예바찌

정부관계자
прави́тельственное соотве́тствующее лицо́
쁘라비쩰스뜨벤너예   사아뜨벳스뜨부유쉐에   리쪼

정상화 시키다   нормализи́ровать
                      나르말리지러바찌

정신이 돈	сумасше́дший 수맛쉐드쉬이	정지등	стоп-ла́мпа 스똡 람빠
정어리	серди́на 서르지나	정직한	че́стный 체스느이
정원	сад 사트	정책	поли́тика 빨리찌까
정의하다	определя́ть 아쁘레젤랴찌	정치	поли́тика 빨리찌까
정절 있는	ве́рный 베르느이	정치인	поли́тик 빨리찌크

정숙한	молчали́вый : ти́хий 말찰리브이 찌히
정시에	в устано́вленное вре́мя 브 우스따노블렌너예 브례먀
정신병원	сумасше́дший дом 수맛쉐드쉬이 돔
정장	пара́дная (по́лная) фо́рма 빠라드나야 뽈나야 포르마
정전	потуше́ние электри́чества 빠뚜쉐니에 엘렉뜨리체스뜨바
정지하다	остава́ться на ме́сте 아스따바짜 나 메스쩨
정찰가격	фикси́рованная цена́ 픽시라반나야 쩨나

정확한	то́чный 또츠느이	제고시키다	повыша́ть 빠브이샤찌

정치적 힘   полити́ческая си́ла
                빨리찌체스까야 실라

젖다   станови́ться мо́крым
        스따너빗짜 모끄르임

제 대신 안부를 전해 주세요.
    Переда́йте мой приве́т, пожа́луйста.
    뻬레다이쩨 모이 쁘리베트 빠좔루이스따

제 말뜻 아시잖아요.   Вы понима́ете меня́.
                     븨 빠니마예쩨 미냐

제 명함입니다.   Э́то моя́ визи́тная ка́рточка.
               에떠 마야 비지뜨나야 까르떠츠까

제 발음은 별로 좋지 않아요.
    У меня́ плохо́е произноше́ние.
    우 미냐 쁠라호에 쁘러이즈나쉐니에

제 우산 가지세요.   Возьми́те с собо́й мой зо́нтик.
                바즈미쩨 사-보이 모이 존찌크

제 전화번호 알고 있었어?
    Ты знал(-а) мой телефо́н?
    띄 즈날(라) 모이 쩰레폰

제가 늘 말씀드렸잖아요.   Я всегда́ говори́л(-а).
                      야 프시그다 가바릴(라)

제단(종교)	алта́рь 알따르	제발	пожа́луйста 빠좔루이스따
제도	систе́ма 시스쩨마	제방	да́мба 담바
제목	тема́ 쩨마	제시하다	пока́зывать 빠까즈이바찌

제가 말한 것 알아 들으셨어요?
Вы понима́ете, что я то́лько сказа́л(-а)?
븨 빠니마예쩨 쉬또 야 똘꺼 스까잘(라)

제가 방금한 얘기 들었어요?
Вы слы́шали, что я то́лько что сказа́л(-а)?
븨 슬릐샬리 쉬또 야 똘꺼 쉬또 스까잘(라)

제가 정말 죄송해요.
О́чень извиня́юсь.
오친 이즈비냐유스

제가 함께 가겠습니다.
Я пойду́ вме́сте с ва́ми.
야 빠이두 브메스쩨 스 바미

제공하다
поставля́ть : снабжа́ть
빠스따블랴찌 : 스나브좌찌

제비를 뽑다
тяну́ть жре́бий
찌누찌 쥐례비이

제사를 지내다   соверша́ть жертвоприноше́ние
사베르샤찌   줴르뜨버쁘리나쉐니예

제삿날   день жертвоприноше́ния
         젠   줴르뜨버쁘리나쉐니야

제일 높은	са́мыя высо́кий 사므이 브이소끼
제자	учени́к 우체니크
제조하다	изготовля́ть 이즈가따블랴찌
제출하다	подава́ть 빠다바찌
제한하다	ограни́чивать 아그라니치바찌
조개	двуство́рчатые 드부스뜨보르차뜨니예

제습하다   ликвиди́ровать вла́ги
리끄비지러바찌   블라기

제안하다   вноси́ть предложе́ние
브나시찌   쁘레들라줴니예

제일 궁금한   са́мый любопы́тный
사므이   류보쁘이뜨느이

제일 슬픈 순간   са́мый печа́льный моме́нт
사므이   뻬찰느이   마멘트

제일 친한 친구   са́мый бли́зкий друг
사므이   블리스끼 두루크

제일 편리한(교통수단)
са́мый удо́бный (вид тра́нспорта)
사므이   우도브느이   비트 뜨란스뽀르따

제정하다(법률)   установи́ть зако́ны
우스따나비찌   자꼬느이

조각 / 한 조각   кусо́к / оди́н кусо́к
꾸소크   아진   꾸소크

조건	усло́вие 우슬로비예	조류독감	пти́чий грипп 쁘찌치 그리쁘
조국	ро́дина 로지나	조미료	припра́ва 쁘리쁘라바
조금	немно́го 니므노거	조사하다	осма́тривать 아스마뜨리바찌
조금의	немно́гий 니므너기	조상	пре́док 쁘레더크

조금 다치다   немно́го ра́ненный
니므노거   라녠느이

조금 있다가   немно́го погодя́
니므노거   빠고쟈

조금 있다가 다시 올게.   Немно́го погодя́ верну́сь.
니므노거   빠고쟈   베르누스

조금 있으면 도착 할 거야.   Ско́ро прие́дет.
스꼬라   쁘리예젯

조금 추운   немно́го холо́дный
니므노거   할로드느이

조금만 쉬다   немно́го отдыха́ть
니므노거   앗드이하찌

조금씩   ма́ло-пома́лу : по ма́лости
말라 파말루 ; 빠 말러스찌

조성하다   образова́ть : созда́ть
아브라자바찌 : 사즈다찌

조용하다	тихо 찌하	조카(남)	племя́нник 쁠레먀니크
조용한	ти́хий 찌히	조카(여)	племя́нница 쁠레먀니짜
조용히 해.	Ти́ше! 찌쉐	조합(조직)	ассоциа́ция 아사찌아찌야
조절하다	регули́ровать 레굴리러바찌	조항	статья́ : пункт 스따찌야 ; 뿐끄트
조정하다	вести́ контро́ль 베스찌 깐뜨롤	조화	гармо́них 가르모니야
조직	организа́ция 아르가니자찌야	존경하다	уважа́ть 우바좌찌
조치	ме́ра 메라	존재하다	существова́ть 수쉐스뜨바바찌

조심하다   быть осторо́жным
브이찌 아스따로쥐님

조심해서가.   Пойди́ осторо́жно!
빠이지 아스따로쥐너

조화(종이꽃)   иску́сственные цветы́
이스꾸스뜨벤늬에 쯔베드이

조화를 이루다   гармони́ровать
가르마니러바찌

존중하다   уважа́ть : дорожи́ть
우바좌찌 : 다라쥐찌

졸려	дремáть 드레마찌	졸업하다	окóнчить шкóлу 아꼰치찌 쉬꼴루
졸리다	хóчется спать 호쳇짜 스빠찌	좀 심하네.	Чрезмéрно. 치레즈메르너

졸업하고 바로 여기로 왔다. После окончáния шкóлы срáзу приéхал(-а) сюдá.
뽀슬레 아깐차니야 쉬꼴릐 스라주 쁘리예할(라) 슈다

좀 괜찮아졌어? Улýчшилось?
울루치쉴러스

좀 더 기다려보자. Давáй подождём.
다바이 빠다쥐좀

좀 더 싼 것이 있어요? Есть ли, что-нибýдь бóлее дешёвое?
예스찌 리 쉬또- 니부찌 볼례 지쇼보예

좀 먹어 볼래요? Хотúте попрóбовать?
하찌쩨 빠브로바바찌

좀 비슷한 немнóжко похóжий
니므노쉬꺼 빠호쥐이

좀 빨리 할 순 없나? Не возмóжно поспешúть?
니 바즈모쥐너 빠스뻬쉬찌

좀 있다가 봐. Скóро увúдимся.
스꼬러 우비짐샤

좀 있다가, 집에 바래다주실래요? Вы не смоглú бы проводúть меня́ чéрез минýту?
븨 니 스마글리 브이 쁘러바지찌 미냐 체레즈 미누뚜

좀 참아.	Потерпи. 빠쩨르삐	종기	опухоль 오푸홀
좁다	узкий 우즈끼	종류	род 로트
좁은(마음)	узкое сердце 우즈꺼예 세르쩨	종이	бумага 부마가
종(벨)	звонок 즈바노크	종합	синтез : обобщение 신쩨스 ; 아보브쉐니예
종교	религия 렐리기야	좋아요.	Хорошо. 하라쇼

좀 작은 사이즈는 없나요?

(У вас) Нет более маленького размера?
우 바스 니옛 볼례예 말렌꺼버 라즈메라

종업원(식당)	официант(-ка) 아피찌안트(까)
좋기만 하네.(반박)	Разве хорошо! 라즈베 하라쇼
좋아 하지 않다	не нравится 니 느라빗짜
좋아하는 물건	любимый предмет 류비므이 쁘레드메트
좋아하는지 아닌지	нравится или нет 느라빗짜 일리 니옛

좋아하다	люби́ть 류비찌	죄	преступле́ние 쁘레스뚜쁠레니에
좋은	хоро́ший 하로쉬	죄 없는	безви́нный 베즈빈느이

좋아하다(마니아처럼)   люби́ть (как ма́ния)
　　　　　　　　　　　 류비찌　깍　마니야

좋아하셨으면 좋겠네요.(선물주면서)   Мне бу́дет прия́тно, что вам понра́вится (э́тот пода́рок).
므녜 부젯 쁘리야뜨너 쉬또 밤 빠느라빗짜 에떠트 빠다로크

좋은 결과를 얻다   получа́ть хоро́шие результа́ты
　　　　　　　　　 빨루차찌　하로쉬에　레졸따뜨이

좋은 날씨   хоро́шая пого́да
　　　　　　하로샤야　빠고다

좋은 성적을 거두다
　　　получа́ть хоро́шую успева́емость
　　　빨루차찌　하로슈유　우스뻬바예모스찌

좋은 소식   хоро́шие но́вости
　　　　　　하로시예　노보스찌

좌석번호는 몇 번 이예요?   Како́й но́мер ме́ста?
　　　　　　　　　　　　　 까꼬이　노메르　메스따

좌회전금지   Запрещено́ поверну́ться нале́во.
　　　　　　자쁘레쉔너　빠베르누짜　날레버

좌회전하다   поверну́ться нале́во
　　　　　　빠베르누짜　날레버

주(날짜)	неде́ля 니젤랴	주된	гла́вный 글라브느이
주고받다	обме́ниваться 아브메니바쨔	주말에	на выходны́е дни 나 브이하드니예 드니
주근깨	весну́шки 베쓰누쉬끼	주머니	карма́н 까르만
주기(시기)	пери́од 뻬리어트	주문하다	зака́зывать 자까즈이바찌
주기적인	периоди́ческий 뻬리아지체스끼	주민	населе́ние : жи́тели 나셀례니예 ; 쥐찔리
주다	дава́ть 다바찌	주방장	шеф по́вар 쉐프 뽀바르

죄송합니다만, 이름을 알 수 있을 까요?
Извини́те, мо́жно узна́ть, как вас зову́т?
이즈비니쩨 모쥐너 우즈나찌 깍 바스 자붓

주관(자아)   ли́чное мне́ние ; субьекти́вный взгляд
리치노예 므녜니예 ; 수비엑찌브느이 브즈글랴트

주름(얼굴)   морщи́на ; скла́дка
마르쉬나 ; 스끌라뜨까

주말   выходно́й ; коне́ц неде́ли ; уике́нд
브이하드노이; 까녜쯔 니젤리 ; 위껜트

주목하세요.   Внима́ние, пожа́луйста.
브니마니예   빠좔루이스따

주변에	вокру́г 바끄루크	주어	подлежа́щее 빠들례좌쉐에
주부	домохозя́йка 다마하쟈이까	주유비	цена́ на запра́вку 쩨나 나 자쁘라프꾸
주사	уко́л 우꼴	주의 깊게	внима́тельно 브니마찔너
주석(대통령)	президе́нт 쁘레지젠뜨	주의하다	внима́ть 브니마찌
주소	а́дрес 아드레스	주인	владе́лец ; хозя́ин 블라젤례쯔 ; 하쟈인
주식	а́кция ; фо́нды 악찌야 ; 폰듸	주장(축구)	команди́р 까만지르

주민등록증　　идентификацио́нная ка́рта
　　　　　　이젠찌피까찌온나야　까르따

주변　　окруже́ние ; окру́жность
　　　　아끄루제니예 ; 아끄루쥐노스찌

주사는 필요 없어요.　　Мне не на́до уко́ла.
　　　　　　　　　므녜 니 나더 우꼴라

주석을 달다　　анноти́ровать
　　　　　　아나찌러바찌

주시하다　　при́стально наблюда́ть
　　　　　쁘리스딸너　나블류다찌

주식회사　　акционе́рная компа́ния
　　　　　악찌아녜르나야　깜빠니야

주전자	чайник 차이니크	준결승	полуфинал 빨루피날
주제	тема 쩨마	준비하다.	готовить 가또비찌
주차장	автостоянка 아프따스따얀까	줄	очередь 오체례찌
주차하다	ставить машину 스따비찌 마쉬누	줄(늘어선)	ряд : очередь 랴트 : 오체례찌
주택	дом : квартира 돔 : 끄바르찌라	줄서다	вступать в ряды 프스뚜빠찌 브 랴드이
죽다	умирать 우미라찌	줄서세요.	Стой в очередь 스또이 보 체례찌
죽순	побеги бамбука 빠베기 밤부까	줄이다	уменьшать 우멘샤찌
죽음	смерть 스메르찌	중국	Кита?й 끼따이

주인이 없으니까 서비스가 엉망이네.
Нет хозяйна, и сервис плохой.
니옛 하쟈이나 이 세르비스 쁠라호이

주체	основная часть ; самобытность 아스노브나야 차스찌 ; 사마브이뜨노스찌
주택난	жилищная проблема 쥘리쉬나야 쁘라블레마

중국어	китайский язык 끼따이스끼 이즈이크	중앙	центр 쩬뜨르
중독되다	отравиться 아뜨라비짜	중요하지 않다	Не важно. 니 바쥬노
중량	вес : тяжесть 베스 : 찌줴스찌	중요한	важный 바쥬느이
중량초과	избыточный вес 이즈브이떠츠느이 베스	중추절	праздник урожая 쁘라즈니크 우라좌야
중병	тяжёлая болезнь 지죨라야 발레즌	중학교	средняя школа 스레드냐야 쉬꼴라
중심 센터	центр 쩬뜨르	쥐띠	земная ветвь Мыши 짐나야 베뜨피 므이쉬

중년을 지난　　за зрéлый вóзраст
　　　　　　　자 즈렐르이 보즈라스트

중소기업　средние и мелкие предприятия
　　　　　스레드니에 이　멜끼예　쁘레드쁘리야찌야

중요하게 여기다　придавать важное значение
　　　　　　　　쁘리다바찌　바쥬노예　즈나체니예

중죄　　　　тяжкое преступление
　　　　　찌야쉬꼬예　쁘례스뚜쁠례니에

쥐　　mышь : мышóнок : мышка : крыса
　　　므이쉬 :　　므이쇼녹 :　　　므이시까 :　　끄릐사

쥐(근육의 경련)　судорога : спазм : конвульсия
　　　　　　　　수다러가 :　　스빠즘 :　　깐불시야

쥐어박다	ткнуть 뜨끄누찌	즐거웠어?	Было приятно? 브일러 쁘리야뜨너
즐거운	приятный 쁘리야뜨느이	증권	ценные бумаги 쩬느이에 부마기

쥐다   брать : держать : захватывать
          브라찌 : 제르좌찌 : 자흐바뜨이바찌

즉시   немедленно : незамедлительно : сразу же
    니메들렌너 :   니자메들리찔너 :   스라주 줴

즐거운 여행 되세요.   Счастливого пути!
                        샤슬리보버   뿌찌

즐거운 크리스마스 되기를 바라며, 1년 동안 행복이 가득 하길 바랍니다.
Поздравляю вас с Рождеством и желаю вам счастья в новом году.
빠즈드라블랴유 바스 스라쥐제스뜨봄 이 젤라유 밤 샤스찌야 브 노범 가두

즐겁기를 바랍니다.
    Надеюсь, что вы проводите время приятно.
    나제유스 쉬또 븨 쁘러바지쩨 브레먀 쁘리야뜨너

즐겁다   довольный : радостный : приятный
          다볼느이 :   라더스느이 :   쁘리야뜨느이

즐기다   любить : веселиться : радоваться
          류비찌 :   베셀리쨔 :   라더바쨔

증가하다   увеличиваться : расти
                    우벨리치바쨔 :   라스찌

증명하다	доказывать 다까즈이바찌	증조부	прадед 쁘라제트
증발시키다	испарять 이스빠랴찌	지겹네.	Скучно. 스꾸츠너
증인	свидетель 스비제쩰	지구	земля 지믈랴
증정품	товар на дар 따바르 나 다르	지금	сейчас : теперь 시차스 : 찌뻬리
증정하다	дарить 다리찌	지금 말고.	Не сейчас. 니 시차스

증서	диплом : свидетельство 지쁠롬 : 스비제찔스뜨버
지갑	кошелёк : бумажник 까쉘료크 : 부마쥐니크
지구온난화현상	глобальное потепление 글로발너예 빠쩨쁠레니예
지금 가는 길이예요.	Сейчас пойду. 시차스 빠이두
지금 몇 시예요?	Который час? 까또르이 차스
지금 비와?	Сейчас идёт дождь? 시차스 이죳 도쉬
지금 어디에 있어요?	Где вы сейчас? 그제 븨 시차스

지금 바로	пря́мо сейча́с 쁘랴마 시차스	지나간	про́шлый 쁘로쉴르이
지나가다	проходи́ть 쁘라하지찌	지난달	про́шлый ме́сяц 쁘로쉴르이 메샤쯔

지금 제가 일이 좀 있어서요.   Сейча́с у меня́ дела́.
시차스 우 미냐 젤라

지금 필요해?   Тепе́рь ну́жно?
찌뻬리 누쥐너

지금 회사를 운영하고 있다.
Сейча́с я управля́юсь компа́нией
시차스 야 우쁘라블라유스 깜빠니예이

지금까지 말한 적이 없다.
До сих пор я не сказа́л(-а).
도 시흐 뽀르 야 니 스까잘(라)

지금은 알아들으시겠어요?   Сейча́с поня́тно?
시차스 빠냐뜨너

지금은 익숙해졌어요.   Сейча́с я привы́к(-ла).
시차스 야 쁘리브이끄(글라)

지금은 통화 중이예요.
Сейча́с я разгова́риваю по телефо́ну.
시차스 야 라즈가바리바유 빠 쩰레포누

지금은 편하지 않아. 내가 나중에 다시 전화할게.
Сейча́с неудо́бно, пото́м я перезвоню́.
시차스 니우도브너 빠똠 야 뻬레즈바뉴

지난주	прошлая неделя 쁘로쉴라야 니젤랴	지도(지리)	карта 까르따
지능	интеллект 인뗄렉트	지루한	скучный : нудный 스꾸츠느이 : 누드느이
지다	проигрывать 쁘로이그르이바찌	지루해요.	Мне скучно. 므녜 스꾸츠너
지다.(해)	заходить 자하지찌	지리	география 게아그라피야

지나서 / 이십분이 지나서
　　　　　прошло / прошло 20 минут
　　　　　쁘로실러 쁘로실러 드밧짜찌 미누뜨

지나치다(정도)
　　　　　　　　　　чрезмерный
　　　　　　　　　　치레즈메르느이

지난 한 해 동안 수고 많으셨습니다.
　　　Благодарю вас за труд в прошлом году.
　　　블라가다류 바스 자 뜨루트 프 쁘로쉴럼 가두

지난번 일에 대해 안타깝게 생각해.
　　　　　　Сожалею о прошлом событии.
　　　　　　사좔레유 아 쁘로쉴럼 사브이찌이

지력　　　　　　　　интеллектуальная сила
　　　　　　　　　　인뗄렉뚜알나야　　실라

지름길　　　прямой путь : кратчайший путь
　　　　　　쁘랴모이 뿌찌 : 끄랏차이쉬이 뿌찌

지름길을 알아.　　　　Я знаю прямой путь.
　　　　　　　　　　　야 즈나유 쁘랴모이 뿌찌

지명하다(직위)	назна́чить 나즈나치찌	지원하다	подде́рживать 빠드제르쥐바찌
지불하다.	плати́ть 쁠라찌찌	지저분한	гря́зный 그랴즈늬이
지붕	кры́ша 끄릐샤	지점	то́чка 또츠까
지수	показа́тель : и́ндекс 빠까자쩰 : 인덱스	지정하다	назнача́ть 나즈나차찌
지시	указа́ние 우까자니예	지지하다	подде́рживать 빠제르쥐바찌
지식	зна́ние : му́дрость 즈나니예 : 무드러스찌	지진	землетрясе́ние 지믈례뜨랴셰니예
지우개	ла́стик 라스찍크	지탱하다	подде́рживать 빠제르쥐바찌

지방	ме́стность : райо́н : прови́нция 메스느스찌 : 라이온 : 쁘라빈찌야
지방자치단체	ме́стные о́рганы вла́сти 메스니예 오르간느이 블라스찌
지사제	сре́дство от поно́са 스레쯔스뜨버 아트 빠노사
지역	райо́н ; зо́на ; о́бласть 라이온 ; 조나 ; 오블라스찌
지적인	интеллектуа́льный 인뗄롁뚜알느이

지형	топогра́фия 따빠그라피야	직접	пря́мо 쁘랴머
직장(일터)	рабо́чее ме́сто 라보치예 메스떠	진공청소기	пылесо́с 쁘일레소스

지키다   охраня́ть : защища́ть
                아프라냐찌 : 자쉬샤찌

지하땅굴   подзе́мная пеще́ра
                 빠젬나야 뻬셰라

지휘하다   руково́дствовать : управля́ть
              루까봇스뜨버바찌 : 우쁘랴블랴찌

직무   обя́занность : обяза́тельство : долг
             아뱌잔너스찌 : 아비자쪨스뜨버 : 돌크

직속(의)   прямо́е подчине́ние
              쁘랴모예 빠드치녜니예

직업   заня́тие : профе́ссия : рабо́та
              쟈냐찌예 : 쁘라뻬시야 : 라보따

직원   персона́л : сотру́дник
              뻬르사날 : 사뜨루드니크

직장은 오페라하우스 근처에요.
     Рабо́та нахо́дится о́коло О́перного за́ла.
     라보따 나호짓쨔 오꼴러 오뻬르너버 잘라

직접 건네주다   пря́мо переда́ть
              쁘랴머 뻬례다찌

진드기	клещ 끌례쉬
진료접수하다	принять 쁘리냐찌
진입금지	запрещён войти 자쁘레숀 바이찌
진찰실	кабинет врача 까비네트 브라차

직접 그렇게 말하진 않았지만.
хотя откровенно не сказал(-а) так
하쨔 아뜨끄러벤너 니 스까잘(라) 딱

직접 눈으로
своими глазами
스바이미 글라자미

직접 묻지 않다
не спросить прямо
니 스쁘라시찌 쁘랴머

직진하다.
идти прямо вперёд
이찌 쁘랴머 프뼤료트

진공펌프
вакуумный насос
바꾸움느이 나소스

진료기록
медицинская запись
메지찐스까야 자삐스

진보하다
прогрессировать ; развиваться
쁘라그레시러바찌 ; 라즈비바쨔

진실을 말 할 거야.
Скажу правду.
스까주 쁘라브두

진실을 말하다
говорить правду.
가바리찌 쁘라브두

한국어	러시아어	한국어	러시아어
진행하다	проводи́ть 쁘러바지찌	질투하다	зави́довать 자비더바찌
진흙	гли́на : грязь 글리나 : 그랴시	짐	бага́ж 바가쉬
질리지 않아.	Не надое́ло. 니 나다옐러	짐작	дога́дка 다가뜨까
질문	вопро́с 바쁘로스	짐작하기에	вероя́тно 베라야뜨너

진정하라고.(말릴 때)   утеша́йся! : успоко́йся
                            우쩨샤이짜   우스빠꼬이샤

진짜 바보 같네.   како́й настоя́щий дура́к!
                        깍꼬이   나스따야쉬   두라크

진찰하다   осма́тривать больно́го
            아스마뜨리바찌   발너보

진통제   болеутоля́ющее сре́дство
           발례우딸랴유쉬에   스례뜨스뜨버

진한(맛, 색)   густо́й : кре́пкий
            구스또이 :   끄례쁘끼

진화하다   эволюциони́ровать
            에벌류찌아니러바찌

질문하다   задава́ть вопро́с : спра́шивать
         자다바찌   바쁘로스 :   스쁘라쉬바찌

짐은 어떻게 보내요?   Как посыла́ть бага́ж?
                    깍   빠쉴라찌   바가쉬

집	дом 돔	집부터	из до́ма 이즈 도마
집(단층)	дом 돔	집은 어디 예요?	Где дом? 그제 돔
집근처에	о́коло до́ма 오꼴러 도마	집주인	хозя́ин до́ма 하쟈인 도마

집 생각이 나시죠? Вы скуча́ете по до́му?
브이 스꾸차예쩨 빠 도무

집 주소 알려 줄 수 있어요?
Скажи́те, пожа́луйста, дома́шний а́дрес.
스까쥐쩨 빠좔루이스따 다마쉬니 아드레스

집근처 슈퍼마켓 супермаркет о́коло до́ма
수뻬르마르께트 오꼴러 도마

집까지 걷다 идти́ пешком домо́й
이찌 뻬쉬꼼 다모이

집마다 같다. Все до́ма одина́ковые
프쎄 도마 아지나꼬브이에

집밖을 나가지 않다. не вы́йти из до́ма (и́з дому)
니 브이이찌 이즈 도마 이즈 도무

집에 놀러와. Лриходи́ ко мне в гости
쁘라하지 까 므녜 브 고스찌

집에 두었어. Я оста́вил(-а) до́ма.
야 아스따빌(라) 도마

집행하다	исполнять 이스뻘냐찌	짜다(직물)	ткать 뜨까찌
집회	собрание : сбор 사브라니예 : 즈보르	짜증나다	надоедать 나다예다찌

집에서 가까운   близко от дома
                         블리스꺼 앗도마

집으로 곧장 가다   идти прямо домой
                         이찌 쁘랴머 다모이

집주인에게 연락해서 약속 좀 잡아줘.
Позвоню хозяйну дома, и устрой встречу с ним.
빠즈바뉴 하쟈이누 도마 이 우스뜨로이 프스뜨레추 스님

집주인에게 항의하러 전화하다.
     звонить хозяйну жаловаться
     즈바니찌   하쟈이누   쫠러바짜

집중하다   сосредоточивать
                 사스례다또치바찌

집중하세요.
Внимание. : Сосредоточивайте внимание.
브니마니예 :   사스례다또치바이쩨   브니마니예

집중할 수 없어요.   Не могу сосредоточиться.
                 니 마구   사스례다또칫쨔

집집마다 집 스타일이 똑같아서 놀랐어.
Удивительно, что у каждого дома одинаковый стиль.
     우지비쩰너 쉬또 우 까즈도버 도마 아진나꺼브이 스찔

짠(맛)	солёный 살료느이	찌르다	вбить 브비찌
짧은	короткий : краткий 까로뜨끼 : 끄라뜨끼	찢어지다	оторваться 아따르바쨔
쫓다	изгонять 이즈가냐찌		

징후(병)   признаки болезни
                쁘리즈나끼 발례즈니

짧게 자르다   стричься коротко
                  스뜨리치쨔 까로뜨꺼

짧은 머리   короткая причёска
                  까로뜨까야 쁘리쵸스까

쭉 가세요. 꺾지 마시고요.
                  Идите прямо, не поверните.
                  이지쩨 쁘랴머 니 빠베르니쩨

쭉 보다   постоянно смотреть
                  빠스따얀너 스마뜨례찌

차(교통)	автомоби́ль 아프떠마빌
차(음료)	чай 차이
차고	гара́ж 가라쉬
차다(발로)	ударя́ть ного́й 우다랴찌 나고이
차례대로	по о́череди 빠 오체례지
차별하다	различа́ть 라즐리차찌
차용하다	заи́мствовать 자임스뜨버바찌
차이	разли́чие : ра́зница 라즐리치예 : 라즈니짜
차지하다(물건)	взять 브쟈찌
착하네.(아기)	До́брый! 도브르이

차(음료)를 준비됐어요?   Гото́вили чай?
　　　　　　　　　　　가또빌리 차이

차례(행사)   жертвоприноше́ние
　　　　　　쥐에르뜨버쁘리나쉐니예

차를 꼭 갈아타야 하나요? Ну́жно де́лать переса́дку?
　　　　　　　　　　　누쥐너 젤라찌 뻬레사드꾸

차를 끓이다   зава́ривать чай
　　　　　　자바리바찌 차이

차를 운전하다   води́ть (авто)маши́ну
　　　　　　바지찌 아프떠 마쉬누

차마 볼 수 없다   не могу́ смотре́ть
　　　　　　　니 마구 스마뜨례찌

착한(어린이)	до́брый 도브르이
찬성하다	выступа́ть за 브이스뚜빠찌 자
참가하다	уча́ствовать 우차스뜨버바찌
참기 어려운	нетерпи́мый 니쪠르삐므이
참다	терпе́ть 찌뻬리
참여하다.	уча́ствовать 우차스뜨버바찌
참치	туне́ц 뚜녜쯔
찹쌀	кле́йский рис 끌레이스끼 리스
창가 탁자	стол у окна́ 스똘 우 아끄나
창문	окно́ 아끄노

차에서 내리다	сойти́ с маши́ны 사이찌 스 마쉬느이
착륙하다	приземля́ться : де́лать поса́дку 쁘리지믈랴쟈 : 젤라찌 빠사뜨꾸
찬란한	ослепи́тельный : блестя́щий 아슬례삐쩰느이 : 블레스쨔쉬이
찬성한다면	Е́сли выступа́ете за 예슬리 브이스뚜빠예쩨 자
찰떡궁합커플	влюблённая па́ра 블류블룐나야 빠라
참고하다	принима́ть во внима́ние 쁘리니마찌 바 브니마니예
창구 / 2번 창구	ка́сса / втора́я ка́сса 까사 프따라야 까사

창백하다	бле́дный 블레드느이	찾아내다	найти́ 나이찌
창피한	присты́женный 쁘리스띄줸느이	찾아볼게.	Найду́. 나이두

창문 닫아 주세요.   Закро́ите окно́.
자끄로이쩨 아끄노

창문을 열다   открыва́ть окно́
아뜨끄릐바찌 아끄노

창조하다   создава́ть - созда́ть
사즈다바찌   사즈다찌

찾다. / 잘 찾아보세요.
иска́ть / Ищи́те тща́тельно.
이스까찌   이쉬쩨   뜨샤쪨너

찾아보려고.(시험 삼아)   Пыта́юсь найти́.
쁘이따유스 나이찌

찾을 수 있다.   Мо́жно найти́.
모쥐너   나이찌

찾지 못 하다.   Не могу́ найти́.
니 마구 나이찌

채 / 집 두 채
счётная едини́ца домо́в и зда́ний / два зда́ния
쇼뜨나야   에지나짜   다모프 이 즈다니이   드바 즈다니야

채가다   захва́тывать - захвати́ть
자흐바뜨이바찌   자흐바찌찌

한국어	러시아어	한글 발음
채권	облигация	아블리가찌야
채소	овощи	오버쉬
책	книга	끄니가
책과 신문	книга и газета	끄니가 이 가제따
책꽂이	книжная полка	끄니쥐나야 뽈까
책상	письменный стол	삐씨멘느이 스똘
책임감	ответственность	아뜨벳스뜨벤너스찌
챔피언	чемпион	쳄삐온
처럼 생긴	похожий	빠호쥐이
처방전	рецепт	리쩹뜨
채식하다	питаться овощами	삐따쨔 아바샤미
책 사다 주실 수 있으세요?	Можно купить книги?	모쥐너 꾸삐찌 끄니기
책 좀 빌려줘.	Отдай мне книги.	앗다이 므녜 끄니기
책임자	ответственное лицо	아뜨벳스뜨벤노예 리쪼
책임지다	нести ответственность (за что)	녜스찌 아뜨벳스뜨벤너스찌 자 쉬또
책잡다	обнаружить недостаток	아브나루쥐찌 니다스따떡
처리하다	обращаться с чем : справляться	아브라샤쨔 스 쳄 : 스쁘라블랴쨔

ㅊ

처신하다	вести себя 베스찌 시뱌	천만에요.	Не стоит. 니 스또잇
처음부터	с начала 스나찰라	천장	потолок 빠딸로크
천(숫자)	тысяча 뜨이시치	천천히	медленно 메들렌너
천둥	гром 그롬	철(금속)	железо : металл 젤레저 : 메딸

처음 러시아에 왔을 때는
Когда впервые приехал(-а) в Россию.
까그다 프뻬르븨예 쁘리예할(라) 브 라시유

처음부터 끝까지 **от начала до конца**
아트 나찰라 다 깐짜

처음으로 **впервые : первый раз**
프뻬르븨예 : 뻬르브이 라스

척 / 배 두 척
единица счёта кораблей / два корабля
예지니짜 쇼따 까라블레이 드바 까라블랴

천연재료 **естественный материал**
예스쩨스뜨벤느이 마쩨리알

천정팬 **потолочный фен**
빠딸로츠느이 페놈

천천히 말씀해 주세요. **Говорите медленно.**
가바리쩨 메들렌너

철도	желе́зная доро́га	청년시절	мо́лодость
	쥘레즈나야 다로가		몰러더스찌
첫 번째	пе́рвый	청바지	джи́нсы
	뻬르브이		진스이
첫사랑	пе́рвая любо́вь	청소하다	чи́стить
	뻬르바야 류보피		치스찌찌

철도역 железнодоро́жный вокза́л
        젤레즈너다로지느이   바그잘

첩 нало́жница : любо́вница
    날로즈니쨔 : 류보브니쨔

첫사랑은 이루어 지지 않는다.
　　　　Пе́рвая любо́вь не осуществля́ется.
　　　　뻬르바야 류보피 니 아수쉐스뜨블랴엣짜

청경채 пакчо́й : кита́йская капу́ста
        빡초이 : 끼따이스까야 까뿌스따

청년단 молодёжная гру́ппа
        말라죠쥐나야 그루빠

청량음료 прохлади́тельные напи́тки
          쁘러흘라지쪨늬예 나삐뜨끼

청소할 사람을 찾아 놨어요.
　　　　Нашёл(-шла) кого́-то чи́стить.
　　　　나쇨(쉴라) 까보 따 치스찌찌

청하다 проси́ть - попроси́ть
        쁘라시찌   빠쁘라시찌

체계	систе́ма 시스쩨마	체크무늬의	полоса́тый 빨러살뜨이
체력	физи́ческая си́ла 피지체스까야 실라	초(시간)	секу́нда 세꾼다
체스	ша́хматы 샤흐마띄	초과하다	превыша́ть 쁘레브이샤찌
체육	физкульту́ра 피스꿀뚜라	초대	приглаше́ние 쁘리글라쉐니예
체중계	весы́ 베스이	초록색	зелёный цвет 질룐이 쯔베트

체온을 재 봅시다.   Измеря́ем температу́ру.
　　　　　　　이즈메랴옘　　쩸뻬라뚜루

체제   систе́ма : организа́ция режи́м
　　　시스쩨마 : 아르가니자찌야   레쥠

체한   страда́ть несваре́нием желу́дка
　　　스뜨라다찌　니스바렌니옘　쥉루뜨까

초대장   пригласи́тельное письмо́
　　　　쁘리글라시쩰너예　　삐시모

초대장이 있어요. У меня́ пригласи́тельное письмо́.
　　　　　　　우 미냐　쁘리글라시쩰너예　　삐시모

초등학교   нача́льная шко́ла
　　　　　나찰나야　쉬꼴라

초목   трава́ и дере́вья : расти́тельность
　　　뜨라바 이 제례비야 : 라스찌쩰너스찌

322

초상(얼굴)	портре́т / 빠르뜨레트
초안	черново́й прое́кт / 체르나보이 쁘라엑트
초인종	звоно́к / 즈바노크
촉진하다.	ускоря́ть / 우스까랴찌
총(합계)	ито́г / 이또크
총자본	о́бщий капита́л / 옵쉬이 까삐딸
총탄	пу́ля / 뿔랴
총합계	ито́г / 이또크
최근	неда́вно / 니다브너
최대(수량)	ма́ксимум / 막시뭄
최선	са́мое лу́чшее / 사모예 루쉐예
최소(수량)	минима́льный / 미니말느이

총국장　генера́льный дире́ктор
　　　　게네랄느이　지렉또르

총서기　генера́льный секрета́рь
　　　　게네랄느이　세끄레따르

총을 장전하다　заряди́ть ружьё
　　　　　　　자랴지찌　루쥬요

최고기온　максима́льная температу́ра
　　　　　막시말나야　쩸뻬라뚜라

최선을 다해 도와 드릴게요.
　　Я изо всех сил помогу́ вам.
　　야 이자 프세흐 실　빠마구　밤

최신의	нове́йший 노베이쉬이	추억	воспомина́ние 바스빠미나니예
최종점수	фина́льный счёт 피날느이 쇼트	추운	холо́дный 할로드느이
최초	са́мое нача́ло 사모예 나찰로	추워지다	холоде́ть 할라제찌
최후	коне́ц 까녜쯔	축구	футбо́л 풋볼

최선을 다하다 сде́лать всё : прилага́ть все уси́лия
즈젤라찌 프쇼: 쁘릴라가찌 프세 우실리야

최저기온 са́мая ни́зкая температу́ра
사마야 니스까야 쩸뻬라뚜라

추가하다 дополня́ть : добавля́ть
다빨냐찌 : 다바블랴찌

추상적인 абстра́ктный : отвлечённый
압스뜨락뜨느이 : 아뜨블레쵼느이

추석 коре́йский пра́здник урожа́я
까레이스끼 쁘라즈니크 우라좌야

추석까지 있으실 건가요? Вы прибу́дете до
коре́йского пра́здника урожа́я «Чусок»?
븨 쁘리부제쩨 다 까레이스꺼버 쁘라즈니까 우라좌야 추석

추첨 жеребьёвка : лотере́я
제레비욥까 : 라쩨레야

한국어	러시아어	한국어	러시아어
축구선수	футболи́ст 풋발리스트	축축한	вла́жный : сыро́й 블라쥐느이 : 싀로이
축제	фестива́ль 페스찌발	축하하다	поздравля́ть 빠즈드라블랴찌
축제일	пра́здник 쁘라즈니크	축하해.	Поздравля́ю тебя́. 빠즈드라블류 찌뺘

추측하다	предполага́ть : догада́ть 쁘레드빨라가찌 : 다가다찌
추측할 수 없어요.	Не возмо́жно догада́ть. 니 바즈모쥐너 다가다찌
축구 경기를 하다	игра́ть в футбо́л 이그라찌 프 풋볼
축구 보고 있나봐.	Смо́трят футбо́л. 스모뜨럇 풋볼
축구경기	футбо́льный матч 풋볼느이 마치
축구라면 아주 미치지!	Безу́мно лю́бит футбо́л! 베줌너 류빗 풋볼
축구장	футбо́льная площа́дка 풋볼나야 쁠라샤뜨까
축구팀	футбо́льная кома́нда 풋볼나야 까만다
축하해요.	Поздравля́ю вас. 빠즈드라블류 바스

ㅊ

출구	вы́ход 븨호트	출발하다	отправля́ться 아뜨쁘라블랴쨔
출발	отхо́д : старт 아뜨호트 : 스따르트	출입국	вы́езд и въезд 브이예스트 이 브예스트
출발점	ста́ртовая то́чка 스따르따바야 또츠까	출현하다.	появля́ться 빠야블랴쨔

출근시간　　　　　　　　　　слу́жебные часы́
　　　　　　　　　　　　　　슬루졔브니예　치싀

출근할 시간이 되다.　　　Пора́ вы́йти на рабо́ту.
　　　　　　　　　　　　빠라 브이이찌 나 라보뚜

출생증명서　　　　　свиде́тельство о рожде́нии
　　　　　　　　　　스비졔쩰스뜨버　아　라즈졔니이

출입국을 하기 위해서는 어떤 수속을 해야 하나요?
Каки́е процеду́ры ну́жно офо́рмить для вы́езда и въе́зда?
까끼예 쁘러쩨두릐 누쥐너 아포르미찌 들랴 브이예즈다 이 브예즈다

출장가다　　　　　　　е́хать в командиро́вку
　　　　　　　　　　　예하찌　프까만지로프꾸

출판사　　　　　　　　　　изда́тельство
　　　　　　　　　　　　　이즈다쩰스뜨버

춤을 잘 추다　　　　　　танцева́ть хорошо́
　　　　　　　　　　　　딴쩨바찌　하라쇼

춤추다(전통적인)　исполня́ть традицио́нный та́нец
　　　　　　　　이스빨냐찌　뜨라지찌온느이　따녜쯔

326

한국어	러시아어	한국어	러시아어
충고	совéт 사볘트	취하다	опьянéть 아삐야녜찌
충고하다	совéтовать 사볘떠바찌	취했어.	был(-а) пьян(-а) 브일(라) 삐얀(나)
충분하다	достáточный 다스따또츠느이	층	этáж 에따쉬
충분한	достáточный 다스따또츠느이	치료하다	лечи́ть 레치찌
충성	вéрность 볘르노스찌	치마	юбка 유쁘까
충수염	тифли́т 찌플리트	치약	зубнáя пáста 주브나야 빠스따
충전하다	заряжáть 자랴좌찌	친구	друг (подрýга) 두루크 빠두루가
취미	хóбби 하비	친근한	бли́зкий 블리스끼

춤추다(현대적인)	исполня́ть совремéнный тáнец 이스빨냐찌 사브례몐느이 따녜쯔
충분하지 못한	недостáточный 니다스따또츠느이
치료학요법(의학)	метóд лечéния 메또트 레쳬니야
친구 집에 가려고요.	Éду к дрýгу. 예두 그드루구

친밀한	дру́жественный 드루줴스뜨벤느이	친하다	бли́зкий 블리스끼
친선	дру́жба 드루쥐바	친한 친구	бли́зкий друг 블리스끼 드루크
친절한	раду́шный 라두쉬느이	친해지다	дружи́ться 두루쥐짜
친척	ро́дственники 로쯔스뜨벤니끼	칠(미술)	кра́ска 끄라스까

친구가 되다　　подружи́ться с кем
　　　　　　　빠드루쥣쨔　스 껨

친동생　　родно́й мла́дший брат : родна́я мла́дшая сестра́
　　　　라드노이 믈랏쉬이 브라트 : 라드나야 믈랏샤야 시스뜨라

친애하는　　дорого́й : уважа́емый
　　　　　　다라고이 : 우바자예므이

친절한 환대에 감사합니다.
　　Благодарю́ за тёплый приём.
　　블라가다류　자 쬬쁠르이 쁘리욤

친척을 방문하다　　навеща́ть ро́дственников
　　　　　　　　나베샤찌　로쯔스뜨벤니꼬프

친한 사람　　бли́зкий челове́к
　　　　　　블리스끼　칠라베크

친할아버지　　родно́й де́душка
　　　　　　라드노이　제두시까

칠(숫자)	семь 셈	침략하다	нападáть 나빠다찌
칠십	сéмьдесят 셈지샷	침술	акупунктýра 아꾸뿐끄뚜라
칠월	ию́ль 이율	침실	спáльня 스빨냐
칠판	клáссная доскá 끌랴스나야 다스까	침울한	мрáчный 므라츠느이
칠하다	крáсить 끄라시찌	침착한	спокóйный 스빠꼬이느이
침대	кровáть 끄라바찌	칫솔	зубнáя щётка 주브나야 쇼뜨까
침대시트	простыня́ 쁘러스띠냐	칭찬하다	хвали́ть 흐발리찌
칠판지우개	тря́пка для стирáния с доски́ 뜨랴쁘까 들랴 스찌라니야 즈 다스끼		

ㅊ

329

카드(종이)	ка́рточка
	까르떠츠까

카메라   фотоаппара́т
포따아빠라트

카네이션   гвозди́ка
그바지까

카세트   кассе́та
까세따

카드(게임)   ка́рта
까르따

카탈로그   катало́г
까딸로크

카드 충전해주세요.(핸드폰)
    Заряди́те карточку, пожалуйста
    자랴지쩨   까르뜨츠꾸   빠좔루이스따

카드(신용카드)를 정지시키다.   прекрати́ть испо́льзование креди́тной ка́рточки
쁘레끄라찌찌 이스뽈저바니예 끄레지뜨너이 까르떠츠끼

카드(플라스틱)   креди́тная ка́рточка
끄레지뜨나야 까르떠츠까

카드를 섞다   тасова́ть ка́рты
따사바찌 까르띄

카드를 치다   игра́ть в ка́рты
이그라찌 프 까르띄

카탈로그를 보여주세요.   Показывайте катало́ги.
빠까즈이바이쩨 까딸로기

카트(쇼핑센터)   магази́нная теле́жка
마가진나야 쩰레쉬까

한국어	러시아어	한국어	러시아어
칵테일	коктéйль 깍떼일	캐묻다.	расспрáшивать 라쉬쁘라쉬바찌
칼	нож 노쉬	캠퍼스(학용품)	цúркуль 찌르꿀
칼럼	комментáрий 까멘따리	커서(전산)	курсор 꾸르소르
칼럼리스트	комментáтор 까멘따떠르	커튼	занавéска 자나베스까
캄보디아	Камбóджа 깜보쥐야	커플	влюблённая пáра 브류블룐나야 빠라
캐나다	Канáда 까나다	커피	кóфе 꼬페

칼라사진   цветнáя фотогрáфия
           쯔베뜨나야   포따그라피야

캔 / 맥주 3 캔
    жестя́нка / три жестя́нки из-под пи́ва
    줴스찐까   뜨리 줴스찐끼 이스 뽀드 삐바

캔 맥주   жестя́нка из-под пи́ва
          줴스찌얀까 이스 뽀드 삐바

커피 준거 고마워.   Спасúбо за кóфе.
                    스빠씨버 자 꼬페

커피 탔어요?   Готóвили кóфе?
               가또빌리 꼬페

커피가 진해요.   Кóфе крéпкий.
                 꼬페 끄레쁘끼

컴퓨터	компью́тер 깜쀼쩨르	켜다(기계)	включа́ть 프끌류차찌
컵	ча́шка 차쉬까	코	нос 노스
컵라면	лапша́ в ча́шке 랍샤 프 차쉬께	코 고는 소리	храп 흐랍
케이크	торт 또르뜨	코가 막히다	нос зало́жен 노스 잘로젠

커피를 컴퓨터에 쏟았어.
Вы́лил ко́фе на компью́тер.
브이뻴 꼬페 나 깜쀼쩨르

컬러 프린터기
цветно́й при́нтер
쯔베뜨노이 쁘린떼르

컴퓨터 공학(전산)
компью́терные нау́ки
깜쀼떼르느에 나우끼

컴퓨터가 너무 느려.
Ско́рость компью́тера сли́шком ме́дленна.
스꼬로스찌 깜쀼쩨라 슬리쉬껌 메들렌나

컴퓨터가 이상해. Компью́тер ненорма́льно.
깜쀼쩨르 니나르말너

컴퓨터로 놀다.
игра́ть в компью́тер
이그라찌 프 깜쀼쩨르

켤레 / 운동화 1 켤레
па́ра / па́ра кроссо́вок
빠라 빠라 끄라소버크

코가 헐다	гноится нос 그놋짜 노스
코끼리	слон 슬론
코를 골다	храпеть 흐라뼤찌
코를 풀다	сморкаться 스모끄르까쨔
코코넛	кокос 까꼬스
코트	пальто 빨또
콘돔	кондом 깐돔
콜라	кола 꼴라
콜론(:)	двоеточие 드보예또치예
콧물이 나다	сопли 소쁠리
콧수염	усы 우쓰이
쿠션침대칸표	билет в купе 빌렛 프 꾸뻬
크기	размер 라즈메르
크다	большой 발쇼이
큰길	главная дорога 글라브나야 다로가
클럽	клуб 끌루쁘

크게 말씀하세요.	Говорите громче. 가바리쩨 그롬체
크게 말하다	говорить громко 가바리쩨 그롬꺼
크리스천	христианин (христианка) 흐리스찌아닌 흐리스찌얀까
큰 목소리로	с громким голосом 즈 그롬낌 골러섬

클립	клипс 끌립스	키스하다	целовать(ся) 쩰러바찌(쨔)
키보드	клавиатура 끌라비아뚜라	킬로미터	километр 낄라메뜨르

큰길에서 на главной дороге
나 글라브노이 다로게

큰소리로 환호하다
воскликнуть от радости с громким голосом
바스끌리끄누찌 아트 라도스찌 즈 그롬낌   골러섬

큰일이네, 늦었어요.   Большое дело, поздно.
발쇼예 젤러 뽀즈너

키가 보통이다   среднего роста
스레드네버 로스따

키가 어떻게 되세요?   Какой у вас рост?
까꼬이 우 바스 로스트

키가 작다   маленького роста
말렌꺼버 로스따

키가 크다   высокого роста
브이소꺼버 로스따

키친타월   кухонное (посудное) полотенце
꾸혼노예 빠수드너예   빨라쩬쩨

ㅌ

타다(불에)	горе́ть 가례찌
타다(차)	е́хать 예하찌
타이어	ши́на 쉬나
타이틀	назва́ние 나즈바니예
타조	стра́ус 스뜨라우스
타진하다	выстýкивать 브이스뚜끼바찌
탁구	пинг-по́нг 핀 퐁
탄내가 나다	чади́ть 차지찌
탈출하다	избавля́ться 이즈바블랴짜
탑(건축)	ба́шня 바쉬냐
탑승	поса́дка 빠사뜨까
탑승시간	вре́мя поса́дки 브례먀 빠싸뜨끼

타당하다   подоба́ть кому́-чему́
빠다바찌   까무 치무

타이핑하다   писа́ть на маши́нке
삐사찌 나 마쉰께

탁월한   исключи́тельный : отли́чный
이스끌류치쩰느이 : 아뜰리츠느이

탄밥, 누룽지   пригоре́лый рис на дне котла́
쁘리가렐느이 리스 나 드녜 까뜰라

탑승시작   поса́дка начала́сь
빠사뜨까 나찰라스

태국	Таила́нд 따일란트	태풍	тайфу́н 따이푼
태국어	та́йский язы́к 따이스끼 이즈익	택시	такси́ 딱시
태도	поведе́ние 빠베졔니예	턱	че́люсть 첼류스찌
태양	со́лнце 손쩨	턱수염	борода́ 바로다
태어나다	рожда́ться 라즈다쨔	테니스	те́ннис 쩨니스
태연하게	споко́йно 스빠꼬이너	테마	те́ма 쩨마

태권도 тхэквондо (коре́йский национа́льный вид спо́рта) 떼껀도 까레이스끼 나찌아날느이 비트 스뽀르따

태극기 коре́йский госуда́рственный флаг
까레이스끼 가수다르스뜨벤느이 플라크

테스트하다 подверга́ть испыта́нию : проводи́ть испыта́ние
빠드베르까찌 이스쁴이따니유 : 쁘러바지찌 이스쁴이따니예

텔레비전 볼륨 좀 줄여주세요.
Сокраща́йте гро́мкость телеви́зора.
사끄라샤이쩨 그롬꺼스찌 쩰레비조라

텔레비전 좀 보게 가만히 있어요.
Не меша́йте мне смотре́ть телеви́зор.
니 마샤이쩨 므녜 스마드례찌 쩰레비조르

테이블	стол 스똘	토요일	суббо́та 수보따
테이프	ле́нта : тесьма́ 롄따 : 쪠스마	토의 하다	обсужда́ть 압수즈다찌
토끼	за́яц 자야쯔	톤(무게)	то́нна 똔나
토너멘트 시합	турни́р 뚜르니르	통	ведро́ 베드로
토라지다	серди́ться 세르지쨔	통과하다	проходи́ть 쁘라하지찌
토마토	помидо́р : тома́т 빠미도르 : 따맛	통상(보통)	обы́чно 아븨츠너

텔레비전을 보고 있어요. Я смотрю́ телеви́зор.
야 스마뜨류 쪨레비조르

텔레비전을 보면서 смотря́ телеви́зор
스마뜨랴 쪨레비조르

토론하다 дискусси́ровать : вести́ диску́ссию
디스꾸시러바찌 : 베스찌 디스꾸시유

통계(상)의 статисти́ческий
스따찌스찌체스끼

통관 тамо́женные процеду́ры : тамо́женная
очи́стка 따모졘니예 쁘러쩨두르이 : 따모쩨나야 아치스뜨까

통관하다 проходи́ть тамо́женный досмо́тр
쁘하하지찌 따모졘느이 다스모뜨르

통속의	популя́рный 빠쁠랴르느이	투명한	прозра́чный 쁘러즈라츠느이
통신원	корреспонде́нт 까레스빤젠뜨	투자자	вкла́дчик 프끌라드치크
통일하다	объединя́ть 아비예지냐찌	투자하다	инвести́ровать 인베스찌러바찌
통통하다	по́лный 뽈느이	투쟁하다	боро́ться 바롯쨔
통화중이다	телефо́н за́нят 쩰레폰 자냣	투창	мета́ние копья́ 메따니예 까삐야

통역(사람)	(у́стный) перево́дчик (우스느이) 뻬레보치크
통역하다	у́стно переводи́ть 우스너 뻬레보지찌
퇴근시간	вре́мя возвраще́ния с рабо́ты 브례먀 바즈브라쉐니야 스 라보띄
투명한 파랑색 우비	прозра́чный си́ний пла́щи 쁘러즈라츠느이 시니 쁠라쉬
투어하다(콘서트)	дать конце́рт по всей стране́ 다찌 깐쩨르뜨 빠 프세이 스뜨라녜
투자법(법률)	зако́н об инвести́ции 자꼰 아브 인베스찌찌
투자액	су́мма капиталовложе́ний 수마 까삐딸러블러줴니이

투표하다	голосовáть 갈라사바찌	트윈룸	кóмната на двоих 꼼나따 나 드보이흐
튀기다	жáрить 좌리찌	특별한	специáльный 스뻬찌알느이
트랜지스터	транзи́стор 뜨란지스또르	특수성	осóбенность 아소벤너스찌
트렌드	тренд : тендéнуия 뜨렌트 : 쩬뗀찌야	틀니	вставны́е зу́бы 프스따븨예 주븨

투피스	жéнский костю́м-двóйка 젠스끼 까스쭘 드보이까
트럼펫을 불다	игрáть на трубé 이그라찌 나 뚜루베

특별히 그녀를 좋아하는 것도 아니야.
　　　　　　Я её не люблю́ специáльно.
　　　　　　야 이요 니 류블류 스뻬찌알너

특별히 준비해 두다	специáльно подготóвить 스뻬찌알너 빠드가또비찌
특산품	мéстная продýкция 메스나야 쁘라둑찌야
특징	осóбенность : характери́стика 아소벤너스찌 : 하락쩨리스찌까
틀니를 맞추다	постáвить вставны́е зу́бы 빠스따비찌 프스따쁘니예 주븨

틀렸어.	Непра́вильно. 니쁘라빌너	**티켓**	биле́т 빌롓
틀린	непра́вильный 니쁘라빌느이	**팁**	чаевы́е 차예븨예

티슈　　бума́жные салфе́тки
　　　　　부마쥐니예　살폐뜨끼

팀 / 두 팀　　кома́нда / две кома́нды
　　　　　까만다 /　드베　까만듸

팀 / 우승팀　　кома́нда / вы́игравшая кома́нда
　　　　　까만다 /　븨이그라프샤야　까만다

ㅍ

파(야채)	лук 루크
파괴되다	разруша́ться 라즈루샤짜
파다(나무등)	гравирова́ть 그라비러바찌
파도	волна́ 볼나
파란색	си́ний 시니
파마	пермане́нт 뻬르마녠트
파면하다	увольня́ть 우발냐짜
파업하다	бастова́ть 바스따바찌
파인애플	анана́с 아나나스
파일(사무용품)	па́пка 빠쁘까
파일(전산)	файл 파일
파충류	пресмыка́ющееся 쁘레스믜까유셰예짜

파고들다(소문)　　　　　допы́тывать
　　　　　　　　　　　다쁘이뜨이바찌

파란색으로 신어 봐도 되나요?
Мо́жно приме́рить о́бувь си́него цвета́?
모쥐너　쁘리몌리찌　오부피　시니보　쯔베따

파마하다　　　　　　сде́лать пермане́нт
　　　　　　　　즈젤라찌　뻬르마녠트

파산　　　　　разоре́ние : банкро́тство
　　　　　라저레니예 :　반끄롯스트버

파산하다　　　разори́ться : обанкро́титься
　　　　　라자릿짜 :　　아반끄로찌쨔

파티하다	устро́ить ве́чер 우스뜨로이찌 베체르	팔십	во́семьдесят 보심지샷
파파야	папа́йя 빠빠이야	팔월	а́вгуст 아브구스트
판결을 내리다.	определя́ть 아쁘레젤랴찌	팔찌	брасле́т 브라슬렛
판단하다	суди́ть 수지찌	패션	мо́да 모다
판매하다	продава́ть 쁘라다바찌	팩	паке́т 빠껫
판사	судья́ 수지야	팩스	факс 빡스
팔	рука́ 루까	팩을 하다(피부)	накова́ть 빠까바찌
팔(숫자)	во́семь 보심	팬(애호가)	люби́тель 류비쩰

파트타임으로 일하다.	рабо́тать по часа́м 라보따찌 빠 치삼
판결안	пригово́р (докуме́нт) 쁘리가보르 다꾸멘트
팔다. / 잘 팔리다	продава́ть / хорошо́ продава́ть 쁘라다바찌 하라쇼 쁘라다바찌
팔짱을 끼다	засо́вывать ру́ки в рукава́ 자소브이바찌 루끼 브 루까바

342

팬티	тру́сики 뜨루시끼
퍼센트(%)	проце́нт 쁘라쩬트
퍼트리다	распространя́ть 라스쁘라스뜨라냐짜
펌프	насо́с : по́мпа 나노스 : 뽐빠
페인트	кра́ска 끄라스까
펜	ру́чка 루츠까
퍼지다	широко́ распространя́ться 쉬로꺼 라스쁘라스뜨라냐짜
페이지 / 3 페이지	страни́ца / три страни́цы 스뜨라니짜 뜨리 스뜨라니찌
편안하다(마음)	споко́йный 스빠꼬이느이
편지를 기다리다	ждать письма́ 쥐다찌 삐시마
편지를 보내다	отпра́вить письмо́ 아뜨쁘라비찌 삐시모
편지를 쓰다	писа́ть письмо́ 삐사찌 삐시모
펭귄	пингви́н 삔빈
펴다	расстила́ть 라스찔라찌
편리한	удо́бный 우도브느이
편지	письмо́ 삐시모
편집자	реда́ктор 리닥또르
편집장	гла́вный реда́ктор 글라브느이 리닥또르

343

평가하다	оце́нивать 아쩨니바찌	평영(수영)	брасс 브라스
평균의	сре́дний 스레드니	평일	бу́дни 부드니
평등하다	ра́вный 라브느이	평화	мир 미르
평상시	обы́чное вре́мя 아브츠너예 브레먀	폐(의학)	лёгкие 료흐끼예
평야	равни́на 라브니짜	폐를 끼치다	беспоко́ить 베스빠꼬이찌

편지를 우체통에 넣다
    класть письмо́ в почто́вый я́щик
    끌라스찌 삐시모 프 빠츠또브이 야쉬크

편해지다   ста́ть споко́йным : ста́ть удо́бным
    스따찌 스빠고이늼 : 스따찌 우도부늼

평(아파트)   пхён (1.2 квадра́тных метра)
    푠 아진 이 드바 끄바드라뜨느이흐 메뜨라

평균기온   сре́дняя температу́ра
    스레드냐 쩸뻬라뚜라

평방미터   квадра́тный метр
    끄바드라뜨느이 메뜨르

평상시에도 좀 늦는 편이다   обы́чно опа́здывать
    아브츠너 아빠즈드이바찌

폐병	туберкулёз лёгких 뚜베르꿀료스 료흐끼흐	폭탄	бомба 봄 바
포기하다	бросáть 브라사찌	폭포	водопáд 바다빠트
포기하지 마.	Не бросáй. 니 브러사이	폴더(전산)	фолдер 폴제르
포도	виногрáд 비나그라트	폴란드	Пóльша 뽈샤
포장하다	упакóвывать 우빠꼬브이바찌	표	билéт 빌레트
포크	вúлка 빌까	표(설문)	таблúца 따블리짜
포함하다	включáть(ся) 프끌류차찌(짜)	표시하다	выражáть 븨라좌찌
폭(옷감)	ширинá 쉬리나	표준	стандáрт 스딴다르트

폐가 되지 않는다면	Éсли вам не трýдно. 예슬리 밤 니 뜨루드너
폐를 끼쳤네요.	Извинúте за беспокóйство. 이즈비니쩨 자 베스빠꼬이스뜨버
포맷하다(전산)	дéлать формáт 젤라찌 파르마트
포장해주세요.	Упакóвывайте, пожáлуйста. 우빠꼬브이바이쩨 빠촬루이스따

표현	выраже́ние 븨라줴니예	풍경	вид 비트
푸다	че́рпать 체르빠찌	풍금	орга́н 아르간
푸딩	пу́динг 뿌딩크	풍부한	бога́тый 바가뜨이
푹 자다	кре́пко спать 끄렙꺼 스빠찌	풍부한 맛	бога́тый вкус 바가뜨이 프꾸스
풀(사무용품)	клей 끌례이	풍습	обы́чай 아븨차이
풀다	развя́зывать 라즈뱌즈이바찌	프라이팬	сковорода́ 스까바라다
품목	пе́речень това́ров 뻬레첸 따바러프	프랑스	Фра́нция 프란찌야
품질	ка́чество това́ра 까체스뜨버 따바라	프로그래머	программи́ст 쁘라그라미스트

표준어 литерату́рный язы́к
리쩨라뚜르느이 이즈이크

표 예약해 주실 수 있으세요?
Мо́жно заказа́ть биле́т?
모쥐너 자까자찌 빌례트

프랑스어 францу́зский язы́к
프란쭈스끼 이즈익

프런트데스크 регистрату́ра
레기스뜨라뚜라

프로그램 팸플릿	брошю́ра 브라슈라	프린터기	при́нтер 쁘린떼르
프로듀서	Продюссор 쁘라듀소르	피	кровь 끄로피
프로세스(전산)	проце́сс 쁘라쩨스	피가 나다.	Кровь идёт 끄로피 이죷
프로젝트	прое́кт 쁘라엑트	피곤하다	уста́л(а) 우스딸(라)
프로페셔널	профессиона́л 쁘로페시아날	피곤해도	хотя́ я уста́л(а) 하짜 야 우스딸(라)

프로그래밍하다(전산) программи́ровать
쁘라그라미러바찌

프로그램 계획시간표(TV)
телевизио́нная програ́мма
쩰레비지온나야 쁘라그라마

프린트지 при́нтерная бума́га
쁘린떼르나야 부마가

플라스틱으로 만들다 сде́лать из пла́стики
즈젤라찌 이스쁠라스찌끼

플루트(피리)를 불다 игра́ть на фле́йте
이그라찌 나 플레이쩨

피곤할 텐데 мо́жет быть, ты уста́л(а)
모쉣 브이찌 띄 우스딸(라)

피동	пасси́вность 빠시브너스찌	필수적이다	необходи́мо 니아브하지머
피망	пиме́нт 삐멘트	필요 없다	не ну́жно 니 누쥐너
피부	ко́жа 꼬좌	필요하다	ну́жно 누쥐너
피부가 하얗다	ко́жа бе́лая 꼬좌 벨라야	필통	пена́л 뻬날
피우다	кури́ть 꾸리찌	핏기가 없다	бле́дный 블레드느이
피하다	избега́ть 이즈베가찌	핑크색	ро́зовый цвет 로자브이 쯔베트
핀란드	Финля́ндия 핀란지야		

피임약   противозача́точные сре́дства
         쁘로찌바자챠떠치니예   스레쯔스뜨바

핀을 꼽다(머리)   прика́лывать була́вкой
         쁘리깔릐바찌   불라프꼬이

필름을 현상하다   прояви́ть плёнку
         쁘라야비찌   쁠룐꾸

ㅎ

하구	ýстье 우스찌에
하기 휴가	лéтний óтпуск 레뜨니 오뜨뿌스끄
하고 싶다	хотéть 하쩨찌
하급	низкий класс 니스끼 끌라스
하관	низкопоставленняй ыиновник 니스꺼빠스따블렌느이 치노브니크
하급생	учáщийся млáдшего клáсса 우차쉬샤 믈라드쉬보 끌라사
하나도 이해 못하다.	Ничего не понятно. 니치보 니 빠냐뜨너
하드(전산HDD)	жёсткий диск 죠스끼 디스크
하드웨어(전산)	технические обеспéчения 쩨흐니체스끼예 아베스뻬체니야
하려고만 하면 뭘 못해.	Éсли ты хóчешь сдéлать, ничего нет невозмóжного. 예슬리 띄 호체시 즈젤라찌 니치보 니옛 니바즈모쥐너버
하는 동안에	в течéние 프 쩨체니예
하는 척하다	дéлать вид 젤라찌 비트
하늘	нéбо 네바
하늘색	синий цвет 시니 쯔베트
하늘이 맑다	нéбо чистое 네버 치스떠예
하루 종일	весь день 베스 젠

349

하루 중에	за день 자 젠	하인	слуга 슬루가
하마터면	едва́ не 예드바 니	하지만	но 노
하얀색	бе́лый цвет 벨르이 쯔베트	학과	кафедра 까페드라

하려하지 않다   не пыта́ться
                     니 쁘이땃쨔

하와이는 모스크바에서 얼마나 떨어져 있어요?
   Как далеко́ нахо́дится Гавай от Москвы́?
   깍크 달레꼬 나호짓쨔 가바이 아뜨 마스끄브이

하루 종일 내내   в тече́ние всего́ дня
                    프 쩨체니예 프세버 드냐

하루만 묵어야겠어.
   Я бу́ду ночева́ть то́лько оди́н день.
   야 부두 나체바찌 똘꺼 아진 젠

하마터면 교통사고가 날 뻔했다.
   Едва́ не автомоби́льная ава́рия произошла́.
   예드바 니 아프따마빌나야 아바리야 쁘로이자실라

하얀색인거요.   Да́йте бе́лого цвета́.
                     다이쩨 벨로버 쯔베따

하지만 지금 상황에선 이게 최선이야.
   Но тепе́рь это са́мый лу́чший вариа́нт.
   노 찌뻬리 에떠 사므이 루치쉬이 바리안트

학교	шко́ла 쉬꼴라	학우	шко́льный това́рищ 쉬꼴느이 따바리쉬
학교가다	ходи́ть в шко́лу 하지찌 프 쉬꼴루	학위	учёная сте́пень 우쵼나야 스쩨뼨
학기	уче́бный семе́стр 우체브느이 시메스뜨르	학장	декан 제깐
학습하다.	изуча́ть 이주차찌	한 걸음	оди́н шаг 아진 샤크

학과장   заве́дующий ка́федрой
                         자베두유쉬이   까페드로이

학교 가지 않으면   не ходи́ть в шко́лу
                          니   하지찌 프 쉬꼴루

학교마다 다르다   ка́ждая школа отлича́ется
                         까즈다야   쉬꼴라   아뜰리차옛짜

학교에 지각하다   опозда́ть в шко́лу
                         아빠즈다찌   프쉬꼴루

학생   шко́льник(-ца) : студе́нт(-ка)
             쉬꼴니크 (쉬꼴니짜) : 스뚜젠뜨(까)

한 번 더 말씀해 주세요.
       Скажи́те ещё раз, пожа́луйста.
       스까쥐쩨 잇쇼 라스 빠좔루이스따

한 번도 미국에 기본적 없어.
       Я ни ра́зу не был(-а) в Аме́рике.
       야 니 라주 니 브일(라) 바메리께

한 부 복사해 주실 수 있으세요?
Мо́жно ли де́лать ко́пию?
모쥐너 리 젤라찌 꼬삐유

한개 남아 있어.
Остаётся ещё оди́н.
아스따옷짜 잇쑈 아진

한개 더 주세요.
Да́йте ещё оди́н.
다이쩨 잇쑈 아진

한개 얼마예요?(싼 것에 물을 때)
Ско́лько сто́ит за оди́н?
스꼴꺼 스또잇 자 아진

한개만 주세요.
Да́йте то́лько оди́н.
다이쩨 똘꼬 아진

한국 사람 이예요.
Я коре́ец (корея́нка).
야 까레예쯔 까레얀까

한국 사람과 러시아사람은 비슷해요.
Коре́йцы похо́жи на ру́сских.
까레이찌 빠호쥐 나 루스끼흐

한국 사람은 성질이 급한 것으로 유명한데 당신은 그 보다 더 하네요.
Изве́стно, что у коре́йцев нетерпели́вый хара́ктер. Вы не ме́нее чем бо́лее нетерпели́вые.
이즈베스너 쉬또 우 까레예쩨프 니쩨르뻴리브이 하락쩨르 븨 니메녜 쳄 볼례 니쩨르뻴리븨예

한국 선수들이 경기를 정말 잘해. Коре́йские игроки́ игра́ют действи́тельно хорошо́.
까레이스끼에 이그로끼 이그라윳 제이스뜨비쩰너 하라쑈

한국 스타 중에 누가 제일 좋아요? Кто из корейских актёров ваш самый любимый?
끄또 이스 까레이스끼흐 악쬬로프 바쉬 사므이 류비므이

한국 음악 좀 들려줄까? Хочешь слушать корейскую музыку?
호체쉬 슬루샤찌 까레이스꾸유 무즤꾸

한국 제품입니다. Это корейская продукция.
에떠 까레이스까야 쁘러둑찌야

한국과 러시아는 좀 비슷해. Корея немножко похожа на Россию.
까레야 님노쉬꺼 빠호좌 나 라시유

한국과 러시아의 관계가 갈수록 발전한다. Отношения между Кореей и Россией постепенно развиваются.
아뜨나쉐니야 메주두 까레예이 이 라시예이 빠스쩨뻰너 라즈비바윳짜

한국과 비교할 때, 러시아 월세는 너무 비싸.
В России плата за аренду выше, чем в Корее.
브 라시이 쁠라따 자 아렌두 브이쉐 쳄 프 까레예

한국과 비교해보면 по сравнению с Кореей
빠 스라브녜니유 스 까레예이

한국국민 모두 весь корейский народ
베스 까레이스끼 나로트

한국사람 кореец (кореянка)
까라예쯔 까레얀까

한국어를 러시아어로 번역하다.
перевести с корейского на русский язык.
뻬레베스찌 스 까레이스꺼버 나 루스끼 이즈이크

한국어를 잘 하시네요.
　　　　　Вы хорошо́ говори́те по-коре́йски.
　　　　　　븨　하라쇼　가바리쩨　빠　루스끼

한국어를 할 수 있어요?　　Говори́те по коре́йски?
　　　　　　　　　　　　가바리쩨　빠　까레이스끼

한국에 기본적 있어요?　　　　Вы бы́ли в Коре́е?
　　　　　　　　　　　　　　븨　브이리　프　까레예

한국에 대해 어떻게 생각하세요?
　　　　　　　　　Как вы ду́маете о Коре́е?
　　　　　　　　　까끄　븨　두마예쩨　아　까레예

겨울이 더 길다.　　　Зима́ бо́лее дли́нная.
　　　　　　　　　　지마　볼례　들린나야

한국에서 겨울엔 눈이 많이 온다.
　　　　　　В Коре́е зимо́й идёт мно́го сне́гов.
　　　　　프　까레예　지모이　이죠트　므노거　스네고프

한국에서 굉장히 유명한 분이야.
　　　　　В Коре́е э́то о́чень изве́стный челове́к.
　　　　　프　까레예　에떠　오친　이즈베스느이　칠라베크

한국에서 왔어.　　　　　　　　Из Коре́и.
　　　　　　　　　　　　　　이스　까레이

한국영화만 좋아하다.
　　　　　люби́ть то́лько Коре́йские фи́льмы
　　　　　류비찌　돌꼬　까레이스끼예　필르믜

한국음력　　коре́йский лу́нный календа́рь
　　　　　　까레이스끼이　룬느이　깔렌다리

한 번 더	ещё раз 잇쇼 라스	한국	Корея 까레야
한 후부터	после 뽀슬레	한숨 쉬다	вздохнуть 브즈다흐누찌
한가한	свободный 스바보드느이	한턱을 내다	угощать 우가샤찌

한국적 방식   корейский метод : корейский стиль
까레이스끼 메또트 : 까레이스끼 스찔

한권만 사요?   Куплю одну книгу?
꾸쁠류 아드누 끄니구

한도를 늘리다   повысить (допустимый) предел
빠븨시찌 다뿌스찌므이 뻬레젤

한번 보세요.   Смотрите, пожалуйста.
스마뜨리쩨 빠좔루이스따

한번 본 것 같아.
   Мне кажется, я видел(а) один раз.
므녜 까줴짜 야 비질(라) 아진 라스

한번 해보세요.   Попробуйте, пожалуйста.
빠쁘로부이쩨 빠좔루이스따

한번만 봐주세요.   Помогите, пожалуйста.
빠마기쩨 빠좔루이스따

한러사전   корейско-русский словарь
까레이스꼬 루스끼 슬라바리

할 가치가 있는	сто́ит 스또잇	함께 가다	вме́сте пойти́ 브메스쩨 빠이찌
할 것이다	бу́ду(+동사원형) 부두	함께 일하는 친구	колле́га 깔례가
할머니	ба́бушка 바부쉬까	함성을 지르다	кри́кнуть 끄리끄누찌
할아버지	де́душка 제두쉬까	합격했어요.	Сдая экза́мен. 즈달 에그자멘
할인	ски́дка 스끼드까	합리적인	рациона́льный 라찌아날느이
함께	вме́сте 브메스쩨	합성하다(사진)	скла́дывать 스끌라디바찌

한쪽 편에 서다.	стоя́ть в одно́й стороне́ 스따야찌 바드노이 스떠라녜
할 말이 없어.	Не́чего говори́ть. 니치보 가바리찌
할 얘기가 뭔데요?	Что вы хоти́те сказа́ть? 쉬또 븨 하찌쩨 스까자찌
할아버지와 할머니	ба́бушка и де́душка 바부시까 이 제두쉬까
할일이 없어.	Не́чего де́лать. 니치보 젤라찌
합작경영	совме́стное управле́ние 사브메스너예 우쁘라블례니예

한국어	러시아어	한국어	러시아어
합의하다	договáриваться 다가바리바쨔	항상	всегдá 프시그다
합치다	соединя́ть(ся) 사예지냐찌(쨔)	항생제	антибиóтик 안찌비오찌크
항공	авиáция 아비아찌야	해가되다	вредúть 브레지찌
항공권	билéт на самолёт 빌렛 나 사말룟	해결하다	разрешáть 라즈레샤찌
항공우편	авиапóчта 아비아뽀치따	해고	увольнéние 우발녜니예
항공회사	авиакомпáния 아비아깜빠니야	해고되다	увольня́ться 우발냐짜
항구	порт 뽀르트	해로	всю жизнь вмéсте 프슈 쥐즌 브몌스쩨
항로	морскóй путь 마르스꼬이 뿌찌	해방하다	освобождáть 아스버바좌찌

합작을 하실 건가요?
Вы хотúте создáть совмéстное предприя́тие?
븨 하찌쩨 사즈다찌 사브몌스너예 쁘레드쁘리야찌예

항공 운송입니까? Авиациóнная перевóзка?
아비아찌온나야 뻬레보스까

항상 곁에 두세요. Всегдá возьмúте с собóй.
프시그다 바즈미쩨 사-보이

항의하다. возражáть : заявúть протéст
바즈라좌찌 : 자야비찌 쁘러쩨스뜨

해법	ключ к решению 끌류치 끄 레쉐니유	해산물	морепродукт 마레쁘라둑트
해변	берег моря 베레크 모랴	해안	морской берег 마르스꼬이 베레크

해산하다   расходиться - разойтись
                  라스하짓쨔   라자이찌스

해운 운송입니까?   Морская перевозка?
                 마르스까야   뻬레보스까

핸드폰   мобильный телефон
          마빌느이   쩰레폰

핸드폰 번호가 뭐예요?   Какой номер мобильного телефона?
             까꼬이   노메르   마빌너버   쩰레포나

햇볕이 내리쬐다   солнечные лучи освещаются
          솔녜츠늬예   루치   아스베샤윳짜

햇볕이 따뜻하네.   Тепло на солнце
            찌쁠로 나   손쩨

햇빛이 이글거리는   яркие солнечные лучи
          야르끼예   솔녜치늬예   루치

행동   действие : поведение
       제이스뜨비예 :   빠베제니예

행복하게 살아.   Желаю тебе счастья
          쥉라유   찌베   샤스찌야

핵	ядро́ 이드로
핵폭탄	я́дерная бо́мба 야제르나야 봄바
햇빛	со́лнечные лучи́ 솔녜츠늬예 루치
행복	сча́стье 샤스찌예
행성	плане́та 블라네따
행운	уда́ча 우다차
행정	администра́ция 아드미니스뜨라찌야
향기	арома́т 아로마트

행복하시고 장수하시기 바랍니다.
Жела́ю вам сча́стья и до́лгой жи́зни
쥅라유 밤 샤스찌야 이 돌거이 쥐즈니

행복해지다
стать счастли́вым
스따찌 시슬리빔

행사가 열리다
открыва́ются мероприя́тия
아뜨끄릐바윳짜 메러쁘리야찌야

행상하다
торгова́ть вразно́с
따르가바찌 브라즈노스

향기가 좋은
хоро́ший арома́т
하로쉬이 아라마트

향상되다
повыша́ться : улуша́ться
빠븨샤짜 : 울루샷짜

향수병에 걸리다
скуча́ть по до́му
스꾸차찌 빠 도무

향기로운	ароматный 아로마뜨느이	허락하다	разрешать 라즈레샤찌
향상시키다.	улушать 울루샤찌	허벅다리	бедро 베드로
향수	духи 두히	허풍떨다	бахвалиться 바흐발리짜
향채(야채)	специя 스뻬찌야	헌법	конституция 깐스찌뚜찌야
허가서	разрешение 라즈레쉐니예	헐거운(옷)	широкий 쉬로끼

향이 참 좋네요.   Аромат мне очень нравится.
아라마트 므녜 오친 느라빗짜

향채 빼주세요.   Можно мне без специи?
모쥐너 므녜 베스 스뻬찌

허락을 구하다   просить разрешения
쁘러시찌 라즈레셰니야

허락하지 않다   не разрешать
니 라즈레샤찌

허리띠를 매다   надевать ремень
나제바찌 리멘

헤어져야하다.   Нужно расстаться
누쥐너 라스따짜

헬멧을 쓰다   надевать шлем
나제바찌 쉴렘

헤어지다	расстава́ться 라스따바짜
헥타르	гекта́р 곅따르
헬멧	шлем 쉴렘
혀	язы́к 이즈이크
혁명	револю́ция 레발류찌야
혁신하다	обновля́ть 아브나블랴찌
현실	реа́льность 레알노스찌
현금	нали́чные 날리츠늬에
현금자동지급기	банкома́т 반까마트
현대적인	совреме́нный 사브레멘느이
현대화	модерниза́ция 마제르니자찌야
현상	явле́ние 야블례니예

현 상태 теку́щий ста́тус : ны́нешнее состоя́ние
쩨꾸쉬이 스따뚜스 : 닌녜쉬녜 사스따야니예

현금으로 지불하실 겁니까?
Вы хоти́те заплати́ть нали́чными?
븨 하찌쩨 자쁠라찌찌 날리츠늬미

현금으로 하실 건가요? 카드로 하실 건가요?
Как заплати́те, нали́чными или ка́рточкой?
깍 자쁠라찌쩨, 날리츠늬미 일리 까르또츠꼬이

현기증이 나는 головокружи́тельный
갈로바그루쥐쩰느이

현장에서 걸리다 обнару́жить на ме́сте
아브나루쥐찌 나 메스쩨

현상하다	проявля́ть 쁘러야블랴찌
현수막	ба́ннер 반네르
현장에서	на ме́сте 나 메스쩨
혈색	цвет лица́ 쯔베트 리짜
혈압	кровяно́е давле́ние 끄로비야노에 다블레니예
혈통	кро́вное родство́ 끄로브노에 랏스뜨보
혈육	ро́дственник 롯스뜨베니크
협력하다	сотру́дничать 사뜨루드니차찌
협정문	соглаше́ние 사글라쉐니예
협회	ассоциа́ция 아사찌아찌야
형, 오빠	ста́рший брат 스따르쉬이 브라트
형, 오빠(호칭)	Брат! 브라트
형벌	наказа́ние 나까자니예
형부	зять 쟈찌
형성하다	образо́вывать 아브라조브이바찌
형식	фо́рма 포르마

혈색이 좋다	здоро́вый цвет лица́ 즈다로브이 쯔베트 리짜
형과 누나	ста́рший брат и ста́ршая сестра́ 스따르쉬이 브라트 이 스따르샤야 시스뜨라
형수	жена́ ста́ршего бра́та 줴나 스따르쉐버 브라따
형용사	и́мя прилага́тельное 이먀 쁘릴라가쪨너예

형제	брат 브라트	호박잎	ли́стья ты́квы 리스찌야 띄끄븨
형태	фо́рма 포르마	호소하다	призыва́ть 쁘리즤바찌
호기심 있는	любопы́тный 류바쁴뜨느이	호수	о́зеро 오제러
호되다	о́чень си́льный 오친 실느이	호주	Австра́лия 압스뜨랄리야
호랑이	тигр 찌그르	호주머니	карма́н 까르만
호루라기를 불다.	свисте́ть 스비스쩨찌	호칭	обраще́ние 아브라쉐니에
호르몬	гормо́н 가르몬	호텔	оте́ль : гости́ница 아뗄 : 가스찌나짜
호박(야채)	ты́ква 띄끄바	호화스럽다	роско́шный 라스꼬쉬느이

호랑이띠   земна́я ветвь Тигра
짐나야 베뜨피 찌그라

호혜적인 조건을 만들다
созда́ть благоприя́тные усло́вия
사즈다찌 블라고쁘리야뜨느이에 우슬로비야

호흡이 끊어져 가다(임종하다)   дыша́ть на ла́дан
드이샤찌 나 라단

호흡	дыхáние 디하니예	혼자	одúн : сам 아진 : 삼
호흡하다	дышáть 디샤찌	혼합의	смéшанный 스메샨느이
혹시	мóжет быть 모쮓 브이찌	홍수	наводнéние 나바제니예
혹은	úли 일리	홍수나다	разливáться 라즐리바짜
혼동하다.	пýтать 뿌따찌	홍콩	Гонкóнг 간꼰크

혹시 내 열쇠 가지고 있어요?
  Есть ли у вас мой ключ?
  예스찌 리 우 바스 모이 끌류치

혹시 이반 집인가요?
  Мóжет быть, э́то дом Ивáна?
  모쮓 브이찌 에떠 돔 이바나

혼자 시간 보내는걸 좋아해.
  Я люблю́ проводи́ть врéмя одúн (однá).
  야 류블류 쁘라바지찌 브례먀 아진 아드나

혼자 어떻게 하시려고요? Как вы сáми сдéлаете?
  깍 븨 사미 즈젤라예쩨

홍보를 하다 широ́ко оповещáть о чём
  쉬로꼬   아뻬볘샤찌 아 춈

화가 худóжник : худóжница
  후도즈니크 : 후도즈니짜

한국어	러시아어	한국어	러시아어
화나네.	Сержу́сь. 세르주스	화요일	вто́рник 프또르니크
화나는	рассе́рженный 라세르젠느이	화원	цвето́чный сад 쯔베또츠느이 사트
화랑	карти́нная галере́я 까르찐나야 갈리례야	화장대	туале́тный сто́лик 뚜알렛뜨느이 스똘리크
화면(전산)	экра́н 에끄란	화장실	туале́т 뚜알레트
화산	вулка́н 불깐	화장하다	гримирова́ть 그리미라바찌
화살	стрела́ 스뜨렐라	화학	хи́мия 히미야
화상	ожо́г 아죠크	확대하다	расширя́ть 라스쉬랴찌

화보	иллюстри́рованный журна́л 일루스뜨리리라반느이 주르날
화장실에 가다	идти́ в туале́т 이찌 프 뚜알레트
화장실이 어디예요?	Где туале́т? 그제 뚜알레트
화장품을 쓰다	употребля́ть космéтику 우빠뜨레블랴찌 까스메찌꾸
확대하실 필요는 없어요.	Не ну́жно расширя́ть 니 누쥐너 라스쉬랴찌

확실히	то́чно 또츠너	환율	валю́тный курс 발류뜨늬 꾸르스
확인하다	подтвержда́ть 빳뜨베르쥐다찌	환자	больно́й (больна́я) 발노이 발나야
환경	окружа́ющая среда́ 아꾸루좌유샤야 스레다	환전하다	меня́ть де́ньги 미냐찌 젠기
환어음	тра́тта 뜨라따	황금	зо́лото 졸러떠
환영하다	приве́тствовать 쁘리벳스뜨버바찌	회 / 2회	раз / второ́й раз 라스 프따로이 라스

확정하다   устана́вливать : определя́ть
                 우스따나블리바찌 : 아쁘레젤랴찌

환불하다   возвраща́ть де́ньги
                 바브라샤찌 젠기

환율이 오늘 어떻게 되나요?
         Како́й на сего́дня курс?
         깍꼬이 나 시보드냐 꾸르스

환전어디에서 해요?
         Где мо́жно обменя́ть валю́ту?
         그제 모쥐너 아브미냐찌 발류뚜

활발하게 발전하다   акти́вно развива́ться
                 악찌브너 라즈비바쨔

회계   расчёт : бухгалте́рия
         라숏트 : 부흐갈쩨리야

회담	бесе́да 베세다	회의	заседа́ние 자세다니예
회비	чле́нский взнос 츨렌스끼 브즈노스	회의에서	на заседа́нии 나 자세다니
회사	компа́ния 깜빠니야	회초리	ро́зга 로즈가
회상하다.	вспомина́ть 브스빠미나찌	회화(그림)	карти́на 까르찌나
회원	член о́бщества 칠렌 옵쉐스뜨바	회화(대화)	диало́г 지알로크

회사로 와.
Иди́ в компа́нию.
이지 프 깜빠니유

회사에 둔거 아니야? 회사에 가보자.
Оста́вил ли в компа́нии. Пойдёмте в компа́нию.
아스따빌 리 프 깜빠니 빠이죰쩨 프 깜빠니유

회사에 바래다 주세요.
Проводи́те меня́ в компа́нию.
쁘라바지쩨 미냐 프 깜빠니유

회사에 있어요.
Я в компа́нии.
야 프 깜빠니이

회의하러 가다
идти́ на заседа́ние
이찌 나 자세다니예

횡단보도
пешехо́дный перехо́д
뻬쉐호드느이 뻬리호트

효과	эффéкт 에페트	휘파람을 불다	свистéть 스비스쩨찌
후추	чёрный пéрец 쵸르느이 뻬레쯔	휴가를 가다	уйти в óтпуск 우이찌 보뜨뿌스끄
후회하다.	кáяться 까얏짜	휴대용의	портати́вный 빠르따찌브느이
훈련하다	тренировáть 뜨레니라바찌	휴식	óтдых 옷드이흐
훈장	óрден 오르젠	휴일	выходнóй день 브이하드노이 젠
훌륭한	вели́кий 벨리끼	흉년	год плохóго урожáя 고트 쁠라호버 우로좌야
훔치다	воровáть 바라바찌	흐르다(시간)	течь 떼치
휘젓다	мешáть 메샤찌	흐르다(유동)	проходи́ть 쁘로하지찌

효도하다	ухáживать за роди́телями 우하쥐바찌 자 라지쩰랴미
휴지(두루마리)	туалéтная бумáга 뚜알레드나야 부마가
휴학하다	врéменно прекращáть учёбу 브레멘너 쁘레끄라샤찌 우쵸부
흉내 내다	передрáзнивать 뻬레드라즈니바찌

한국어	Русский	한국어	Русский
흐리다(날씨)	му́тный 무뜨느이	흥분하다	волнова́ться 발나바짜
흐린	му́тный 무뜨느이	흥정하다	торгова́ть(ся) 뜨르거바찌(짜)
흑맥주	тёмное пи́во 쫌노예 삐바	희귀한	ре́дкий 레드끼
흑인	негр 네그르	희극	коме́дия 까메지야
흔적	след 슬레트	희망	наде́жда 나제즈다
흘리다.	пролива́ть 쁘랄리바찌	희망이 없다.	безнадёжно 베즈나죠쥐너
흘림체	ско́ропись 스꼬로삐시	희생	же́ртва 제르뜨바
흠 없는	безупре́чный 베주쁘레츠느이	희생자	же́ртва 제르뜨바
흡입하다	вса́сывать 프사스이바찌	흰 우유	бе́лое молоко́ 벨로에 멀라꼬

흑백사진	чёрно-бе́лая фотогра́фия 쵸르너 벨라야 포따그라피야
흔하지 않다	сравни́тельно ре́дко 스라브니쩰너 레뜨꺼
흔한 음식	оби́льное пита́ние 아빌너에 삐따니예

흰 피부	бе́лая ко́жа 벨라야 꼬좌	힘든	тру́дный 뜨루드늬이
힘(능력)	спосо́бность 스빠소브노스찌	CD를 굽다	копи́ровать CD 까삐러바찌 시디
힘(물리)	си́ла 실라	mp3플레이어	МП3-плеер 엠뻬드리 플레에르
힘(체력)	физи́ческая си́ла 피지체스까야 실라	PC방	интерне́т-кафе́ 인떼르네트 까페
힘내	Набира́й си́лы 나비라이 실릐	TV드라마	телесериа́л 쩰레시리알
힘드네.	Тру́дно. 뜨루드노		

흰 우유에도 설탕이 들어 있어서 놀랐어.
Удиви́тельно, что в бе́лом молоке́ соде́ржится са́хар.
    우지비쩰너 쉬또 브 벨롬 말로께 사제르즷쨔 사하르

힘들어 죽겠네.   Умира́ю из-за большо́го труда́.
    우미라유 이즈 자 발쇼버 뜨루다

USB를 꽂다   включа́ть USB
    프끌류차찌 유에스비

부록

- 음식
- 사무용품
- 컴퓨터활용
- 회사생활
- 학교과정
- 문장부호 명칭
- 러시아가 어때요?
- 러시아 행정단위
- 반의어
- 러시아 사이트

초보자를 위한 한국어-러시아어 단어장

음 식

빵	хлеб 흘례쁘
버터	масло 마슬로
치-즈	сыр 스이르
잼	варенье 바레니에
식사	еда 에다
소오스	соус 소우스
흰소오스	белый соус 벨르이 소우스
걸쭉한 수우프	суп-пюре 수프쀼레
맑은 수우프	консоме 꼰소메
고기	мясо 먀소
쇠고기	говядина, мясо 가뱌지나 먀소
돼지고기	свинина 스비니나
스튜우	тушёное мясо 뚜숀노에 먀소
커틀렛	котлета 까뜰례따
돼지커틀렛	свиная котлета 스비나야 까뜰례따
로스 비프	жаркое мясо 좌르꼬에 먀쇼
비이프 스테이크	бифштекс 비프쉬쩩스
오믈렛	омлет 오믈례트
삶은 계란	варёное яйцо 바료노에 야이쬬
계란 프라이(요리)	яичница 야이츠니짜

부록

파이	сладкий пирог 슬라뜨끼 삐로크	소세지	сосиски 사시스끼
아이스크림	мороженое 마로줴노에	러시아식 만두	пирог 삐로크
샌드위치	бутерброд 부쩨르브로트	러시아식 요쿠르트	кефир 께피르
꼬치구이	шашлык 샤쉴르이크	고기야채스프	борщ 보르쉬

기름에 튀긴 굴	жареные устрицы 좌레느이에 우스뜨리쯔이
튀김 새우	жареные креветки 좌레느이에 끄레베뜨끼
튀긴 감자	жареный картофель 좌레느이 까르또펠
야채샐러드	салат из овощей 살라트 이자바쉐이

사무용품

한국어	Русский	발음
파일	па́пка	빠쁘까
스탬플러	ста́плер	스따쁠레르
수첩(여성)	тетра́дь	찌뜨라찌
지우개	ла́стик	라스찌크
테이프	ле́нта	렌따
계산기	калькуля́тор	깔꿀랴떠르
볼펜	ша́риковая ру́чка	샤리꺼바야 루츠까
봉투	конве́рт	깐베르뜨
풀	клей	끌레이
수정액	корректу́рная жи́дкость	까렉뚜르나야 쥐뜨꺼스찌
클립	скре́пка	스끄례쁘까
자	лине́йка	리네이까
칼	нож	노쉬
가위	но́жницы	노쥐니쯔이
전화기	телефо́н	쩰레폰
팩스	факс	팍스
프린터기	при́нтер	쁘린떼르
컴퓨터	компью́тер	깜쀼쩨르
모니터	монито́р	마니또르

부록

스피커	динáмик 지나미크	USB	флéшка/USB 플례쉬까 유에스비

칼라프린터기	цветнóй прúнтер 쯔베뜨노이 쁘린떼르
디지털카메라	цифровóй фотоаппарáт 찌프라보이 퍼따아빠라트
노트북	нóутбук 노우뜨북
데스크톱	настóльный компью́тер 나스똘느이 깜뷰떼르
프린터 잉크	чернúла для прúнтера 치르닐라 들랴 쁘린쩨라

컴퓨터활용

파일	**файл** 파일
마우스(여성)	**мышь** 므이쉬
공시디	**перезапи́сываемый компа́кт-диск** 뻬레자삐스이바예므이 깜빡뜨 디스꼬
프린트지	**бума́га для при́нтера** 부마가 들랴 쁘린떼라
외장하드	**внеустро́енное техни́ческое обеспе́чение** 브네우스뜨로옌너예 쩨흐니체스꺼예 아베스뻬체니예
바이러스	**ви́рус** 비루스
바이러스에 감염되다	**заража́ться ви́русом** 자라좌짜 비루섬
종이가 기계에 걸리다	**Бума́га застря́ла в маши́не.** 부마가 자스뜨랼라 브 마쉬녜
마우스 오른쪽 클릭하다	**кли́ковать пра́вую сто́рону мы́ши** 끌리꺼바찌 쁘라부유 스또라누 므이쉬

부록

프로그램을 설치하다	установить программу 우스따나비찌 쁘라그람무
포맷하다	форматировать 파르마찌라바찌
USB를 꽂다	вставлять USB 프스따블랴찌 유에스비
CD를 굽다	Копировать CD 까삐러바찌 씨디
인터넷이 죽었어.(속어)	Интернет умер. 인떼르네트 우메르
전선을 뽑다	вырыть провод 브이르이찌 쁘라보트

바이러스 걸린것 같아.
Может быть, заражается вирусом.
모쥇 브이찌 자라좌예짜 비루섬

왜 이렇게 느린거야.
Почему так медленно.
빠치무 딱 메들렌너

기계 고장 난 것 같아요. 한번 봐주실래요?
Кажется, эта машинка не работает. Можно её проверить?
까쥇짜 에따 마쉰까 니 라보따옛 모쥐너 이요 쁘라베리찌

378

복사할 줄 알아요?	Вы знаете как копировать?
	브이 즈나예쩨 각 까삐러바찌

한 부 복사해 주실 수 있으세요?	
	Можно делать копию по одному?
	모쥐너 졜라찌 꼬피유 빠 아드노무

회 사 생 활

사무실	контора 깐또라	직원	сотрудник 사뜨루드니크
사장(남성)	президент 프레지젠트	공장 노동자	работник 라보뜨니크
대표(남성)	представитель 쁘렛스따비쩰	실무자	специалист 스뻬찌알리스트
통역	перевод 뻬레보트	월급	месячная зарплата 메시츠나야 자르쁠라따

점심시간	время обеда : обеденный перерыв
	브례먀 아베다 ; 아베젠느이 뻬레르이프

출근시간	служебные часы
	슬루줴브느이예 치스이

퇴근시간	время возвращения с работы
	브례먀 바즈브라셰니야 스 라보뜨이

휴일	вы́ходно́й день 브이하드노이 젠	자물쇠	за́мок 자머크
열쇠	ключ 끌류치	명함	визи́тная ка́рточка 비지뜨나야 까르떠츠까

공휴일	всенаро́дный выходно́й день 프세나로드느이 브이하드노이 젠
러한사전	ру́сско-коре́йский слова́рь 루스꼬 까레이스끼 슬라바리
한러사전	коре́йско-ру́сский слова́рь 까레이스꼬 루스끼 슬라바리
월급날	день вы́дачи зарпла́ты 젠 브이다치 자르쁠라뜨이
월급날이 오다.	Прихо́дит день ме́сячной зарпла́ты. 쁘리호짓 젠 메시츠너이 자르쁠라뜨이
비서를 뽑다	избра́ть секрета́ря 이즈브라찌 시끄리따랴
뽑다	избра́ть 이즈브라찌
한국적 방식	коре́йский стиль 까레이스끼 스찔
한국어를 러시아어로 번역하다	переводи́ть с коре́йского языка́ на ру́сский 뻬레바지찌 스 까레이스까바 이즈이까 나 루스끼

| 해고되다 | увольня́ться 우발냐짜 | 고용하다 | нанима́ть 나니마찌 |

월세를 내다 плати́ть аре́ндную пла́ту на ме́сяц
쁠라찌찌 아렌드누유 쁠라뚜 나 메샤쯔

이리와 봐. 할 말이 있어.
Прийди́, сюда́. Мне ну́жно что́-то говори́ть.
쁘리이지 수다 므녜 누쥐너 쉬또 떠 가바리찌

영어 할 수 있어요?
Вы мо́жете говори́ть по-англи́йски?
비   모줴쩨   가바리찌   빠   안글리스끼

한국어를 할 수 있어요?
Вы мо́жете говори́ть по-коре́йски?
비   모줴쩨   가바리찌   빠   까례이스끼

비공식휴일이라서 회사마다 달라.
Это неофициа́льный выходно́й день, поэ́тому
ка́ждая компа́ния отлича́ется.
에떠 니아피찌알느이 브이하드노이 졘 빠에떠무 까즈다야 깜빠니야 아뜰리차옛짜

좀 빨리 할 순 없나? Ты не мо́жешь де́лать быстре́е?
띄 니 모줴시 젤라찌 브이스뜨례에

차(음료)를 준비됐어요? Гото́вил(-а) чай?
가또빌(라) 차이

부록

차를 준비해주세요.	Готóвите чай. 가또비쩨 차이
볼펜 좀 주시겠습니까?	Передáйте, рýчку. 뻬레다이쩨 루츠꾸
들어오세요.	Входи́те. 브하지쩨
문을 열어주세요.	Откро́йте дверь. 앗끄로이쩨 드베리
문을 닫아주세요.	Закро́йте дверь. 자끄로이쩨 드베리
문을 잠궈주세요.	Запирáйте дверь. 자삐라이쩨 드베리

학교과정

한국어	러시아어	한국어	러시아어
학교	шко́ла 쉬꼴라	일학년	пе́рвый курс 뻬르브이 꾸르스
유아원	де́тский сад 젯스끼 사트	이학년	второ́й курс 프따로이 꾸르스
유치원	де́тский сад 젯스끼 사트	삼학년	тре́тий курс 뜨레찌이 꾸르스
초등학교	нача́льная шко́ла 나찰나야 쉬꼴라	사학년	четвёртый курс 치드뵤르뜨이 꾸르스
중학교	сре́дняя шко́ла 스레드냐야 쉬꼴라	석사	магистр 마기스뜨르
고등학교	вы́сшая шко́ла 브이샤야 쉬꼴라	박사	до́ктор 독떠르
전문대학	институ́т 인스찌뚜트	교사(남성)	учи́тель 우치쩰
대학교	университе́т 우니베르시쩨트	강사	ле́ктор 롁떠르
대학원	аспиранту́ра 아스삐란뚜라	교수	профе́ссор 쁘라페써르
대학원에서 공부중인	Я учу́сь в аспиранту́ре. 야 우추시 바스삐란뚜례		

문장부호 명칭

,	**запятáя** 자삐따야
.	**тóчка** 또츠까
:	**двоетóчие** 드바에또치예
;	**тóчка с запятóй** 또치까 스 자삐또이
!	**восклицáтельный знак** 바스끌리짜쩰느이 즈나크
?	**вопросительный знак** 바쁘라씨쩰느이 즈나크

러시아가 어때요?

겨울이 길어서 힘들어.
Мне тяжёло из-за длинней зимой.
므녜 찌죨라 이즈 자 들린노이 지모이

한국과 비교할 때, 러시아 월세는 너무 비싸.
В России месячная арендная плата дороже, чем в Корее.
브라시이 메시츠나야 아렌드나야 쁠라따 다로줴 쳄 프까례예

러시아어 발음이 어려워요.
Трудно русское произношение.
뜨루드너 루스꺼예 쁘라이즈나쉐니예

한국 사람과 러시아사람은 비슷해요.
Корейцы похожи на русских.
까례이쯔이 빠호쥐 나루스끼흐

한국에 비하면, 겨울이 더 길고 춥다
В России зима длиннее и холоднее, чем в Корее.
브라시이 지마 들린녜예 이 할라드녜예 쳄 프까례예

날씨가 추워요.
Холодно!
홀라드너

러시아 행정단위

1. 모스크바와 모스크바 근교 구간

모스크바	Москва (시발역)
모스크바주	Пушкино Софрино (пос.) С. Радонеж Абрамцево Хотьково Сергиев- Посад (Загорск)
블라디미르주	Струнино Александров

2. 러시아의 유럽 지역 구간

야로슬라브주	Ростов Ярославль Данилов Любим
카스트로마주	Буй Галич Антропово (пос.) Нея Мантурово Поназырево (пос.)

키로프주	Ленинское (пос.)
	Свеча (пос.)
	Котельнич
	Оричи (пос.)
	Вятка(Киров)
	Зуевка
	Фаленки (пос.)
우드무르티야 공화국	Яр (пос.)
	Глазов
	Балезино (пос.)
	Кез (пос.)

3. 우랄 구간

페름주	Верещагино
	Майский
	Пермь
스베르들로프스크주	Шаля (пос.)
	Первоуральск
	Екатеринбург (Свердловск)
	Белоярский (пос.)
	Богданович
	Камышлов
	Пышма (пос.)
	Тугулым (пос.)
튜멘주	Тюмень

튜멘주	Ялуторовск
	Заводоуковск
	Омутинский
	Голышманово
	Ишим

4. 서시베리아 구간

옴스크주	Называевск
	Любинский (пос.)
	Омск
	Кормиловка
	Калачинск
노보시비르스크주	Татарск
	Чаны (пос.)
	Барабинск
	Каргат
	Чулым
	Коченево (пос.)
	Обь
	Новосибирск
	Мошково (пос.)
	Станционно-Ояшинский (пос.)
케메로프주	Юрга
	Яшкино (пос.)
	Олотное
	Тайга

Анжеро-Судженск
Яя
Ижморский
Мариинск
Тяжинский

5. 동시베리아 구간

크라스노야르스크주

Боготол
Ачинск
Новочернореченский
Козулька
Уяр
Заозерный
Канск
Иланский
Нижний Ингаш
Нижняя Пойма

이르쿠츠크주

Бирюсинск
Тайшет
Алзамай
Нижнеудинск
Тулун
Куйтун (пос.)
Зима
Залари (пос.)
Черемухово
Усолье-Сибирское

Ангарск
Иркутск
Шелехов
Култук (пос.)
Слюдянка
Байкальск

6. 바이칼 구간

부랴티야 공화국

Танхой (пос.)
Бабушкин
Улан-Удэ
Заиграево (пос.)

치타주

Петровск-Забайкальский
Новопавловка (пос.)
Хилок
Могзон (пос.)
Чита
Дарасун (пос.)
Карымское (пос.)
Шилка
Приисковый (Куэнга, Холбон) (пос.)
Чернышевск (пос.)
Жирекен (пос.)
Аксеново-Зиловское (пос.)
Ксеньевка (пос.)
Могоча
Амазар (пос.)

7. 극동 구간

아무르주	Ерофей Павлович (пос.) Тахтамыгда (пос.) Сковородино Магдагачи (пос.) Ушумун (пос.) Шимановск Свободный Серышево (пос.) / Байкальск Белогорск Екатеринославка (пос.) Завитинск Бурея (пос.) Архара (пос.)
유태인자치주	Облучье Биробиджан Смидович Хабаровск Пепеяславка (пос.) Хор (пос.) Вяземский Бикин
하바로프스크주	Лучегорск (пос.) Дальнереченск Лесозаводск Спасск-Дальний Сибирцево (пос.) Уссурийск Владивосток(종착역)

반의어

краси́вый / некраси́вый 끄라시브이 니끄라시브이	아름다운 / 못생긴
гру́стный / ра́достный 그루스느이 라더스느이	슬픈 / 기쁜
хорошо́ / пло́хо 하라쇼 쁠러허	좋은 / 나쁜
то́лстый / то́нкий 똘스뜨이 똔끼	뚱뚱한 / 마른
усе́рдный / лени́вый 우세르드느이 레니브이	부지런한 / 게으른
бога́тый / бе́дный 바가뜨이 베드느이	부유한 / 가난한
здоро́вый / сла́бый 즈다로브이 슬라브이	건강한 / 약한
высо́кий / ни́зкий 브이소끼 니스끼	높은 / 낮은
бе́лый / чёрный 벨르이 쵸르느이	흰 / 검은
молодо́й / ста́рый 말라도이 스따르이	젊은 / 늙은

ýмный / растéрянный 움느이　　라스쩨랸느이	영리한 / 멍청한
счастлѝвый / несчастлѝвый 쉬슬리브이　　니쉬슬리브이	행복한 / 불행한
дорогóй / дешёвый 다라고이　　지쇼브이	값비싼 / 값싼
длѝнный / корóткий 들린느이　　까로뜨끼	긴 / 짧은
ширóкий / ýзкий 쉬로끼　　우스끼	넓은 / 좁은
тяжёлый / лёгкий 찌죨르이　　료흐끼이	무거운 / 가벼운
нóвый / стáрый 노브이　　스따르이	새로운 / 늙은
лёгкий / трýдный 료흐끼　　뚜루드느이	쉬운 / 어려운
тóлстый / тóнкий 똘스뜨이　　돈끼	두꺼운 / 얇은
бы́стрый / пóздний 브이스뜨르이　　뽀즈느이	빠른 / 늦은
свéтлый / тёмный 스베뜰르이　　쫌느이	밝은 / 어두운

ра́нний / по́здний 라니이 뽀즈니	이른 / 늦은
горя́чий / прохла́дный 가랴치 쁘라흘라드느이	뜨거운 / 시원한
пра́вый / ле́вый 쁘라브이 레브이	오른쪽 / 왼쪽
пра́вильный / непра́вильный 쁘라빌느이 니쁘라빌느이	올바른 / 나쁜
чи́стый / гря́зный 치스뜨이 그랴즈느이	깨끗한 / 지저분한

러시아 사이트

〈검색〉

얀덱스	www.yandex.ru
러시아어 구글	http://www.google.ru
위키백과	http://ru.wikipedia.org/wiki
람블레르	http://www.rambler.ru
야후	http://ru.yahoo.com

〈뉴스 및 신문기사〉

엑스페르트
Эксперт
http://www.expert.ru

이또기
Итоги
http://www.itogi.ru

러시아 신문
Российская газета
http://www.rg.ru

RKI 러시아
http://world.kbs.co.kr/russian

리아 뉴스
Риа Новости
http://www.rian.ru

까메르산트
Коммерсант
http://www.kommersant.ru

브즈글랴드 Взглд	http://vz.ru
뻬르비이 까날 Первый канал	http://www.1tv.ru/owa/win/ort8_main.main
서울 헤럴드	http://vestnik.tripod.com
라디오 마약 Радио Маяк	http://www.radiomayak.ru
NTV НТВ	http://www.ntv.ru

〈사전〉

멀티트랜	http://www.multitran.ru
그라모트 Грамот	http://www.gramota.ru
약어 사전	http://www.sokr.ru
아카데미사전 Фразгология	http://dic.academic.ru
사전	http://www.frazeologiya.ru

〈정부 및 단체 사이트〉

UN　　　　　　　　　　　http://www.un.org/russian
세계 은행　　　http://www.worldbank.org/eca/russian

[러시아 및 CIS국가]

러시아 대통령 싸이트　　http://www.president.kremlin.ru

외무부МИД　　　　　　　　　　http://www.mid.ru

러시아 정부　　　http://www.government.ru/content

푸틴 총리　　　　　　　http://www.premier.gov.ru

주한 러시아 대사관　　http://www.russian-embassy.org

CIS 연합　　　http://cis.minsk.by/main.aspx?uid=2

백러시아 정부　　　http://www.president.gov.by

주한 백러시아 대사관
　　　http://korea.belembassy.org/korean/main

러시아어 자모

차례	인쇄체	필기체	명 칭	영어의 유사음	발음	IPA
1	А а	*A a*	а 아	'father'의 a	아	[a]
2	Б б	*Б б*	бэ 베	'book'의 b	ㅂ	[b]
3	В в	*В в*	вэ 붸	'vote'의 v	(ㅂ)	[v]
4	Г г	*Г г*	гэ 게	'good'의 g	ㄱ	[g]
5	Д д	*Д д*	дэ 데	'day'의 d	ㄷ	[d]
6	Е е	*Е е*	е(йэ) 예	'yes'의 ye	예	[je]
7	Ё ё	*Ё ё*	ё(йо) 요	'yolk'의 yo	요	[jo]
8	Ж ж	*Ж ж*	жэ 제	'pleasure'의 s	(ㅈ)	[ʒ]
9	З з	*З з*	зэ 제	'zone'의 z	ㅈ	[z]
10	И и	*И и*	и 이	'meet'의 ee	이	[i]
11	Й й	*Й й*	и кра́ткое 이 끄라뜨꼬예	'boy'의 y	(이)	[j]
12	К к	*К к*	ка 까	'kind'의 k	ㄲ	[k]
13	Л л	*Л л*	эль 엘	'gold'의 l	(ㄹ)	[l]
14	М м	*М м*	эм 엠	'man'의 m	ㅁ	[m]
15	Н н	*Н н*	эн 엔	'note'의 n	ㄴ	[n]

차례	인쇄체	필기체	명 칭	영어의 유사음	발음	IPA
16	O o	*O o*	о 오	'port'의 o	오	[o]
17	П п	*П п*	пэ 뻬	'pen'의 p	쁘	[p]
18	Р р	*Р р*	эр 에르	[r]	(ㄹ)	[r]
19	С с	*С с*	эс 에쓰	'speak'의 s	ㅆ	[s]
20	Т т	*Т т*	тэ 떼	'too'의 t	ㄸ	[t]
21	У у	*У у*	у 우	'book'의 oo	우	[u]
22	Ф ф	*Ф ф*	эф 에프	'fine'의 f	(ㅍ)	[f]
23	Х х	*Х х*	ха 하	[x]	ㅎ	[x]
24	Ц ц	*Ц ц*	цэ 쩨	'quartz'의 tz	ㅉ	[ts]
25	Ч ч	*Ч ч*	че 체	'lunch'의 ch	치	[tʃ]
26	Ш ш	*Ш ш*	ша 샤	'short'의 sh	(시)	[ʃ]
27	Щ щ	*Щ щ*	ща 시쨔	'tovarish'의 sh	시치	[ʃ:]
28	ъ	*ъ*	твёрдый знак 뜨뵤르드이 즈나크			-
29	ы	*ы*	ы 의	'it'의 i	의	[ɨ]
30	ь	*ь*	мягкий знак 먀흐끼이 즈나크			
31	Э э	*Э э*	э 에	'men'의 e	에	[e]
32	Ю ю	*Ю ю*	ю 유	'Yukon'의 yu	유	[ju]
33	Я я	*Я я*	я 야	'yard'의 ya	야	[ja]

부록

러한 한러 입문 소사전

초 판 인 쇄　　2013년 5월 20일
초 판 발 행　　2013년 5월 30일
저　　　자　　전 혜 진
발 행 인　　서 덕 일
펴 낸 곳　　도서출판 문예림
등　　　록　　1962. 7. 12 제2-110호
주　　　소　　서울특별시 광진구 군자동 1-13
　　　　　　　문예하우스 101호
전 화　　(02)499-1281~2
팩 스　　(02)499-1283
http://www.bookmoon.co.kr
Email:book1281@hanmail.net

ISBN 978-89-7482-651-2(13790)
정가 17,000원

*잘못된 책은 구입하신 서점에서 교환해 드립니다.